Faux Titre

ÉTUDES DE LANGUE ET LITTÉRATURE FRANÇAISES

Sous la direction de

Keith Busby
Sjef Houppermans
Paul Pelckmans
Alexander Roose

VOLUME 428

The titles published in this series are listed at *brill.com/faux*

Récits contemporains d'endeuillés après suicide

Récits contemporains d'endeuillés après suicide

Les cas Fottorino, Vigan, Grimbert, Rahmani, Charneux et Delaume

par

Michèle Bacholle

BRILL
RODOPI

LEIDEN | BOSTON

Illustration de couverture: photographie de Georgianna Rivard-Bravo, *Blue Shutters of Aigues Mortes*.

Library of Congress Cataloging-in-Publication Data

Names: Bacholle, Michèle, author.
Title: Récits contemporains d'endeuillés après suicide : les cas Fottorino, Vigan, Grimbert, Rahmani, Charneux et Delaume / par Michèle Bacholle.
Description: Leiden ; Boston : Brill, 2018. | Series: Faux titre ; volume 428 | Includes bibliographical references and index.
Identifiers: LCCN 2018049058 (print) | LCCN 2018050042 (ebook) | ISBN 9789004384569 (E-book) | ISBN 9789004376656 (hardback : alk. paper)
Subjects: LCSH: French prose literature—20th century—History and criticism. | French prose literature—21st century—History and criticism. | Autobiography. | Suicide. | Bereavement.
Classification: LCC PQ629 (ebook) | LCC PQ629 .B33 2018 (print) | DDC 840.9/35—dc23
LC record available at https://lccn.loc.gov/2018049058

Typeface for the Latin, Greek, and Cyrillic scripts: "Brill". See and download: brill.com/brill-typeface.

ISSN 0167-9392
ISBN 978-90-04-37665-6 (hardback)
ISBN 978-90-04-38456-9 (e-book)

This book is printed on acid-free paper and produced in a sustainable manner.

à Kosta et Katarina,
à mes parents

Table des matières

Préface

Le roman du deuil après suicide : ébauche d'une auto-analyse

Le roman a été ma première clinique. Toutes ces histoires lues, témoignages bruts ou ré-élaborations subtiles apportent au lecteur cette part de subjectivité étrangère qui lui permet, par regards interposés successifs, d'accéder à une meilleure connaissance de lui-même. En ce sens, le roman est un analyseur de l'auteur et du lecteur. J'ai bien dit un analyseur et pas un analyste. Dans cette préface, je souhaite proposer quelques nouvelles hypothèses qui assaillent les écrivains, leur public, mais aussi les psychanalystes et les psychothérapeutes qui rencontrent et accompagnent les endeuillés après le suicide d'un être aimé.

1 Le roman analyseur

Le travail d'écriture relève bien de l'introspection mais si le moi-écrivain peut être cruel, il peut aussi, et tant mieux, soutenir le sujet et lui permettre la première partie de l'échange psychanalytique : la narration. La narration est un discours et, dans le cas de la lecture, un discours intérieur dont la voix se fond progressivement avec celle du lecteur. Le chevauchement des voix, par une sorte d'incorporation, va permettre l'adhésion au texte. Cette forme d'identification est puissante et conduit à emprunter la trajectoire de cet autre qui nous parle. Le lecteur absorbe, compare, critique, se trouve changé par le roman. Il ne peut hélas que peu renvoyer de remarques ou de réflexions à l'auteur. À auteur, auteur et demi : tous ces auteurs, car le lecteur lui-même reconstruit le texte en le lisant, mettent en place une communication différée. L'absence de dialogue empêche la relation, d'ailleurs souvent non désirée par l'écrivain.

Seule une part de transfert peut être renvoyée par la lecture. Mais elle est incomplète. De même une part de transfert est représentée consciemment et inconsciemment par l'auteur lorsqu'il couche sur le papier ses impressions. Comme auteur, l'écrivain se projette dans le public et s'interroge sur la réception de son texte. Le produit de ce transfert diffracté en une myriade de réponses imaginaires n'équivaut cependant pas au travail de la psychanalyse. Il y a bien sûr l'absence du cadre imposé par le thérapeute mais surtout, le psychanalyste n'est pas qu'un fantasme, même s'il est, lui aussi, cible de ce transfert diffracté. Comme femme ou comme homme, ses réactions, sans cesse retravaillées, au-delà de la spontanéité qui existe également, entraîneront l'analysant là où il ne veut souvent pas aller : les points de fixation, les mécanismes de résistance, la répétition. C'est pourquoi l'analyste n'est pas un enregistreur ou un robot, il n'est pas non plus le lecteur d'une analyse écrite. Le roman, au-delà de l'œuvre littéraire qu'il compose, ne se substitue pas à l'analyse, il en est la préfiguration.

2 Partager son deuil

Nous l'avons profondément questionné, ce mystère du deuil, Michel Hanus et moi-même depuis les années quatre-vingt-dix. Nous étions convenus immédiatement du fait que nous ne pouvions réunir des personnes qui avaient perdu un proche de façon naturelle (la mort n'est jamais naturelle pour un être aimé) avec des personnes dont le proche s'était suicidé. Trop de colère ou au contraire trop de culpabilité ou enfin, les deux : une forme d'expression mélancolique agressive qui nous renvoyait sans cesse « vous ne pouvez pas savoir ! Comment osez-vous, vous qui ne savez pas ... Et de toute façon, cela ne le fera pas revenir ... ». Michel Hanus avait donc pensé que des groupes dédiés seraient une bonne façon de donner aux endeuillés après suicide un espace d'échange avec des personnes dans une douleur comparable et parfois « verrouillées » par le même tabou. La même fenêtre que dans la version romancée des faits offerte au lecteur s'ouvrait : l'endeuillé après un suicide recherchait à l'aveugle un compagnon de la dévastation. Il trouvait un cadre solide, des thérapeutes équilibrés et un espace pour exprimer puis organiser des souvenirs bruts, puis des pensées et enfin une histoire.

Le groupe permet les transferts latéraux et les échos en miroir de ses propres défenses. Les thérapeutes apportent cette contenance inconditionnelle, mais aussi ces éléments plus subtils de la réalité : leurs réactions. Bien que plus ou moins contrôlées, elles montrent que la psychanalyse se produit dans la vie et pour la vie. Cette éthique peut sembler étrange mais elle installe bien l'endeuillé après suicide dans un enjeu : celui de ne pas verser dans la retaliation de l'auto-accusation ou encore dans l'anéantissement par identification.

3 Les écueils du deuil après suicide

Mon écrit n'est pas scientifique mais fondé sur l'expérience. Cet empirisme essentiel que je partage avec le romancier me permet d'approcher au plus près la question du deuil après suicide. Si j'ai comparé l'écriture à la psychanalyse, c'est, et les écrits de Freud et de nombreux psychanalystes ne me contrediront pas, parce que dans le lieu thérapeutique, existent une intimité de l'échange et une confiance des interlocuteurs, comparables à celle du lieu de l'écriture. Ici, peut advenir une parole qui représente, au plus serré, au plus précis, ce que l'auteur veut dire.

Comme le peintre qui rêve son projet et qui ajoute, couche après couche, la matière qui déforme et reforme à chaque fois son idée de l'œuvre, l'analysant reprend sans cesse son propos par une nouvelle narration. La psychanalyse travaille avec le temps, tout comme le deuil. Elle va saisir la phrase juste alors qu'en même temps la vérité s'éloigne pour devenir une abstraction.

Or, dans le deuil, la personne ne veut en aucun cas s'éloigner du défunt, bien au contraire ! En dehors des deuils traumatiques, celui qui a perdu un être cher ne demande qu'à le retrouver. C'est pourquoi je reçois paradoxalement des patients qui d'emblée affirment « je ne veux surtout pas faire mon deuil de lui, pas question de l'oublier ! ». Cette idée normative du deuil « à faire » est choquante car il est impensable d'oublier son proche aimé. En revanche, ce qui se produit dans le deuil est un véritable changement de relation avec le mort. L'amour se modifie, la relation évolue. Et surtout, il est nécessaire d'accepter que ces changements aient lieu sans le défunt. En vérité, c'est bien l'endeuillé qui change car le deuil est un processus.

Dans le deuil après suicide, comme le souligne si bien Michèle Bacholle, le poids qui englue le meurtre de soi empêche littéralement le processus du deuil et donc, le changement de l'endeuillé. Dans les romans et récits analysés ici avec une profondeur et une délicatesse à la fois remarquables, le suicide résulte d'une série de secrets familiaux voire d'un Secret. Inceste, assassinat lors de la shoah, mauvais traitements des Harkis par l'État français, cumul de suicides, toutes ces causes sont à la fois pourvoyeuses de secret, de graves conflits familiaux, pire, de déni empêchant toute communication familiale. « J'ai voulu le protéger car il n'était qu'un enfant », « je craignais ... la contamination par le suicide », « ces choses-là, on n'en parle pas dans la famille, c'est comme ça. ».

4 L'enfant confronté à la mort par suicide

Ce point est fondamental dans l'œuvre des romanciers dont les textes sont analysés ci-après avec tant de finesse. Un enfant se retrouve souvent immergé par défaut dans la mort. Sauf dans les cas extrêmes où il découvre le suicidé et qui constituent des traumatismes sévères, l'enfant en deuil doit affronter la barrière des secrets autour du suicide et souvent aussi de l'absence. L'euphémisme banal « il est parti » vient clore toute question, le tabou de la cérémonie funéraire autour du suicidé, les chuchotements, les gestes estompés ; tout démontre à l'enfant qu'une charge émotionnelle interdite prend la place du mort et lui intime de se taire.

L'enfant et même l'adolescent sont confrontés à l'absence de mots qui découle de l'incapacité de penser l'événement. L'interdit familial consolide le phénomène et le conflit de loyauté dans lequel se trouve désormais pris l'enfant, le ligote à une promesse tacite qui bloque son fonctionnement psychique en une crypte. La crypte est le lieu psychique où le mort se trouve retenu. Elle induit un clivage du moi de l'enfant, qui se développe par ailleurs, sauf pour tout ce qui a trait au mort. Une honte indicible prend place : honte d'être soi, honte de son corps, honte de ce qu'il a fait (ou pas fait). La honte est un phénomène de sentiment de dégradation de soi : l'enfant pourrait s'accuser de la mort ou du secret parce qu'il s'interroge sur sa participation au suicide. En réalité, si l'être aimé (une mère, un père parfois un frère ou une sœur aînés) s'est suicidé, l'enfant en conclut qu'il n'était pas assez aimable de lui. Plusieurs romans et récits présentés par Michèle Bacholle témoignent nettement de cette immaturité : l'endeuillé après suicide qui était encore enfant lors de cet événement, reste un enfant sous un angle précis. La psychanalyse est en effet une bonne méthode thérapeutique pour autoriser la régression qui permettra de poursuivre la solidification des fondations ébranlées par le suicide du proche.

5 La voie juste

Ce livre mérite d'être lu par un public large parce qu'il traite d'un sujet singulier, historiquement bien connu mais encore trop « chaud » émotionnellement pour être facilement abordé. La littérature s'en est saisie pour montrer, dans son approche subjective, qu'aucun systématisme ne peut guider sa compréhension et qu'il existe une véritable faille dans son traitement. Le roman est souvent une tentative d'auto-guérison, tout comme la réalisation d'un film, cependant, la littérature « parle » et s'inscrit d'emblée dans le discours intérieur tandis que le cinéma exalte les émotions sans permettre de parler directement. Les romans autobiographiques d'endeuillés après suicide analysés dans cet ouvrage nous aident à saisir la complexité mais aussi le pouvoir pathogène du suicide. Michèle Bacholle est parvenue à se défaire du pouvoir pathogène par la démonstration, dans chaque texte, des nœuds complexes qui étranglent les survivants. Son approche est profondément juste, son moyen, la littérature donne une dimension créative et un soubassement culturel que nous partageons tous, sciences humaines et sociales, médecine thérapeutique, neurosciences de la pensée humaine et tous ceux qui, dans leur vie, rencontrent les aléas du malheur. Puisse cet ouvrage leur redonner confiance et repères dans le monde vide, sans l'autre, afin de retrouver une pensée qui permette d'accepter le bonheur de l'existence. Car le deuil a aussi un potentiel de vie, lorsqu'il est transformé par la pensée, l'art ou l'échange authentique.

Marie-Frédérique Bacqué
Psychologue, psychanalyste,
Pr. de psychopathologie clinique à l'université de Strasbourg

Remerciements

I would first like to thank Eastern Connecticut State University and the Connecticut State University System since I was able to carry out in a timely manner most of the research for this book and some of its writing thanks to CSU-AAUP research grants, research reassigned time, and a sabbatical leave. I also would like to thank the Inter Library Loan staff; my research would not be what it is without them. In CIT, my deepest thanks go to Anik Vasington for her help, patience, and availability.

J'aimerais ensuite remercier Marie-Frédérique Bacqué, psychologue, psychanalyste et spécialiste du deuil et du deuil après suicide, d'avoir si gracieusement accepté d'écrire la préface de ce livre.

Parmi mes collègues (et amies), j'aimerais particulièrement remercier Dawn Cornelio, toujours prête à répondre à une question ou considérer une interprétation et grâce à qui j'ai pu rencontrer Chloé Delaume le 13 novembre 2015, et Florence Marsal pour une conversation déterminante alors que j'étais en proie au doute.

Merci enfin à Georgianna Rivard pour la photographie de couverture prise à Aigues-Mortes qui, par ses volets clos, traduit la peine des endeuillés après suicide, mais, par la luminosité qui émane du bleu, porte l'espoir que revêt pour moi cet ouvrage.

Illustrations

INTRODUCTION

Le suicide, son deuil et son écriture

Le terme *suicide* est somme toute assez récent. Le psychiatre Michel Hanus note qu'il n'a que deux siècles, « on parlait auparavant de meurtre de soi-même » car le suicide est en effet « une forme de meurtre. Il transgresse une des règles éthiques les plus anciennes de l'humanité "Tu ne tueras pas !" », écrit Hanus (*Deuil* 26, 25). Cependant l'acte, lui, a de tout temps existé. Comme le constate froidement Earl A. Grollman, « Les gens se sont tués depuis le début de l'histoire écrite » (13)[1]. Ce qui diffère, c'est la façon dont le suicide a été perçu à travers le temps et les civilisations[2]. Les Égyptiens ne voyaient pas le suicide comme une violation de leur code spirituel et légal. Platon et Socrate condamnaient le suicide, ce dernier affirmant qu'il n'était jamais moralement justifié. Pour les Stoïques – vers le IIIe siècle avant Jésus-Christ – quand les circonstances rendaient la vie insupportable, il était possible de s'en délivrer par le suicide. Les Épicuriens, vers la même époque, le considéraient comme un choix acceptable. Grollman observe qu'avec le temps, la société (occidentale) commença à y être plus hostile et le suicide devint tabou, comme dans la tradition religieuse énoncée au Ier siècle après Jésus-Christ par l'historien juif Flavius Josephus et reprise par le christianisme et l'islam. Prototype de la « mauvaise mort », le

> suicide, essentiellement depuis Saint Augustin, est criminalisé à la fois par les lois civiles et les lois religieuses. C'est un crime qui doit donc être puni, en premier lieu, par le suicidé lui-même. Son corps était traîné par les pieds sur la voie publique avant d'être pendu comme tout bon condamné. *Ses proches sont aussi punis* car les biens du suicidé étaient confisqués au profit de divers bénéficiaires qui varient selon les localités et les époques.
>
> HANUS, « Particularités » 54, mes italiques

La faute rejaillit donc sur les proches, mais nous sommes encore bien loin de parler d'endeuillés après suicide – le terme *suicide* n'existant d'ailleurs pas encore. En France, c'est au sociologue Émile Durkheim que l'on doit en 1897

---

1 « People have been killing themselves since the beginning of recorded history ». Dans l'ensemble de l'ouvrage, l'original des sources traduites par mes soins figure en note.

2 Cf. Grollman (pp. 13-15) pour les considérations historiques qui suivent.

 | DOI:10.1163/9789004384569_002

la première étude sur le suicide, devenue un ouvrage de référence[3]. En avril 1910, la Société Psychanalytique de Vienne tient une conférence et un débat sur le suicide chez les enfants (Grollman 26), la discussion s'étend rapidement au suicide en général et la brochure produite achemine Freud vers « Deuil et Mélancolie » (1917) « où il précise – incidemment car ce n'est pas son souci premier – sa pensée sur le suicide » (Hanus, *Deuil* 112). Je ne ferai pas l'historique du suicide, là n'est pas mon propos, et sauterai donc une cinquantaine d'années pour arriver en 1968 à la création de l'American Association of Suicidology par Edwin S. Shneidman[4]. Le suicide devient un sujet d'étude scientifique, la *suicidologie* est née. Il ne faudra attendre que quelques années pour que la recherche prenne en compte les proches – les *survivors*, ceux qui restent[5] – et que le deuil après suicide devienne un champ d'investigation scientifique.

En 1972, le psychologue américain Albert C. Cain dirige la publication du livre séminal, *Survivors of Suicide*, le premier à explorer les problèmes auxquels les « survivants » font face[6]. L'étude des « survivants au suicide » explose alors. George Howe Colt relève qu'une bibliographie de publications sur le suicide entre 1897 et 1970 ne compte que quinze articles sur les survivants alors qu'une bibliographie de 1986 fait état de 200 livres et articles (429). Bien que la France ait vu une augmentation régulière de son taux de suicide entre 1977 et 1985 – passant de 1,55/10.000 (en 1953-1976) à 2,26/10.000, avant de connaître ensuite une diminution constante –, et bien que « le nombre de personnes directement endeuillées par un suicide [soit] estimé à cinq en moyenne » (Fauré 11), il faut attendre 2004 pour que soit publié le premier livre sur le sujet du deuil[7]. La

3 Durkheim est un des douze théoriciens du suicide identifiés par Grollman. Dans *Le Suicide*, Durkheim lie le suicide-acte individuel à l'environnement de l'individu.

4 Le 51ème congrès annuel de l'AAS s'est tenu en avril 2018 à Washington DC, où siège l'association.

5 Alors que l'anglais américain parle de « survivants au suicide », les théoriciens français gardent l'accent sur le deuil. Pour Hanus, les termes « "survivors", "victims" utilisés par les anglo-saxons pour désigner les endeuillés après suicide rendent bien compte de cette dimension [violente du suicide] » (*Deuil* 266). Dans son article, Cécile Paesmans met le terme *survivant* entre guillemets (105). Grollman parle, lui, de « survivants-victimes » (« survivor-victims », 88).

6 Kjell Erik Rudestam avait conduit en 1967 une étude sur la communication d'intentions suicidaires pour laquelle il avait mené des entretiens avec des proches de suicidés. Cette recherche fut publiée en 1971 dans le *Journal of Consulting and Clinical Psychology* (numéro 36, pp. 82-90), donc avant le livre de Cain.

7 En 2012, le taux de suicide en France était de 1,53/10.000, le nombre ayant diminué de 22% entre 2000 et 2013 – avec une chute brutale entre 2011 et 2012 (de 10.524 à 9884) (source : <http://www.infosuicide.org/reperes/epidemiologie>, dernier accès le 23 novembre 2017). La France se situe, malgré tout, parmi les pays européens ayant un taux élevé de suicide – avec en 2013, année où a été créé l'Observatoire National du Suicide, 16 suicides pour 100.000

bibliographie du *Deuil après suicide* de Michel Hanus atteste du fait que ce domaine demeure majoritairement anglo-saxon – n'y figurent qu'une douzaine de sources françaises sur 287. Le psychologue Pascal Millet attribue cette indigence d'études sur le deuil après suicide à « la réticence de la société à aborder ce problème » (34)[8]. Et pourtant, à raison de 10.644 suicides par an[9] et compte tenu que le nombre d'endeuillés affectés par chaque suicide est en moyenne de cinq, chaque année plus de 53.000 personnes sont touchées par le suicide. Il existe maintenant en France des associations d'aide aux endeuillés, comme l'association Phare Enfants-Parents[10], et des groupes de parole – par le biais de l'association Vivre son deuil par exemple[11]. Le site « Deuil après suicide » permet de télécharger la brochure « Vous êtes en deuil après un suicide »[12]. Mais en quoi le deuil après suicide différerait-il des autres formes de deuil ?

En fait, la majorité des théoriciens ne considèrent pas le deuil après suicide comme étant « spécifique, au sens où il s'agirait d'un processus différent des autres deuils [...]. Le deuil après suicide passe par les mêmes phases que le deuil "classique" » (Rogy). Rappelons ces phases, établies en 1969 par la psychiatre Elizabeth Kübler-Ross : le déni, la colère, le marchandage, la dépression et enfin l'acceptation (25-51). Ce deuil est cependant un « deuil extrême », « complexe, au regard des émotions, questions qu'il suscite et de sa dimension traumatique » (Rogy). S'appuyant sur une étude de M.J. Hauser de 1987, Rudestam réitère les sept risques pouvant faire obstacle à la résolution du deuil après suicide : 1. « la mort par suicide est généralement soudaine et inattendue, deux facteurs constitutifs de résolutions plus difficiles », 2. « la mort par suicide est souvent violente, provoquant alors de fortes réactions affectives [...] chez les survivants », 3. « le suicide génère la culpabilité chez les survivants »,

habitants contre 12 pour l'ensemble de l'Union Européenne (source : <https://fr.statista.com/statistiques/511229/taux-suicides-pays-membres-ue/>, dernier accès le 23 novembre 2017). Notons que cet Observatoire avait été proposé dès 1993 sur un rapport du Conseil économique et social mais avait essuyé l'opposition de politiques et médecins (cf. l'émission « Grand bien vous fasse », France Inter, 7 février 2018).

8 La postvention, c'est-à-dire l'« intervention mise en place dans une collectivité (le plus souvent scolaire) après un suicide », serait une exception puisqu'une « littérature abondante [y] a été consacrée » (Millet 30). Notons qu'en 1987 est créé le « délit de provocation au suicide » pour, selon Emmanuel Pierrat, mieux poursuivre *Suicide mode d'emploi* publié en 1982 par Claude Guillon.

9 C'est le chiffre de 2009, année médiane des vingt-huit livres d'endeuillés après suicide listés à la fin de cet ouvrage.

10 <www.phare.org>, dernier accès le 18 mars 2015. D'autres associations figurent sur le site <deuilapressuicide.fr>.

11 <www.vivresondeuil.asso.fr>, dernier accès le 18 mars 2015.

12 <www.deuilapressuicide.fr/brochure.html>, dernier accès le 18 mars 2015.

4. « le suicide arrive souvent dans des systèmes déjà en proie au stress, des stresseurs multiples mènent à une issue du deuil plus difficile », 5. « la mort par suicide peut compromettre les rituels de deuil d'usage, comme les rites funéraires normaux et les cérémonies religieuses », 6. « le suicide peut provoquer des expressions de blâme et de colère nuisibles et une distorsion des modèles de communication » et 7. « les soutiens sociaux habituels peuvent être retirés suite à un suicide » (205)[13]. Rudestam cite encore Lawrence G. Calhoun qui conclut que les *survivants* cherchent plus longtemps à comprendre cette mort, éprouvent plus de culpabilité et reçoivent moins de soutien social que d'autres survivants. Comme facteurs risquant de compliquer le deuil après suicide, la psychanalyste Marie-Frédérique Bacqué identifie, elle, la personnalité de l'endeuillé, celle du suicidant, la violence de l'acte suicidaire, l'absence d'information donnée par le suicidant et donc l'incompréhension qui s'ensuit, l'impossibilité d'avoir empêché le suicide, la culpabilité ressentie, l'angoisse d'une éventuelle hérédité du suicide, le comportement ambivalent du groupe[14] et l'absence d'échange intra-familial (« Suicide maternel » 81-83). Ajoutons aux listes de Rudestam et Bacqué une autre source de complication éventuelle, relevée par Kübler-Ross pour le deuil « classique » et mentionnée par Hanus : les « affaires inachevées », « les choses que l'on regrette de ne pas avoir dites ou faites, les sentiments que nous avons refoulés et qui resurgissent fréquemment dans le deuil » (Kübler-Ross 277). Hanus, bien qu'il considère les deuils après suicide comme « déjà et avant tout des deuils comme tous les deuils » et estime que leurs particularités « dans l'ensemble, sont davantage d'ordre quantitatif que qualitatif » (« Particularités » 50, 49), abonde en ce sens :

13 1. « suicidal death is usually sudden and unexpected, both factors associated with more difficult resolutions », 2. « death by suicide is often violent, in turn eliciting strong affective reactions [...] from survivors », 3. « suicide engenders guilt in the survivors », 4. « suicide often occurs in systems already experiencing stress, meaning that multiple stressors lead to more difficult bereavement outcomes », 5. « death by suicide can compromise usual mourning rituals, such as normal funeral rites and religious ceremonies », 6. « suicide may engender harmful expressions of blame and anger and distorted communication patterns », 7. « usual social supports may be withdrawn following a suicide ».

14 Hanus conclut son article sur les particularités de ce deuil sur les deux éléments qui, à son sens, le distinguent des autres deuils (y compris des autres deuils traumatiques) : « la stigmatisation sociale et l'importance des sentiments de culpabilité » (54). Même si le suicidé n'est plus traîné par les pieds, pendu ou enterré aux carrefours et sa famille dépossédée de ses biens, reste que la stigmatisation de l'acte et de la personne qui le commet est encore bien réelle et qu'elle contamine les proches. Notons que ce n'est qu'en 1963 que l'église catholique a autorisé qu'un suicidé reçoive des funérailles chrétiennes.

> Focalisant sur le présent du drame, il est facile d'oublier que *le deuil est conditionné avant tout, dans son déroulement comme dans ses issues, par la nature de la relation qui existait auparavant entre le mort et son endeuillé.* Certes les circonstances dramatiques rendent les choses plus difficiles, viennent éventuellement les compliquer, mais ceci est vrai lorsqu'existait auparavant déjà des difficultés relationnelles, psychiques, sociales ; alors le drame du suicide ou de la mort traumatique violente et inattendue, brutale vient rendre la situation encore plus périlleuse. *Les circonstances très pénibles des deuils traumatiques* – dont le suicide – *agissent comme un accélérateur* – voire parfois comme un révélateur – *des difficultés préexistantes.* Il me semble que les différences de compréhension des auteurs qui se sont intéressés à ces questions pourraient venir de là. Ceux qui trouvent particulier le deuil après suicide insistent davantage sur les circonstances de la mort et ce qui l'a causée ; ceux qui ne voient pas tellement de différences, à terme, avec les autres deuils remarquent que ce sont les difficultés antérieures qui ont rendu le deuil plus en risque de complications.
>
> *Deuil* 19-20, mes italiques

Les textes des écrivains que nous aborderons dans ce livre semblent le confirmer puisque dans cinq des six cas qui nous occuperont figurent des difficultés antérieures. Chloé Delaume exceptée[15], nous ne focaliserons pas notre attention, comme c'est souvent le cas, sur ce qu'Hanus appelle « les circonstances particulièrement dramatiques de la mort, circonstances qui sont rendues aisément responsables des difficultés éventuelles du deuil » (*Deuil* 19). Qu'importe que le père de tel auteur se soit noyé ou tiré un coup de carabine ou que la mère de telle autre ait avalé trop de médicaments. Ce qui importe, ce qui conditionne le deuil dans son déroulement et ses issues, c'est, répétons les dires d'Hanus, « la nature de la relation qui existait auparavant entre le mort et son endeuillé » (*Deuil* 19), une nature, dans les cas qui vont nous occuper, le plus souvent complexe, complexifiée par des secrets familiaux ou des circonstances familiales uniques ou encore par des événements historiques.

La présence du deuil dans la littérature française n'est pas un fait récent. Dans l'introduction du livre qu'il a dirigé avec Pierre Glaudes en 2005, Dominique Rabaté identifie le Romantisme, « qui accentue le pathos de la douleur devant la mort d'autrui » (8), comme le moment où le deuil – qu'il distingue de la mort – apparaît en littérature française. Leur livre dégage trois autres

15 Elle est, soit dit en passant, la seule du corpus à avoir été témoin du suicide – alors que c'est généralement une « mort sans témoin » (Debout 45).

moments dans « l'histoire du deuil » : la fin-de-siècle, la Première Guerre mondiale et le moment actuel, « poursuivi par l'ombre terrible de la Shoah » où « la littérature redevient le lieu d'un exercice de la mémoire, [...] mais une mémoire en peine, en pièces qui compose avec le deuil comme avec son verso incurable » (9). Rabaté impute à la nature solitaire caractéristique du travail de deuil actuel la place privilégiée donnée à la littérature pour son articulation. Aussi pertinentes que soient ses remarques et celles des divers contributeurs à *Deuil et littérature*[16], aucun de ces textes ne porte sur des endeuillés après suicide. Parallèlement, dans un article où elle s'emploie à vérifier l'hypothèse selon laquelle « la présence d'un "deuil sans fin" se vérifie dans plusieurs romans, le genre autobiographique semble être davantage du côté du dépassement et de la réparation » (200), Anne Strasser n'examine qu'un endeuillé après suicide : Éric Fottorino[17]. Si mon étude conforte son hypothèse – puisqu'il y a, comme nous le verrons, réparation (ou en fait restructuration) chez les six écrivains endeuillés après suicide examinés ici –, je ne questionnerai pas tant la forme qu'Éric Fottorino, Delphine de Vigan, Philippe Grimbert, Zahia Rahmani, Olivier Charneux et Chloé Delaume ont choisie pour écrire leur deuil après suicide[18]. Ni ne ferai-je, comme Strasser, de supputations sur les motivations des lecteurs de ces livres de deuil après suicide[19]. En aucun cas n'avancerai-je qu'il existe une littérature du deuil après suicide, comme il existe pour Strasser une « littérature du deuil » (199), même si une multiplication récente de récits ou romans basés sur des faits réels pourrait être le signe d'une telle éclosion et

16 Ainsi celle de Séverine Bourdieu sur trois fils endeuillés (dans des livres de Jean Rouaud, Johan-Frédérick Hel Guedj et François Bon) pourrait s'appliquer à plusieurs des écrivains endeuillés après suicide abordés ici : « L'acte d'écrire est aussi un acte de mémoire : il permet à l'endeuillé de vivre encore un temps en compagnie du mort aimé et de lui rendre hommage » (404-405).

17 Son étude, qui ne se veut en rien exhaustive, est basée sur des romans de Philippe Claudel, Olivier Adam et Arnaud Cathrine et deux récits d'Annie Ernaux.

18 Je l'aborderai brièvement plus loin dans cette introduction pour quelques auteurs que j'estime dignes de figurer dans cette étude. Strasser trouve « significatif que certains auteurs, jusque-là romanciers [comme Ernaux], passent à l'autobiographie pour raconter la mort de leur père ou de leur mère et ne le font pas par le détour de la fiction » (212). Il ne faut pas généraliser cette observation, par trop simplificatrice, preuve en sont Chloé Delaume qui a choisi l'autofiction et Jean-Philippe Blondel et Nina Yargekov demeurés dans le roman – même si à teneur autobiographique.

19 Pour Strasser, le lecteur des romans du deuil est mû par sa « hantise de la perte », de la mort (212), celui des autobiographies (d'Ernaux et de Fottorino) par la « possibilité de l'identification et d'une forme de consolation » (214). Il existe d'autres motivations pour les lecteurs d'endeuillés après suicide, comme la crainte de perdre ou le fait d'avoir perdu un être cher par suicide – la lecture s'inscrirait alors dans un travail de deuil – ou la crainte de passer à l'acte. (Ma motivation est exposée en conclusion.)

pourrait nous amener, si elle se confirme sur la durée, à réviser ce jugement. Le but du présent ouvrage n'est pas de dégager une loi du genre en matière de littérature ou d'écriture du deuil après suicide, mais d'explorer celle-ci chez six écrivains endeuillés après le suicide d'un parent[20]. En remédiant au manque d'attention reçu par tous les écrivains endeuillés après suicide, cet ouvrage brisera, comme le demandent chercheurs et parents, « le mur du silence qui entoure le suicide » (Millet 34), comme l'ont fait Mary et Maureen Stimming dans *Before their Time* en donnant la parole aux enfants (adultes) de suicidés[21]. Il ne s'agira pas d'aborder les suicides qui ont catalysé les divers textes étudiés ici mais d'en examiner les effets, de sonder la complexité du deuil, ainsi que le « processus de survie »[22], sur-vie dans le sens de vivre au-delà, de faire son deuil et retourner à la vie. Même en me limitant au domaine de l'écriture de soi et à la période de l'extrême contemporain[23], je suis parvenue à identifier dix-neuf écrivains aussi différents les uns que les autres – Jean-Philippe Blondel, François Bon, Olivier Charneux, Noëlle Châtelet, Catherine Cusset, Chloé Delaume, Nicolas d'Estiennes d'Orves, Éric Fottorino, Philippe Grimbert, Régis Jauffret, Édouard Levé, Patrick Poivre d'Arvor[24], Zahia Rahmani, Jacques Roubaud, Danièle Rousselier, Amanda Sthers, Delphine de Vigan, Angélique Villeneuve

---

20 La littérature s'est bien évidemment penchée sur le suicide (contentons-nous de mentionner l'Andromaque d'Homère dans *L'Iliade*, Montaigne dans ses *Essais*, ou encore le jeune Werther de Goethe qui a entraîné une mode du suicide) et a sa part belle d'écrivains suicidés (Virginia Woolf, Ernest Hemingway, Stefan Zweig, Ingeborg Bachmann, Marina Tsvétaïéva, Yasunari Kawabata, Yukio Mishima, Cesare Pavese, Primo Levi, Henry de Montherlant, Georges Bernanos, Raymond Crevel, Romain Gary, pour ne citer que quelques grands noms du XXe siècle). La littérature a également sa part d'écrivains endeuillés après suicide, mais on ne leur a pas, ou peu, prêté attention – du moins sous cet angle du deuil après suicide.

21 L'une est professeure en Études des religions, l'autre ancienne thérapeute. Leur livre est une collection de récits à la première personne qu'elles n'ont, à dessein, ni analysés ni interprétés. Il n'a, à ma connaissance, pas d'équivalent en France, ni n'y a-t-il été traduit.

22 « process of surviving » (Stimming, XXIII).

23 Outre dans d'autres genres, à d'autres périodes, dans d'autres littératures (comme *Oui* de l'autrichien Thomas Bernhardt – je remercie Linda Lê de l'avoir porté à mon attention), une telle étude reste à faire dans d'autres arts, tel l'art pictural. L'œuvre de René Magritte est, par la technique de l'évitisme, empreinte du suicide de sa mère en 1912 et l'on devrait la période bleue de Pablo Picasso au suicide de son ami, Carlos Casagemas, en 1901 (source : Musée d'Art Moderne, Paris). *L'Histoire centrale* (1928), *L'Inondation* (1928), *Retour* (1940), *Printemps* (c. 1965) et *Le Domaine d'Arnheim* (neuf versions entre 1938 et 1962) de Magritte et *L'Enterrement de Casagemas*, *La Mort de Casagemas* et *Casagemas dans son cercueil* (tous de 1901) de Picasso seraient ainsi des toiles de deuil après suicide.

24 Inclure Patrick Poivre d'Arvor dans cette liste est discutable car si le suicide de sa fille a bien amené la rédaction de son livre et de celui de sa femme, Véronique, les deux sont plutôt des récits sur l'anorexie que sur le deuil après suicide.

et Nina Yargekov[25]. Millet remarque qu'« il n'existe pas UNE population d'endeuillés après suicide » (19), qu'il « n'existe pas UN "endeuillé" type mais DES endeuillés avec chacun une histoire, une façon de réagir, une souffrance intime, des affections somatiques, une personnalité etc., tout comme il n'existe pas un diabétique, un schizophrène etc. » (27). Il n'est alors pas étonnant que nous soyons en présence de textes uniques en leur genre, même si l'on trouve des points communs entre ces écrivains endeuillés après suicide – comme la souffrance ou la douleur ou la tentative d'« épuiser le trauma » en parlant (écrivant) l'événement (Huon 94). Quand l'endeuillé après suicide prend la plume naissent des récits inclassables, indécidables, au genre souvent hybride, situés quelque part sur une gamme allant de la fiction à l'autobiographie en passant par le roman autobiographique, l'autofiction, le récit de vie, le journal, le témoignage[26]. Pour voir ce qu'il en est, attardons-nous sur quelques écrivains.

C'est par un roman qu'on peut qualifier d'évitiste, une œuvre en six branches et sept volumes[27], que l'écrivain oulipien, poète et mathématicien Jacques Roubaud a élu de ne pas dire le suicide de son frère cadet, Jean-René, en 1961 : « En traçant aujourd'hui sur le papier la première de ces lignes de prose (je les imagine nombreuses), je suis parfaitement conscient du fait que je porte un coup mortel, définitif, à ce qui, conçu au début de ma trentième année comme *alternative à la disparition volontaire*, a été pendant plus de vingt ans le projet de mon existence » (35, mes italiques). Alternative au suicide du frère, le roman prendrait sa place, comblerait sa disparition, faisant du *Grand Incendie de Londres* un roman de deuil après suicide[28]. Cette absence omniprésente, ce mutisme assourdissant se reflètent dans l'œuvre par la pratique de l'évitement,

---

25 Bien qu'ils aient écrit sur leur deuil après suicide, je n'inclus ici ni Max Dhéry, ni Anne Dodemant, ni Agnès Favre, ni Laurent Fialaix, ni Nicole Lapierre, ni Véronique Poivre d'Arvor car ils ne sont pas écrivains – Dhéry est docteur en médecine et entrepreneur, Dodemant psychothérapeute, Fialaix journaliste et Lapierre anthropo-sociologue. Katie Jones avance qu'en 1995 *Elle n'était pas d'ici*, de Patrick Poivre d'Arvor, établit une tendance littéraire. Surtout, Jones utilise *Suicide* d'Édouard Levé, *Nos bonheurs fragiles* de Laurent Fialaix, *Lacrimosa* de Régis Jauffret et *Vous serez mes témoins* de Nina Yargekov pour montrer une progression des récits de l'autobiographie vers l'autofiction ; aujourd'hui, au vu d'un corpus plus large, une telle progression s'avère discutable.

26 Afin de rester au plus près de la réalité dans ce premier ouvrage sur le deuil après suicide en littérature française contemporaine, j'ai choisi de n'examiner que des textes à base autobiographique.

27 La troisième branche est divisée en deux volumes. *Le grand incendie de Londres* (1989) en constitue la première branche, *La Boucle* (1993) la deuxième, *Mathématique* : (1997) et *Impératif catégorique* (2008) la troisième, *Poésie* : (2000) la quatrième, *La Bibliothèque de Warburg* (2002) la cinquième et *La Dissolution* (2008) la dernière.

28 Dans son étude de *La Boucle*, Anne Roche affirme que « le deuil du frère est ce qui fait advenir à l'écriture » alors que le deuil d'Alix, l'épouse de Roubaud décédée en 1983 d'une embolie pulmonaire, « est ce qui l'interdit » (78).

comportement qui, selon le psychiatre Louis Crocq, « est aussi une forme d'hypermnésie sélective, puisque vouloir éviter quelque chose c'est y penser sans cesse » (159)[29]. Malgré ses dires et ses (faux ?) efforts, le narrateur du *grand incendie de Londres* est ainsi incapable de s'en tenir à une ligne narrative unique et nous livre un « récit, avec incises et bifurcations », insertions ajoutées en fin d'ouvrage, à partir de la page 257, ce qui rend la lecture fastidieuse et une lecture rectiligne carrément impossible. En sus de ces incises et bifurcations, Roubaud nous perd – mais ne semble pas se perdre – dans des descriptions ultra minutieuses[30] et dans la profusion du détail[31]. Il s'abîme dans la compulsivité, quel que soit l'angle sous lequel il s'identifie : marcheur, nageur, compteur, liseur ou absent[32]. Comportements compulsifs ou conduites d'évitement ? Les deux troubles psychologiques peuvent être liés et sont possiblement liés au deuil – Roubaud ne fuit-il pas dans la marche, la nage, les nombres, la lecture et l'absence afin de fuir la « disparition volontaire » ? S'arrêter signifierait ne plus pouvoir éviter le frère et devoir faire face à son suicide. Remarquons que Roubaud l'oulipien se définit selon cinq composantes identitaires alors que six est, comme le rappelle Harang, « le nombre oulipien s'il en est ». J'avancerai que la sixième composante identitaire, qui est tue, évitée, est celle d'endeuillé après suicide et c'est cette identité-là qui plombe notre lecture. Comme le remarque Florence Marsal, auteure de *Jacques Roubaud, Prose de la mémoire et errance chevaleresque*, l'évitisme entraîne le foisonnement[33]. Ce foisonnement diffère toutefois de celui auquel se livre la voix narrative endeuillée après suicide chez Nina Yargekov.

Diamétralement opposé à l'évitisme roubaldien, le roman de Nina Yargekov, *Vous serez mes témoins*, expose un éclatement narratif, un foisonnement de personnages et de (pseudo) documents, une exubérance stylistique, un ludisme délirant qui est en fait le signe particulier de cette écrivaine. Nous avons affaire à un récit de deuil après suicide insolite, un « roman » puisque le pacte romanesque a été signé et est réitéré dans la dernière partie justement intitulée « Le roman » (233), avant de s'y défiler dans le treizième encadré malgré

29 Cette pratique roubaldienne ne semble d'ailleurs pas se limiter à l'écriture puisque Véronique Montémont relate comment, interrogé « puis réinterrogé par Anne Garréta (*car il éludait résolument la question*), il [Roubaud] a continué à faire le distinguo entre autobiographie et "prose qui raconte certains événements de [s]on existence" » (262, mes italiques). Jean-Baptiste Harang évoque aussi comment, dans leur conversation, « Jacques Roubaud a dit : "1961, l'année du suicide de mon frère", *puis nous avons parlé d'autre chose* » (mes italiques).

30 Comme la préparation de son Nescafé matinal.

31 Comme au sujet de l'article des linguistes Halle et Keyser.

32 Pp. 132, 135, 138, 141 et 145.

33 Communication personnelle. Je la remercie d'autre part d'avoir amené Roubaud à mon attention.

son titre, « Un roman dont vous êtes le héros »[34]. Pris à témoins – par l'injonction performative du titre – nous assistons à une parodie de procès où l'accusée, Nina, comparaît pour « imposture au deuil ». Outre le juge sont entendues les personnes habituellement communes du lieu – avocats, accusateur public, commissaire de police etc. – mais également des personnages plus inouïs les uns que les autres : quatorze experts (dont l'expert-psychanalyste à l'accent autrichien), un coach judiciaire, une sorcière free-lance, la Secrétaire de la Guilde des cordeliers, la Présidente de la Ligue contre le suicide, un théoricien du libre arbitre, un fripier, une productrice de téléréalité (qui lui explique le concept de la « deuil academy », dix-huit endeuillés enfermés dans un loft et filmés 24 heures sur 24), et encore Houdini, le Baron de Münchhausen, l'inspecteur Javert et même Bernard Madoff. Documentée sur son sujet[35], Yargekov détourne ses connaissances à des fins comiques[36]. Trois des cinq étapes du deuil identifiées par Kübler-Ross sont ainsi détournées dans une « to do list », alors que Nina tente de *marchander* avec le diable (ses yeux contre l'annulation du suicide) et ne parvient pas à l'*acceptation* :

> Pour être une endeuillée conforme aux standards décrits dans les manuels spécialisés, il ne faut pas que j'oublie :
> – L'abasourdissement – OK
> – Le *déni* – OK
> – La *colère* – chercher fournisseur
> – La culpabilité – devis en cours
> – La recherche des causes – OK
> – La *dépression* post-traumatique – se renseigner symptômes
> – Les pulsions suicidaires – choisir accessoires. (94, mes italiques)

Les questions qui ne manquent pas d'accompagner un suicide – sur le pourquoi du geste et sur la part de responsabilité de l'accusée – sont également détournées par des élisions, assonances et allitérations dont la répétition s'inscrit dans le « comique de mots » défini par Henri Bergson (78) mais trahit

---

34 Dans la « Déclaration d'intentions » inédite, rédigée peu après avoir achevé son manuscrit, Yargekov situe ce livre « à mi-chemin entre le pur roman d'imagination (faits donnés comme inventés) et le roman autobiographique (faits donnés comme ayant un caractère de réalité objective) ». Pour elle, « passer du côté de la fiction était paradoxalement le meilleur moyen de donner corps de façon la plus juste qui soit à la réalité du deuil » (« Déclaration d'intentions »).

35 Sa narratrice cite *Le Deuil* de Bacqué et Hanus et fait deux références au livre de Fauré.

36 Je réfère le lecteur à mon article sur Yargekov et à notre entretien, publiés dans *Women in French Studies*.

également une incapacité à trouver les mots pour dire la douleur, l'incompréhension, la culpabilité[37]. Le temps qui scande le deuil après suicide comme indiqué dans la table des matières déraille[38], car « Un temps de deuil à durée déterminée [est] hors de question, [...] elle est morte le 14 juillet 2007 et ça ne finira jamais. La douleur reste, s'accroche, s'installe » (173). Par l'écriture de ce faux procès pour un vrai deuil[39], de ce roman d'endeuillée après suicide décliné sur le mode comique, Yargekov a dit avoir voulu aller beaucoup plus loin, s'imaginant très mal écrire un livre grave, sans aucun humour (Bacholle, « Entretien » 128).

Roman ? Récit ? Pièce en trois actes avec une unité de temps (celui de l'enterrement) mise à mal par le manque de chronologie, une unité de lieu (le village de Champ-Saint-Père) défiée par la multiplication désordonnée des lieux et une unité d'action (l'enterrement) éclatée par la polyphonie (l'intégration des voix des villageois dans le monologue intérieur du narrateur anonyme), *L'Enterrement* de François Bon, texte construit « en fugue »[40], empêche toute catégorisation générique. Non seulement une bonne partie du récit repose-t-elle sur des personnes à la parole quelque peu empêchée[41], il est en outre constitué de bavardages, de banalités, de platitudes, phrases stéréotypées et proverbes, ce que Jean Duffy a appelé des « conversation fillers » (531), phrases remplissant le vide, l'absence, et surtout remplaçant ce dont on ne peut pas parler : le suicide de l'ami Alain. Le non-dit – secret, tabou – alimente les on-dit, mais finalement, personne n'est dupe, comme le confirment les euphémismes lâchés au banquet[42] et la destination finale du cercueil : le « cimetière des noyés et des pendus » (135). Reste que le flou plane sur le suicide car Bossut interrompt son récit, le refuse à ses auditeurs, estimant que ce dont il a été témoin – voir le corps du suicidé – « ne lui appartenait pas, en campagne on

37 Pour Yargekov, il y a en outre la culpabilité d'écrire un livre sur ce suicide, la peur de blesser des proches de son amie (Bacholle, « Entretien » 126, 133-134).

38 Il dépasse le cadre temporel du procès – la dernière entrée de journal est datée du 30 avril 2068, date de l'enterrement de l'accusée.

39 Yargekov m'a confirmé que la date du suicide, le prénom de la défunte et leur lien, tous les éléments « factuels, simples sont tous vrais » (Bacholle, « Entretien » 134).

40 « Ce qui m'intéressait, [...] c'est la construction en fugue, faire se superposer les trois [sic] moments temporels (la levée du corps, le cortège, le cimetière et le banquet) » (cité par Duffy, 521).

41 Bossut, dit Bec-de-lièvre, Marineau dont le goitre laisse échapper des mots métalliques et enroués (39-40) et Daniel l'organiste aux dents pourries.

42 « Ouais il a *retiré son épingle du jeu* le petit avant l'heure [...] Il pourra même pas la regretter *sa connerie* [...] Et le cœur transpercé pour une *mort de lâche* [...] Quand *ça* se fiche dans une famille c'est comme chiendent tu ne peux plus l'extirper » (122-123, mes italiques).

sait mieux qu'ailleurs ces *limites implicites du récit* » (115, mes italiques). Ainsi, paradoxalement, tout en écrivant ce livre sur le suicide de son ami, tout en suggérant la cause du suicide, tout en dévoilant la méthode employée, Bon insiste sur l'impossibilité de tout dire, d'où les limitations implicites de son récit, son manque de chronologie et l'envahissement de sa voix narrative. Ce n'est ni par honte ni par crainte de la stigmatisation sociale comme c'est, il est vrai, souvent le cas que les parents d'Alain taisent la cause de son décès et entretiennent alors le tabou du suicide[43], mais par égard pour la communauté à laquelle ils appartiennent – et à laquelle le narrateur est intégré le temps du rituel – et dont ils remplissent les attentes en matière de deuil. *L'Enterrement* illustre ainsi l'impact qu'un suicide peut avoir sur une communauté, ainsi que la part jouée par les endeuillés dans la stigmatisation du suicide, comme l'a relevé Hanus :

> si ces attitudes de stigmatisation de l'entourage d'un suicidé sont assez fréquentes sans être générales, il est difficile, dans chaque situation concrète, de pouvoir apprécier ce qui revient aux attitudes de l'entourage et ce qui est le *ressenti par les endeuillés à partir de leurs sentiments personnels de honte et de culpabilité*. Ce qui est vécu par les intéressés comme du rejet peut aussi être lié à la *gêne éprouvée par les proches* vis-à-vis de la conduite à tenir dans cette situation bien particulière.
>
> *Deuil*, 55, mes italiques

Derrière le cercueil de l'ami, c'est toute une communauté qui se met en marche et au banquet, le silence est rompu comme le pain l'est au moment de la communion. Car ce sont les endeuillés après suicide, et non le suicidé, qui comptent dans *L'Enterrement*. Comme Daniel l'organiste, Bon a dans ce récit « emboît[é] chaque élément de parole pour décomposer à l'infini sans la rejoindre jamais la vraie réalité » (83), la vraie réalité du suicide, et surtout la vraie réalité du deuil après suicide, à la fois personnelle et communautaire, toujours douloureuse.

C'est à l'aide de cet adjectif et en reprenant un titre de Roland Barthes qu'on pourrait qualifier le livre de Danièle Rousselier : *Seule, journal de deuil* ou « Fragments d'un discours douloureux »[44]. « Seule » est le premier adjectif

43 Dans leur étude sur les conséquences sociales d'un suicide sur une famille, Lawrence G. Calhoun et James W. Selby avancent que les endeuillés après suicide « sont susceptibles de rencontrer un environnement social qui peut ajouter un poids significatif au processus du faire-face » (« are likely to encounter a social environment that may add significant burdens to the coping process », 222).

44 *Dol* en latin a donné *deuil*.

qui qualifie la mère et sa mort dès les premières lignes de ce texte fragmentaire ; « Seule » est le mot qui revient, lancinant car porteur de tout le poids de la culpabilité éprouvée par la fille, une culpabilité double, ressentie suite au suicide maternel et parce qu'elle avait souhaité la mort de sa mère[45] et s'était même livrée dans *Découpage* (2001) à un matricide symbolique[46]. Endeuillée après suicide endolorie, Rousselier passe sans transition du registre du regret à celui de l'accusation – « Elle a tout fait, toute sa vie, pour que je ne puisse pas lui montrer mon amour. C'est elle qui a construit cette muraille. [...] Je ne pouvais pas être près d'elle, à l'heure ultime, elle m'a refusé cet apaisement. Cette compensation. Cette réparation » (52) – avant de passer, presqu'aussi soudainement, au registre de la déculpabilisation et de la reconnaissance : « Et de cela [que la mère ne l'ait pas voulue près d'elle au moment de sa mort] je ne peux lui en vouloir. Puisqu'elle m'a, pour la première, unique et dernière fois, épargnée » (52). Ces derniers passages montrent, par la violence et la contradiction des sentiments éprouvés, la complexité de ce deuil après suicide – deuil complexifié par la relation préexistante entre les deux femmes, voire par des deuils après suicide non résolus. Rousselier est en effet une triple endeuillée après suicide et *Seule* son deuxième récit de deuil après suicide après *Le Colonel Rivier est mort* – rédigé trente ans après le suicide de son père, survenu en 1958[47]. *Seule* n'est pas seulement un journal de deuil après suicide, c'est aussi un cahier de doléances et un cahier de punition où Rousselier recopie les lignes du journal qu'elle a tenu, où elle recopie les mots « seule, comme un chien » à divers endroits de son texte. Elle n'a pas saisi « la possibilité d'une réparation » (107) avec sa mère et se trouve maintenant dans le remords et dans la dette, dette impayable puisque la mère est morte, et elle se retrouve aussi seule que sa mère (53), seule dans son deuil avec sa douleur dans laquelle elle « s'abîm[e] » (53). « S'abîmer » (53) est justement un des titres de ce journal fragmentaire – titres qui remplacent les dates. C'est également la première figure des *Fragments d'un discours amoureux* de Barthes dont le premier exemple est Werther, Werther que ses souffrances mèneront au suicide.

45 « [I]l m'est arrivé de penser, avec un cynisme volontaire, quand je n'en pouvais plus de la méchanceté de ma mère : Vivement qu'elle meure ! Que je sois débarrassée. Libérée » (*Seule* 100-101).

46 Tania, peintre psychotique, brise le reflet de sa mère « d'un coup de ciseaux. Elle perce l'outre : le ventre de sa mère, gonflé de vin » (75). Dans *Seule*, Rousselier reconnaît pleinement ce matricide : « Ma mère, elle était morte depuis trois ans déjà. / Je l'avais tuée. / Dans un livre. » (44).

47 « Trente ans après, je n'avais pas surmonté la perte de cet être d'exception » (*Colonel* 96). Le suicide du père est masqué sous les dehors socialement plus acceptables d'un accident de voiture. Dans *Seule*, elle évoque sa demi-sœur, l'autre fille de son père, elle aussi suicidée (28).

La trentaine de titres/figures de *Seule*[48] appelle à une adaptation de la phrase de Barthes (13) : « C'est donc une endeuillée [un amoureux] qui parle et qui dit : ». Ce récit, dont elle se demandait comment le finir (119), s'achève sur des larmes et les mots « Maman … » (130). Pas de point final, mais trois points de suspension – comme Rousselier est par trois fois endeuillée après suicide – et surtout un délai de neuf ans de publication (achevé le 10 juin 2003, publié en 2012). Ce délai viendrait-il confirmer cette sentence de Rousselier : « la fiction ne donne pas de réponse. Et apaise-t-elle seulement ? Elle ne fait que recouvrir les blessures, les plaies restent ouvertes, l'oubli n'existe pas. Le passé est irréparable » (64) ?

Après la forme que peut revêtir l'écriture du deuil après suicide, j'aimerais justement me pencher également sur la temporalité. Si le passé est irréparable, comme en atteste le récit de Jean-Philippe Blondel, *Un hiver à Paris*, publié trente ans après le suicide d'un condisciple de classe préparatoire dont le cri continue de le réveiller en pleine nuit[49], que dire de l'avenir ? Deux des vingt-huit livres listés en fin d'ouvrage sont en effet annonciateurs de suicide. *La Dernière leçon* de Noëlle Châtelet, récit qui relate le suicide d'une femme âgée et diminuée, permet d'envisager ce qui sera sans doute un deuil simple. L'intérêt de ce récit réside dans le fait qu'il a été écrit par une endeuillée après suicide, mais du point de vue d'une endeuillée *avant* suicide. À quatre-vingt-douze ans, sa mère se sent « fatiguée » (125), souffre de la « déglingue » (122)[50]. Sage-femme qui a mis au monde tant d'enfants et qui a pris position en faveur de l'avortement, elle prône par la même logique le « droit à la mort digne » (139), droit qu'elle a décidé d'exercer[51]. La mère va alors mettre à profit le temps qu'elle s'est imparti pour aider ses quatre enfants à surmonter sa mort et combler l'écart entre le « principe » de sa mort (9, 19, 36), principe accepté par tous,

48 Comme « *Les signes* » (36), « *Rompre* » (69), « *La Ressemblance* » (72), « *Écriture* » (82), « *Crise* » (98), « *Rechute* » (101), « *Photos* » (102), « *Lucide* » (105), « *Pleurs* » (111), « *Payer* » (113), « *L'Heure des cendres* » (120) et finalement « *Repérages* » (123).

49 Détail autobiographique qu'il a évoqué lors de son passage dans l'émission *La Grande librairie* le 29 janvier 2015 (<http://culturebox.francetvinfo.fr/emissions/france-5/la-grande-librairie/virginie-despentes-laurent-gaude-jean-philippe-blondel-et-abdellah-taia-209197>, dernier accès le 28 mai 2015). Dans et par *Un hiver à Paris*, Blondel montre les effets pérennes du suicide sur les survivants – même ceux, comme lui, somme toute peu familiers du suicidé.

50 Bacqué et Hanus observent que de nos jours, une « mort par usure semble infondée à beaucoup » (15).

51 Parle-t-on alors de suicide ou de mort dans la dignité – Mireille Jospin, puisque c'est d'elle qu'il s'agit, ayant justement cofondé l'Association pour le Droit de Mourir dans la Dignité (ADMD) ?

et la réalité de sa mort, réalité à laquelle Noëlle en particulier – à cause de leur proximité – n'est pas prête. À la manière de Socrate, cette sage-femme – et femme sage – va apprendre à sa fille la mort, sa mort, va doucement l'amener à l'accepter. Un double travail s'effectue en fait dans ce récit, le travail de la fille qui doit anticiper sur son deuil et le travail de la mère, double lui aussi, puisqu'elle prépare les siens et qu'elle *se* prépare – en se séparant d'objets ou en en triant et étiquetant d'autres en prévision d'un don post-mortem. Dans ce lent – et double – apprentissage de la mort où la mère est *pharmakon*, à la fois poison (puisqu'elle cause à sa fille de la souffrance) et ellébore (puisqu'elle est la seule à pouvoir soulager cette souffrance), la fille passe par toutes sortes de sentiments et émotions[52] : le refus au tout début, la résistance, la colère, la peur. D'abord perdue et déchirée, elle s'incline, apprend ses leçons, tout en revendiquant son droit au chagrin et à la douleur. Au cours des trois mois que durera ce travail de deuil avant suicide[53], la mère inverse les rituels, la « symbolique du deuil » (137)[54] et dispense huit leçons[55]. Le don suprême que cette femme au sens moral très fort fait à sa fille par cet apprentissage peu orthodoxe du deuil, c'est celui d'absence de culpabilité. Sa fille ne s'abîmera pas dans le « trop tard » et la douleur des conditionnels passés. À ce don, Châtelet a répondu par ce contre-don, *La Dernière leçon*, qui est publiquement, alors qu'« [a]ujourd'hui, la souffrance du deuil ne se partage pas. Elle demeure

---

52 Châtelet suggère elle-même cette référence au *pharmakon* (49) ; elle qualifie de « remède » les diverses leçons dispensées par sa mère (133). Dans « La Pharmacie de Platon », Jacques Derrida associe l'écriture à un *pharmakon* : « Déjà l'écriture, le *pharmakon*, le dévoiement » (88). En la forçant à ces leçons, la mère dévoie sa fille. Le récit né de ces leçons semble, lui, avoir été écrit et vécu comme un ellébore.

53 Peu différent du « prédeuil » – suicide excepté – que Bacqué et Hanus identifient comme la « mise en route du travail de deuil » déclenchée par la réalisation que la maladie du proche est grave et risque de l'emporter, « débutent alors les pensées de sa mort, de notre séparation et de notre chagrin. [...] nous voyons s'y mettre en action les différents mouvements du travail de deuil » (90).

54 Transmission d'objets, don de bijoux, jouissance de fleurs (et non de couronnes mortuaires), partage ante-mortem de sa lettre d'adieu. Le futur antérieur qu'utilise la narratrice reflète aussi cet inversement : le « "On aura bien ri, hein ?" » de la mère montre qu'elle se situe déjà – ou se projette – dans l'après, un après où elle ne cesse de convier sa fille-personnage endeuillé avant suicide, auquel elle ne cesse de rappeler sa fille, qui, narratrice endeuillée après suicide, s'y trouve effectivement : « Aujourd'hui que le cahier s'est refermé [...] » (67), « Aujourd'hui que tu n'es plus là pour accompagner ma plume [...] » (129).

55 1. Détachement et distanciation (32), 2. Banalisation de la mort (33), 3. Apprivoiser la mort (44), 4. Défusion (54), 5. Jour anniversaire (57), 6. Non-contagion de la mort (66-67), 7. Transmission (107) et 8. Adieux (153).

secrète et solitaire. Pour ne pas dire taboue » (163), comme la dissertation finale de son travail de deuil. Avec *La Dernière leçon*, ce récit d'endeuillée avant suicide[56], Châtelet se trouve non dans le deuil mais dans l'après-deuil, comme elle le remarque elle-même dans *Suite à la dernière leçon*, récit double, à la fois réflexion sur le passage de l'écrit à l'écran[57] et message citoyen alors que la loi Claeys-Léonetti est débattue[58] et que le cas de Vincent Lambert continue de faire l'actualité. Un échange avec Philippe Grimbert, qui a lui aussi vécu « l'aventure d'un livre adapté au cinéma. *Un secret*, l'histoire vraie de ses parents, est aussi devenu un film » (*Suite* 191-192)[59], fait dire à Châtelet : « je n'ai pas écrit *La Dernière leçon* pour *faire le deuil* de ma mère – il était fait, je l'ai dit, lorsqu'elle est partie, grâce, précisément, à sa "leçon" » (*Suite* 193).

Unique est le récit du romancier et photographe Édouard Levé, intitulé *Suicide*, quand on en vient à aborder le genre et la temporalité, dans la mesure où il constitue à la fois un récit de deuil après suicide – celui, vingt ans plus tôt, d'un ami auquel le narrateur s'adresse à la deuxième personne du singulier[60] – et un récit de deuil avant suicide – celui de l'auteur, dix jours après la remise de son manuscrit à son éditeur P.O.L[61]. Faut-il entendre le « tu » de la citation suivante comme Levé s'adressant à l'ami ou comme Levé se parlant à lui-même : « tu

---

56 Valérie Dusaillant-Fernandes parle fort à propos de « brouillage générique », *La Dernière leçon* étant pour elle « d'abord une chronique sur une femme engagée » qui a décidé de mourir, « puis un récit axé sur la vie de Noëlle Châtelet [...] et c'est enfin, un cahier de visites sous forme de compte à rebours qui révèle les pensées subjectives de la narratrice s'immunisant contre la violence de la mort » (111) ; au fil des pages, « le récit biographique de la mère devient indubitablement celui autobiographique de la narratrice identifiée à l'auteure » (112).

57 Puisqu'on en suit pas à pas l'adaptation cinématographique par Pascale Pouzadoux. En 2005, Châtelet avait refusé une première proposition d'adaptation de son récit au cinéma par Sólveig Anspach ; quelques années plus tard, elle avait accepté une adaptation au théâtre (*Suite* 19).

58 La loi Claeys-Léonetti votée à l'Assemblée nationale en mars 2015 « n'autorise ni euthanasie ni suicide assisté, mais instaure un droit à une sédation "*profonde et continue*" jusqu'au décès pour les malades en phase terminale » (<www.lemonde.fr/fin-de-vie/article/2015/03/17/l-assemblee-vote-aujourd-hui-la-loi-sur-la-fin-de-vie_4595401_1655257.html>, dernier accès le 7 décembre 2015) – la loi Léonetti de 2005 avait pour objet d'éviter l'euthanasie et l'acharnement thérapeutique.

59 Le roman de Grimbert fait l'objet de mon quatrième chapitre, j'y montre les limites de l'autobiographique.

60 Comme le font dans leurs propres textes Cusset, Dodemant et Villeneuve.

61 Le 5 octobre 2007, Paul Otchakovsky-Laurens reçoit le manuscrit de Levé qu'il informe le 8 octobre de son intention de le publier. Le 15 octobre, Levé se pend. Comment expliquer le délai du passage à l'acte sinon par le fait que Levé avait voulu s'assurer de la publication de son récit ? (Mais un suicide immédiatement après avoir remis le manuscrit aurait vraisemblablement suffi à en assurer la publication.)

pensais à la mort si souvent, depuis quelques temps, qu'elle t'était devenue familière » (75) ? Plus que le simple récit d'un endeuillé après suicide, *Suicide* est un texte où Levé se livre à des réflexions sur la mort et sur le suicide dont il dit qu'il teinte la vie passée du défunt, à jamais changée par cet acte ultime[62]. Surtout, il éclaire les effets du suicide sur les survivants, à commencer par la présence du défunt auprès d'eux. Il souligne que, loin d'avoir un effet totalement négatif sur les endeuillés, le suicide peut mettre en valeur leur propre vie : « Quand je suis trop primesautier et que [...] ton visage m'apparaît, je redonne de l'importance aux gens qui m'entourent. [...] Je profite à ta place de ce que tu ne connais plus. *Mort, tu me rends plus vivant* » (14-15, mes italiques). Ne nous y trompons pas, *Suicide* n'est pas une apologie du suicide et Levé ne manque pas par exemple de mentionner la culpabilité éprouvée par les survivants (33, 103) ou le sentiment du « trop tard » (16) ou encore la douleur et les larmes qui persistent après des années (109). Cependant, et il est un des rares à le faire[63], il souligne que le suicide peut être, pour l'endeuillé, un exhausteur de vie : « Ton suicide rend plus intense la vie de ceux qui t'ont survécu. [...] La joie des choses simples leur apparaît à la lumière de ton triste souvenir. Tu es cette lumière noire mais intense qui, depuis ta nuit, éclaire à nouveau le jour qu'ils ne voyaient plus » (31). Comment comprendre cette citation ? Au su de la biographie de Levé, elle résonne comme l'extrait d'un petit guide qui pourrait s'intituler « La Mort mode d'emploi »[64]. En fait, notre lecture de ce passage et du récit dans son ensemble est affectée par le fait qu'on sache ou pas que Levé s'est lui aussi suicidé[65]. Non seulement son propre « geste ultime » a-t-il inversé sa biographie et réécrit l'histoire de sa vie sous forme négative, mais son suicide a mené à des réévaluations de son œuvre littéraire et photographique existantes

62 « Ta façon de quitter la vie en a récrit l'histoire sous forme négative. Ceux qui te connurent relisent chacun de tes gestes à la lumière du dernier. [...] N'est-il pas singulier que ce geste ultime inverse ta biographie ? Je n'ai entendu personne, depuis ta mort, raconter ta vie en commençant par le début. Ton suicide est devenu l'acte fondateur » (35) – ce que Levé fait lui-même dans ce récit. Parallèlement, dans un texte sur Cesare Pavese, Linda Lê déplore que le poète et romancier italien soit lu « à la lumière de sa défaite [son suicide] face à ce qui le rongeait » et nous encourage à considérer plutôt sa lutte incessante « contre sa tendance à l'autodestruction » et ses efforts « pour accomplir coûte que coûte un travail créatif » (158).

63 Cette remarque est basée autant sur les textes littéraires que les ouvrages de spécialistes.

64 Rappelons la première phrase de son *Autoportrait* : « Adolescent, je croyais que *La Vie mode d'emploi* m'aiderait à vivre, et *Suicide, mode d'emploi* à mourir » (7).

65 Sa traductrice remarque : « J'étais une des rares lectrices de *Suicide* qui ne savait pas, avant de lire le livre, que l'auteur avait décidé de mettre un terme à sa vie » (« I was one of the few readers of *Suicide* who didn't know about the author's own decision to end his life before reading the book », <http://conversationalreading.com/seven-questions-for-translator-jan-steyn-on-edouard-leves-suicide/>, dernier accès le 29 mai 2015).

et a influencé la réception de ce dernier livre. Toutes les critiques et interviews parues sur ce récit mentionnent d'emblée le suicide de l'auteur[66]. Sans cette connaissance, le texte produirait une lecture bien différente[67]. Chronique d'une mort programmée selon le journaliste Baptiste Liger, « autoportrait détourné » selon Otchakovsky-Laurens (cité par Liger), auto-fiction spéculaire selon Laurie Laufer (411), la seule chose certaine est que *Suicide* est bien plus qu'un récit de deuil après suicide. Pour le galeriste Hervé Loevenbruck, ami d'enfance de Levé, « son suicide était orchestré et [...] il fait corps avec l'œuvre écrite et photographique. En particulier avec la série *Fictions* », série où Levé « avait même envisagé la pendaison d'un mannequin » (Liger)[68]. Le lecteur, lui, est pris entre deux feux, entre le détachement de la voix narrative (qui, avec le « tu » et l'emploi du passé simple, crée et maintient une distance certaine) et la proximité de cette voix avec le vécu de l'auteur. Récit d'un suicidant, avec son cortège de réflexions sur la mort, le suicide et le deuil après suicide, ce livre serait alors la note laissée par Levé, la lettre à l'ami devenue lettre de suicide, le « tu » s'adressant à la fois à l'autre et à soi-même. Mais *Suicide* va encore au-delà et dépasse, comme son auteur, les frontières du littéraire. Liger se demande en effet « jusqu'à quel point la mort programmée de l'auteur fait partie intégrante du projet littéraire » et parle d'« acte littéraire absolu » – l'auteur de l'article du *Magazine littéraire*, lui, se garde de voir la mort de Levé comme « une sorte de performance artistique ultime. [...] si le geste esthétique a rejoint le geste existentiel, ce n'est que coïncidence. Une coïncidence évidemment frappante, mais en aucun cas préméditée »[69]. Devant l'impossibilité de trancher,

66 L'article dans *L'Express* commence ainsi : « Le livre s'appelle *Suicide*. Son auteur, Édouard Levé, s'est donné la mort il y a quelques mois. Performance extrême ou tragédie macabre » ; celui du *Magazine littéraire* : « Certains textes sont inséparables de leur histoire, du contexte de leur genèse et de leur publication. Ainsi de *Suicide*, qu'Édouard Levé remit à son éditeur dix jours tout juste avant de se tuer, en octobre dernier » (<http://www.magazine-litteraire.com/critique/fiction/suicide-12-03-2008-35771>, dernier accès le 29 mai 2015).

67 Dans *Photo-photo*, ce n'est qu'après la description d'une photo de Levé que Marie Nimier évoque le suicide de l'auteur, rappelle l'annulation de son exposition de photographies « Pornographie » le jeudi suivant sa mort et narre la rencontre de son ami Stephen avec Levé à l'école communale, comment celui-ci, solitaire, lui avait appris à jouer aux osselets. Stephen lâche cette phrase, ce souvenir (troublants encore une fois quand on sait que l'enfant d'alors se suicidera) : « Un lundi il avait manqué la classe. J'avais pensé qu'il était mort » (52) – Levé s'est, soit dit en passant, suicidé un lundi.

68 Otchakovsky-Laurens a précisé que la publication de *Suicide* ne relevait pas seulement d'une décision éditoriale mais que c'étaient « l'espoir et la volonté d'Édouard Levé, clairs et nets, d'ailleurs réaffirmés dans le testament qu'il a laissé » (Liger).

69 Laufer observe que ce « qui trouble donc dans cette histoire c'est une sorte de performativité du geste : dire c'est faire » (415).

je me bornerai à dire que le suicide d'Édouard Levé fait corps avec son œuvre écrite et photographique, et ce, de manière irrévocable, et si intention il y a eu, Levé est, avec ce geste, passé maître dans l'art performance. Le suicide (l'acte) fait partie intégrante de *Suicide* (l'œuvre) et explique la fascination particulière exercée par ce texte court mais ô combien complexe.

Les pages qui précèdent et la liste de récits et romans basés sur un fait réel fournie en fin d'ouvrage suffisent pour constater que les écrivains endeuillés après suicide sont de renommée diverse, sont de tous âges et écrivent dans tous les styles. Leur seul point commun est qu'ils ont eu à faire face, à un moment plus ou moins avancé de leur vie, au suicide d'un être cher ou proche (parent, frère, enfant, oncle, ami-e) et qu'ils ont écrit sur cette expérience du deuil après suicide – avec un laps de temps variable entre acte et écriture, voire entre écriture et publication. Tous indiquent la méthode employée, le lieu, les circonstances du suicide. Certains identifient un ou des facteurs déclencheurs ; presque tous posent des questions. Certains précisent leur réaction à l'annonce du suicide ; tous évoquent des affects, comme la colère, la honte, la culpabilité. Pour beaucoup, il semblerait que l'écriture ait aidé à se restructurer. Chacun mériterait une étude de cas à part entière mais pour cet ouvrage, qui ne se veut en rien exhaustif, j'ai choisi d'en examiner six plus en détail parce que des circonstances particulières ont rendu leur deuil complexe. Ainsi, la première partie portera sur la famille, la filiation et le poids des secrets familiaux dont l'influence peut être pathogène. Après un chapitre sur le deuil d'Éric Fottorino pour un homme qui lui avait donné en l'adoptant un « roman familial » différent et dont le suicide lui a donné licence de reprendre contact avec son père biologique, j'examinerai dans le roman de Delphine de Vigan, *Rien ne s'oppose à la nuit*, le concept de « mythe familial » et comment les effets transgénérationnels du suicide ont affecté son deuil. La deuxième partie portera sur l'individu et le poids de l'Histoire, en l'occurrence la Seconde Guerre mondiale et l'Holocauste avec *Un secret* de Philippe Grimbert et la guerre d'Algérie et les massacres de harkis avec *Moze* de Zahia Rahmani. Présenté par son auteur comme une étude sur le caractère transgénérationnel du secret, le roman de Grimbert peut se lire comme une étude de cas romancée où le psychanalyste mentionne le suicide retardé de ses parents ; son quatrième roman atteste du succès de sa restructuration et de son réinvestissement psychiques[70]. Le « témoignage » de Rahmani au nom d'une communauté restée longtemps

70 Contrairement aux cinq autres écrivains, il me faudra, dans le cas Grimbert, examiner non seulement les textes postérieurs à celui où le deuil après suicide s'exprime (le plus), mais aussi le roman publié avant *Un secret* car il y travaillait déjà – différemment, bien sûr – les éléments du drame familial.

silencieuse et toujours stigmatisée prend le relais de la lettre-suicide de son père et s'adresse à la France qu'elle accuse de ne pas avoir fait face à ses responsabilités légales, financières et morales envers les harkis et leurs descendants. Nous verrons que pour ces deux auteurs le livre fait fonction de sépulture, voire revêt une fonction monumentaire dans le cas de Rahmani. Dans la troisième et dernière partie, je me pencherai sur un groupe encore peu étudié, même dans les ouvrages spécialisés : les enfants endeuillés après suicide. Le travail de deuil des enfants, déjà unique à cause de leur approche souvent altérée de la réalité, a des effets décuplés quand il s'agit d'un suicide. Le récit d'Olivier Charneux, *L'Enfant de la pluie*, illustre parfaitement l'imagination déployée par l'enfant, les affabulations constitutives de son long travail de deuil. Surtout, ce texte est un exemple de ce que peut être un deuil après suicide « classique » chez l'enfant et, à ce titre, il me servira de tremplin à l'étude d'un cas vraiment à part, celui de Chloé Delaume. Les circonstances pour le moins traumatiques du suicide[71] ne pouvaient que rendre, à elles seules, son deuil complexe. Née d'un état de stress post-traumatique, l'œuvre delaumienne est un exemple inégalable de deuil (après suicide) traumatique.

---

71 Son père a abattu sa mère sous ses yeux avant de retourner l'arme contre lui-même.

PARTIE 1

Le Poids de la famille

CHAPITRE 1

Le « Roman familial » d'Éric Fottorino et le Don du mort

En 1923-1924 paraît dans *L'Année sociologique* le texte séminal du sociologue et anthropologue Marcel Mauss, *Essai sur le don*, qui examine l'échange dans les sociétés archaïques. Mauss y montre que le don est obligatoirement, selon des codes préétablis, suivi d'un contre-don et qu'il s'inscrit dans un cycle en trois temps, donner-recevoir-rendre, grâce auquel le lien social se recrée de façon permanente. À la fin du siècle, l'anthropologue Maurice Godelier observe que le don existe toujours dans nos sociétés occidentales, mais qu'il n'est plus « un moyen nécessaire pour produire et reproduire les structures de base de la société. Par exemple, pour se marier, un homme n'a pas à "donner" sa sœur, une femme à "donner" son frère. On n'a pas non plus à entrer dans des compétitions de dons et contre-dons de richesses pour accéder au pouvoir politique » (291). Le don persiste comme « affaire avant tout subjective, personnelle, individuelle », dans « les rapports de parenté et dans les rapports d'amitié » (291). Quel qu'en soit le cadre, le don instituerait un double rapport, un « rapport de *solidarité*, puisque celui qui donne partage ce qu'il a, voire ce qu'il est, avec celui à qui il donne, et un rapport de *supériorité*, puisque celui qui reçoit le don et l'accepte se met en dette vis-à-vis de celui qui lui a donné » (Godelier 21). Et Godelier d'avancer que la dette place jusqu'à un certain point celui qui reçoit dans un état de dépendance, d'obligation vis-à-vis de celui qui a donné (21). Qu'en est-il quand le don est don de vie ? Dans *L'Esprit du don*, le sociologue québécois Jacques T. Godbout relève qu'à « l'intérieur de la famille, le don qui demeure encore le moins libre est celui des rapports à l'enfant, le don de la vie, don par excellence en un certain sens, mais chargé d'obligations consenties » (59). Au temps de l'enfant-roi pour qui on est prêt à tous les sacrifices, y compris de soi, le rapport parent-enfant est selon Godbout un des plus asymétriques, intenses et étendus dans le temps qui ait jamais existé : « Un enfant est actuellement en rapport de don presque unilatéral pendant souvent plus de vingt ans. Le don à l'enfant est peut-être la forme la plus spécifique du don moderne, et la dette contractée la plus difficile à assumer » (61). L'enfant va repayer ses parents d'abord par des réussites scolaires, sportives ou artistiques, plus tard par le succès professionnel et personnel, voire par sa progéniture qui perpétue le nom de la famille. Mais qu'en est-il quand le don est don de « seconde

 | DOI:10.1163/9789004384569_003

vie », don de filiation ? Quand par l'adoption on a donné à l'enfant une seconde naissance, un autre nom, une filiation ? C'est le cas d'Éric Fottorino dont une grande partie de l'œuvre littéraire repose sur son histoire familiale, sur les circonstances particulières de sa naissance et de son adoption[1]. Dans ce chapitre, j'examinerai comment dans ses romans et récits autobiographiques, son « roman familial » s'inscrit dans cette dynamique du donner-recevoir-rendre qui ici crée de façon permanente non le lien social, mais le lien filial – voire même les liens filiaux – et qui est rendue complexe par la présence de deux pères – adoptif et naturel – et surtout par le suicide de celui-là.

1 Roman familial et Enfant choisi

Éric Fottorino naît le 26 août 1960 Éric Chabrerie[2]. Sa mère, mineure de dix-sept ans, a été éloignée de Bordeaux par sa propre mère, catholique fervente, pour finir sa grossesse chez des cousins et accoucher à Nice. Le jeune Éric grandit à Bordeaux auprès de sa mère et de sa grand-mère qui a évincé son père naturel, « un juif marocain étudiant la médecine » (*Homme* 116). Jusque-là, la vie d'Éric Fottorino n'a rien de bien singulier dans la France d'avant-IVG et avant-pilule contraceptive. En fait, la suite ne l'aurait pas été outre mesure si Fottorino n'en avait fait l'histoire de sa vie et surtout l'histoire de son œuvre. En effet, nombre de filles-mères ont trouvé à se marier et leur enfant a du coup pris le nom du père adoptif. Citons comme cas célèbre celui du cinéaste François Truffaut, né de père inconnu et adopté presque deux ans plus tard par le nouvel époux de sa mère, Roland Truffaut – dont il n'apprendra qu'il est son père adoptif qu'à l'adolescence. Ces éléments biographiques sont bien sûr également ceux de son double cinématographique, Antoine Doinel, mais ils ne constituent pas le nœud des *Quatre cent coups*, ni le nœud identitaire du cinéaste[3]. Par son évocation des *Mots* dans *Rochelle*, Fottorino nous invite à rapprocher son cas de celui de Jean-Paul Sartre. Le cas de Sartre diffère toutefois dans la mesure où il était

---

1 Fottorino est aussi journaliste. Il a été grand reporter puis rédacteur en chef au *Monde* avant d'être président du directoire du groupe *La Vie-Le Monde* de 2008 à 2010. En avril 2014, il a fondé l'hebdomaire *Le 1*.

2 Alors que dans son premier roman, *Rochelle* (1991), son héros autobiographique naît en juillet 1958. Sa véritable date de naissance est restituée dans son deuxième roman autobiographique, *Korsakov* (2004) puisqu'au dos d'une photo de la mère et de son nouveau-né est inscrit « Mardi 30 août 1960. 4 jours » (51).

3 C'est lors d'une dispute surprise entre ses parents que le jeune Antoine apprend son illégitimité : « Je lui ai donné un nom », s'écrie Julien Doinel. Comme nous le verrons, pour Éric Fottorino aussi le nom a son importance.

un enfant légitime – son père est mort dans sa prime enfance et sa mère est retournée vivre chez ses parents où le « petit Poulou » des *Mots* grandit heureux jusqu'au remariage de sa mère quand il avait douze ans et leur déménagement à La Rochelle. Ainsi, presqu'au même âge, La Rochelle est pour Sartre la ville post-édénique du malheur auprès d'un beau-père qu'il hait, alors qu'elle est pour Fottorino la ville du bonheur auprès d'un père adoptif qu'il vénère et qui le sort de sa nuit d'enfant naturel[4]. En effet, en 1970 Michel Fottorino demande la mère du jeune Éric en mariage et Éric ... en paternité. C'est une scène fondatrice, présente dès *Rochelle*, reprise treize ans plus tard dans *Korsakov* et dix-huit ans plus tard dans *L'Homme qui m'aimait tout bas* (2009) :

> La scène est inscrite à l'encre indélébile dans ma mémoire. Allongé sur mon lit, je lisais une aventure des *Six compagnons*. La poignée de la porte tourna, Étienne [le futur père adoptif] vint s'asseoir près de moi. Il était gauche et intimidé comme le sont parfois les gens simples face à un enfant. Il se frotta les mains et, regardant petit Paul [Éric], il lui dit que, s'il le voulait bien, il deviendrait son père. « Tu pourras m'appeler papa, puisque tu porteras mon nom. » Étienne avait tapoté la joue du garçon et s'était levé.
>
> *Rochelle* 224

> Un soir qu'il était couché, attendant le baiser de Lina, François [Éric] a vu paraître l'ostréiculteur [Marcel, le futur père adoptif] avec sa carrure terrible et sa peau tannée par le soleil, son œil et son cheveu noir, ses mains formidables. François a eu la sensation que l'océan était entré jusque dans sa chambre pour l'emporter.
>
> Ce fut simple comme bonjour. Marcel demanda à l'enfant s'il voulait bien qu'il devienne son père en même temps qu'il épouserait Lina. Bien sûr, continua Marcel sur sa lancée car il n'avait guère l'habitude des enfants et préférait tout dire dans le même souffle, bien sûr, s'il le voulait aussi, François s'appellerait Signorelli [Fottorino] et comme ça ils feraient une famille à eux trois.
>
> L'enfant parut d'abord fermé, tellement fermé que Marcel resta déconcerté [...].
>
> Il y eut un silence et puis, comme l'émotion était trop forte, François enfouit son visage dans la chemise de Marcel. Quand il demanda d'une

4 Dans *Korsakov*, l'écrivain a d'ailleurs choisi de donner Arda*nuit* comme nom de famille à son double.

> voix étouffée s'il aurait le droit de l'appeler papa, l'ostréiculteur songea qu'il avait trouvé les mots pour attendrir cette tête-là.
>
> Lina entra dans la chambre et les trouva légèrement retournés.
>
> *Korsakov* 183-184

D'un roman autobiographique à l'autre, la scène s'étoffe. D'un paragraphe, elle passe à quatre. Surtout, si certains éléments demeurent inchangés – la position couchée de l'enfant seul dans sa chambre, l'emploi du verbe « vouloir bien » qui indique qu'il s'agit bien de la part de l'homme d'une *proposition* en paternité, ce qui implique que l'enfant pourrait refuser, que les deux concluent un accord autant que l'homme et la mère – d'autres subissent des changements plus ou moins significatifs. L'homme « gauche » et « intimidé » qui s'apprête à faire sa demande dans *Rochelle* devient dans *Korsakov* l'homme « déconcerté » devant le silence de l'enfant *après* sa demande. Dans *Korsakov*, l'homme ne propose pas seulement à l'enfant la paternité, il lui offre aussi son nom et la perspective d'une famille – la mère est d'ailleurs très présente dans cette version puisque la demande en paternité est indissociable de la demande en mariage et que c'est elle qui rompt la magie du moment en pénétrant dans la chambre et en informant son fils du déménagement à venir. Surtout, alors que dans *Rochelle* l'homme offre à l'enfant, au style direct, de l'appeler « papa », dans *Korsakov*, c'est l'enfant qui lui demande, au style indirect, s'il pourra l'appeler ainsi. Cette deuxième version permet à Fottorino de montrer à quel point l'enfant souhaite devenir le fils de cet homme, sa question servant d'assentiment. L'enfant joue un rôle actif dans ce nouveau rapport ; la paternité ne peut s'établir que parce que l'enfant l'a acceptée – et c'est là que Fottorino se démarque de Sartre, par exemple. Si cet élément de vécu, pas banal mais pas si extraordinaire que cela dans la France des années 1960[5], a pu prendre les proportions obsessionnelles qu'on lui connaît c'est parce que l'enfant ne l'a pas subi mais choisi et qu'il n'a eu de cesse par la suite de renforcer son choix par son comportement. Dans *L'Homme qui m'aimait tout bas*, après le suicide du père adoptif, Fottorino réécrit une dernière fois cette scène fondatrice qu'il condense en une seule phrase, n'en préservant que l'essentiel : « Un soir il est entré dans ma chambre et m'a dit en se raclant la gorge que si je voulais bien il serait mon père et que je pourrais l'appeler papa » (14). Exit la mère, exeunt les sentiments, la gêne de l'homme seulement perceptible dans son raclement de gorge, exit toute mention du nom de famille, exit surtout l'agentivité de l'enfant. Nous sommes vraisemblablement en présence du noyau dur de la scène, rendu immuable

5 Selon l'INSEE, les familles monoparentales sont aujourd'hui 2,8% plus nombreuses qu'en 1968 (<https://www.insee.fr/fr/statistiques/1281271>, dernier accès le 16 novembre 2017).

par le suicide de l'homme. Tenu en respect par la mort, son écrivain de fils ne peut que se tourner vers ses livres précédents où il a transcrit cette scène et c'est ainsi que ce récit de deuil contient in extenso la scène telle que Fottorino l'a écrite dans *Rochelle* et in extenso les deux premiers paragraphes de sa version dans *Korsakov* (*Homme* 88). Les deux citations sont précédées d'un autre extrait de *Rochelle* où le fils fait profession d'amour envers son père adoptif :

> J'aime Étienne. Ne vous trompez pas sur le sens de cet amour crûment déclaré. Je le puise dans le vide qui a précédé l'entrée de ce père dans ma vie. Avant de séduire Lina, c'est moi qu'il a conquis. Il a bien manœuvré. S'il n'avait su m'apprivoiser, je l'aurais éloigné, éliminé, comme d'autres avant lui. Les adultes ne se méfient jamais assez du regard des enfants, le mien était terrible. Je crois qu'on s'est d'abord aimés tous les deux. Et, pour me faire plaisir, il a prié Lina de l'épouser en se jetant à ses pieds. Il sait se montrer grand seigneur. À présent je ne peux parler de lui qu'en amoureux. Cela vous semblera ridicule, cela vous dérangera peut-être, mais ne comptez pas sur moi pour m'y prendre autrement.
>
> *Rochelle* 49, *Homme* 87

Les deux passages, pourtant identiques, résonnent bien sûr différemment. Le premier a été écrit dans un premier roman par le fils d'un homme vivant à qui il devait la vie, à qui il devait son nom et qu'il repayait par ce livre[6] ; le second a été retranscrit dans un récit de deuil par le fils d'un homme mort, dont le suicide a rendu la dette de son fils – une autre dette, comme je le développerai vers la fin de ce chapitre – éternellement impayable. Mais n'anticipons pas et revenons à l'entrée de Michel Fottorino dans la vie d'Éric.

Enfant naturel, le jeune Paul Chabert n'est dans *Rochelle* « ni bien ni mal né », il est « seulement né pour rien » (15), sentiment repris dans *Korsakov* : « François est né pour rien, et il grandit comme cela, dans sa vie comme sur le terrain de foot » (140). Conscient malgré les silences et les secrets des circonstances inhabituelles de sa naissance, l'enfant donne un sens différent à ce que disent de lui les adultes. Ainsi, l'« enfant débrouillard » devient un « enfant des brouillards » (*Korsakov* 24)[7], l'« enfant d'août » devient « un enfant doux », puis, parce qu'on a corrigé la prononciation de sa mère, « un enfant doute » (*Korsakov* 24-25). Enfant naturel, c'est un enfant « superflu », comme invite à

6 Je reviendrai sur *Rochelle* comme contre-don.

7 Ce « malentendu » est réitéré dans *Questions à mon père* (2010) : « Autrefois, ma grand-mère me désignait comme un enfant débrouillard et moi, roi du malentendu, je croyais être un enfant des brouillards, perdu au milieu de ses origines » (156).

le penser l'exergue de *Rochelle* tiré justement des *Mots* de Sartre : « On naît superflu à moins d'être mis au monde spécialement pour combler une attente ». L'enfant a attendu dix ans pour combler cette attente et naître à son nouveau père, à son nouveau nom. D'enfant naturel, semi-abandonné, surgi des brouillards, né du doute, il est devenu « mieux qu'un enfant voulu. [...] un enfant choisi » (*Korsakov* 405). Dans son étude du roman, Marthe Robert démontre que le genre ne peut suivre que deux grands courants, car « il n'y a que deux façons de faire un roman : celle du Bâtard réaliste, qui seconde le monde tout en l'attaquant de front ; et celle de l'Enfant trouvé qui, faute de connaissances et de moyens d'action, esquive le combat par la fuite ou la bouderie » (74). Dans *Rochelle* et *Korsakov*, Fottorino adopte une autre attitude romanesque : celle de l'Enfant choisi. Paul Dupaty, étudiant en droit dans *Rochelle*, explique : « Le mari de la femme épousée peut donner son patronyme à l'enfant né d'une précédente union si ce dernier est encore mineur. Il peut s'agir d'une légitimation de complaisance » (96). Dans le cas Fottorino, nulle complaisance, mais au contraire volonté et détermination des deux parties, l'adopté et l'adoptant. Entre Éric et Michel, la filiation – même de substitution – et le désir de filiation se sont opérés à double sens : « Il est d'autant mieux devenu mon père que, de toutes mes forces et de toutes mes peurs, j'ai voulu devenir son fils », réitère Éric Fottorino dans son récit sur cet homme qui l'aimait tout bas (*Homme* 54). Cet homme au nom aux sonorités du Sud et au teint de soleil l'a sorti de sa nuit d'enfant naturel et lui a ouvert les portes du royaume de l'Enfant choisi. Il l'a délivré d'un monde de femmes – sa (fille-)mère et sa grand-mère – et lui a ouvert les portes d'un monde d'hommes : « Tout avait changé soudain. Une voix d'homme, des vêtements d'homme, des chaussures de cuir [...]. Zorro était arrivé, sans se presser, le grand Zorro, avec son charme et son grand chapeau » (*Homme* 74-75). Kinésithérapeute de métier, Michel Fottorino l'a « rééduqué par une adoption miraculeuse » (*Homme* 25). Alors que sa mère lui a donné naissance, cet homme lui donne la vie. L'adoption est salvatrice car le transfert d'identification de la mère au père nécessaire dans la construction de l'identité de l'homme peut, grâce à elle, s'accomplir. Le fils, « en manque de père », avec un « père manquant », n'aurait pu, comme le remarque de ces fils le psychanalyste Guy Corneau, « s'identifier à lui afin d'établir son identité masculine ; de même il n'a[urait] pu se sentir suffisamment confirmé et sécurisé par la présence du père pour passer au stade d'adulte » (22)[8]. Éric aurait donc pu devenir

8 Par l'expression « père manquant », Corneau entend autant le père absent physiquement que psychologiquement, émotionnellement, elle « comporte également la notion d'un père qui, malgré sa présence physique, ne se comporte pas de façon acceptable », comme les pères autoritaires ou alcooliques (22).

un « fils manqué » (Corneau 22). Michel Fottorino arrive tel un sauveur dans sa vie, juste avant l'adolescence, moment où le garçon désire « être reconnu, voire confirmé par le père », où « pour devenir "homme", le jeune mâle doit passer de cette identification première à la mère à l'identification au père. Ce transfert d'identification est délicat et périlleux » (Corneau 17, 23), mais couronné de succès dans le cas qui nous occupe. Pour compenser un manque de ressemblance physique évident, l'enfant s'efforce de calquer son comportement sur celui de son père adoptif, parvenant ainsi à un semblant de ressemblance filiale : « À force d'être mon modèle, il avait déposé son empreinte sur moi. Je finissais par prendre ses intonations, ses mouvements de sourcils. Enveloppe vide, je m'étais rempli de lui. Je le copiais à merveille, un vrai singe » (*Homme* 80). Preuve tangible de la filiation, leur amour commun du cyclisme, encore à ce jour l'un des trois mondes d'Éric Fottorino avec le journalisme et l'écriture[9]. De la part de l'enfant, les efforts de filiation sont tels qu'ils frisent la mythomanie, comme en atteste son interprétation de sa ville de naissance par rapport au pays de naissance de son père adoptif :

> Le hasard a voulu que ma mère, enfant de dix-sept ans et seule et belle comme le jour, me mette au monde à Nice. Voilà qui sert mes plans d'apprenti Tunisien : de Tunis à Nice, il n'y a qu'un glissement très doux qui file dans un même souffle, Nice, Tunis, essayez, c'est logique, c'est l'enfance de l'art de la mystification. Né à Bordeaux ou Fécamp, l'explication eût mérité plus de détours. Mais là, Nice, Tunis, une mer seulement les sépare, une mer de rien du tout. Et un père les relie. [...] Je suis devenu le premier des Fottorino né de l'autre côté, Français mais de Tunisie de toutes mes forces. Rarement effort d'intégration a été si constant dans le sens de la France vers l'Afrique du Nord. J'ai grandi dans cette illusion fondatrice [...].
>
> *Homme* 60-61

Les délires mythomanes de l'Enfant choisi tranchent sur ceux du Bâtard de Marthe Robert qui garde sa mère à ses côtés puis « relègue son père dans un royaume de fantaisie » (51). Éric Fottorino l'Enfant choisi relègue sa mère dans un ailleurs invisible ou passé[10] et se repaît à n'en plus pouvoir du royaume de

---

9 Dans sa jeunesse, Éric Fottorino a participé à de nombreuses courses. En 2001, il a couru le Grand Prix du Midi Libre. Le cyclisme lui a inspiré trois livres, *Je pars demain*, *Petit éloge de la bicyclette* et *Petit éloge du Tour de France*. En 2013, pour le Tour de France, il a monté l'équipe Tour de Fête et en 2015 et 2016 il a commenté le Tour sur France 2.

10 Bien que présente dans la vie de son fils – c'est lui qui lui apprend le décès de Michel Fottorino dont elle est séparée depuis vingt-cinq ans (*Homme* 16) – la mère tient un rôle très

fantaisie dont son père adoptif est issu, en l'occurrence le Sud tunisien et plus particulièrement Gafsa dont le grand-père a été le maire juste avant l'indépendance et qu'Éric Fottorino fait revivre dans « Le Cavalier du chott », dernière partie de *Korsakov*. La relation de l'homme et de l'enfant s'inscrit ainsi dans un schéma de don et contre-don. L'un donne à l'autre un nom, une vie familiale lumineuse, une lignée fantastique – dans *Korsakov* les « Signorelli » du Sud tunisien, arbre généalogique à l'appui (407), et surtout le presque légendaire Fosco, le fameux « cavalier du chott », lui aussi un enfant naturel – bref, une vie que le héros de *Korsakov* résume en ces termes :

> Je suis né à l'âge de dix ans après avoir avalé goulûment sans m'essuyer la bouche *une légende plus grosse que moi*, si grosse que ça débordait de partout, le soleil, l'eau sulfureuse des piscines romaines, les mottes de henné, la Tunisie du Sud et son héros Fosco Signorelli, mon grand-père offert gratis à mon imagination l'année de mes dix ans je l'ai dit, quand son fils – Signorelli aussi –, Marcel de son prénom, a épousé ma mère Lina Ardanuit, effaçant ce nom, Ardanuit, de mon état civil, le 14 février 1970 [...]. (199, mes italiques)

Même si le narrateur de *Korsakov* nous enjoint de ne pas essayer de comprendre trop vite, on comprend que le don a été d'une ampleur phénoménale et que le contre-don devra donc l'être aussi. À ce père qui lui achetait tous les jours *Le Monde* au début de ses études de droit, Éric Fottorino offrira sa réussite professionnelle, son nom apposé sur le célèbre quotidien. Surtout, il le repaiera par l'écriture, par *Rochelle*, le roman de l'Enfant choisi : « Le jour où je lui avais remis un exemplaire de *Rochelle*, il était resté un long moment à contempler la couverture, sa couverture, et ce nom, son nom *que je lui rendais en plus grand*, impeccablement imprimé. *Nom et renom. Naissance et reconnaissance* » (*Homme* 86, mes italiques). L'emploi du verbe *rendre* indique clairement que *Rochelle* constitue une surenchère dans le contre-don. Il semblerait toutefois qu'Éric Fottorino n'a pas eu le sentiment que cette surenchère effaçait la dette, puisqu'il reconnaît lui-même qu'« ayant compris que chez moi l'origine du roman était avant tout le roman des origines, je publiai *Korsakov* comme un dû aux Fottorino, à mon père, à son père, à toute la tribu » (*Homme* 86). *Korsakov* est le deuxième paiement de la dette. Paradoxalement – puisque le narrateur autobiographique est atteint de la maladie de Korsakov qui efface la mémoire – s'y opère un devoir de mémoire envers la famille Fottorino. Or, selon

secondaire dans les romans autobiographiques et les récits où elle demeure figée sous ses traits de jeune fille – à la rigueur de jeune femme – sous l'emprise de sa mère.

Paul Ricœur, l'« idée de dette est inséparable de celle d'héritage. Nous sommes redevables à ceux qui nous ont précédés d'une part de ce que nous sommes. Le devoir de mémoire ne se borne pas à garder la trace matérielle, scripturaire ou autre, des faits révolus, mais entretient le sentiment d'être obligés à l'égard de ces autres » (108). On ne saura pas si avec *Korsakov*, Éric Fottorino en aurait eu fini avec son roman des origines, s'il se serait affranchi d'un sentiment d'obligation, s'il se serait acquitté (ou senti acquitté) de sa dette. Quatre ans plus tard, Michel Fottorino, qui conçoit le don comme partie intégrante de sa vie, se suicide et par son suicide lui fait un don pour lequel il n'existe nul contre-don.

2 Le Père refoulé

Dans un article sur les récits de filiation, j'ai avancé que *Rochelle* se lisait comme « la quête de l'enfant naturel » (« Des pères » 74). Le narrateur, double d'Éric Fottorino, s'y nomme Paul Dupaty, il est étudiant en droit à La Rochelle où il vit avec sa mère Lina, son père adoptif Étienne et sa sœur Laurence[11]. Le roman est parsemé de données autobiographiques mais le narrateur, auto-proclamé héros, nous met en garde d'entrée de jeu : « J'emprunte à ma vie, même des choses qui lui sont étrangères. Je ne suis pas à un mensonge près. Ces précisions valent pour ceux que brûlera dès les premières lignes l'indiscrète question d'usage : "Est-ce autobiographique ?" Tout ce qui suit est entièrement autobiographique, mais souvenez-vous, depuis toujours j'ai su mentir » (14-15). Suit le premier mensonge : « Je m'appelle Paul » (15). Car derrière Paul Dupaty, né Chabert en juillet 1958, se cache Éric Fottorino, né Chabrerie en août 1960. L'écrivain a choisi un cours d'introduction au droit civil comme astuce pour aborder un des axes du roman, le nom, la reconnaissance, la filiation qu'il traite faussement à la légère :

> – L'enfant acquiert le nom de celui des deux parents à l'égard de qui la filiation est établie en premier lieu. [...]
>
> Le doyen insiste sur l'importance de l'ordre chronologique *car il serait néfaste d'imposer en cours d'existence un changement d'identité.*
>
> – L'enfant naturel, ajoute le professeur, ne peut sous aucun prétexte engager une recherche en paternité.
>
> *Rochelle* 91, mes italiques

11 Michel Fottorino et sa femme n'ont pas eu de fille mais deux fils, François et Jean, nés respectivement en août 1970 et décembre 1971. C'est à eux qu'Éric a dédié *Rochelle*.

C'est pourtant cette recherche que Paul Dupaty engage dans *Rochelle*. La question de la paternité est même présente dans le choix apparemment innocent que fait Paul de lire des livres de Camus et Sartre (61), tous deux très tôt orphelins de père, ou de *Sans famille* d'Hector Malot (139). L'enfant voudrait demander qui est son père, mais il continue à se taire au sein de cette famille où il « n'y a pas eu de véritable secret mais un éloquent silence, des murmures, des changements impromptus de conversation. [...] Le père a dû exister. Mort, disparu, absent [...], enfui ? Enfoui sûrement, dans les replis d'autres mémoires adultes » (108). Pour traduire le silence, Fottorino attend plus d'une trentaine de pages avant de mentionner le nom d'Étienne et il faut attendre une centaine de pages avant que n'apparaisse celui du père naturel, Simon Moncif, en réponse à une question que le fils pose à sa mère et qui dans le texte brille par son absence autant que ce père dans la vie de son fils. « Tu as raison de chercher », dit Lina avant d'ajouter : « Il portait un nom curieux, Simon Moncif, ses amis l'appelaient Sisyphe. Moi, je l'appelais Monsimon, c'était devenu Monsi. *Tu vois comme les noms roulent* » (117, mes italiques). Par cette remarque légère, Fottorino nous invite à faire rouler ce nom, à en explorer le potentiel polysémique, sa symétrie phonique presque parfaite – Si Mon/Mon Ci F – avec l'adjectif possessif masculin dédoublé (comme il existe deux pères), le *si* du conditionnel (comme la liberté conditionnelle de poursuivre cette recherche en paternité), le *ci* du *ici* (qui implique un *là*, un ailleurs de la paternité) et le *f*, initiale des Fottorino en point final à cette quête d'identité jusqu'à l'âge de dix-sept ans quand Éric part à la rencontre de son autre père[12]. Le nom invite encore à un retournement de consonnes qui relève encore une fois de la filiation : MonCiF – MonFiS, mon fils.

La mer est l'autre axe narratif du roman, une mer qui se retire de La Rochelle et dont Paul se met en quête. Mais la disparition de la mer (mère) relève elle aussi de la recherche en paternité, Lina étant mise en retrait au profit de ce père inconnu dont le vrai nom n'est pas Moncif mais « Maman prononcé Mamane » (*Korsakov* 174)[13]. Nous voyons alors effectivement comment, dans la

12 On remarquera qu'il rencontre son père naturel environ à l'âge où sa mère a connu celui-ci. La rencontre semble avoir eu lieu dans un moment difficile et pour le fils et dans la relation fils-père adoptif puisqu'Éric Fottorino écrit que « l'année de mes dix-sept ans, [...] l'idée s'était enfoncée en moi qu'une maladie grave allait m'emporter sans tarder. [...] Mon père et moi on ne se parlait plus. Il était impuissant face à ma névrose » (*Homme* 148).

13 La révélation du nom du père par un frère de la mère est également présente dans *Questions à mon père*. Dans chaque livre où il mentionne le nom de son père naturel, Fottorino en précise la prononciation, en indiquant par exemple qu'il rime avec frangipane, gitane ou chaman, allant jusqu'à faire la distinction entre « maman à moi » et MAMAN (en majuscules) dans *Korsakov* (215).

réalité, le nom roule. Entre le nom du père dans *Rochelle* (Moncif-Monfils) et le nom du père dans *Korsakov* (MAMAN), un déplacement s'opère du fils vers le père, mais un père privé de sa fonction paternelle, voire déchu de ses droits de par son nom même[14] puisque celui-ci le ramène à la fonction maternelle, une fonction dénuée d'autorité dans le vécu d'Éric Fottorino – sa mère était totalement sous la coupe de sa propre mère qui, elle, s'est donc vue déchoir de son autorité quand le père adoptif a reconnu l'enfant et l'a délivré de ce monde de femmes[15]. Dans *Questions à mon père*, Fottorino exprime clairement comment, suite à l'adoption, il a privé son père naturel de ses droits : « On remplaça mon nom qui n'était pas le tien [Maman] par un autre qui ne serait jamais le tien [Fottorino]. De ce jour j'ai estimé que tu n'aurais plus aucun droit sur moi » (153). Reste qu'arrivé à l'adolescence, le fils a souhaité en savoir plus sur ce père et, après avoir consulté son père adoptif, l'a rencontré.

Cette première rencontre est l'autre scène fondatrice des récits de filiation d'Éric Fottorino[16]. Comme la première scène fondatrice – la demande en paternité de Michel Fottorino – elle a été relatée de diverses façons. Cette rencontre s'est faite en trois temps : l'entretien avec le père adoptif, la visite elle-même et le retour. Voyons le premier temps :

> Je me suis avancé de quelques pas. Étienne s'est interrompu. [...] L'échange fut bref. Je me jetai à l'eau maladroitement.
>
> – Papa, tu sais que tu n'es pas mon père ...
>
> Un peu de rouge colora ses joues. Mais il reprit vite le dessus pour ne pas me décourager.
>
> – J'ai retrouvé sa trace, un avocat de Paris. Il vivait à Rochelle, à l'époque ...
>
> Étienne, je sais ce que tu ressentais. Une indicible colère montait en toi. Un beau parleur menaçait de te ravir d'un claquement de doigts ce fils de cœur, s'il n'était de sang. Tu voulais chasser cette idée intolérable, mais tu n'étais guère armé face aux coups du sort. Ton fils était assez grand pour attribuer à bon escient son affection. Suffirait-il à Moncif d'apparaître pour rafler la mise ?
>
> Déchiffrant le regard de *mon* père, je m'empressai de le rassurer.

14 Malgré l'emploi des majuscules.

15 Il semblerait que la mère ait tenu tête à sa mère et refusé de se faire avorter. Par contre, après l'accouchement, de retour à Bordeaux, elle aurait consenti à confier l'enfant à une nourrice à qui elle l'aurait finalement, contre la volonté maternelle, retiré (*Korsakov* 291).

16 À en croire *Korsakov*, le père naturel aurait vu l'enfant à la maternité et lui aurait donné son premier jouet (290). Plus tard, il aurait eu de ses nouvelles par un ami de Fès étudiant à Bordeaux (*Korsakov* 334).

> – Papa, tu ne dois pas t'inquiéter. Je me suis mal exprimé. Tu es mon père et le seul que … enfin, tu comprends. Mais je voudrais voir sa tête, rien que sa tête.
>
> Un drôle de sourire s'était figé sur les lèvres d'Étienne. […] D'un clin d'œil, il m'accorda cette tête que je désirais tant. Seulement pour la voir.
>
> *Rochelle* 226-227

> Trois jours plus tôt, j'avais rendu visite à Marcel dans sa cabane […]. J'avais attendu qu'il termine puis je m'étais lancé : Tu sais papa … enfin, tu n'es pas mon père, le vrai, alors j'aimerais voir la tête qu'il a, voir sa tête, tu comprends ? Le sang lui était monté aux joues. Jamais je n'avais vu du rouge marbrer sa peau mate. Il m'avait regardé sans colère. Puis il avait répondu d'accord, bien sûr, si maman à moi voulait bien aussi. Elle voulait bien.
>
> *Korsakov* 225

> Je me revois ce soir d'hiver 1977. J'ai retrouvé mon père dans son cabinet de la rue Bazoges. J'attends le départ de son dernier client. Je lui dis : Voilà, tu sais que tu n'es pas mon vrai père alors … Il me regarde. Son œil brille d'une drôle de façon. Jamais je ne l'ai vu briller ainsi. Et ses pommettes viennent de s'empourprer. Je bafouille un peu. Enfin voilà, j'aimerais voir la tête de celui qui m'a fait, juste sa tête, voir à quoi il ressemble. Il a dit d'accord tout de suite. D'accord. C'est une histoire de liberté. Une belle histoire, au bout du compte. […]
>
> *Homme* 117

Dans chacune des trois versions percent l'hésitation du fils (traduite par l'emploi de points de suspension) et son embarras (surtout quand il définit sa relation avec son père adoptif par la négative, « tu n'es pas mon [vrai] père », ce qui est juste si l'on se limite à la réalité biologique, mais faux si l'on prend en compte la réalité quotidienne et affective). On retrouve encore dans chaque version la rougeur qui s'empare du père adoptif et la raison que le fils avance pour voir son autre père, une raison que Fottorino réitère dans *Questions à mon père* où il reconnaît le manque d'exactitude de cette raison, « répét[ée] à mes parents pour minimiser ma démarche à leurs yeux, aux miens aussi peut-être. "Seulement voir sa tête, à quoi il ressemble." » (159). Alors que la première version use beaucoup du dialogue – mais c'est un faux dialogue puisque le père ne dit mot, il ne donne son accord que par un clin d'œil – dans les deux suivantes, l'auteur laisse son père donner lui-même son accord – même s'il reste au style indirect ou indirect libre. La première version tranche également sur les deux autres par ce que le fils imagine que le père ressent – il réfute d'ailleurs dans *Korsakov* la colère qu'il a lue chez son père dans *Rochelle*. De version en version, la scène s'épure, on se rapprocherait de la vérité en passant du passé simple, temps littéraire par excellence, donc de la fiction, au plus-que-parfait pour finir au présent et en passant d'Étienne, à Marcel – prénom du père de Michel Fottorino – pour finir avec « mon père ». C'est comme si dans la dernière version, écrite post-suicide, les masques étaient tombés. Je m'attarde à dessein sur cette scène qui précède la première rencontre entre Éric Fottorino et son père naturel parce qu'elle montre, du simple fait qu'elle a eu lieu, que le fils s'était senti *obligé* – sentiment lié au don originel – non seulement d'informer ou avertir son père adoptif de sa démarche, mais de lui demander son accord, sa permission pour rencontrer l'autre père. Michel Fottorino lui *donne* sa permission. Nous sommes donc avec cette scène encore une fois dans le don. Je m'y attarde aussi parce qu'elle préfigure l'autre don – toujours en rapport avec le père naturel – que Michel Fottorino fera à Éric en se suicidant. C'est donc une scène capitale dans la dynamique pères-fils et dans le cadre du don.

Je ne m'attarderai pas sur le deuxième temps, celui de la rencontre entre Éric Fottorino et Maurice Maman – ou leurs alias – relatée sur une dizaine de pages dans *Rochelle*, environ six dans *Korsakov* et trois ou quatre dans *Questions à mon père*, mais totalement absente de *L'Homme qui m'aimait tout bas*, ce récit de deuil après suicide où le fils fait ainsi montre d'égards envers son père adoptif. Je me contenterai de remarquer que, comme pour le premier temps, on semble se rapprocher de la réalité. Dans *Rochelle*, Paul rencontre Simon Moncif, avocat à Paris, ils passent deux journées seuls. Dans *Korsakov*, François rencontre Alexandre MAMAN, obstétricien à Pau où celui-ci l'ausculte avant de l'emmener chez lui où François rencontre sa femme et ses trois enfants. Dans *Questions à mon père*, la femme de Maurice Maman vient chercher Éric à la gare d'une ville du Sud, l'amène à la clinique où Maman l'ausculte avant de l'emmener chez lui où les attendent sa femme et ses enfants et comme dans *Korsakov* ils iront tous dîner au restaurant. Je passe également sur la réponse faite par le père naturel à la demande de rencontre, présente elle aussi dans les trois livres, sous des formes presqu'identiques et dont la phrase-clef – « Si vos parents sont d'accord, je suis prêt à vous recevoir » (*Questions* 32) – montre le respect par le père naturel de la paternité d'adoption. M'intéresse davantage ici le troisième temps, le retour du fils. Livrons-nous à une dernière comparaison.

> Le trajet du retour me parut long. Je m'impatientais de revoir *les miens*. [...] Étienne et Lina attendaient, immobiles. Ils se jetaient des regards d'appréhension, mais quelle idée, Paul les reconnaîtrait facilement.

> Je les embrassai vivement :
> – Rien à signaler, au vu du visage de Moncif, je serai un quadragénaire acceptable !
>
> *Rochelle* 243, mes italiques

> À mon retour de Pau, Marcel et Lina m'attendaient. Je les ai embrassés. Je préférais être seul. Je leur ai dit que j'allais rentrer à pied, j'avais envie de revoir les chalutiers, les tours de La Rochelle, des visages que je connaissais dans les cafés du port. D'un simple regard, Marcel a su que j'étais son fils pour la vie. Il n'a pas insisté pour me ramener à la maison. Plus tard, maman à moi est venue dans ma chambre.
> – Ton père a eu si peur, il ne vivait plus ... Il s'est imaginé que MAMAN allait te reprendre.
> – Comment veux-tu qu'il me reprenne, puisqu'il ne m'a jamais *pris*, ai-je répondu plus sèchement que je n'aurais voulu.
>
> *Korsakov* 226-227, mes italiques

Même scène d'attente, à deux. Même appréhension. Dans la première, le ton désinvolte relève des efforts du fils de minimiser sa démarche – à leurs yeux et aux siens. Dans la seconde, où se déroule un vrai dialogue, Fottorino invite pour la première fois à considérer la relation père naturel-fils à l'aune de la théorie du don. Si le père naturel ne peut en effet reprendre son fils parce qu'il ne l'a jamais pris, il ne peut aussi le reprendre parce qu'il ne l'a jamais donné – le dictionnaire Larousse donne comme définitions du verbe *reprendre* : « 1. prendre quelque chose de nouveau et 2. rentrer en possession de ce qu'on a donné, déposé, consenti ». L'auteur privilégie la première définition ; libre à nous de privilégier la seconde. Maurice Maman ne peut rien reprendre parce qu'il n'a rien donné – hormis un spermatozoïde. Avançons une autre lecture de cette repartie, dite plus sèchement que le fils n'avait « voulu » – parce qu'il leur *en veut* ? –, qui cacherait un sentiment refoulé : est-ce de la colère, de la frustration ou du ressentiment envers ses parents de ne pas pouvoir poursuivre cette relation ? Le fils s'emporte peut-être sur cette phrase et sur l'utilisation du verbe *reprendre* parce que ce n'est pas le père naturel qui aurait pu le reprendre, mais lui-même qui aurait pu *se donner*. Par la réticence de ses parents[17], par leur appréhension, le fils comprend qu'il ne peut tendre une perche au père naturel et ne peut être le fils que d'un seul homme, son père adoptif. Le père naturel

17 Du moins celle de la mère dans *Korsakov* : « Avec Lina, les choses avaient été plus douloureuses. [...] Je m'étais expliqué. [...] Je souhaitais le rencontrer une fois, une fois c'est tout, maman à moi. Entre deux sanglots, elle avait accepté » (226).

l'a compris lui aussi puisqu'au terme de leur rencontre il émet le souhait de le revoir, mais lui suggère d'« inventer des relations amicales. Tu ne seras pas mon fils, je ne serai pas ton père, nous serons de vieilles connaissances ... » (*Rochelle* 243). Il ne faut pas lire cette proposition comme un refus de paternité mais comme un refus de paternité par égard envers le père adoptif. Pour le fils, se donner au père naturel, c'est se reprendre au père adoptif à qui il s'était donné corps et âme sept ans plus tôt, c'est le trahir. La dernière version de la rencontre, dans *Questions à mon père*, – « Je suis rentré chez moi. *Mes* parents m'attendaient. Mes amis. Le port. La mer » (25, mes italiques) – exprime par l'emploi du possessif l'exclusion du père naturel et par sa sobriété la colère, la déception ou la rancœur refoulée. De retour auprès de son père adoptif, dans sa cité d'adoption, Éric Fottorino, comme son double François Signorelli, n'a eu de cesse de « rayer tout ça » (*Korsakov* 223). C'est ainsi dans le refoulement – et non dans une situation familiale quelque peu inhabituelle – que l'« obsession filiale » (*Homme* 88) dont Fottorino a lui-même conscience trouve sa source, un refoulement allié à un sentiment de culpabilité décuplé par le suicide du père adoptif. Dans mon article j'avançais que la maladie de Korsakov délivrait François Signorelli « de son vécu le plus cruel : l'absence d'un père biologique » (74). J'ajouterai maintenant qu'elle le délivre de cette autre partie cruelle de son vécu (ne pas avoir pu poursuivre à dix-sept ans la relation avec ce père) et surtout de ces sentiments refoulés, comme le ressentiment. J'irai encore plus loin dans mon hypothèse et avancerai que la maladie de Korsakov le délivre du souhait de mort du père adoptif, un désir que le suicide exaucera. Voilà à mon sens la cause de cette obsession filiale. La répétition du vécu familial est symptomatique de désirs refoulés : le désir de relation avec le père naturel et le désir de mort du père adoptif, un désir totalement inavouable, même à soi-même, et d'autant plus que le don fait par la personne qu'on souhaite morte a été phénoménal et salvateur – j'y reviendrai plus loin.

En qualifiant *Korsakov* de « dû aux Fottorino, à mon père, à son père, à toute la tribu » (*Homme* 70), Éric Fottorino nous invite à voir ce roman comme un contre-don et une ode à cette famille. Et en effet l'écrivain y fait revivre le clan Fottorino, alias Signorelli, avec les frères et sœurs de son père[18] dans une partie intitulée « Un saumon à Palerme ». Comme les saumons, François Signorelli, neurologue, remonte à sa source, mais contrairement aux saumons, ce n'est

18 Dont les prénoms sont apparemment véridiques puisqu'on les retrouve dans *L'Homme qui m'aimait tout bas* – Zoune (Yolande), Nine, Nicole, Francis et Alain –, seuls les prénoms du père et du grand-père ont été changés, Michel Fottorino est devenu Marcel Signorelli et Marcel Fottorino Fosco Signorelli.

pas pour se reproduire[19] et ce n'est de toute façon pas la bonne source puisque le géniteur du père de Fosco n'est pas Signorelli – le navigateur palermitain parti rapidement et sans descendance de Tunis après avoir épousé la grand-mère de Fosco –, mais un certain Delpech « qui disparut à son tour sans les [les enfants] reconnaître » (405). C'est pour mourir que Signorelli s'installe à Palerme puisqu'il est atteint du syndrome de Korsakov. Présenter *Korsakov* comme l'histoire des Fottorino – affabulée par la maladie ou l'invention romanesque – c'est oublier la première partie du roman, « Une famille française », qui en occupe un tiers[20]. C'est aussi oublier l'épilogue où revient à l'envoyeur une lettre, « un mot très bref qu'au plus profond de ses troubles il avait adressé quelques jours plus tôt au docteur MAMAN. Ce mot disait simplement : "Peut-être le moment est-il venu de porter mon véritable nom, le tien." » (525). La demande en filiation est refusée, le nom d'adoption renforcé :

> En prenant connaissance de cette demande, le docteur MAMAN avait jugé préférable de ne pas répondre. Il s'était contenté de recacheter l'enveloppe comme s'il ne l'avait pas ouverte. De sa minuscule écriture, celle avec laquelle il remplissait des ordonnances, il avait inscrit l'expression usuelle : « Inconnu à cette adresse. » Il avait rayé son nom avec application et rajouté en lettres majuscules celui de l'expéditeur,
>
> FRANÇOIS SIGNORELLI
> VIA ALLORO
> PALERME (525-526)

Le désir de filiation, sensible dans *Rochelle* dans la repartie avec le verbe *reprendre*, s'exprime ouvertement dans *Korsakov* ; dans le refus du docteur MAMAN il ne faut voir ni le refus du personnage ni celui du père naturel véritable, mais une invention de l'écrivain qui, après avoir exprimé le même désir refoulé que dans *Rochelle*, fait marche arrière et reste dans le rang filial.

19 Il a déjà un fils, Marco, qu'il n'a pas su retenir.

20 L'histoire de l'enfant naturel François Ardanuit jusqu'à ce qu'il s'efface « pour renaître François Signorelli. Ce fut une mort joyeuse » (184). Dans un passage de son livre sur l'initiation tribale, Corneau observe que par le rite initiatique, « c'est véritablement une nouvelle personne que l'on réintégrera, un être qui parlera de lui-même lorsqu'il était enfant comme s'il s'agissait d'un autre » (196). Il est intéressant de remarquer que dans *Korsakov*, la première partie (sur François Ardanuit) est narrée à la troisième personne du singulier alors que la deuxième (sur François Signorelli) l'est à la première personne. Chez Fottorino, l'adoption équivaudrait à une initiation. Comme pour les initiés, chez lui la « première naissance est nourrie par le lait de la mère, la deuxième est une naissance nourrie par le sang du père » (Corneau 202).

François Signorelli « rêve du jour où le souvenir de MAMAN aura cessé de [l]e tourmenter » (321), il voit sa maladie comme un « sauvetage » (320). Pour Éric Fottorino, cette maladie est un paravent et en sous-texte de l'ode aux Fottorino se lit le roman du Père refoulé. Le commentaire de la compagne de François Signorelli au sujet du père naturel – « pas un jour ne passe sans que tu me parles de lui, de l'abandon, de ce manque, de tes doutes » (327) – reflète ce qui se passe dans les livres (et la vie privée ?) d'Éric Fottorino, hantés par ce père, l'abandon et le manque. L'autre commentaire de la compagne, « "Il est vieux, maintenant, [...] et tu n'es plus un enfant. C'est le moment pour vous deux. Il pourrait mourir bientôt." » (328), exprime peut-être une pensée inconsciente d'Éric Fottorino : la peur de la mort prochaine de Maman. Mais il ne peut aller vers lui sans trahir Michel Fottorino. Ainsi, dans *Korsakov* il tente bien de remonter à sa source. Cette source n'est toutefois pas le père adoptif, mais le père naturel, ce dont Michel Fottorino ne pouvait être dupe. Lire *Korsakov*, c'est lire le manque, un manque démenti aussitôt qu'il est prononcé puisque face à Alexandre MAMAN, François Signorelli dit « Tu m'as manqué » puis : « Je me suis *repris*. Je n'avais pas fini ma phrase. J'ai continué : "Tu m'as manqué onze fois." » (336, mes italiques). Le fils dit le manque puis se corrige, ou plus précisément, car le terme n'est pas choisi au hasard, *se reprend*. Il s'est donné, il a fait don de sa personne comme fils, mais ce don équivaut à une trahison, alors il se reprend. Pour la même raison que dans *Rochelle*, dans *Korsakov* il ne peut être le fils que d'un père, le père adoptif. Le choix de la maladie de Korsakov comme titre du roman, un roman qui relève bien de l'obsession filiale mais pas envers le père qu'on est invité à voir, montre combien Éric Fottorino s'est efforcé d'oublier le père naturel, de le refouler. *Korsakov* est sans doute, comme je l'ai avancé plus haut, le deuxième paiement de la dette encourue auprès de Michel Fottorino mais c'est aussi, voire surtout, un contre-don vicié. Pour Mauss, c'était une énigme qu'il faille « rendre la chose même qu'on vous a donnée. Pourquoi ce retour du même ? » (Godelier 25). Il y a de cela dans *Korsakov*, nom et renom, sauf que l'épilogue trahit le souhait de porter le « véritable nom » (525) en place du nom donné et que le roman trahit ce désir refoulé de la mort du père adoptif. À ce don vicié – car porteur de ce désir refoulé –, Michel Fottorino va faire un contre-don, un retour du même. Le 11 mars 2008, il se suicide.

3 Le suicide comme don

La mort de Michel Fottorino fait basculer son fils de la fiction au récit avec *L'Homme qui m'aimait tout bas*. Il n'y a plus lieu de tricoter de façon cryptée le secret familial sur sa filiation[21] ni d'user de faux-semblants identitaires. Michel Fottorino est affiché en couverture de l'édition Folio du livre, photo dont on trouve l'ekphrasis dans le récit :

> Partout mon père. Partout, tout le temps, par tous les temps. [...] Envie de l'appeler, d'entendre sa voix, une dernière fois, pour la route, la longue route sans lui. Je ferme les yeux et il apparaît. Ce n'est pas un fantôme mais tout le contraire. Il a passé son chandail couleur corail, nous montons le Tourmalet, j'ai treize ans. [...] Il a trente-six ans, il sourit à l'objectif de son propre père qui l'*immortalise* en plein effort.
>
> *Homme* 54-55, mes italiques

En choisissant ce cliché comme couverture de son livre, Éric Fottorino poursuit ce travail d'immortalisation, mais entérine aussi le statut de mort du défunt. Le père qui restera gravé sur la rétine du lecteur, le père dont l'auteur veut garder le souvenir, est le père salvateur, le père d'avant la rencontre avec l'autre père, le père qui n'a pas encore fermé la porte au désir de son fils de rencontrer l'autre père, le père dont il n'a pas encore souhaité la mort[22]. *L'Homme qui m'aimait tout bas* marque un tournant et dans l'écriture et dans la vie de l'auteur. Depuis, Éric Fottorino n'a plus écrit de romans autobiographiques mais des romans et des récits. Depuis, il a renoué les fils avec son père naturel. Ce récit de deuil après suicide n'est selon le fils ni un tombeau, ni un berceau, mais un « monument de papier » (*Homme* 66) dont l'exergue est tiré de Montherlant, un autre suicidé : « Ce sont les mots qu'ils n'ont pas dits qui font les morts si lourds dans leur cercueil ». Cet exergue exprime bien sûr l'incompréhension de l'endeuillé après suicide devant le geste. Mais, si je poursuis mon hypothèse, il invite aussi à une autre lecture où « les mots qu'ils n'ont pas dits » auraient à voir avec la permission de poursuivre une relation filiale avec le père naturel. Reste que, autant que *Rochelle* et *Korsakov* mais différemment, ce récit relève du don. En le reconnaissant, Michel Fottorino a donné à Éric *un* père ; en se suicidant, il lui donne *son* père. Michel Fottorino se donne *la* mort et lui donne *sa* mort[23]. Son suicide permet à l'autre filiation de s'établir, une filiation que le

---

21 Je reprends les termes utilisés par Serge Tisseron dans *Les Secrets de famille* (p. 92) au sujet d'Hergé dont l'œuvre recèle et ressasse le secret familial des origines des Remi – Tisseron avait déjà examiné ce secret dans d'autres livres, dont *Tintin et le secret d'Hergé*.

22 Il s'agit bien sûr d'un désir insconscient – Fottorino écrit à un autre sujet : « Quand on écrit on ne sait pas tout ce qu'on écrit » (*Homme* 85).

23 David Wills, le traducteur du livre de Jacques Derrida, *Donner la mort*, évoque le suicide dans son interprétation du jeu de mots du titre : « Le titre français "Donner la mort" joue sur le sens ordinaire de *donner*, qui signifie "offrir", et sur le sens idiomatique de cette

fils a refusée par égard pour lui. Éric Fottorino ne reconnaît-il pas dans *Questions à mon père* : « Ce n'est pas faute pour toi [Maurice Maman] d'avoir tenté des rapprochements. Je n'étais pas prêt. Je n'étais jamais prêt. Je ne connaissais alors qu'un seul père et ce n'était pas toi. Les pères n'allaient pas par paire, c'était ainsi » (141) ? Il poursuit : « Michel m'avait adopté. Il avait accompli cet acte insigne : me donner son nom. Lui qui redoutait la paperasserie plus que tout, il dut signer des déclarations officielles pour me faire sien. Je ne devais pas me montrer indigne de lui. Et pour cela, dans mon esprit trop simple, tu ne devais pas exister » (142). *L'Homme qui m'aimait tout bas* est ainsi une étape obligée vers la reconnaissance de l'autre père jusqu'alors tabou[24].

Le récit débute peu après le suicide de Michel Fottorino, dans une tentative d'éclaircir ce geste aussi violent qu'inattendu, de percer « le mystère de sa mort » (*Homme* 13). Il abonde en questions au style indirect ou adressées au père, dont je donne ici un échantillon :

> Je me demande ce qu'il a fait toute la journée avant de se garer en fin d'après-midi sur ce parking. [...]
>
> Papa, où es-tu allé, qui as-tu vu, pourquoi ce jour-là, précisément ? Toutes ces heures à tuer, avant. As-tu hésité, douté, songé à renoncer ? (18)

> Quelles pensées emplissaient son esprit [...]. (21)

> [...] Papa a mis fin à ses jours, papa a abrégé ses souffrances (mais de quoi souffrait-il, *ou de qui* ?) [...]. (34, mes italiques)

> [...] Et au moment du tir, ses pensées ont-elles volé dans sa tête comme des ballons d'enfants ou des bulles de savon qui éclatent ? Nous a-t-il revus une dernière fois, *m'a-t-il revu, moi* ? [...] (108, mes italiques)

---

expression, qui est "mettre à mort", comme dans *se donner la mort*, se suicider » (« The French title "Donner la mort" plays on the ordinary sense of *donner*, meaning "to give," and the idiomatic sense of this expression, which is "to put to death," as in *se donner la mort*, "to commit suicide." », vii).

24 Fottorino emploie ce terme pour qualifier le lien qu'il aurait aimé avoir avec Maman, un lien « tabou susceptible de déclencher les larmes maternelles si je m'aventurais à prononcer ton nom » (*Questions* 149), un lien tabou pour le père adoptif aussi puisque les deux parents font front commun, attendent ensemble sur le quai de la gare le retour du fils.

> […] A-t-il *pensé à moi* en voyant inscrit dans le dernier virage le nom de mon village et cette référence visuelle à la bicyclette ? (120, mes italiques)
>
> Aurais-je pu l'empêcher ? Je crois que cette question me taraudera toujours. (152)
>
> […] D'où a surgi cette mort ? D'une auto familiale qui part sans toi vers Gafsa ? Du djebel Tagma et de ses fumées toxiques ? […] D'autres blessures invisibles et profondes ? Il y a tout ce qu'on s'est dit, et *tous ces silences* qui nous attachaient solidement l'un à l'autre. On s'est protégés, toi par ce que tu m'as donné, *moi par ce que j'ai renoncé à te demander.* (157, mes italiques)

Il ressort de cet échantillon que les questions ne tarissent pas au fur et à mesure du récit – la dernière citation est tirée du dernier paragraphe avant l'épilogue, lui-même écrit le 30 août 2008, cinq mois et demi après le suicide. On notera que, parmi toutes ses questions, le fils s'en pose vis-à-vis de lui-même. On notera surtout qu'il donne comme éventualité au suicide que la souffrance paternelle provient d'une personne (mais ne va pas jusqu'à envisager sa propre responsabilité) et qu'il admet avoir renoncé à lui demander quelque chose afin de le protéger, admission dans laquelle je lis le renoncement au père naturel. Les questions sont évidemment inévitables dans le travail de l'endeuillé après suicide. Le psychiatre Michel Hanus observe la profondeur et la durée que peut revêtir l'état dépressif lié à ces deuils, « l'endeuillé après suicide ne cesse de se demander et de se reprocher ce qu'il a fait, ce qu'il n'a pas fait, ce qu'il n'a pas compris, ce qu'il n'a pas entendu. C'est la période des si, des pourquoi et des comment » (« Particularités » 52). Faute de réponse, le fils adoptif laisse libre cours à son imagination. La « scène finale » qu'il visualise « dix fois, cent fois depuis le 11 mars » (107, 108) et qu'il relate au présent le hante : « Semaine après semaine je me retrouve là avec les mêmes "pourquoi" aux lèvres et sans réponse jamais » (108). Comme un meurtrier, il revient sur les lieux du crime, mais le crime, ou du moins la mort, ayant été seulement désirée et le désir refoulé, les questions persistent et le fils s'abîme dans des causes éventuelles. Le suicide prend-il sa source dans le départ, le dimanche, du reste de la famille de Tunis où Michel est seul pensionnaire, départ vécu comme un abandon[25] ?

25 « Tu t'es senti abandonné des tiens, […] persuadé que ton père et ta mère ne t'aimaient pas, au point même de croire que tu n'étais pas leur fils. […] Sans doute cette blessure de l'enfance a-t-elle resurgi quand tu m'as adopté » (46). L'adoption aurait compensé

Dans la guerre d'Algérie où ce pied-noir de Tunisie avait dû « tirer sur ses frères arabes » (19) ? Dans la faillite qui lui a fait cesser son activité professionnelle (102) ? Dans ses « difficultés matérielles : il y avait là de quoi sombrer dans un trou noir. Mais est-ce cela, au fond, ou autre chose que tu as gardé pour toi, une souffrance muette restée inviolée ? » (157). Le fils ne peut pas mettre en mots la cause de cette souffrance muette, il ne peut exprimer quelque chose qu'il a toujours refoulé, il ne peut admettre sa part de responsabilité et donc sa culpabilité[26]. En imaginant son père adoptif « libre » car « libéré de tout ce poids » (83) – mais quel poids ? – Éric Fottorino se disculpe, s'acquitte de toute responsabilité, mais la triple répétition du « Aurais-je pu l'empêcher ? » (152, 153, 155) montre que son inconscient n'est pas dupe. Dans sa note de suicide – chacun de ses fils et quelques proches reçoivent une lettre de lui le lendemain de sa mort – Michel prend sur lui la responsabilité de son geste, indiquant « qu'il avait rendez-vous avec cette fin depuis longtemps, ne sois pas triste, ne soyez pas tristes » (21)[27]. Dans celle envoyée à Éric, cependant, il évoque l'adoption : « Chapeau Éric, il a fait du chemin le gamin du Grand-Parc [à Bordeaux] » (14). Par le suicide, Michel Fottorino s'ôte de ce chemin sur lequel un seul père peut cheminer et ouvre la voie au père naturel. Au terme de son récit de deuil après suicide, Éric Fottorino ne peut que s'avouer, désabusé par la fausse promesse de l'écriture[28], que s'il n'a rien éludé (!), il n'a « rien élucidé non plus » (156). Il n'a rien élucidé vis-à-vis de son père adoptif, mais ce suicide fait sortir des ténèbres, amène dans la lumière le père naturel dans un

---

la blessure. N'ayant pu revenir sur son passé et le changer, Michel Fottorino a changé celui d'un autre enfant. Ayant souffert du sentiment d'abandon, l'homme a pleinement conscience de ce qu'il offre à cet enfant.

26 Abordant le sujet de la culpabilité dans le deuil, Marie-Frédérique Bacqué et Michel Hanus mentionnent qu'inconsciente, « elle concerne l'ambivalence des pulsions hostiles ressenties contre l'objet », ils avancent que la « reconnaissance des souhaits de mort dirigés contre le défunt serait alors bien nécessaire » et déplorent que dans la majorité des cas, « à défaut de reconnaître leur ambivalence, les endeuillés apaisent leur culpabilité en allant visiter le défunt, en lui "offrant" une pierre tombale » (41, 42), ou un livre, pourrait-on ajouter en ce qui concerne Éric Fottorino.

27 Perce dans cette note le « désengagement » propre aux personnes suicidaires prises dans une spirale où le suicide est une option « raisonnable », « la décision de se suicider apporte un énorme soulagement à cette personne qui cherche depuis si longtemps une voie d'issue » explique le psychiatre et psychothérapeute Christophe Fauré qui ajoute qu'« extérieurement, tout semble aller mieux » (75). Or, l'écrivain remarque que son père a eu « la frénésie du sport, ces derniers mois » avant de se demander à quel gouffre elle répondait (*Homme* 22).

28 « Je croyais pouvoir éclairer cette obscure volonté de mourir qui t'habitait » (*Homme* 156).

mouvement somme toute peu différent de celui de l'adoption qui avait sorti le petit François Ardanuit de sa nuit d'enfant naturel[29].

4 Le Père choisi

Récit de deuil après suicide, *L'Homme qui m'aimait tout bas* donne bien sûr préséance au père adoptif. Les personnages s'y affichent sous leur véritable identité, y compris le père naturel, Maurice Maman. Comme nous l'avons vu plus haut, les deux scènes fondatrices – la demande en paternité de Michel Fottorino et la première rencontre d'Éric Fottorino avec Maurice Maman – y sont revues et au besoin, corrigées. Pour la première fois, l'écrivain va au-delà de cette visite et souligne le respect du père naturel pour le lien unissant Michel et Éric : « il [Maman] a senti si fort le lien qui m'unissait à toi, Michel, qu'il n'en a rien fait [il n'a pas essayé de le prendre]. Il n'a rien entrepris par la suite que je n'aie accepté au préalable. Il a eu ce tact, cette humanité, cette compréhension. [...] Michel s'est vite senti rassuré, il était mon père et nul n'y pourrait rien changer » (*Homme* 118). Et l'auteur d'évoquer son mariage le 15 juillet 2006 et de qualifier d'« histoire de liberté, d'amour, de respect » la première rencontre entre les deux pères, Michel prenant la main de Maurice et la tenant, « signe muet d'estime, d'affection, de simple plaisir d'être ensemble, comme en Afrique » (*Homme* 115). A posteriori, l'endeuillé après suicide interprète cette scène comme un passage de relais, « son geste signifiant : je vais disparaître un de ces jours et ce sera à vous, Maurice, de continuer à être son père, pour le temps qui reste » (*Homme* 116). Les hommes contracteraient un accord tacite dont l'enjeu est le fils, un fils donné par le père adoptif au père naturel. Et le fils de poursuivre : « Puis en douceur, funambule sur le fil des années, j'ai ménagé une place à Maurice, pas la même, une place à part faite de curiosité, d'estime et enfin d'affection » (*Homme* 118). Il lui a « ménagé » une place, mais il ne s'est pas immédiatement donné à lui comme fils. Michel Fottorino mort, Éric peut *donner* une place à son autre père, comme il l'exprime ouvertement dans *Questions à mon père* :

> – C'était difficile pour moi de t'adopter. (C'est moi qui parle, moi ton fils. Mais tu aurais pu prononcer les mêmes mots.) C'était difficile. Toujours ce sentiment de trahir. Même penser à toi c'était trahir.
> – Et maintenant ? demande Maurice.
> [...]
> – La vie a passé. Ce n'est plus pareil. Et Michel est mort.

29 Le verbe *élucider* contient le préfixe latin *ex-* (sortir de) et le nom *lux, lucis* la lumière.

> – Il m'a laissé la place …
> – Non, c'est *moi qui te la donne*. Une autre place. Pas la même. (38, mes italiques)

Par l'emploi du verbe *adopter* – tellement porteur à confusion que l'écrivain a dû noter entre parenthèses que c'est lui, le fils, qui parle – et ce que l'acte a signifié dans la vie d'Éric Fottorino – un don – on comprend que c'est bien le fils qui donne au père naturel. Le fils admet aussi le rôle joué par la mort de Michel[30]. Son suicide a permis, a autorisé ce don fils-père – permission que Michel n'avait pas donnée trente ans plus tôt –, comme semblerait le confirmer le début du *Marcheur de Fès* (2013) où Éric évoque sa visite à Maurice Maman « un des premiers jours de janvier 2009 », donc dix mois après le suicide de Michel, et sa proposition d'écrire « nos rendez-vous manqués »[31], ce qui « donna *Questions à mon père* » (6). Avant cela, les relations ont été rares et principalement à sens unique, comme l'indique ce passage ni prose ni poésie pour aborder cette relation mi-figue mi-raisin :

> J'ai vingt ans, trente ans, quarante ans.
> J'ai tout mon temps. […]
> J'écris un livre puis un autre, des romans.
> Tu n'as jamais le beau rôle, dans mes romans. […]
> Je ne donne aucune nouvelle. […]
> Si la pensée de toi me traverse, je la chasse. […]
> Pas de photo de mes enfants.
> Aucune annonce de leur naissance. […]
> Tes courriers, je n'y réponds pas.
> Et si d'aventure une rencontre est enfin possible,
> Je laisse ensuite retomber le silence.
> Je m'empresse de ne plus répondre. […]
> Je suis un bloc de glace. Et je n'ai pas honte.
> Ça viendra, ne t'en fais pas.
>
> *Questions* 45-47

Après la rencontre à dix-sept ans, avortée, il y a eu quelques lettres – des coupures de journaux sur des victoires cyclistes (*Questions* 32) – puis la visite

30 Le sentiment de trahison envers Michel a toutefois subsisté en écrivant ce livre, comme le précise Fottorino dans une interview sur France Inter (<http://bibliobs.nouvelobs.com/documents/20100601.BIB3092/le-grand-maman-d-039-eric-fottorino.html>, dernier accès le 18 septembre 2015).

31 Une demande de permission en fait : « Je t'avais demandé *si tu accepterais* que j'écrive nos rendez-vous manqués » (*Marcheur* 6, mes italiques).

impromptue de Maman quand son fils a vingt-trois ou vingt-quatre ans, à Paris, sur le lieu de travail du journaliste qui ne l'invite pas à s'asseoir et lui répond par monosyllabes – car « [i]l me semble que, muet, je trahis moins » (*Questions* 31) – avant que le père ne s'esquive. Au début des années 2000, le père naturel se manifeste de nouveau. Frappé d'une attaque cérébrale, il lui envoie une ordonnance pour une batterie de tests et ces quelques mots : « Prends soin de toi, je suis bien malade. Communique-moi les résultats » (*Questions* 62). La nouvelle d'une « tumeur pamplemousse enkystée au bas de [s]a mœlle épinière » affecte le fils « au-delà de ce qu['il] aurai[t] cru » (*Questions* 63). Arrêtons-nous un moment sur cette tumeur finalement opérée et ablatée. Étrangement, l'auteur compare cette ablation aux accouchements que pratiquait Maurice Maman – « cette énorme tumeur dégagée de ta colonne par des mains hélas moins expertes que les tiennes quand tu cueillais de petits corps vibrants au creux du nid maternel » (*Questions* 63), ce qui amène à l'esprit du lecteur l'idée de la naissance. La tumeur pourrait bien sûr être somatique, le moyen pour le corps d'exprimer une crypte psychique liée à une paternité impossible parce que refusée par le fils. La maladie dont souffre le père – le chordome – et la façon dont le fils entend ce mot – le « corps d'homme » (*Questions* 24) – font toutes deux référence à la reproduction. En effet, le corps d'homme est une appellation du sperme et le chordome est un cancer qui se développe à partir des reliquats embryonnaires de la notochorde[32]. Cette maladie renvoie donc les deux hommes au nœud de leur histoire commune, la conception, comme s'ils repartaient de zéro, et la naissance qui s'opère avec l'ablation de la tumeur, grâce à la tumeur, est la naissance d'une relation soutenue entre père et fils qui remarque : « Tu ne comptes plus, depuis, les opérations, les rayons. Il te fallait me retrouver. Conclure la paix. Difficile quand il n'y a pas eu de guerre. Juste le silence, des murmures, un secret » (*Questions* 27). C'est par un autre cordon, appels téléphoniques et mails, et par des visites que le lien va être rétabli, que les « fils à ce point distendus » (*Questions* 173) vont être renoués.

Au récit d'une mort non élucidée succède ainsi le récit d'une mort annoncée mais repoussée par les questions qui donnent au livre son titre, questions posées dans l'urgence et auxquelles le fils attribue le pouvoir magique de maintenir en vie : « C'était idiot, mais je ne pouvais chasser cette idée : aussi longtemps que j'aurais des choses à lui demander – et j'en avais tellement – Maurice ne mourrait pas » (13). La première ligne de *Questions à mon père* fait étrangement écho à celle de *L'Homme qui m'aimait tout bas* : « Le 31 décembre

32 Voir le site de la Chordoma Foundation (<http://www.chordomafoundation.org/understanding-chordoma/>, dernier accès le 16 septembre 2015). Au 18ème jour du développement, la notochorde est le début de la colonne vertébrale.

dernier [2009], j'ai souhaité bonne année à Maurice. Il m'a dit que pour lui elle serait courte » (11)[33]. Le livre vient de surcroît corriger les romans où il a souvent donné à son père naturel le mauvais rôle : « Au mieux un absent. / Au pire une chiffe molle dépassée par les événements » (45). Il poursuit :

> Dans *Rochelle* je te fais payer un mot maladroit. Je suis né d'un rapport larvé. Tu m'avais dit ça, la première fois. De larvé à larve, il n'y avait qu'un accent à enlever. Je l'ai ôté sans hésiter. [...] Je laissais entendre qu'il n'y avait pas eu d'amour. Juste un flirt un peu poussé. J'ai sali sans savoir. [...] Plus tard dans *Korsakov*, je [...] me suis surpassé. J'ai imaginé ma conception à la va-vite sur la banquette arrière d'une voiture. De l'obscurité des origines j'ai fait une obscénité.
>
> *Questions* 51-52

> Trop longtemps ton nom propre a été un nom sale. Sali par mon ignorance.
>
> *Questions* 155

La vérité des faits est restituée, le père réhabilité, son nom lavé. Car qui des deux a véritablement abandonné l'autre ? Le fils répond sans faillir : « Tu ne m'as jamais abandonné. / Moi si » (*Questions* 154). *Questions à mon père* est ainsi un récit de reconnaissance en filiation. Contrairement à *Rochelle, Korsakov* et *L'Homme qui m'aimait tout bas, Questions à mon père* n'est pas un contre-don, mais un don. Le fils fait à son père naturel le don de ce livre et lui donne en partage son espace d'écriture – en restituant ses paroles au style direct ou indirect. La couverture de la version Folio – une photo montrant les deux hommes, coiffés d'une casquette, se regardant de profil – reconnaît la double filiation puisque le nom de Michel surmonte cette photo, Michel sera toujours présent dans le nom de son fils adoptif[34]. Remarquons ici que longtemps il y a eu un problème de nomination et d'appellation[35] :

---

33 « Le 11 mars 2008 en fin de journée, dans un quartier nord de La Rochelle, mon père s'est tué d'un coup de carabine » (*Homme* 11).

34 L'auteur déclare qu'avec *Questions à mon père*, il écrit « notre petit monument de papier » (93) – on se souviendra que c'est ainsi qu'il a qualifié *L'Homme qui m'aimait tout bas*.

35 Il en va de même du mot *papa*. Fottorino se souvient : « ce fut un bouleversement sans nom de prononcer ce nom – jamais dit auparavant, sinon pour désigner l'absence. Une syllabe redoublée [...] : papa » (*Homme* 122). Dans *Questions à mon père*, il précise : « Je ne t'ai pas dit papa. / À Michel je réservais ces deux syllabes, / Deux négations pour un oui. / Un oui qui te disait deux fois non, / Pa, pa » (91). En 2013, Fottorino évoque encore ce problème : « Lorsque je t'évoque, je ne parviens jamais à dire "mon père". Je ne dis plus "mon père biologique", une expression trop aseptisée [...]. Père naturel ? Je ne connais rien de moins naturel que ces mots. [...] Alors je dis : "mon père marocain", ou "mon père juif" »

> Longtemps je ne t'ai pas appelé.
> Je veux dire nommé.
> Tu as été un non-être, un non-nom.
> Dix-sept ans d'inexistence. [...]
> Mais parlant de toi, si peu, ou pensant à toi, si rarement,
> Je cherchais à te désigner.
> Je disais « l'autre ».
> Je disais « mon père biologique » et là je revoyais ta toise, ton stéthoscope, ton tensiomètre.
> Je disais « mon père naturel », mais jamais expression me fut si peu naturelle.
> Je disais « mon vrai père » et ce vrai sonnait faux.
> Je disais « Maman », que je prenais soin de prononcer avec un *e* final pour ne pas créer de confusion avec ma maman.
> Longtemps je t'ai appelé de travers.
> Tu avais le nom qu'on évite de prononcer.
> Je ne te nommais pas plus que tu ne m'avais nommé, au premier jour. (200-201)

Au refus – ou à l'empêchement, puisque Maman a été éloigné par la grand-mère – du don du nom, le fils répond longtemps en contre-don par le refus du nom, schéma du retour du même que j'ai évoqué plus haut. *Questions à mon père* effectue là aussi un revirement. La filiation est affirmée, le titre – performatif – entérine cette reconnaissance en filiation. *Questions à mon père* est un livre-don : « J'ai ramassé ce passé pour t'*offrir* à temps un présent. [...] / Tu es en vie » (202, mes italiques). Éric Fottorino donne vie à Maurice Maman en le reconnaissant comme père et il lui donne un fils, il se donne en fils, le « fils de la fin » : « Je suis ton fils du bout de la route. / Ton fils de la fin comme tu as eu tes fils et ta fille du début et pour toute la vie » (200). Mais, comme avec Michel Fottorino, le don est à double sens car Maurice Maman donne vie à Éric Fottorino en lui restituant la vérité, en lui disant que ce fils absent avait compté pour lui[36], en lui offrant une histoire et une ascendance[37], en lui donnant un

(*Marcheur* 17). L'ajout de ces adjectifs ne suggère-t-il pas l'existence d'un autre père, non marocain et non juif ?

36 Il lui a destiné la chambre du haut dans la maison qu'il a fait construire peu après son arrivée en France en 1973 (*Questions* 158) ; pendant trente ans, il lui a écrit une douzaine de lettres restées mortes (*Questions* 168).

37 En lui livrant ses souvenirs, « alourdis de regrets, de chagrins, de tant pis. Je les saisis comme une chance. Ce sont des morceaux d'existence que tu me livres par paquets

visage où se reconnaître[38], en lui donnant naissance : « Maurice est en train de faire naître un vieil enfant de bientôt cinquante ans » (*Questions* 99). Comme l'enfant qui aide sa mère dans l'accouchement, en questionnant Maman le fils se donne naissance : « Tu es sceptique à l'idée que j'écrive un livre sur ta vie. [...] Tu ne comprends pas qu'en l'écrivant, c'est à ma vie que je donne ses vraies fondations » (143). Plus que dans le don et le contre-don, il semblerait que nous soyons dans l'échange. Le don suprême de père à fils, le don du nom, n'a pas été accordé. Refus ou occasion manquée ? On se rappellera que la lettre de François Signorelli, une invite au père à lui donner son nom, avait été lue puis retournée. L'auteur revient dans *Questions à mon père* sur cet épisode :

> Je sais qu'un jour je t'ai écrit
> Pour te demander si
> Finalement
> Ce nom, ton nom, ne devrait pas être
> Le mien. (89)

Plutôt qu'un refus, signifié par le renvoi du pli et la mention « Inconnu à cette adresse » (*Korsakov* 525) – comme on naît de père inconnu –, Éric Fottorino interprète l'absence de réponse du père comme un mauvais timing :

> Tu as compris qu'une lettre n'a d'importance, [...]
> Que dans la minute où elle a été écrite.
> Ensuite c'est trop tard, c'est fané. (89)

Le fils revient à la charge :

> Je t'avais écrit que peut-être, enfin, ton nom pourrait être le mien,
> Mais cet été-là, le nez plongé dans un livre (c'était je crois *L'Amant de la Chine du Nord*),

---

entiers, un arriéré de confidences, une *donation* entre vivants » (*Marcheur* 16-17, mes italiques).

38 « Mais en me voyant je te vois », écrit Fottorino dans *Le Marcheur de Fès* (17). Quant à François Signorelli, il étudie depuis seize ans « le parcours mental de la reconnaissance des visages » (*Korsakov* 228) ; à dix-sept ans, face à Alexandre Maman, il avait l'impression de plonger les yeux comme dans un « miroir vieillissant. Je me trouvais en face de moi, des rides en plus, du blanc aux tempes » (*Korsakov* 219). Dans *Questions à mon père*, le « temps des soustractions » est révolu : « J'ai reconnu ton nez, tes pommettes, nos calvities. [...] Le moment était venu des additions. Toi et moi. Toi en moi. Maintenant que je me suis rassemblé il me semble que je me ressemble » (140).

> Et toi ne m'effleurant que de ton ombre,
> Prudent, gardant tes distances,
> Pour ne pas briser le cristal
> De mon silence,
> Nous n'avions pas une seule fois prononcé ce nom, Maman, comme on parle d'un projet commun. (90)

Dans ce temps des possibles, un temps incertain puisqu'on ne sait quand cette lettre a été envoyée, les deux hommes se sont encore une fois manqué et le nom du père restera à jamais un manque[39]. Pour le fils, la lettre morte de demande de reconnaissance en paternité est une lettre à jamais en souffrance, une lettre dont il souffre, comme le nom non donné est souffrance :

> Un Juif qui ne donne pas son nom n'est guère plus qu'un enfant qui ne l'a pas reçu. Ton nom aurait dû être mon berceau comme il sera ta sépulture. Un territoire habité par nous deux. Au lieu de cela il n'a été rien d'autre qu'une souffrance aveugle, bénigne au début, indolore, presque rien. Et tout se logeant dans ce presque, comme une balle perdue enchâssée dans la cervelle dont ne subsiste à la fin que l'écho assourdi, peut-être imaginaire, de la déflagration. (92)

La comparaison est troublante quand on sait que le père adoptif s'est suicidé d'un coup de carabine. L'écrivain imputerait-il sa souffrance de l'absence du nom du père naturel à son père adoptif dont le nom a pris la place de l'autre ? Même si par son suicide Michel Fottorino a permis – a donné la permission – à

39 L'histoire de ce père et de ce fils est en fait marquée par les rendez-vous manqués – ce que Fottorino appelle leur « fameuse discordance des temps » (*Marcheur* 111). Dans *Questions à mon père*, Maman relate comment la mère, enceinte, fut effectivement envoyée chez des cousins et comment il dut retourner au Maroc faire renouveler son titre de séjour, ce qui lui fit rater la naissance de son fils. De retour en France, mère et fils avaient quitté Nice et l'enfant avait été séparé de sa mère et placé en nourrice où Maman le vit deux fois – la première, il lui fit une injection, la seconde, il lui apporta un jouet, avant d'être interdit de visite par la grand-mère (70-71). Il relate encore comment la mère ignora sa proposition qu'ils se marient à sa majorité (35). Une troisième occasion fut manquée : le 25 octobre 1965 la mère téléphona au Maroc, elle était libre et avait repris son enfant, « Mais le temps était encore une fois déréglé. […] Tu étais marié, tu venais d'avoir un fils. La jeune femme raccrocha. Ce fut terminé. Tu lui avais proposé de l'aide. Elle l'avait refusée, non, elle n'avait besoin de rien » (57). Dans son interview sur France Inter, Fottorino déclare que pour lui « il y avait une urgence [à écrire *Questions à mon père*], il y a des rendez-vous qu'il ne faut pas manquer dans la vie. On s'est manqué pendant cinquante ans et je voulais absolument qu'il le [ce livre] lise, qu'il puisse le lire et que je puisse *le lui donner* » (mes italiques).

Maurice et Éric de renouer leurs liens, leur relation est à jamais plombée et la question du nom – la seule question du livre qui reste sans réponse – sera à jamais irrésolue[40]. D'autre part, à cause de son suicide, Michel Fottorino place son fils adoptif dans une situation d'endettement à vie. Le suicide rend la dette éternellement impayable. Est-ce alors dans un effort – vain – de repaiement de cette dette qu'Éric Fottorino a publié en 2013 *Suite à un accident grave de voyageur* ?

La publication de ce court récit est en effet troublante et assez révélatrice. Fottorino s'y livre à une sorte de réflexion sociologique sur le suicide dans les transports en commun franciliens, fait assez courant mais tabou, preuve en est l'euphémisme utilisé par la RATP que Fottorino reprend en titre[41]. Faute de pouvoir faire sortir les victimes de l'anonymat, Fottorino sort des ténèbres du silence ces actes inscrits dans la presse locale à la rubrique des faits divers et ausculte une société atteinte d'une indifférence aiguë qu'il n'hésite pas à dénoncer, phrase de Camus à l'appui : « "Mal nommer les choses, jugeait Camus, c'est ajouter au malheur du monde." Ne pas les nommer, c'est nier notre humanité » (12). Alors il nomme. Il aborde en particulier trois cas : le suicide d'un vieil homme le 16 septembre 2012, celui d'une jeune fille (qui s'avère, renseignements pris, être un homme) le 23 septembre 2012 et celui d'une mère de famille le 25 septembre 2012. La mention des dates montre bien sûr clairement la fréquence du phénomène. Ce ne sont cependant pas les conclusions sociologiques qu'on peut tirer de ce livre qui m'intéressent ici, mais les conclusions au niveau personnel. La question que je pose n'est pas, comme Fottorino, la réaction de milliers de voyageurs touchés par ces suicides, mais celle d'Éric Fottorino, l'endeuillé après suicide, qui cherche à en savoir *plus* sur les victimes. Plus, mais pas tout, comme en atteste cette réflexion suite aux révélations de

40 Comment interpréter ce rêve, vers la fin de *L'Homme qui m'aimait tout bas*, du retour de Michel et de la présence sur une table d'un livret de cuir noir porteur du nom « Éric Chabrerie », sinon comme un désir de revenir au nom d'enfant naturel afin de pouvoir être reconnu par le père naturel ? L'écrivain dit ne pas savoir « quel message m'envoyait mon inconscient et je n'ai guère envie de m'appesantir » (162). Il est évident que ce rêve annule l'adoption, ce qui permettrait la reconnaissance du père naturel et ferait place libre pour son nom.

41 Cet euphémisme est-il utilisé par peur de ce que les spécialistes de suicides adolescents appellent « l'effet Werther » qui affirme « l'existence d'une relation statistiquement importante entre la couverture médiatique du suicide et une augmentation du suicide » (« the existence of a statistically significant relationship between media coverage of suicide and an increase in suicide », Grollman 56) ? Fottorino en utilise ou reproduit d'autres : « détresses » (11), « trafic perturbé » pour la RATP (22), « personne sous un train » pour les pompiers (28), « accidents de personne » sur le site Web <blogencommun.fr> (40) (dernier accès le 17 septembre 2015).

la boulangère sur l'identité du premier suicidé : « Je n'ai pas voulu en savoir davantage » (13). Une semaine plus tard, alors qu'a lieu le deuxième suicide – dont sa fille est d'ailleurs témoin – il reconnaît avoir « oublié cet homme » (13). Il aborde la souffrance de la victime et « de ses parents, de son conjoint, de ses enfants. De ses amis [bref, des endeuillés après suicide]. Des témoins du suicide *chez qui cet acte a pu réveiller des blessures, des interrogations* » (30, mes italiques). C'est à mon sens dans cette phrase qu'il faut trouver l'impulsion de ce livre, l'intérêt que Fottorino manifeste pour ce type de suicide très violent[42] au lendemain du suicide de son père adoptif – puisqu'il date sa consultation du blog mentionné ci-dessus de l'été 2008[43] –, intérêt qu'il manifeste encore en 2012, c'est-à-dire quatre ans et demi après le suicide de Michel Fottorino. Il écrit, innocemment, n'avoir « guère le souvenir d'autant d'accidents de voyageurs. Je ne devais pas y prêter attention, avant » (17). Avant le suicide de Michel, s'entend. Fottorino décrie une « conspiration du silence. Qui ne dit mot consent. Qui ne dit suicide se condamne à le revivre ad nauseam » (55). Lui-même a dit, a écrit le suicide de son père adoptif ; il semble néanmoins condamné à le revivre, multiplié par trois, voire quatre puisqu'il mentionne aussi la « petite apprentie kiné » (52) d'abord pressentie victime du deuxième suicide avant que cette identification soit corrigée par un article paru dans *Le Courrier des Yvelines* (25). La petite apprentie kiné revient vers la fin du livre, retour du même, retour d'un autre kiné, d'un autre suicidé, Michel Fottorino, et retour du traumatisme. Sur le Net, l'écrivain lit « la colère des uns » et « le traumatisme des autres, ceux qui ont vu ou deviné. Ceux qui s'en veulent de n'avoir pu empêcher le pire. [...] La culpabilité s'ajoute au traumatisme » (52). Or, j'ai émis l'hypothèse que dans le cas d'Éric Fottorino, la culpabilité n'est pas simplement celle de l'endeuillé après suicide[44], mais qu'elle s'accompagne d'une culpabilité plus profonde, encore moins dite car encore plus embourbée dans le tabou, une culpabilité qui touche au désir refoulé de la mort du père adoptif.

---

42 Une violence différente de celle du suicide paternel. Le train, contrairement à la carabine, est une « arme par destination », c'est-à-dire un objet « détourn[é] de [son] usage normal à des fins criminelles » (19).

43 « Entre l'été 2008 et début 2009, il [le blog] a hébergé de vifs échanges sur les accidents de voyageurs, avant de se concentrer sur des thèmes plus anodins. Pendant cette brève période, la parole a été libre, tour à tour révoltante, réconfortante, éprouvante, émouvante » (40).

44 Son « Il s'est tué et je n'ai rien senti » (*Homme* 27) trahit un sentiment de culpabilité classique.

5 Freud, Fottorino et « tuer le père »

Pour appuyer cette hypothèse, il me faut revenir à *Korsakov* et surtout au nom du narrateur, François Signorelli. Il est clair que, comme on l'a vu à propos de Simon Moncif, Éric Fottorino a soigneusement choisi le nom de ses personnages. Or, Signorelli fait immanquablement penser à Freud qui avait oublié ce nom lors d'un voyage en train. En nommant son double Signorelli, Fottorino nous invite à lire son histoire à la lumière de l'histoire racontée par Freud, le nom Signorelli étant pour Freud comme pour Fottorino tout sauf sans « particularité quelconque » (Freud 6). L'histoire est apparemment banale. Dans le train, Freud fait causette avec un « étranger ». Il parle d'Orvieto dont la cathédrale abrite les fresques du peintre de la Renaissance italienne, Luca Signorelli dont il ne parvient pas à se rappeler le nom. À la place s'imposent à son souvenir deux autres noms de peintres italiens, Botticelli et Boltraffio. L'oubli hante le père de la psychanalyse qui, quelques mois plus tard, en septembre 1898, s'en ouvre dans une lettre à Wilhelm Fliess. Toujours en 1898, il reprend l'anecdote dans un article scientifique intitulé « Du mécanisme psychique de la tendance à l'oubli » dans le *Monatschrift für Psychiatrie* avant, enfin, de le reprendre une troisième fois dans le chapitre qui ouvre *Psychopathologie de la vie quotidienne* écrit fin 1900-début 1901. Dans son article sur l'oubli de Freud, Michael Billig remarque qu'entre chaque version de l'anecdote, il y a eu des changements et des omissions. C'est aussi le cas du « roman familial » de Fottorino, lui aussi raconté au minimum trois fois – dans *Rochelle, Korsakov* et *L'Homme qui m'aimait tout bas* – et dont chaque version a amené changements, ajouts, rectifications[45]. Les deux romans portent aussi sur l'oubli, l'oubli forcé du père naturel, un oubli d'abord forcé par la grand-mère maternelle (*Korsakov* 24), puis par l'oncle maternel (*Korsakov* 130) et enfin par le fils lui-même par égard pour son père adoptif (*Korsakov* 321). Relatant une dernière fois son oubli, Freud admet qu'il n'est plus possible d'y voir « un événement accidentel. Je suis obligé de voir dans cet événement l'effet de mobiles psychiques » (8). Dans le cas Fottorino se produit un mouvement à la fois inverse et similaire puisque le nom Signorelli n'est pas accidentel, mais relève bien d'un choix[46]. Ce choix est cependant également l'effet de mobiles psychiques de l'ordre du refoulé. Pour Freud, le refoulé concerne le père. Billig avance en effet : « Il

45 Par exemple entre les scènes de demande en paternité et de rencontre entre fils et père naturels. Ou, changement moins significatif, la profession du père adoptif (vendeur de cannes à pèche, ostréiculteur, kinésithérapeute).

46 Un choix aux niveaux extra et intradiégétiques – puisque la famille aurait dû s'appeler Delpech.

existe des raisons pour supposer que “Signorelli” était lié à des sentiments personnels ayant à voir avec la mort du père de Freud plutôt qu'avec la mort d'un patient [entendue quelques semaines plus tôt] » (491)[47]. Toujours selon Billig, Freud soulevait la question suivante : « un fils peut avoir des sentiments ambivalents envers la mort de son père. Le fils peut souhaiter la mort de son père, de sorte que, quand le père meurt, le chagrin peut se mélanger au plaisir », « Ici, alors, résideraient des motifs honteux. [...] Avec la mort de son père, Freud se sent libre de poursuivre ses ambitions. La satisfaction éprouvée à la mort de son propre père n'est pas quelque chose qu'on peut ouvertement admettre » (492)[48]. Comme pour Freud, le refoulé dans le cas de Fottorino concerne le père. Michel Fottorino ne présente aucune entrave à son fils adoptif, écrivain et journaliste de renom, père de famille, sinon la liberté d'aller vers son père naturel. Éric y est bien allé à dix-sept ans, mais nous avons vu comment à son retour il s'est rétracté et a retrouvé « les siens ». Vers vingt-trois ans, il l'a reçu avec froideur puis a négligé de répondre à ses lettres ou à lui donner des nouvelles, ne lui faisant même pas part de la naissance de ses filles. Il s'en est rapproché assez pour avoir les deux hommes présents à son mariage où le relais aurait été passé[49]. Reste que l'existence de Michel a pu avoir été perçue comme mettant un frein, et même comme constituant un obstacle, à cette relation. C'est du moins comme cela que Maurice Maman, sans amertume ni rancœur, l'a perçue, comme en atteste cette lettre reproduite dans *Questions à mon père* :

> Éric bonjour,
>
> Dans ton récit tu retraces l'évolution de tes sentiments envers moi pendant ces trente dernières années.
>
> Bien des choses vont intervenir.
>
> Ton mûrissement, mes maladresses, tes enfants, ma maladie.
>
> *Mais l'événement majeur reste la disparition de Michel.*
>
> Par fidélité, par gratitude tu t'es senti bridé, tu as craint de retirer de l'amour à l'un en en donnant à l'autre.

---

47 « There are reasons for supposing that “Signorelli” was connected with personal feelings relating to the death of Freud's father, rather than with the death of a patient [heard a few weeks before] ».

48 « a son may have ambivalent feelings towards the death of his father. The son may wish for the death of the father, so that when the father dies, grief may be mixed with pleasure », « Here, then, would be shameful motives. [...] With the death of his father, Freud feels free to pursue his ambitions. Satisfaction at the death of his own father is not something that can be openly admitted ».

49 J'emploie un conditionnel car il s'agit d'une interprétation du fils.

> Or comme on aime plusieurs enfants, on peut aimer plusieurs pères. [...]
>
> Avec la disparition de Michel tu t'es autorisé plus de liberté, sans rien retirer à l'affection que tu lui portes. [...] » (198-199, mes italiques)[50]

Comme nous l'avons vu, après la mort de Michel Fottorino, la relation entre Éric et Maurice Maman a pris son essor, comme si les deux hommes rattrapaient le temps perdu[51]. J'irai un pas plus loin dans mon hypothèse et avancerai que c'est par le choix du nom Signorelli dans *Korsakov* que, tout en faisant l'éloge des Fottorino, non seulement l'écrivain exprime un souhait de mort – il donne d'ailleurs Marcel comme prénom au père adoptif, or Marcel est le prénom du père de Michel Fottorino à la mémoire de qui *Korsakov* est dédié –, mais il suggère (toujours inconsciemment bien sûr) le suicide. Percevant dans les romans d'Éric la souffrance et combien sa propre ombre y plane, Maurice Maman lui écrit qu'« un jour ou l'autre il te faudra "tuer le père" (en écriture seulement ...) pour te libérer de ce poids » (*Questions* 173). C'est d'un autre père et d'un autre poids que Fottorino a souhaité se libérer. En donnant à son double le nom de Signorelli, il a suggéré le suicide. En effet, lors de son voyage en train, Freud repense à l'annonce reçue quelques semaines plus tôt de la mort d'un de ses patients : « un malade, qui m'avait donné beaucoup de mal, s'était suicidé » (Freud 8). Dans le cas Fottorino, la combinaison des deux éléments de l'histoire de Freud – la mort du père et le suicide du patient – indique clairement que le refoulé concerne un vœu de mort par suicide. Le suicide paraît d'ailleurs deux fois dans *Korsakov*. Gilbert, un homme que la grand-mère a pris sous son aile, se pend et Louis, l'oncle maternel, se suicide au moyen de médicaments. Devant le corps de Louis, le petit François pense « Jamais deux sans trois ! » (174) et qu'il serait le prochain à mourir. La fin de cette première partie de *Korsakov* laisse entendre que le proverbe se vérifie : « Après Gilbert et après Louis, c'était au tour de François Ardanuit de s'effacer pour renaître François Signorelli » (184). Cependant, il ne s'agit que d'une mort – qui plus est, une mort symbolique –, il ne s'agit pas d'un suicide. Ce proverbe de « Jamais deux sans trois » pourrait se lire comme la suggestion (inconsciente) du moyen de la mort souhaitée. Michel Fottorino aurait alors exaucé le vœu refoulé.

---

50 Nulle part Maman ne mentionne qu'il s'agit d'un suicide.

51 Dans un mouvement inverse à celui de Freud qui, juif, était attiré – à l'encontre de son père – par l'art chrétien, Éric Fottorino est parti à la recherche (intellectuelle, pas religieuse) du juif pratiquant, du judaïsme et de la judéité, comme il l'explique dans *Le Marcheur de Fès* : « Je cherche tes racines, pas une religion, pas un peuple » (24), « Tu t'es affranchi de ta judéité quand je la cherche pour te retrouver » (175).

C'est dans ce vœu refoulé et dans le sentiment de culpabilité décuplé par sa réalisation que l'on peut trouver la source de l'intérêt qu'Éric Fottorino porte et continue de porter aux « accidents de voyageurs », ces suicides commis au moyen d'un train, train qui rappelle le voyage de Freud et le fameux Signorelli. Vers la fin de *Suite à un accident grave de voyageur*, Fottorino évoque un voyage qu'il a effectué en novembre 2012 à Fès, « sur les traces de [s]on père marocain » (56). Le voyage – de quelques jours seulement mais suffisamment riche pour donner matière à un, voire deux livres, *Fils de Berbères* (2012) et *Le Marcheur de Fès* – est narré succinctement. En fait, seulement deux lieux en ressortent. Le premier est le cimetière du Mellah où « le gardien m'a montré du doigt un espace éloigné parmi les tombes blanches, le carré des suicidés » (56). Allant sur les traces du père naturel, il trouve un signe du père adoptif; son inconscient fonctionne comme celui de Freud qui interprète l'oubli du nom Signorelli comme « l'effet d'une perturbation du sujet nouveau par le sujet précédent » (Freud 7). L'évocation du carré des suicidés montrerait qu'à Fès, Fottorino n'a pas fait qu'aller sur les *traces* de son père marocain, mais qu'il a aussi laissé les *restes* de son père tunisien, dans ce carré des suicidés, dans cette terre d'Afrique d'où Michel était originaire. L'enterrement symbolique effectué, Fottorino peut passer à l'événement du train pour Rabat. Dans ce rapide, il lit dans le journal un article intitulé « Accouchement dans un RER ». Il y lit comment, pour rejoindre une maternité du 20e arrondissement de Paris, une femme enceinte a pris le RER où est né « le petit Olajuwon, passager inattendu de cette rame matinale » (56-57). Dans ce RER/train, ce n'est pas seulement le petit Olajuwon qui est né, mais aussi Éric Fottorino, dont l'« accouchement dans les fers » à dix-sept ans avait échoué (*Korsakov* 218) et qui est finalement né au Maroc par la lecture de ce « fait divers heureux » qui ne parvient toutefois pas à éclipser les accidents graves de voyageurs qui le précèdent[52], comme l'enterrement symbolique n'éclipse pas l'accident grave de son voyageur tunisien. Au terme du livre, l'endeuillé après suicide imagine encore « ce qui traversait l'esprit des victimes, le jour fatal » (*Suite* 62) et distingue leur corps de leur âme : « Les victimes se sont données corps et âme. Paix à leur corps. Mais leur âme, qu'est-elle devenue ? » (63). Dans le carré des suicidés, il a symboliquement déposé un corps. Qu'en est-il de l'âme ? La question reste sans réponse.

52 Des voyageurs restés anonymes, contrairement au nourrisson.

6 Mes pères, ces héros

En octobre 2012, juste avant son voyage à Fès, Éric Fottorino publie un beau livre intitulé *Berbères*, accompagné de photos d'Olivier Martel. En 2014, le récit en est repris et publié sous un titre plus révélateur, *Fils de Berbères*. Dans le premier chapitre à la première phrase proustienne – « Longtemps je me suis cru Français de France » (*Fils* 9) – Fottorino revient sur sa filiation. Face à la mère et la famille maternelle, « le grand vide, l'inconnu, car de père il n'y avait pas. Seulement un creux rempli du peu d'imagination que je m'autorisais » (9). Il revient sur le don du nom de Michel Fottorino et sur son interprétation mythomaniaque de son lieu de naissance : « Un premier rapprochement s'établit, une jonction heureuse entre Nice et Tunis, une sorte de trait d'union, un glissement sémantique » (11). Nice-Tunis, mais aussi Tunis entendu comme tue-Nice, où Tunis tue Nice et ainsi exprime le reniement du statut d'enfant naturel du garçon. Il relate encore comment avant ses vingt ans, « j'appris que mon père naturel était un accoucheur juif du Maroc, originaire de Fès. On disait Fassi, c'était facile à retenir. Il s'appelait Maurice Maman » (11). Dans ce récit, Éric Fottorino renoue les fils de sa berbérité, héritée de son arrière-grand-père Yahia dont l'histoire a déjà été retracée dans *Questions à mon père* – il est le père de Mardochée, lui-même père de Maurice, ascendants que l'on retrouve dans le récit de son voyage à Fès, *Le Marcheur de Fès*, accompagnés des Cohen et autres Elalouf, noms qui ne lui disent rien mais qu'il note consciencieusement « avec le vague espoir qu'ils m'amèneront vers une meilleure connaissance des tiens qui furent si peu les miens » (*Marcheur* 48). Dans *Le Marcheur de Fès*, récit de voyage qui débute au conditionnel passé[53], temps de l'irréalisé, teinté d'une pointe de regret parce qu'à jamais irréalisable, Éric est guidé par les courriels de Maurice et des hommes que celui-ci a connus. Éric « déambul[e] dans les endroits que [Maurice] [a] traversés » (*Marcheur* 126) et retrace l'histoire de sa famille marocaine et des Juifs fassis, décimés depuis 1492 par les exodes[54] – ne reste à Fès qu'une cinquantaine de Juifs. Il met ses pas dans ceux de son père marocain – « Ce que je vois, tu l'as vu. Ce qui vibre en moi, tu l'as éprouvé toi aussi. Un fil nous relie » (*Marcheur* 114) – et le marcheur de Fès, qui « devait être toi. Ce sera moi » (13), père et fils étant non seulement reliés mais comme interchangeables. La « reconstitution » de la jeunesse de Maurice à laquelle Éric se livre, reconstitution et « restitution aussi » (151) s'avèrent être une reconstitution et

53 Éric serait venu chercher Maurice en voiture et ils auraient fait le voyage à Fès ensemble si la santé du vieil homme l'avait permis.

54 La famille Maman semble être partie au lendemain de celui de 1973, suite à la guerre du Kippour (*Marcheur* 58).

une restitution de sa propre identité. Mais en visitant la Karaouine, Éric se remémore la phrase sibylline que lui avait dite Maurice – « La Karaouine a un lien avec ton père Michel » (*Marcheur* 118-119) – car la Karaouine aurait été fondée par une jeune femme originaire de Kairouan, ville sainte de Tunisie, partie à la recherche de son père. « Voilà qui serait, à travers les âges, un clin d'œil à notre histoire » (119), conclut le narrateur à l'identité interchangeable puisqu'il pourrait aussi bien s'agir du fils que du père marocain. Au cœur du voyage et du récit reparaît donc Michel Fottorino et le fils de réaliser que « la Tunisie des Fottorino fut une première impression de ton univers » (*Marcheur* 121), avant de repenser au jour qui avait réuni ses deux pères et d'évoquer ce que le défunt aurait aimé dans le survivant. Comme un père peut en cacher un autre, un « Berbère peut en cacher un autre » et c'est en fait du père de Michel Fottorino qu'Éric reconnaît dans *Fils de Berbères* avoir tiré le « premier fil de la berbérité » en l'écoutant raconter Gafsa « où naquit autrefois, il y a vingt mille ans, la branche capsienne de l'humanité, berceau de la civilisation berbère. Je croyais trouver mes liens "barbares" du côté de Maman et voilà qu'ils surgissaient dans ma famille Fottorino » (*Fils* 16). En entreprenant le voyage à Fès, Éric Fottorino souhaitait sceller sa filiation avec son père marocain – « Maintenant il me faut Fès. Connaître Fès. Je ne serai pas vraiment ton fils si mes yeux ne voient pas ce que tu as vu en premier » (*Marcheur* 19). Mais son autre père a resurgi et le fils n'a pu que se rendre à l'évidence que pour lui, en lui, les deux pères sont inéluctablement liés[55].

Fottorino remarque des Berbères que « [c]'est leur culture enfouie qui fait leur ciment » (*Fils* 20). C'est dans *Fils de Berbères* qu'il cimente sa double filiation. Malgré la présence de la grand-mère Fréha Maman, qui sculpte l'argile, et l'évocation de la tombe d'Annette[56] comme seul lieu de mémoire de la famille Maman maintenant exilée (39), la majorité du récit porte sur les Berbères, progressant des Imazighen, ces hommes libres, au rôle que les Berbères ont joué dans les printemps arabes – surtout en Lybie – en passant par

55 Quand, répétant à Maurice une question qu'on lui avait posée – « Ton père t'a-t-il *donné* un prénom hébraïque ? » (*Marcheur* 25, mes italiques), Éric s'entend répondre au conditionnel « Aujourd'hui, [...] je te prénommerais Yehoshua, ou Josué » (*Marcheur* 26), un conditionnel dont la condition n'est pas prononcée (si je t'adoptais ? Si je te reconnaissais ? Si je te donnais un nom ?), une réponse qui ne concerne que le prénom, pas le nom. Dans la suite de sa réponse, Maurice évite encore le nom et parle d'un surnom. Surtout, il évoque l'autre père – « Avec ta maman, nous te surnommions "Toto" (Fotto !) » (*Marcheur* 26) –, consolidant ainsi le père adoptif.

56 Sœur aînée de Maurice morte accidentellement à dix-sept ans – encore cet âge critique dans le vécu de l'écrivain.

l'exil des Juifs du Maroc[57]. Fottorino s'appuie sur des sources livresques[58], numériques[59], musicales[60] et cinématographiques[61]. Par ce récit, en attachant les deux termes, juif et berbère, ce qui « relève de la fiction » (108) autant que de la filiation, de l'attachement aux deux pères, il poursuit inlassablement son « roman familial » (108). En changeant le titre de son livre pour sa publication dans la collection Fugues de *Berbères* à *Fils de Berbères*, il passe du collectif au personnel, de l'héroïque historique à l'héroïque intime et fait de ses deux pères ses héros. Par les fils de l'écriture, il se relie comme fils à ses deux pères et se donne simultanément aux deux. *Fils de Berbères* constitue ainsi son dernier (contre-)don.

57 Cité à partir du site Dafina.net, « Entre la création de l'État d'Israël en 1948 et l'indépendance du Maroc en 1956, 90% des Marocains juifs émigrèrent » (*Fils* 52).

58 Par exemple *Les Berbères* de Jean Servier (34), *La Découverte des Juifs berbères* de Daniel Schroeter (43-44) ou encore *Les Identités amazighes au Maroc* de Stéphanie Pouessel (104).

59 <www.slateafrique.com>, dernier accès le 18 septembre 2015.

60 Le chanteur Idir.

61 L'adaptation, longue et ardue (une trentaine d'années à cause de la censure), par Abderrahmane Boughermouh, en tamazigh, du roman de Mouloud Mammeri, *La Colline oubliée* (77-85).

CHAPITRE 2

Les Mythes familiaux de Delphine de Vigan et l'enjeu de cette famille

Alors qu'Éric Fottorino a écrit son roman familial, centré sur la recherche et reconnaissance du père naturel et donc tourné vers le passé et axé sur le don et contre-don, Delphine de Vigan nous fait pénétrer dans une histoire de bien plus vaste envergure, dans un mythe familial fort de l'apport (psychologique) de tous ses membres – ascendance et descendance – et donc multidirectionnel, mais avec pour visée ultime les générations futures[1]. Maillon dans la chaîne des générations, elle est porteuse d'un gène souffrant transmis par sa mère, d'une douleur déjà exprimée dans son premier roman. Après ce premier succès et après avoir travaillé en entreprise, Vigan a publié six autres livres. Sans aller jusqu'à adhérer aux propos d'un des personnages de *D'après une histoire vraie* (2015) qui déclare que Delphine n'a écrit que deux livres, le « premier et le dernier » (191), en l'occurrence *Jours sans faim* (2001)[2] et *Rien ne s'oppose à la nuit* (2011), ces deux livres se démarquent du reste parce que plus autobiographiques[3]. Alors que le premier avait été écrit une quinzaine d'années après les faits, donc avec un recul certain, le second est écrit seulement deux ans après le suicide de la mère qui catalyse le récit. Mais *Rien ne s'oppose à la nuit* n'est pas un simple roman d'endeuillée après suicide, ni n'est-il le simple récit de l'emprise de la maladie sur la mère et comment son trouble bipolaire a

1 La psychothérapeute Anne Ancelin Schützenberger parle de « saga familiale », « l'histoire que raconte une famille sur sa propre histoire, mélange de souvenirs, d'omissions, d'additions, de fantasmes et de réalité, ayant une réalité psychique pour les enfants élevés dans cette famille » (*Aïe* 115).

2 Ce livre a été publié sous le pseudonyme de Lou Delvig.

3 *Rien ne s'oppose à la nuit* a été couronné du prix du roman Fnac, du prix roman France Télévisions, du prix des lectrices de *Elle* et du Renaudot des lycéens et a reçu un énorme succès auprès du public avec 165.000 exemplaires vendus. L'édition de poche, encore plus performante, a mis son auteure au cinquième rang des ventes de 2013 (<http://www.lefigaro.fr/livres/2014/01/15/03005-20140115ARTFIG00579-les-dix-best-sellers-francais-de-l-annee-2013.php>, dernier accès le 8 octobre 2015). *No et moi* et *Les Heures souterraines* ont reçu divers prix et été adaptés au cinéma, celui-ci par Philippe Harel en 2014, celui-là par Zabou Breitman en 2010. Vigan a refusé toute adaptation cinématographique de *Rien ne s'oppose à la nuit*. *D'après une histoire vraie* a, lui, reçu le prix Renaudot et été adapté au cinéma par Roman Polanski en novembre 2017.

 | DOI:10.1163/9789004384569_004

affecté la vie de ses filles[4]. Ce roman complexe se prête à une lecture à l'aune de la psychogénéalogie, comme Vigan nous y invite indirectement par cet aparté :

> Je ne me suis jamais vraiment intéressée à la psychogénéalogie ni aux phénomènes de répétition transmis d'une génération à une autre qui passionnent certains de mes amis. J'ignore comment ces choses (l'inceste, les enfants morts, le suicide, la folie) se transmettent.
>
> Le fait est qu'elles traversent les familles de part en part, comme d'impitoyables malédictions, laissent des empreintes qui résistent au temps et au déni. (259-260)[5].

Théorisée à partir des années 1980 par Ancelin Schützenberger, créée à partir de la psychologie clinique, la psychogénéalogie « s'appuie sur la psychanalyse étendue aux liens transgénérationnels et sur la technique sociopsychologique du génosociogramme, arbre généalogique augmenté des liens et des faits de vie importants » (*Psychogénéalogie* 11). Dans *Aïe, mes aïeux*, Ancelin Schützenberger donne du génosociogramme la définition suivante :

> Rappelons que le *génosociogramme est une sorte d'arbre généalogique fait de mémoire* (c'est-à-dire, sans recherche d'information et de documents), *complété des événements de vie importants* (avec leurs dates et leurs liens) et du contexte affectif (*liens sociométriques*, marqués par des flèches ou des traits de couleurs). Le génosociogramme n'est pas seulement un arbre généalogique situant la parentèle. Ce qui est important, c'est la façon dont l'auteur de cet arbre « fantasmatique » perçoit les personnages et les liens qui les unissent et qui le lient à ses ascendants et collatéraux et à leurs rôles. Ce sont même parfois les blancs, les trous de mémoire de la famille qui en disent long (comme les silences sur le divan) sur ce qui a été « rayé de la mémoire familiale ». (89)

---

4 Le trouble bipolaire de Lucile est apparemment à la source du succès populaire du livre. Quant aux origines de la maladie, d'après le psychiatre Raphaël Giachetti, elles relèvent de trois domaines, « la biologie, la psychologie et les événements de la vie. Il s'agit en fait d'un "tiercé perdant", il faut avoir une fragilité dans ces trois domaines pour tomber malade, un ou deux ne suffisent pas. [...] cette maladie est multifactorielle » (104) – par « psychologie » il entend la personnalité de l'individu, « sa capacité à faire face » (115).

5 Dans « Au fil du temps, les masques tombent », Valérie Dusaillant-Fernandes amorce une telle lecture mais ne centre pas son article, par ailleurs excellent, sur le suicide auquel elle vient assez tard. La rédaction de *Rien ne s'oppose à la nuit* et l'enquête qu'elle a nécessitée s'inscrivent, à mon sens, dans un travail de deuil après suicide.

On pourrait lire *Rien ne s'oppose à la nuit* comme un génosociogramme d'une nature un peu particulière. S'il n'est pas uniquement fait de mémoire, mais s'appuie sur des entretiens, des écrits etc., il abrite un arbre généalogique, même si minimal puisque comprenant essentiellement la fratrie et les parents Poirier[6] ; il ménage une large place au contexte affectif des divers événements qui ont marqué la famille et montre les liens – visibles ou souterrains – entre les divers membres de la fratrie et les liens transgénérationnels. Surtout, il met au jour des silences, des non-dits, le tabou. Grâce à ce génosociogramme particulier, qui dévoile « ces choses (l'inceste, les enfants morts, le suicide, la folie) », Vigan peut (s')expliquer le suicide maternel, enrayer les « malédictions » et faire son travail de deuil après suicide (*Rien* 260). Elle aurait pu peindre un tableau familial plus noir que noir, mais de la nuit de Lucile, du noir extrême a surgi, comme elle nous invite à le voir au moyen de l'exergue emprunté à Pierre Soulages, « la négation du noir », « du sombre émanait une clarté » et comme pour le peintre, son « instrument n'était plus le noir, mais cette lumière secrète venue du noir ». Alors, contemplons la noirceur de la maladie bipolaire et la noirceur du deuil après suicide. Voyons comment le suicide est inscrit dans une histoire, un mythe familial aussi mensongers que pathogènes, comment il peut se lire comme une lettre adressée par Lucile Poirier à sa fille, voire au reste de sa famille[7]. Nous verrons comment, génosociogramme et récit de deuil après suicide, *Rien ne s'oppose à la nuit* permet à la fille d'effectuer une désidentification et une distanciation par rapport à sa mère, sa famille et leur toxicité[8], comment il lui permet de se reconstruire et comment il constitue une « cicatrice généalogique » (Huon 99) qui expose le caractère fallacieux des mythes familiaux et ce faisant, affranchit l'auteure et ses descendants de leur nocivité[9]. Après *Rien ne s'oppose à la nuit*, nous verrons s'il n'y a en effet plus eu d'après, si « [l]e livre avait bouclé la boucle, brisé l'alchimie, mis un terme à

6 Il ne donne qu'un aperçu de la famille Vigan.

7 Lucile Poirier est un pseudonyme que la mère s'est choisi pour soumettre un texte à un éditeur – « Lucile, en quelque sorte, a donc choisi elle-même son nom de personnage » (*Rien* 350). Son nom véritable était Priscille Pierret. Elle a été incinérée au Père-Lachaise le 12 février 2008. Le nom Poirier évoque bien sûr l'idée d'équilibre – ou de déséquilibre.

8 J'emprunte le terme à la psychothérapeute américaine Susan Forward, auteure de *Parents toxiques*.

9 Dans son intervention à la librairie La Procure (Paris 6e) le 12 novembre 2015, Vigan a remarqué, pour la première et seule fois, que le *je* de la narratrice se confond avec le *je* de l'auteure de *Rien ne s'oppose à la nuit*. Parallèlement, mon utilisation du nom Vigan sera parfois floue – alors que j'utiliserai les prénoms que Vigan a inventés pour Lucile/Priscille, ses parents et ses frères et sœurs.

l'élan » (*D'après* 99) ou plutôt mis un terme à l'emprise, un point final au mythe familial. C'était l'enjeu du livre : exposer le jeu et les enjeux de cette famille[10].

1 Dans la famille Poirier, je demande la fille

Divisé en trois parties inégales – Lucile enfant et adolescente, Lucile femme et mère et Lucile femme presqu'âgée – *Rien ne s'oppose à la nuit* est un roman d'une nature singulière que l'écrivaine tentera de cerner tout au long du livre[11]. C'est le récit d'une quête dont l'objet est inconnu et l'issue très incertaine et donc ce qui importe est la quête même et l'élan qui la soutient « de moi [la fille] vers elle [la mère] » (44), l'envie de la fille « de rendre un hommage à Lucile, de lui offrir un cercueil de papier » (78)[12]. Les composantes biographique et autobiographique sont évidentes dans ce récit de vie, récit de filiation et récit de deuil que Vigan a tenté de mener sur le mode « objectif à la troisième personne » (187) avant de réaliser que ce n'était qu'un leurre, aussi bien avant qu'après sa propre venue au monde[13]. L'exercice s'est avéré périlleux :

> Au commencement, [...] je pensais que je n'aurais aucun mal à y introduire de la fiction, ni aucun scrupule à combler les manques. [...] J'espérais pouvoir manipuler le matériau à ma guise [...].
>
> Au lieu de quoi je ne peux toucher à rien. [...]
>
> Incapable de m'affranchir tout à fait du réel, je produis une fiction involontaire, [...] je cherche un espace qui ne serait ni la vérité ni la fable, mais les deux à la fois. (138-139)

La puissance de l'écriture et du récit repose justement sur cet équilibre délicat entre vérité et fiction. Dans les rencontres qui ont suivi la publication du livre, les lecteurs ont inlassablement questionné Vigan sur la part de vérité qu'il contient – est-ce vrai ? est-ce que tout est vrai [14] ? Lors de la sortie de *D'après*

10 Vigan a dit que *Rien ne s'oppose à la nuit* « est un roman qui dévoile des enjeux familiaux » (communication personnelle).

11 Il apparaît à Dusaillant-Fernandes comme « un savant mélange entre le récit de filiation et le roman familial » aux vertus thérapeutiques, « une psychogénéalogie scripturale » (112).

12 Les numéros de page sans indication de titre réfèrent tous tout au long de ce chapitre à *Rien ne s'oppose à la nuit*.

13 « Qu'ai-je vu du haut de mes six mois, de mes quatre ans, de mes dix ans (et même de mes quarante) ? Rien » (187).

14 Propos rapportés par Vigan lors de la rencontre organisée par la librairie Compagnie (Paris 5e) à l'occasion de la sortie de *D'après une histoire vraie* le 10 septembre 2015. L'appétit des

une histoire vraie, Vigan a expliqué que pour elle la frontière entre fiction, autofiction et autobiographie est très perméable, qu'il n'y a pas de fiction pure, car l'écriture contient toujours une part subjective et qu'on peut mettre des « choses très intimes » dans la fiction. Ce sont ces choses très intimes que *Rien ne s'oppose à la nuit* a exposées et c'est à la fois ainsi et sous forme de « fable » (42) que je choisis ici de l'examiner. C'est à la lumière de ces « choses très intimes » qu'il faut lire la résistance que Vigan a tenté d'opposer à l'idée d'écrire « *sur* ma mère, *autour* d'elle, ou *à partir* d'elle » (16), arguant que nombre d'écrivains l'avaient déjà fait, chassant des bribes de phrases venues spontanément, faisant la liste d'obstacles et risques possibles, laissant sa sœur dépositaire des divers écrits de Lucile. Puis l'idée a fait son chemin et elle a « capitulé » (18) et écrit non *sur, autour* ou *à partir de* Lucile, mais Lucile, directement, sans le biais d'une préposition, avec tout juste le secours de la fiction. Elle a « cherché, fouillé, gratté, déterré, exhumé » (18), lu et relu, regardé films et photos de famille, questionné, cherché « l'origine de sa souffrance [de Lucile] » (78), le « point de rupture » (98) et a enfin écrit « sa » Lucile, abandonnant les recherches, faisant son deuil d'une vérité non trouvée, parce qu'introuvable[15], faisant son deuil de sa mère.

Car dans *Rien ne s'oppose à la nuit* Lucile est avant tout une morte. La première phrase nous jette dans l'effroi, nous assène une image aussi frappante que celle vue par la narratrice : « Ma mère était bleue, d'un bleu pâle mêlé de cendres, les mains étrangement plus foncées que le visage, lorsque je l'ai trouvée chez elle, ce matin de janvier » (13). Le suicide survient le 25 janvier 2008, quelques semaines avant que Vigan ne reçoive le Prix des libraires pour *No et moi*[16], alors qu'elle est en train d'écrire un autre livre, *Les Heures souterraines* dont elle dit qu'il « n'a rien à voir avec ma mère », mais qu'il « est empreint pourtant de sa mort et de l'humeur dans laquelle elle m'a laissée » (15), un roman écrit dans un moment douloureux, mais avec plaisir, car c'était un refuge[17]. Malgré les dispositions prises par Lucile, c'est sa fille aînée, narratrice et écrivaine, détentrice

---

lecteurs pour le vrai l'a tant fait réfléchir que *D'après une histoire vraie* est né de là – la narratrice-romancière y abandonne un projet de roman sur la téléréalité et les personnages que celle-ci crée à partir du réel et devise avec L. sur la part de vrai dans le roman, sur la part de fiction dans l'autobiographie, sur les effets de réels et les « effets de fiction » (*D'après* 472).

15 À en juger par les dires de la narratrice de *D'après une histoire vraie*, ce serait peut-être la conclusion à laquelle est parvenue Vigan : « il n'y a pas de vérité. La vérité n'existe pas. Mon dernier roman n'était qu'une tentative maladroite et inaboutie de m'approcher de quelque chose d'insaisissable » (*D'après* 105).

16 « [U]n roman dont l'un des personnages était une mère murée et retirée de tout qui, après des années de silence, retrouvait l'usage des mots » (13), un roman avec lequel elle avait remué « le couteau dans la plaie » (14).

17 Communication personnelle.

d'une clef de l'appartement qui, parce que sa mère ne répond pas à ses appels, se rend chez elle le mercredi et découvre le corps. Lucile lui avait pourtant envoyé une lettre, postée le jour de sa mort, qui l'« avertissait de son décès » en y joignant un chèque pour « ses frais » et en l'informant que son compte en banque était provisionné pour couvrir les charges jusqu'au mois de mars. En d'autres termes, c'est indirectement, à sa manière habituelle, c'est-à-dire apparemment illogique, en abordant le côté pratique et non le côté affectif de sa mort, que Lucile l'informait de son décès imminent et lui donnait en fait « le choix d'aller chez elle ou d'y envoyer les pompiers » (394). Or, la lettre n'atteignit pas sa destinataire et revint à l'envoyeuse, car, comme l'interprète sa fille, « [d]ans la confusion qui précédait le passage à l'acte, Lucile s'était trompée de numéro de rue » (394). Avant de « passer à l'acte », Lucile a donc commis un acte manqué et la lettre est restée lettre morte. Une lettre, même morte, a néanmoins un destinataire et celui de la lettre morte, de l'acte manqué est bien Vigan. En se trompant d'adresse, Lucile savait que c'est sa fille aînée qui la trouverait et elle voulait sans doute que ce soit Vigan, et non sa sœur Manon[18], qui découvre son corps – j'y reviendrai.

D'entrée de jeu, Vigan donne une description précise, quoique succincte, de la suicidée – bleue, allongée sur son lit –, mais ne précise pas le moyen du suicide. La narration du suicide est en fait dédoublée. Vigan y revient vers la fin du roman où elle ajoute plus de détails, comme si elle reproduisait le fonctionnement de la mémoire qui, avec le temps, retrouve des informations occultées dans un premier récit, souvent fait sous le choc, comme si elle avait voulu nous faire partager son propre choc, son ressenti, comme s'il avait fallu le livre entier, le temps du livre, pour élaborer sur cette scène, pour que les souvenirs remontent à la mémoire, pour accepter comme telle la réalité et ne plus se cacher derrière les euphémismes du début – « Elle a choisi de s'endormir » (16). Au terme du récit, Vigan peut revenir sur son état d'esprit alors qu'elle se rendait chez sa mère[19]. Elle refait mentalement le parcours, ses gestes, sa découverte de sa mère « allongée dans son lit, [...] Lucile me tournait le dos » (385), ses appels vains, son insistance toute aussi vaine pour se persuader que

18 Il s'agit là aussi d'un pseudonyme, la sœur de Vigan se prénomme Margot – elle a publié une BD intitulée *Frangines, et c'est comme ça !* que Delphine a préfacée. Je préserverai au long de ce chapitre les prénoms Manon et Delphine, même si ce dernier porte à confusion puisqu'il réfère à trois entités différentes – le personnage, la narratrice et l'auteure –, adhérant par cette pratique à la conception de Vigan des domaines autobiographique et fictionnel comme perméables l'un à l'autre.

19 « J'ai pensé que Lucile avait rechuté, que j'allais la trouver comme ma sœur l'avait trouvée chez elle quelques années plus tôt, dans un état de grande agitation, qu'il faudrait la convaincre d'aller à l'hôpital, qu'elle résisterait peut-être, qu'il faudrait appeler les pompiers » (384).

Lucile dormait, « L'idée ne pouvait pas m'atteindre, c'était inacceptable, c'était impossible, c'était hors de question, c'était non » (385). Face au corps, elle est dans le déni. Elle le secoue, en vain, ouvre les rideaux, fait le jour sur la réalité du suicide, réitère l'image du début, les mains bleues, « comme maculées de peinture, entre les doigts, sur les phalanges, une peinture bleu nuit » (386) qui l'amènent à croire que sa mère a peint avec ses mains, réitère le déni : « je ne voulais pas, c'était non, c'était hors de question, c'était impossible, c'était inenvisageable, ce n'était pas vrai, ce n'était pas la réalité » (386). Vigan met ici en mots ce que le psychiatre et psychothérapeute Christophe Fauré a décrit dans son livre adressé aux endeuillés après suicide : « On constate qu'en général, ne pas être confronté directement à la crudité du suicide atténue son impact traumatique » (42). L'endeuillé après suicide, qu'il ait découvert le corps ou non, est propulsé dans un processus dont la première étape est cet état de choc, « indispensable protection psychique qui se met inconsciemment en place, afin d'empêcher l'esprit de totalement voler en éclats » (Fauré 42). La phase de choc a une durée variable selon les personnes, mais généralement plus longue, ajoute-t-il, « du fait de la composante traumatique qui peut ralentir le processus d'intégration psychique, mais sans que cela soit particulièrement pathologique » (43). Il ne semble pas y avoir eu pathologie dans le cas de Vigan, mais le choc du suicide – tellement impossible, tellement inacceptable, tellement inenvisageable – est venu s'ajouter à un passif maternel et familial très lourd, ce qui a rendu son intégration d'autant plus longue et ardue. La prise de conscience de la réalité de la mort sort la fille de l'état de choc initial, lui fait pousser un cri – là encore dédoublé dans la narration (13, 387) – et lui fait reprendre contact avec ce qui l'entoure (la lettre laissée sur le bureau) et finalement appeler le Samu. Par un autre acte manqué – elle appuie sur le mauvais bouton de son portable, ce qui permet à sa sœur d'entendre sa conversation avec le médecin – elle informe Manon du suicide de leur mère. Alors que le premier acte manqué – celui de Lucile – était clairement adressé à sa fille aînée, ce deuxième acte manqué trahit le refus de celle-ci d'être seule destinataire du suicide maternel. À moins qu'il ne s'agisse d'un appel à l'aide, comme elle-même avait aidé Manon vingt-huit ans plus tôt. En effet, ce 30 janvier 2008 Manon parle à Vigan et l'amène à sortir de la chambre et à se soustraire à cette scène dangereuse pour son psychisme, comme Vigan elle-même avait le 31 janvier 1980 secouru Manon des mains d'une Lucile psychotique, l'avait soustraite à cette scène également dangereuse avec Lucile, nue, le corps peint en blanc qui voulait planter des aiguilles dans les yeux de sa fille cadette[20]. Les deux

20 Elle lui en avait planté une sous l'œil droit. Lucile est en proie à un délire de persécution aigu, symptôme psychotique souvent observé dans « les phases maniaques importantes »

scènes sont liées ; on ne peut manquer de relever la coïncidence des dates, le fait qu'une fille sauve l'autre et la présence de la peinture, réelle dans la crise psychotique, imaginée dans le suicide, moyen pour Vigan de montrer que le suicide est déjà présent dans la crise de 1980, que Lucile était une suicidée en souffrance – comme une lettre peut être en souffrance.

À l'agitation physique des jours qui suivent le décès succède une agitation interne où « pendant des semaines » – le laps de temps est répété quatre fois – la narratrice se repasse en boucle ce qui aurait dû l'alerter, où elle hiérarchise les causes du suicide[21], « repr[end] tout depuis le début, et puis dans l'autre sens » (394), se pose et se repose les mêmes questions qui se résument toutes à « Pourquoi ? » (395). Lui revient inlassablement l'image de sa mère telle qu'elle l'a trouvée. La harcèle l'image de sa mère telle qu'elle l'imagine ce vendredi 25 janvier dans les minutes précédant le suicide. Devant tant d'assauts, elle « capitul[e] » (18). Remarquons que les « pourquoi » qu'elle se pose sur le suicide ne surviennent qu'au terme du roman. Au début, ses questions portent plus sur l'écriture, en particulier – et de façon répétitive – sur son droit à révéler certaines vérités sur sa famille :

> Ai-je le droit d'écrire que ma mère et ses frères et sœurs ont tous été [...] blessés, abîmés, en déséquilibre, qu'ils ont tous connu [...] un grand mal de vivre, et qu'ils ont porté leur enfance, leur histoire, leurs parents, leur famille, comme une empreinte au fer rouge ?
>
> Ai-je le droit d'écrire que Georges a été un père nocif, destructeur et humiliant [...] ? Ai-je le droit de dire que son exigence à l'égard de ses fils n'avait d'égale que son intolérance, et qu'il entretenait avec certaines de ses filles des relations au minimum ambiguës ?
>
> Ai-je le droit d'écrire que Liane [la mère] n'a jamais pu ou su faire contrepoids, qu'elle lui a été dévouée comme elle l'était à Dieu, jusqu'au sacrifice des siens ?
>
> Je ne sais pas. (165)

Ignorante des limites qu'elle peut ou ne peut franchir – mais les énoncer implique inévitablement les franchir –, consciente de jouer avec le feu, d'encourir

---

(Giachetti 93) – ce symptôme indiquerait qu'elle était atteinte du trouble bipolaire de type 1 puisque le trouble bipolaire de type 2 n'en présente pas.

21 Parmi lesquelles figure la maladie de Lucile. Pour Michel Hanus, environ 40% des suicides en France « surviennent chez des malades mentaux, surtout maniaco-dépressifs et/ou schizophrènes » – chiffre dont relève alors Lucile (*Deuil* 181). Selon le site <infosuicide .com>, un trouble bipolaire multiplie le risque suicidaire par 28 (dernier accès le 12 octobre 2017).

la colère des siens[22], Vigan produit un roman – pacte qui la protège devant d'éventuels mécontents – nourri de ses « recherches » (43). Ses entretiens avec le frère et les trois sœurs de Lucile, les enregistrements que le père a effectués entre 1984 et 1986, des films et photos de famille, un documentaire, les lettres et divers écrits de Lucile, les lettres et les discussions de Vigan avec Manon et son journal intime commencé à l'âge de douze ans[23] lui servent à « traqu[er] la vérité et déterr[er] les traumas du passé mal élaboré et transmis d'une génération à une autre » (Dusaillant-Fernandes 115). *Rien ne s'oppose à la nuit* est ainsi basé en majorité sur la « mémoire archive » de survivants (Dusaillant-Fernandes 114), sur des récits d'endeuillés après suicide ayant entretenu des relations diverses et diversement complexes avec la suicidée. Il est constitué de « morceaux épars » (42), de « visions » différentes, parfois contradictoires « dont le rassemblement ou la compilation n'apportent *rien* » (43, mes italiques). Or, « Rien » était justement le titre du fichier informatique créé par Vigan pour écrire son roman et « Rien » est bien sûr le premier mot du titre[24]. Mais comme du noir de Soulages, de ce « Rien » émane une clarté, une lumière, Lucile[25]. La mort, la morte, le deuil s'avèrent être un matériau pas aussi malléable que Vigan l'escomptait : « Je croyais pouvoir inventer, donner un souffle, une direction, créer de la tension, mener l'affaire d'un bout à l'autre sans ligne de faille ni point de rupture » (138). C'est peine perdue, car le roman tout autant que celle sur qui il porte est construit sur une faille, sur un point de rupture insaisissable. Le matériau – la morte – s'avère vivant (41) et si fuite il y a, ce n'est pas celle de la fille à la découverte du corps de sa mère, mais celle du récit qui résiste à la camisole romanesque – comme Lucile avait résisté à la camisole chimique – et qui s'impose avec une « impérieuse nécessité » (188) malgré les procrastinations et somatisations diverses de l'auteure. Relevons une dernière fois le sens nébuleux de « rien » : si « [l]'écriture ne donne accès à rien », « rien, pourtant, ne peut m'arrêter », écrit sur la même page Vigan qui « rêve au livre qu['elle] écrir[a] *après*, délivrée de celui-ci » (189)[26]. Difficile de juger si délivrance il y

22 Ce qui explique les blocages qu'elle rencontre dans l'écriture.

23 La narratrice de *D'après une histoire vraie*, double de Vigan, dit qu'il lui a servi pour l'écriture de son premier et de son dernier roman. Elle ajoute ne pas souhaiter, s'il lui arrive quelque chose, que ces cahiers soient détruits tout en refusant que quiconque « ne les ouvre ni ne les lise », tout en ne pouvant se résoudre à s'en séparer ou les brûler (*D'après* 327). Vigan a précisé que l'écriture de ce journal l'a aidée à se construire et se connaître (communication personnelle). Se défaire de ce journal équivaudrait donc à perdre une partie essentielle de son moi.

24 Alors que le premier mot du vers de la chanson d'Alain Bashung dont il est tiré est « plus » : « Osez, osez Joséphine (bis) / Plus rien ne s'oppose à la nuit / Rien ne justifie ».

25 L'étymologie latine du nom est *lux, lucis*, la lumière.

26 On sait maintenant qu'après viendra *D'après une histoire vraie* qui commence justement avec la difficulté d'écrire « après ça » (*D'après* 98).

a eu. Le portrait qui émerge suite à cette recherche sur la disparue[27], voire *de* la disparue, est celui d'une enfant-vedette[28] et d'une femme séduisante, magnétique. Sa mère disait que Lucile exerçait sur les gens une attraction, « ce mélange de beauté et d'absence, cette façon qu'elle avait de soutenir le regard, perdue dans ses pensées » (28) ; sa fille écrit qu'elle « exerçait autour d'elle une forme d'attraction fantaisiste et saugrenue, mêlée d'un grand esprit de sérieux » (366). Il faut noter ici le rôle joué par la couverture du livre – une photo en noir et blanc de Lucile/Priscille, jeune, vêtue d'un pull à col roulé noir, la paupière irisée, un mince sourire aux lèvres, une cigarette à la main gauche – dans le succès de *Rien ne s'oppose à la nuit*[29]. Toutefois, Lucile était aussi une enfant silencieuse, qui s'isolait alors que les autres jouaient au parc, « rest[ant] là, *à trier dans sa tête*, expliquait-elle, mais elle ne précisait jamais quoi » (20), qui avait cette manière « de s'abstraire, [...] d'utiliser le langage avec parcimonie » (28), qui se démarquait de sa fratrie, qui avait peur, « peur du bruit, du silence, des voitures, peur des voleurs d'enfant, de tomber, de déchirer sa robe, de perdre quelque chose d'important [...]. La peur avait toujours été là » (51). Lucile était une enfant dont l'air triste lui avait valu le surnom de Blue. C'était une enfant dont on avait dû « raser la tête pour éviter qu'elle s'arrache les cheveux » (106). Est-ce la maladie bipolaire qui pointait déjà dans ses silences, ses peurs, son isolement, sa trichotillomanie ? Ou étaient-ils le signe d'une faille dans une famille apparemment modèle, mais finalement assez singulière et pathogène ? Vigan ne tranche pas, mais il est clair qu'elle a envisagé ces possibilités. Car pour comprendre Lucile, pour prétendre la saisir et saisir son geste suicidaire dont Vigan aura, comme les survivants de la fratrie, à faire le deuil, il faut la voir évoluer dans son contexte, dans sa famille[30]. La famille est un « "système", un groupe de personnes liées par des rapports actifs, chacune d'entre elle ayant sur les autres une influence profonde [...]. C'est un réseau complexe d'amour,

---

27 Fauré identifie la « recherche » comme le deuxième volet de la seconde phase du deuil : « Celle-ci se construit autour de l'idée qu'il est impossible de concevoir la vie sans la personne qu'on a perdue. On va alors s'accrocher à tout ce qui parle d'elle et à tout ce qui nourrit et entretient le lien et le souvenir de sa présence » (Fauré 53). On retrouve chez Vigan la « volonté insensée de ne rien perdre, de tout consigner » (40).

28 Lucile posait comme modèle pour les magazines de tricot Pingouin, avait fait une campagne d'affichage pour les textiles Intexa – dont on peut facilement trouver les photos en ligne – et avait participé à l'émission *La Piste aux étoiles*. Parfois l'argent ainsi gagné « aidait à payer le loyer » (52).

29 La narratrice de *D'après une histoire vraie* reconnaît que cette photo « avait largement contribué à la propagation du texte » (*D'après* 16).

30 Ce que Vigan nous donne à lire est forcément incomplet, car, comme le souligne Ancelin Schützenberger, « [p]our voir et pour comprendre ce qui se passe, il faut dresser une *carte synchrone des événements familiaux*, c'est-à-dire, voir ce qui se passe en même temps chez divers membres de la famille et pas seulement chez un individu » (*Aïe* 50).

de jalousie, de fierté, d'angoisse, de joie, de culpabilité », écrit la psychothérapeute américaine Susan Forward (167). Or, comme le suicide de Lucile – et donc le deuil après suicide de Vigan et des siens – résulte de « ces choses (l'inceste, les enfants morts, le suicide, la folie) » tues mais transmises et mises au jour dans ce roman-génosociogramme, il nous faut maintenant, après Lucile, demander les frères – Antonin et Jean-Marc en particulier – et voir les enjeux qu'ils ont soulevés.

2 Dans la famille Poirier, je demande les frères

La famille Poirier donne d'elle-même l'image d'une famille bien sous tous rapports. Famille nombreuse, elle compte le père, Georges, la mère, Liane, et la fratrie : Lisbeth, Barthélémy, Lucile, Antonin, Jean-Marc, Milo, Justine, Violette et Tom. C'est une famille qui a « suscité tout au long de son histoire de nombreux commentaires et hypothèses. Les gens que j'ai croisés au cours de mes recherches parlent de fascination » (43). Elle a son lot d'idiosyncrasies, ses tics de langue, ainsi le mot « schmoulz », inventé par Barthélémy pour signaler à une voisine qu'un grain de riz était resté accroché à sa moustache, « Encore aujourd'hui, *schmoulz* désigne pour tous les descendants de Liane et Georges, et, par capillarité, chez nombreux de leurs amis, toute particule alimentaire plus ou moins mastiquée, restée collée à la commissure des lèvres ou au coin du menton » (75). La tribu Poirier – avec son chef de famille journaliste à *Radio-Cinéma* puis directeur d'une agence de publicité, débordant de projets et bon vivant, avec la mère qui se réalise dans sa fécondité, avec les enfants blonds, vigoureux, des enfants presque modèles quoiqu'un tantinet intrépides – fascine, attire l'attention. Les parents, bourgeois qui tireront, jusqu'à la rentabilité de l'agence de Georges, le diable par la queue, sont « des bobos avant la lettre » (108). L'histoire familiale est scandée par les lieux successifs qu'ils occupent : la rue de Maubeuge, Versailles, Pierremont enfin. Ainsi, « [e]ncore aujourd'hui, la "rue de Maubeuge" ne se raconte pas sans sa part de *mythologie* : le dévouement de Lisbeth, les frasques de Barthélémy sur la corniche du deuxième étage, le succès des photos de Lucile, les colères retentissantes de Justine, l'appétit exemplaire de Violette, la *schmoulz* de Madame Couture, les pique-niques du dimanche, l'immuable sourire de Liane » (79, mes italiques)[31], « "La rue de Maubeuge" est une période où la question

31 Le terme « mythologie », en rapport avec la famille, revient assez souvent sous la plume de Vigan. À la vue de photos d'elle adolescente, elle évoque aussi sa « mythologie personnelle » (181).

financière est omniprésente, même si Georges a toujours entretenu avec l'argent une relation qui repose sur le déni. […] "La rue de Maubeuge" est ce mélange d'insouciance et d'insécurité » (107). Voir la singularité fantasque et séduisante de la famille Poirier, c'est ignorer l'odeur de pisse qui « règne dans tout l'appartement » et « que plus personne ne semble remarquer » (81), c'est faire comme Liane et ignorer les infidélités de Georges, c'est éviter de demander ce que celui-ci a fait pendant l'Occupation alors qu'il collaborait à *Révolution nationale* – « collaboration » que Vigan donne à lire comme « celle d'un jeune homme opportuniste, avide de reconnaissance et dépourvu de discernement », car à sa connaissance « Georges ne fut ni antisémite ni fasciste » (104), bref, peu différent de bien de collaborateurs. C'est toutefois dans les relations familiales que Georges et Liane pèchent le plus. Fier de sa couvée, Georges ne tolère aucune incartade, aucun manquement à son autorité. Liane charge les aînés d'emmener les cadets au parc afin de se ménager sa sieste journalière. Quand Lucile revient d'une séance de pose avec ses deux plus jeunes sœurs,

> [l]inge sale, torchons usagers et cahiers d'écolier jonchaient le sol, l'appartement était sens dessus dessous. Liane était partie au cinéma, séance tenante et toutes affaires cessantes.
>
> Liane disparaissait comme ça, d'un coup, lorsque le niveau sonore ou le désordre dépassaient la limite qu'elle pouvait supporter. Depuis toujours, Liane avait eu ce besoin de s'extraire, en plein milieu de l'après-midi, pour rejoindre une salle obscure ou s'écrouler dans un lit. Que l'heure du repas approche, que la vaisselle soit entassée dans l'évier ou que la terre tremble, cela n'y changeait rien. Dès leur plus jeune âge, elle avait laissé ses enfants seuls le soir dans l'appartement de la rue de Presles pour retrouver Georges, ignorant avec superbe les remarques indignées de la voisine. (87)

La dernière observation a son importance car la fratrie grandit à une époque où l'enfant n'est pas encore roi, où les parents sont moins investis dans les jeux et distractions de leur progéniture. La voisine juge avec les valeurs de l'époque et considère malgré tout Liane et Georges comme des parents indignes, égoïstes. Comment expliquer autrement leur décision d'emmener leurs enfants en vacances en Espagne, en confiant à autrui Violette qui s'est fracturé le crâne en tombant d'un barrage sur une dalle de ciment et qui doit, après trois semaines d'hôpital, rester allongée plusieurs heures par jour (121-123) ? Comment expliquer autrement leur décision de partir en long week-end à Londres, confiant à Lisbeth, onze ans, la responsabilité de ses frères et sœurs – dont un bébé de quelques mois – alors que quelques mois plus tôt un de leurs enfants est mort accidentellement ? Ce week-end londonien « a été évoqué à plusieurs reprises et par des personnes différentes, il ne l'a jamais été sous forme de reproche à l'égard de mes grands-parents, en tout cas jamais de manière explicite », observe Vigan (82). La fratrie fait corps et n'offre aucune prise pour une attaque contre leurs parents. Forward identifie différentes sortes de parents toxiques – parents alcooliques, drogués, maltraitants, injurieux, incestueux, « profondément déprimés ou inaccessibles, à cause de difficultés d'ordre émotionnel, ou d'une maladie mentale ou physique » (23)[32]. Georges et Liane entrent dans cette vaste catégorie. Or, comme l'avance Forward, « [s]i vous voulez commencer à donner un peu de sens à la confusion et au chaos d'un système familial toxique, vous devez considérer d'abord les "croyances" familiales, spécialement celles qui déterminent le comportement des parents avec leurs enfants » (168). C'est ce à quoi s'emploie Vigan dans *Rien ne s'oppose à la nuit*. Victimes de leurs parents toxiques, le frère et les sœurs de Lucile ne peuvent toutefois les trahir et leur reprocher explicitement leur voyage à Londres ou tout autre manquement. Ils ont tellement bien intégré les mécanismes parentaux que Violette, par exemple, ne « semble pas choquée » du fait qu'on ne l'ait pas avertie du suicide de son frère Milo alors qu'elle est en vacances dans la Drôme. Devant l'absence de réaction de sa tante à l'évocation de cet « oubli », Delphine, elle, laisse échapper un « C'est dingue, ça » (209). Même après le décès des parents, le frère et les sœurs leur gardent allégeance, car, comme l'explique Forward, « désobéir équivaut à trahir la famille. La loyauté à la patrie, aux idéaux politiques ou à la religion est bien pâle en comparaison de l'intensité de la loyauté à la famille » (173), aussi toxique celle-ci fût-elle. C'est en considérant la toxicité des parents qu'on comprend mieux la portée de *Rien ne s'oppose à la nuit* et avant le livre, des échanges entre l'auteure et ses tantes : « Violette me demande si je me rends compte des effets que provoque ma démarche, car maintenant les frères et sœurs de Lucile en parlent entre eux, ils se racontent ce qui ne se raconte plus depuis longtemps, ce que chacun connaît de l'histoire des morts et des vivants. Et Violette prononce ces mots qui me font sourire : tu sais, ça fait bouger le système » (211)[33]. S'adressant à des personnes qui ont souffert de parents toxiques, Forward les met en garde que « [c]ertains frères et sœurs ressentiront votre confrontation comme une grave menace et peuvent vous en vouloir de perturber l'équilibre précaire de la famille » (254). À en juger par les dires de Vigan lors de notre rencontre et par des parties de *D'après une histoire*

32 Héritière de parents toxiques, Lucile, bipolaire et un temps droguée, l'est bien sûr aussi. J'y reviendrai.

33 Notons que Vigan utilise ici le terme de Forward pour qualifier la famille.

vraie, ce fut le cas[34]. Je reviendrai sur le caractère confrontationnel de *Rien ne s'oppose à la nuit*.

Alors que la fratrie grandit, la famille Poirier donne le change, tant et si bien qu'ils apparaissent en février 1969 dans une émission de l'ORTF intitulée *Forum* dont le sujet est les rapports parents-adolescents[35]. Même s'il y est précisé que la famille de Lucile – une parmi quatre – n'est pas donnée comme exemple de modèle éducatif, elle est présentée de manière idéale[36]. Vigan y consacre pas moins de quatre pages (159-163). Elle connaissait l'existence de ce reportage qui « participait de la mythologie familiale au même titre que le grand écart spectaculaire que ma grand-mère exécuta dans un justaucorps brillant à l'âge de soixante-dix ans ou la construction artisanale de la piscine de Pierremont » (159). À qui connaît l'arrière du décor, leur histoire et la représentation de la famille sont erronées, le reportage trompeur. « Le reportage donne à voir une famille joyeuse, unie, où la priorité a été donnée à l'autonomie des enfants et à l'épanouissement de leur personnalité. Lisbeth, Barthélémy, Milo, Justine et Violette sont interviewés les uns après les autres et témoignent tous de la liberté dont ils jouissent » et Vigan d'ajouter « Tout cela est vrai » (162)[37]. Comme il est vrai, ainsi que le mentionne la voix off, que « [p]our que la famille soit au complet, il faut nommer Tom, six ans, qui est au lit, et deux garçons disparus accidentellement » (160). Le spectateur – et les participants – baignent dans le mythe familial, « le film est à l'image de la légende que Liane et Georges écrivent à mesure qu'ils la construisent » (163), un mythe entretenu par le montage de l'émission puisque des films de vacances en Espagne l'étayent, que les propos de Justine sur le père comme ami lui auraient été dictés et que des pa-

34 Des lettres anonymes sont incluses dans la trame du roman : « Delphine, C'est pesant. Être quelqu'un de ta famille, porter le même nom que le tien, aujourd'hui c'est très pesant. [...] Voilà ce que tu nous infliges, à nous tous, et cette question exaspérante dont on nous rebat les oreilles : "Vous êtes de la famille de l'auteur ?" Oui, je suis de la famille de l'auteur et ça m'emmerde » (*D'après* 121). Vigan relate dans *Rien ne s'oppose à la nuit* une conversation avec Manon sur Lionel Duroy et « la manière dont ce dernier avait été rejeté par ses frères et sœurs après la parution de son roman [*Le Chagrin*] » (307). En évoquant le roman-confrontation de Duroy, Vigan reconnaît ce danger dans *Rien ne s'oppose à la nuit*.

35 La vidéo est disponible à l'Inathèque et en téléchargement payant sur le site de l'INA, <http://www.ina.fr/video/CPF86631634>, dernier accès le 16 octobre 2015.

36 La blogueuse Céline a publié en ligne trois photos tirées de l'émission, dont deux de « Lucile » et « Georges et Liane » (<http://linecesurinternet.blogspot.fr/2012/03/lire-delphine-et-voir-lucile.html>, dernier accès le 16 octobre 2015).

37 « Lucile » est la plus interviewée – cinq apparitions contre deux pour les autres, sauf « Lisbeth ». Le reportage donne les prénoms des membres de la famille : Jean et Viviane (« Georges » et « Liane »), puis Élisabeth (Liseron, « Lisbeth »), Frédéric (« Barthélémy »), Priscille (« Lucile »), Ludovic (Ludo-« Milo »), Séverine (« Justine »), Lorette (« Violette ») et Stéphane (« Tom »).

roles révoltées de Milo à l'encontre de son père auraient été éliminées[38]. « On est au cœur du mythe » (163)[39], on est au cœur du tabou, car le reportage ne dit pas que Tom est trisomique et que si Antonin est bien mort accidentellement, tombé dans un puits à l'âge de six ans, la mort de Jean-Marc est plus suspecte.

La mort d'Antonin intervient tôt dans le roman – une dizaine de pages après que Vigan, passé la découverte de sa mère suicidée, revienne sur le passé de celle-ci –, car Vigan l'identifie comme l'irruption dans la vie de Lucile, alors âgée de sept ans et demi, de la « possibilité de la mort », de « l'idée de la mort » (29). Antonin et son cousin Tommy étaient tombés dans le puits alors qu'ils jouaient sur les planches de bois le recouvrant. Tommy avait refait surface, Antonin non. Le roman dit que Lucile, faisant partie des aînés, avait pu voir le corps, qu'elle avait caressé les mains de son frère. Cela aurait été la première confrontation de l'enfant avec la mort, avec un mort dont elle attendait qu'il ressuscite, malgré les dires – le mensonge – de la pieuse Liane selon qui Antonin était maintenant un ange au ciel. L'attente fut bien sûr déçue, la « faille » (29) probablement encore plus creusée, une faille en Lucile, mais également dans l'ensemble de la fratrie et en particulier en Barthélémy qui revint de colonie de vacances pour trouver son frère mort et enterré et qui pleura trois jours durant. La mort d'Antonin, bien que les rites funéraires soient observés, bien qu'elle soit « considérée, dans la mythologie familiale, comme *le* drame inaugural » (41), a été escamotée, recouverte par le mensonge de Liane puis par la naissance de Violette quelques mois plus tard – en novembre 1954 – et enfin par l'adoption de Jean-Marc. Même si Liane passe de longs moments assise, le regard dans le vide[40], même si Georges a le visage figé, le deuil n'est pas fait et « la mort d'Antonin ne ser[a] plus qu'une onde souterraine, sismique, qui continuer[a] d'agir sans

38 Le ressentiment perce dans les propos de Frédéric quand il mentionne qu'à dix-neuf ans il était sous l'influence d'un ami de vingt-quatre ans contre qui son père l'a mis en garde. Il conclut que, comme il était encore sous l'emprise de son père, « ça [l'éloignement] a marché ». Le sourire qui se fige sur le visage de Priscille et le coup d'œil qu'elle glisse de côté (vers qui ?) alors qu'elle vient d'aborder sa fugue avec Liseron indiquent, eux, un certain malaise. Viviane, confiant que leurs enfants viennent à eux en cas de problème, laisse échapper un « il y a des choses ratées [elle se tourne vers Jean] mais là, c'est très bien, c'est très réussi pour ça ».

39 Un mythe à l'édifice duquel Vigan ne se cache pas d'amener sa pierre : « Je suis le produit de ce mythe et, d'une certaine manière, il me revient de l'entretenir, de le perpétuer, afin que vive ma famille et se prolonge la fantaisie un peu absurde et désespérée qui est la nôtre » (164). Une telle déclaration pose bien sûr la question du degré de fiabilité du roman, peut-être aussi trompeur, malgré ses apparences, que le reportage.

40 Elle est en fait ce que le psychanalyste André Green a appelé une « mère morte », « une mère en dépression ou en deuil au moment de la naissance de l'enfant, et donc non disponible pour lui, comme "morte" » (Ancelin Schützenberger, *Aïe* 83).

aucun bruit » (32)[41]. Sa première victime sera sans doute Jean-Marc, né deux mois après Antonin et adopté environ six mois après la mort de celui-ci. Jean-Marc, malgré son apparence, est un enfant de remplacement. Les questions que fait se poser Vigan à la fratrie le montrent bien[42], ainsi que le fait que Jean-Marc soit mis à dormir dans le lit d'Antonin et porte ses vêtements (36), ou encore cette réflexion prêtée à Barthélémy – « Jean-Marc était petit, brun et sale [...]. Comment son père avait-il pu croire qu'il pourrait remplacer Antonin par un plouc pareil [...] ? » (38) – et ce commentaire de Violette : « Derrière la mythologie, il y a la mort d'un enfant et l'arrivée d'un autre : *une pièce de puzzle qu'on essaie de faire entrer de force* » (79). Dusaillant-Fernandes observe fort à propos que les « parents ont imposé l'adoption de Jean-Marc, sans vraiment laisser de temps à leurs propres enfants de faire leur deuil » (116). Or, comme le note Ancelin Schützenberger, « [l]'adoption », de manière générale, « ne se fait pas par hasard » (*Psychogénéalogie* 190). Pour les parents, Jean-Marc vient combler une perte et il leur permet de porter secours à un « enfant martyr » (36) ; la fratrie, elle, se demande, au vu de l'absence de traces de coups, de « plaies purulentes », de « cicatrices à peine refermées », si l'enfant soi-disant martyr n'est pas un « imposteur » (37). Jean-Marc l'est en effet puisqu'il vient occuper la place du frère défunt. Jean-Marc trouvera sa place au sein de la famille, peut-être une *non place* puisqu'il sera surnommé « la charnière », « parce qu'il se trouvait à l'intersection des deux camps, entre les grands et les petits, admis avec condescendance par les premiers, acclamé par les seconds » (61). La réaction des aînés s'explique peut-être par le sentiment qu'a laissé en eux la mort accidentelle d'Antonin, à savoir, la culpabilité. Dans cette famille où la parentification est de mise[43], même si les parents étaient absents lors de l'accident, les aînés – surtout Barthélémy, alors que lui-même était en colonie au moment de l'accident – endossent la responsabilité de la mort d'Antonin et donc éprouvent de la culpabilité. « Si j'avais été là, il ne serait pas mort », a confié Barthélémy à sa nièce quelques quarante-cinq ans après les faits. Le rejet initial de Jean-Marc par la fratrie puis plus tard sa tenue à l'écart dans un espace charnière s'expliquent par leur tentative de se préserver. Sur une

41 Lucile a évoqué la mort d'Antonin dans un de ses écrits, « l'absence totale de souvenirs qui précède cette perte, et la douleur qui s'ensuit : "Jamais plus l'enfance ne fut harmonieuse" » (348).

42 « Était-il grand, *plus grand qu'Antonin*, ou bien au contraire tout maigre et tout petit ? » (35, mes italiques).

43 Concept élaboré par le psychanalyste Ivan Boszormenyi-Nagy, la « parentification » est un renversement de valeurs, le fait « qu'un ou plusieurs enfants se trouvent endosser » « le rôle de parent d'un ou deux de ses parents » (Ancelin Schützenberger, *Psychogénéalogie* 141).

photo de la famille Poirier dans la Peugeot 202 décapotable l'été 1955, les enfants sont serrés d'un côté, une « place est restée vide » à côté de Milo (49). Le fantôme d'Antonin continue d'occuper une place physique – et pas seulement psychique – en leur sein. En lui préservant une place, la fratrie se préserve, s'efforce de garantir son propre non-effacement. Car, comme l'a exprimé Lucile dans des notes, la mort d'Antonin lui a fait découvrir « malgré les explications et les dénégations, que nous étions interchangeables » (79)[44]. Reste que, par l'adoption de Jean-Marc et la naissance de Violette quelques mois après le décès d'Antonin, celui-ci se solde par un « deuil empêché » (Hanus, *Deuil* 36) aussi bien pour les parents que pour les enfants. Marie-Frédérique Bacqué et Michel Hanus observent au sujet du deuil des enfants qu'il « faut s'attendre à ce que les manifestations du début réapparaissent plus ou moins bruyamment à l'occasion de toute difficulté notable, de la maladie, d'une menace de séparation et de l'arrivée d'une nouvelle personne dans la famille » (104). Or, dans la famille Poirier arriveront non une (Violette), mais deux (Violette et Jean-Marc), voire trois (Violette, Jean-Marc et Tom) nouvelles personnes. Il faut en effet s'attarder ici un peu sur le petit dernier de la fratrie, Tom, né en 1962, donc presque huit ans après Violette. La grossesse, inattendue, est vécue très différemment. L'enfant, inespéré, est considéré comme « un cadeau de Dieu » (120). Il est tentant d'interpréter cette ultime naissance comme une manifestation du « syndrome d'anniversaire » puisque Tom naît le mois de la disparition d'Antonin (juillet 1954/1962) et le jour de sa naissance (10 juillet/mai)[45]. Aussi, le choix du prénom de ce dernier enfant, ce « cadeau qui prenait beaucoup de place » (131) puisqu'il apparut vite que Tom était trisomique, est troublant. Ancelin Schützenberger relève l'importance du prénom qui « fournit souvent des clés importantes pour la psychogénéalogie et le génosociogramme » (*Psychogénéalogie* 147). On se rappellera qu'Antonin n'était pas seul lors de l'accident, qu'il jouait avec un cousin prénommé Tommy. Or, Tommy a, selon les versions, soit refait surface (30), soit évité la chute dans le puits (42). En prénommant le bébé Tom, Vigan[46] revient au drame inaugural, mais met l'accent sur la survie, tout en tenant compte, par le choix d'une forme tronquée du prénom (Tom au lieu de Tommy), de l'absence, d'une part amputée de la fratrie. Si Jean-Marc – choisi pour son âge proche de celui d'Antonin ? – a été un enfant de

---

44 Impression que l'utilisation par Georges d'une photo de Milo bébé pour le faire-part de la naissance de Justine confirmerait.

45 Ancelin Schützenberger rappelle les travaux de la psychanalyste américaine Josephine Hilgard qui a « donné le nom de "syndrome d'anniversaire" à cette répétition de symptômes graves au même âge entre mère et fille » (*Psychogénéalogie* 43-44). J'utilise le terme ici de manière moins restrictive.

46 Rappelons que le prénom Tom est le choix de l'écrivaine, le dernier né s'appelait Stéphane.

remplacement, Tom est un « enfant réparateur [...] qui redonne espoir et vie à la famille » (Ancelin Schützenberger, *Psychogénéalogie* 148). L'observation de la narratrice[47] vient appuyer celle d'Ancelin Schützenberger : « Les *enfants de remplacement* (deuil non fait) sont différents des *enfants réparateurs* qui, eux, sont très bien accueillis et ont une très bonne place dans la famille » (*Aïe* 83). Alors que ses aînés ont souvent été livrés à eux-mêmes, Tom a mobilisé les efforts de Liane et surtout de Georges, bien décidé à contrecarrer le handicap. En ce sens, Tom répare toutes les inattentions dont ont souffert ses aînés.

Dans la famille Poirier, la mort d'Antonin est ainsi considérée comme « *le* drame inaugural » (41), élevée à ce rang sans doute parce que le deuil n'en a pas été fait ; après cela, pour Lucile, « Jamais plus l'enfance ne fut harmonie » (348). Violette, bébé, « maintient [Liane] en vie » (56). Georges se jette dans le travail et se met à tel point en retrait que Lisbeth dit à sa mère qu'un homme avec un masque ressemblant à son père se tenait là. D'ailleurs, les souvenirs que Georges enregistre « se terminent en 1954, l'année de la mort d'Antonin, comme si Georges n'avait pas pu aller au-delà de ce chagrin » (105). Or, « [l]orsque le deuil ne s'est pas fait, il laisse une "tâche inachevée", interrompue, qui va "travailler" la personne et ses descendants » (Ancelin Schützenberger, *Psychogénéalogie* 40)[48]. C'est à la lumière de ce deuil non fait qu'il faut, à mon sens, lire la mort de Jean-Marc que je tiens pour centrale dans la mythologie personnelle et familiale que Vigan élabore. Antonin est comme un fantôme, un de ces « morts mal enterrés [qui] ne pouvaient pas rester dans leur tombeau, relevaient la dalle et circulaient et allaient se cacher dans cette crypte, portée par quelqu'un de la famille » (Ancelin Schützenberger, *Aïe* 61), un fantôme apparu « après une mort difficile à accepter, ou un événement "dont on a honte", ou une "situation difficile" pour la famille » (Ancelin Schützenberger, *Aïe* 59), un petit fantôme blond enfermé dans l'enfant de remplacement sale et brun et qui réapparaîtra dans l'enfant réparateur costaud et blond avec son chromosome surnuméraire, un fantôme que l'écrivaine devra exorciser par l'écriture pour en sauver ses enfants, les « descendants d'un porteur de crypte »

---

47 « D'aucuns m'ont fait remarquer que Tom, de par l'affection immédiate qu'il suscitait, l'attention qu'il demandait, et la volonté qu'ont eue mes grands-parents de développer au maximum ses capacités, avait sans doute pris beaucoup de place. Sur cet enfant drôle, gentil, si dénué de malice se sont peu à peu reportés les espoirs, les tendresses, les élans déçus » (140).

48 Ancelin Schützenberger et Devroede parlent encore de « l'effet Zeigarnik » d'après les travaux de Kurt Lewin et Bluma Zeigarnik en théorie de la *Gestalt* qu'ils appliquent « à la "rumination" des deuils non faits au cours de processus de maturation, des pertes diverses et des traumatismes graves » (*Enfants* 145).

pouvant en effet être « hantés par ces “lacunes laissées en nous par les secrets des autres” » (Ancelin Schützenberger, *Aïe* 64)[49].

Si le décès d’Antonin a introduit dans la fratrie l’idée de la mort, celui de Jean-Marc « introduit pour la première fois dans la fratrie la question du suicide » (142). En août 1963, Liane découvre Jean-Marc, quinze ans, « allongé sur son lit, un sac en plastique enfoncé sur la tête » (135). La description du corps laisse à penser au suicide, comme Delphine l’a sans doute ressenti dans son enfance puisque ce n’est que beaucoup plus tard qu’elle apprendra que Jean-Marc est décédé d’hypoxiphilie, ou « asphyxie auto-érotique », « lors d’une séance de masturbation où il cherchait à amplifier son orgasme par la suffocation » (141)[50]. Mort accidentelle donc, mais déguisée en suicide, un tabou – le suicide – en dissimulant un autre – la masturbation et les « pratiques masochistes et fétichistes » (141) auxquelles Jean-Marc s’adonnait, mais peut-être aussi l’inceste commis par Georges. En mourant, Jean-Marc retire son épingle du jeu, refuse son rôle d’enfant de remplacement, de « roue de secours » (Sellam 92) auprès des parents et de bouc émissaire des aînés à qui il renvoie le sentiment de culpabilité ressenti après la mort d’Antonin. Selon l’interprétation de Vigan, Lucile, qui considérait cette mort comme un suicide[51], se serait demandé de quoi ils étaient coupables, « eux qui vivaient encore, eux qui n’avaient rien vu [du malheur et de la détresse de Jean-Marc] » (137), eux les aînés « dont les sentiments à l’égard de Jean-Marc ont toujours été ambivalents » (142). Sa mort est une mort accusatrice, comme le sera quinze ans plus tard celle de Milo, par suicide. Jean-Marc est ainsi une charnière au sein de la fratrie mais aussi au sein des garçons décédés, comme l’expose clairement le tableau noir où étaient inscrites à la craie les dates de naissance – et de mort – des parents et enfants, tableau remplacé par une affiche quand la cuisine où il figurait a été repeinte, affiche prise en photo quand il fallut vider la maison de Liane et Georges et que Vigan reproduit dans *Rien ne s’oppose à la nuit* (47-48, mes italiques ci-dessous) :

49 Dusaillant-Fernandes développe dans son article ce concept de crypte intrapsychique laissée dans les frères et sœurs survivants et émet l’hypothèse que cette crypte « explique peut-être pourquoi Lucile est bloquée dans ses futures relations » (117). Je vais ici plus loin en avançant que le travail de deuil après suicide passe par l’exorcisme scriptural du fantôme d’Antonin.

50 La psychologue Hélène Romano mentionne les « jeux d’asphyxie » parmi les jeux traumatiques auxquels les enfants qui « ont été exposés à des violences graves » peuvent se livrer (76). Or, Jean-Marc était un « enfant martyr » (36).

51 « Est-ce qu’à quinze ans ou presque on pouvait s’endormir avec un sac en plastique sur la tête sans l’avoir voulu, sans l’avoir choisi ? » (137).

LISBETH	19.07.1944
BARTHÉLÉMY	15.11.1945
LUCILE	17.11.1946
ANTONIN	*10.05.1948-1954*
JEAN-MARC	*07.07.1948-1963*
MILO	*07.07.1950-1978*
JUSTINE	18.03.1952
VIOLETTE	06.11.1954
TOM	10.07.1962

Et Vigan de remarquer l'« étrange géométrie » de cette photo, « Au milieu exactement de la fratrie, comme en son centre, la mort des trois frères de ma mère : trois lignes consécutives, plus longues en raison de la deuxième date qui y figure, longues comme leur résonance inépuisable au cœur de la matière vivante » (48), longues aussi par leur potentiel transgénérationnel et contagieux[52]. Ces dates qui perdurent par-delà les rénovations, les déménagements et même les générations, puisque Vigan les reproduit dans son livre, sont comme un tombeau familial portatif ou encore comme un génogramme. Vu ainsi, une autre coïncidence est troublante, *unheimlich* : Milo et Jean-Marc avaient le même anniversaire. Par identification d'anniversaire avec Jean-Marc, Milo avait-il incorporé le fantôme d'Antonin contenu dans l'enfant de remplacement et donc intégré l'idée de mort/suicide ?

La fin des années 1970 est marquée par la « période dite *des suicides* » (206) inaugurée par Niels, co-locataire de Justine et amant de Lucile avec qui elle partageait « un profond désespoir et d'intenses conversations sur l'hypothèse du suicide » (193). Niels, à vingt-et-un ans, se tire une balle dans la bouche. En mai 1978, Milo, frère de Lucile, se rend dans une forêt, un endroit « choisi vraisemblablement parce qu'il ne signifiait rien pour sa famille et qu'aucun souvenir n'y était attaché » (209) et se tire une balle dans la tête. Milo, « fragile », « opposé à son père », « le plus proche de Jean-Marc et [...] particulièrement affecté par sa mort » (208), est enterré à côté d'Antonin et Jean-Marc. Enfin, Baptiste, cousin germain de Lucile[53] et père de l'enfant de Justine, se tire lui aussi une balle dans la tête. Il « a été montré une augmentation du risque de suicide chez les personnes endeuillées par suicide [...], ainsi même que chez celles qui ont un antécédent familial de suicide » – on trouve les deux cas dans la famille ou l'entourage Poirier ; le « risque de mort par suicide est doublé en

52 Vigan relève la position centrale des trois frères défunts mais manque à remarquer la centralité de Jean-Marc dans ce schéma et cette famille mortifères.

53 C'est le fils de Barbara Yelnick, la sœur de Liane, que j'évoquerai plus loin.

cas d'antécédent familial de suicide » et « multiplié par un chiffre de 5 à 20 chez les endeuillés par suicide » (Millet 27). Mais dans le cas qui nous occupe, les trois hommes auraient passé un pacte : « *La légende raconte que* tous les trois, Niels, Milo et Baptiste, un soir qu'ils avaient un peu d'argent à flamber et dînaient dans un grand restaurant, ont fait la promesse de mettre fin à leurs jours. *La légende parle* d'un pacte, passé entre eux, dont Lucile connaissait l'existence, voire auquel, de manière tacite, elle s'était associée » (206, mes italiques). Peut-être sommes-nous dans la légende, dans un des mythes familiaux. Là encore, on ne sait quelle légitimité accorder à ces dires puisque certains des interlocuteurs de Vigan sont convaincus de l'existence de ce pacte alors que pour d'autres cela demeure une hypothèse. Si pacte il y a eu, le suicide de Lucile constitue alors un suicide différé – on verra plus loin la cause possible de cet ajournement. Reste que cette « *vague* dite *des suicides* » (261) fait craindre à Delphine que sa mère ne passe à l'acte (198). Sa peur d'ouvrir la porte de l'appartement et de trouver sa mère morte devient après la mort de Milo – donc en 1978, quand Vigan a douze ans – une « obsession » (198). Est-ce alors une coïncidence que c'est justement à cet âge que Vigan commence à tenir son journal[54] ? Rappelons que Vigan a déclaré que l'écriture de ce journal l'avait aidée à se construire et se connaître, mais l'écriture n'était-elle pas aussi motivée par la peur du suicide maternel ? Delphine n'est pas la seule, à cette époque, à se soucier de la santé de Lucile. Georges, son père, lui envoie huit lettres en trois semaines, l'intimant à se reposer et l'invitant à le rejoindre dans le Sud. La lecture de ces lettres fait écrire à Vigan : « Deux mois après la mort de Milo, à laquelle n'est faite aucune allusion, Georges s'inquiète pour Lucile. Sans doute a-t-il peur pour elle, voilà tout » (230). Cette dernière phrase laisse percer le doute, elle résonne comme un besoin de se rassurer et laisse entendre que l'inquiétude – fausse ? – de Georges pourrait avoir une autre motivation. Passons donc à Georges et abordons une autre de « ces choses » que Vigan ne peut plus taire si elle veut faire son deuil après suicide et mener à bien sa psychogénéalogie.

3 Dans la famille Poirier, je demande le père

À l'automne 1978, quelques mois après le suicide de Milo, Lucile ne passe pas à l'acte craint par sa fille mais à un acte d'une autre nature, peut-être tout aussi suicidaire. Pendant des jours, Lucile rédige en effet « quelque chose de très

54 Pour « cette époque et les dix années qui suivent », il est pour la rédaction de *Rien ne s'oppose à la nuit* son « plus précieux matériau » (205).

important » (216), un texte « dont la fin lui avait échappé pendant plusieurs jours, à laquelle elle s'était heurtée comme à un rempart, mais qu'elle avait fini par coucher sur le papier » (217), un texte qu'elle intitula « Recherche esthétique ». Maniaco-dépressive, elle y « évoque le désir de mourir, la folie qui la guette » (218). Cependant, l'intérêt de « Recherche esthétique » ne repose pas pour Vigan tant dans le témoignage qu'il présente de la maladie que dans sa conclusion-révélation où Lucile brise le silence, le tabou et accuse :

> *Nous partons pour notre maison de campagne. Je suis avec mon amoureux, nous sommes avec mon père. Je ne suis pas tendre pourtant j'aime mon ami [Forrest].*
>
> *La nuit je ne dors pas, je suis traquée. Forrest dort en haut. Je vais pisser, mon père me guettait, il me donne un somnifère et m'entraîne dans son lit.*
>
> *Il m'a violée pendant mon sommeil, j'avais seize ans, je l'ai dit.* (219)

Survenu à seize ans, Lucile le « couch[e] sur le papier » (217) à trente-deux ans, mais ce n'est pas la première fois. En effet, Vigan et sa sœur ont retrouvé l'inceste, sous une autre forme, dans des écrits laissés par Lucile qui pré-datent la version que Vigan présente en premier et en italiques dans *Rien ne s'oppose à la nuit*. Elle reproduit toutefois également cette version antérieure (avec les ratures), brouillon qui « révèle [...] les étapes de son élaboration » (231). Une brève comparaison du brouillon et de la version officielle recopiée par Vigan montre les éliminations, ajouts ou changements opérés (entre crochets ci-dessous).

> *Dernier tableau = nous partons pour notre maison de campagne*[. Je suis] *avec mon amoureux, nous sommes avec mon père. Je ne suis pas tendre* ~~*j'ai tellement peur que mon père nous voie l'être*~~ [pourtant j'aime mon ami]. [La nuit je ne dors pas, je suis traquée.] ~~*Mon ami*~~ *Forrest dort en haut. Je vais pisser il* [mon père] *me guettait, il me donne un somnifère et m'entraîne dans son lit* ~~*pour me détendre, je suis si nerveuse. Je ne sais pas s'il m'a violée,*~~ *Il m'a violée pendant mon sommeil, il y a* [j'avais] *seize ans et je le dis* [je l'ai dit]. (231)

Relevons le changement de « il y a » à « j'avais », la révélation s'opérant au double de l'âge que Lucile avait lors du viol, l'été où Georges insiste pour qu'elle vienne le rejoindre dans le Sud – en l'absence de Liane. Au lieu de rejoindre son père et d'encourir le risque d'un autre acte incestueux, alors que Milo – qui avait une relation si difficile avec son père – vient de se suicider, Lucile écrit, fait sa déposition – le présent du verbe *dire* de la dernière phrase du brouillon revêtant indéniablement une fonction performative. Le changement le plus notable entre les deux versions demeure toutefois l'élimination du doute – « Je ne sais pas s'il m'a violée » – qui va refaire surface dans les versions subséquentes de cette nuit. Vigan évoque en effet ce que Lucile avait confié à Manon – comment Georges l'avait forcée à s'asseoir sur le bord de son lit, l'avait caressée et comment elle s'était évanouie – avant de recopier le texte que Lucile a écrit dans son journal dans le cadre de sa psychanalyse, six ans plus tard :

> *Samedi 29.12.1984. Aujourd'hui mon père m'a offert une montre ronde pour cacher mon tatouage au poignet qu'il n'aime pas.* [...] *Mon père ne sait pas qu'il est à l'origine de ce tatouage. Dix heures dix, c'est l'heure à laquelle je me suis réveillée dans leur chambre après avoir passé une nuit avec lui et qu'il m'a peut-être violée. Je ne sais pas. Tout ce que je sais c'est que j'ai eu très peur et que je me suis évanouie.* (231-232)

Le doute subsiste et subsistera, s'insinuera à la génération future puisque Vigan écrit : « Lucile nous a laissé ce doute en héritage, et le doute est un poison » (233). Écrire l'inceste, reproduire les différentes versions de sa révélation serait comme administrer un contre-poison, contrer les effets transgénérationnels du doute. Qu'il y ait effectivement eu inceste ou pas, le moment où intervient sa révélation est intéressant. Forward remarque en effet que les « souvenirs d'inceste resurgissent violemment, souvent de façon imprévisible, à cause de certains événements » comme la naissance d'un enfant, le mariage, la mort d'un membre de la famille (156), ajoutons le suicide d'un membre de la famille, en particulier un qui « s'était beaucoup opposé à son père » (208). Par « Recherche esthétique », c'est aussi de cela que Lucile accuse Georges, d'une toxicité générale qui a conduit Milo au suicide. Lucile, comme son frère, passe donc à l'acte, mais un acte d'écriture[55]. Elle se livre à ce que Forward a appelé la « confrontation », « moment critique dans le voyage vers l'autonomie » (Forward 266). Entreprise risquée, la confrontation peut avoir de sévères conséquences dont Forward met en garde ses lecteurs et patients : « Certains frères et sœurs ressentiront votre confrontation comme une grave menace et peuvent vous en vouloir de perturber l'équilibre précaire de la famille » (254), les parents « peuvent tenter l'impossible pour vous punir [...]. Ils peuvent menacer de vous exclure de la famille » (257). En écrivant « Recherche esthétique », en le donnant à lire à ses filles et en l'envoyant à ses parents et à

55 Suicide symbolique, écrire l'inceste préfigure peut-être le suicide physique que Lucile commettra presque trente ans plus tard et s'inscrit donc dans un roman de deuil après suicide.

son frère et ses sœurs, Lucile « enfreint les règles familiales de silence et de négation » (Forward 257). Pour cette infraction, Lucile ne sera pas exclue du cercle familial, la punition est en fait plus sournoise et cruelle : « il ne se passe rien » (222). Le « drame », l'« implosion familiale », les « terribles dégâts » (221) auxquels s'attend Delphine n'ont pas lieu et Lucile continue d'aller en week-end à Pierremont, parle avec son père comme si de rien n'était, « Le texte est resté lettre morte et Lucile n'a reçu en retour qu'un silence pétrifié » (223). En donnant à lire ce texte, Lucile a désobéi, ce qui « équivaut à trahir la famille » (Forward 173). Gardiens du mythe familial qu'ils ont instauré, les parents ne dérogent pas à leur habitude d'aller de l'avant en ignorant les événements qui pourraient entacher ou menacer leur mythe – que ce soit une mort par hypoxiphilie, un suicide ou la révélation d'un inceste. Face au silence, quelques mois plus tard, Lucile se rétracte, parle « alors d'une relation incestuelle plutôt qu'incestueuse, réfut[e] le récit du passage à l'acte » (224). Lucile rentre dans le rang. Son texte a toutefois « laissé son empreinte » (223) et la question de l'inceste affleurera avec chacun des interlocuteurs de Vigan :

> Ils savent que j'y viendrai, retardent le moment, ou au contraire le devancent [...]. Ils prennent des précautions, évaluent chaque mot. L'inceste, non, sûrement pas : pas un geste.
>
> Seule Justine (qui aborde le sujet d'entrée de jeu) admet la possibilité du passage à l'acte. (223-224)[56]

Autrement dit, la fratrie demeure sous la domination de ces parents toxiques, même après leur mort, comme c'est d'ailleurs souvent le cas (Forward 25)[57]. Ainsi, Lisbeth, Barthélémy et Violette sont dans « l'impossibilité épidermique » « d'envisager que Lucile ait pu dire la vérité » (224), contrairement à Justine qui confie à sa nièce que Georges l'a « *tripatouillée*, mais pas violée » (225), qu'il l'a harcelée pour qu'elle enlève son tee-shirt et son soutien-gorge, qu'il a voulu « l'aider à découvrir sa sexualité, lui apprendre à se masturber » (224), qu'il a

56 L'emploi de ce terme, euphémisme commun pour le suicide, est troublant.

57 Romano observe de l'impact de la révélation de l'inceste sur les frères et sœurs : « les suivis de fratries en contexte traumatique permettent de constater que les frères et sœurs ne se portent pas mieux que l'enfant directement victime, même s'ils n'ont pas été directement impliqués dans l'événement, ni abusés » (137). Elle ajoute : « Ne sachant pas qui croire, et étant certaines fois soumise au secret et à des stratégies d'emprise de la part de l'auteur, il est alors fréquent que la fratrie se positionne du côté de celui qui lui semble représenter le moindre danger pour son équilibre psychique. Le lien fraternel est alors souvent sacrifié au profit du lien parental » (140).

pris d'elle des photos[58]. L'inceste – ou la possibilité de l'inceste – est au cœur de *Rien ne s'oppose à la nuit*, enfoui en son centre. En intégrant « Recherche esthétique », ce manuscrit-relique[59], dans son roman, Vigan prend le relais de sa mère et parachève la confrontation. Ce faisant, elle s'affranchit et affranchit ses enfants de la toxicité de sa famille – de son grand-père –, elle brise le cycle des répétitions et « prot[ège] [se]s enfants des expériences toxiques, chargées des convictions et des règles qui ont tellement influencé [son] enfance » (Forward 297). À en croire les (pseudo) lettres anonymes dans *D'après une histoire vraie, Rien ne s'oppose à la nuit* a bien été lu par certains membres de la famille comme une confrontation. Roman de deuil après suicide, roman sur la maladie bipolaire, *Rien ne s'oppose à la nuit* va à ce qui constitue sans doute la source des deux, la toxicité des parents Poirier et la possibilité d'inceste[60]. Lucile, victime de parents toxiques, s'est sacrifiée « pour dissimuler la folie et le stress du système familial. [...] Elle a vécu dans un état intense de douleur émotionnelle pour sauvegarder le *mythe* de la bonne famille » (Forward 166, mes italiques), un mythe que *Rien ne s'oppose à la nuit*, ce texte constitué de morceaux épars, fait voler en éclats[61].

Le psychiatre et psychanalyste Serge Tisseron observe qu'un « mythe familial réside dans un ensemble de croyances systématisées, partagées par tous les membres de la famille, au sujet de leurs rôles respectifs et de la nature de leurs relations ». Il ajoute : « Tout membre de la famille qui le met en cause voit celle-ci se souder contre lui pour éviter toute remise en question » (*Secrets* 65). Comme nous l'avons évoqué plus haut, les propos de Milo, contraires au mythe familial, ont été expurgés du documentaire auquel a participé la famille Poirier en 1969. En désaccord avec sa famille – ou du moins avec son père – et incapable d'adhérer au mythe, Milo a choisi le suicide. Il est légitime de se demander si la maladie de Lucile, qui la singularise au sein du groupe familial, qui permet de faire d'elle le « patient désigné » (Tisseron 65), n'a pas constitué pour elle une échappatoire[62]. C'était en tout cas pour les parents un moyen de

58 Le récit de Camille, sœur du père de Vigan et amie de Lucile, vient corroborer les dires de Justine sur le harcèlement sexuel de Georges puisque celui-ci l'a invitée un week-end à Pierremont, l'a enfermée et forcée à s'adonner à « ses jeux érotiques et à ses *punitions* » (227).

59 J'emprunte ce terme à Janine Altounian qui qualifie ainsi le récit de son père, survivant du génocide arménien (xi).

60 Puisque, comme le reconnaît Vigan, l'inceste « figure parmi les facteurs déclenchants de la maladie » (230-231).

61 Vigan écrit : « Chacun a gardé des événements qui ont fondé l'histoire familiale sa propre vision. Ces visions diffèrent, parfois se contredisent, elles sont autant *d'éclats épars* dont le rassemblement ou la compilation n'apportent rien » (43, mes italiques).

62 Paradoxalement, la folie comme garde-fou.

préservation du mythe. Notons toutefois que Lucile n'était pas la seule de la famille à être atteinte du trouble bipolaire. La sœur de Liane en souffrait aussi et elle a d'ailleurs écrit avec son mari, Claude Yelnick, un livre-témoignage intitulé *Deux et la folie* (1980). À l'occasion de la sortie du livre, Barbara et Claude sont passés le 4 janvier 1980 dans l'émission *Apostrophes*[63]. Vigan relate comment « la famille entière fut réunie dans un silence religieux » pour la regarder à Pierremont (238). Vigan enchaîne alors après un espace blanc : « Lorsque nous rentrâmes à Paris, Lucile commença à peindre sur le mur du salon, qui était aussi sa chambre, une fresque tourmentée, composée d'arabesques et de spirales, vert foncé sur fond blanc » (238). Les jours suivants, elle se montre de plus en plus agitée. Le 29 janvier, elle convoque ses filles « pour une réunion extraordinaire » et leur annonce qu'elle est télépathe. Le 30 janvier, elle revient avec un œil au beurre noir et explique que Jacques Lacan l'a frappée. Le 31 janvier 1980, elle fait une crise psychotique qui cause son premier internement. L'écriture de *Rien ne s'oppose à la nuit* permet à Vigan de remarquer que « [s]eulement quelques semaines séparent l'émission *Apostrophes* et la première crise de Lucile. Je n'avais jamais pris conscience de cette chronologie » (257), chronologie, relation entre les deux événements qu'elle nous a pourtant invités à voir en faisant suivre la scène où la famille rassemblée regarde l'émission par le comportement irrationnel de Lucile peignant les murs du salon. L'émission est comme la goutte d'eau qui fait déborder le vase. Malgré la publication du livre, sa promotion dans une émission nationale, donc la possibilité d'éventer le secret de l'inceste, la cause possible de la maladie bipolaire de Barbara est tue, l'inceste reste recouvert du silence, silence qui a peut-être ramené Lucile au « silence pétrifié » qui avait suivi son envoi de « Recherche esthétique », voire au silence qui avait suivi le suicide de Milo[64]. Dans la psychohistoire de la famille Poirier, inceste et suicide – et donc deuil – sont intimement liés. En butte au silence sur l'inceste subi par Barbara et sur le sien propre, Lucile s'est exprimée au moyen de son corps, d'abord par la crise psychotique

63 Cette émission, intitulée « Propos raisonnables sur la folie », est partiellement disponible en ligne (<http://www.ina.fr/video/CPB80054509>, dernier accès le 3 novembre 2015). Elle peut être visionnée dans son intégralité à l'Inathèque. Barbara y aborde les prémisses de sa maladie – la mort de son premier mari dont elle se sentait responsable malgré les seize ans écoulés depuis leur divorce, le ressac de la fatigue physique, la guerre, un accident de voiture – mais à aucun moment de l'émission (où elle est la seule femme aux côtés de quatre hommes qu'elle accuse d'ailleurs d'être des phallocrates car ils ne respectent pas sa volonté de prendre la parole) n'aborde-t-elle l'inceste subi par « certaines sœurs » de la famille quand elles étaient jeunes filles et que Vigan a découvert au cours de conversations en préparation à la rédaction de *Rien ne s'oppose à la nuit* (259).

64 Dans la lettre où Georges invite Lucile à venir le rejoindre dans le Sud l'été 1978, son suicide n'est pas mentionné.

du 31 janvier 1980, ensuite par son suicide découvert le 30 janvier 2008[65]. Elle dénonce un tabou (l'inceste) par un autre tabou (la maladie mentale, le suicide). Slavoj Žižek dit du suicide qu'il « est incontestablement un acte qui témoigne d'un message » (191). Or, j'ai avancé au début de ce chapitre que la destinataire du message-suicide de Lucile est Vigan puisqu'à cause d'un acte manqué – la lettre mal adressée – c'est elle qui découvre le corps de sa mère. Ce n'est pas à sa fille Delphine que Lucile adresse sa lettre-suicide, mais à l'écrivaine Delphine de Vigan qui pourra mettre en mots ce qu'elle-même a déjà écrit mais sans succès et qu'elle a alors exprimé par son corps, à deux reprises, le 31 janvier 1980 et le 25 janvier 2008. Jusqu'à *Rien ne s'oppose à la nuit*, Vigan n'avait « jamais mis en mots le 31 janvier » (255) – dont elle dit pourtant qu'il « représente pour moi une forme de rupture originelle » (249) et qu'elle identifie comme l'« origine de l'écriture » (257) – ni dans son journal intime, ni dans les lettres à des amies, ni dans son premier roman. Mais *Jours sans faim* n'exprime-t-il pas la parole empêchée et donc remplacée par l'expression corporelle de la toxicité familiale ? Avant de poursuivre, arrêtons-nous un instant sur ce roman.

Dans ce premier roman, sous couvert d'un pseudonyme qui les reflète elle et sa mère[66] et par le biais de son personnage, Laure, « un double de moi-même » (307), l'écrivaine relate son anorexie. La maladie – terme qui était jusque là réservé à la condition de sa mère (*Jours* 42) – est dirigée contre ses parents : « elle voulait leur faire mal, les blesser dans leur chair, les détruire peut-être. Son père et sa mère. Qu'ils ne s'en tirent pas comme ça. Toxiques tous les deux » (*Jours* 21). Mais chacun toxique à sa façon, lui, par ses reproches et ses insultes (*Jours* 66), elle, par sa maladie et son mutisme[67]. L'anorexie lui donne un « sentiment de puissance » (*Jours* 9), c'est un moyen de « garder le contrôle » (*Jours* 33) alors que tout alentour se délite. C'est le moyen que la fille a trouvé pour contrer le comportement toxique de sa mère. Dans le cas de Lucile, la toxicité parentale

65 On ne manquera pas de relever la (fausse) coïncidence des dates qui fait dire à Vigan : « Aujourd'hui, la fin du mois de janvier est pour moi un genre de période à risque [...]. C'est quelque chose qui est ancré dans la mémoire du corps » (256). Notons que Lucile a aussi tatoué l'inceste sur son poignet.

66 Le nom de famille, Delvig, est formé de la première syllabe de ses prénom et nom. Quant au prénom Lou, on y voit affleurer la première syllabe du prénom (pseudonyme) de sa mère, Lucile.

67 Elle a été internée alors que Laure avait treize ans, justement l'âge qu'avait Vigan en janvier 1980 quand Lucile a été internée pour la première fois. Autres points communs entre Laure et Vigan, la volonté de la mère de se suicider – ses propos sur le suicide comme « un acte très noble » (*Jours* 98) rappellent les conversations que Lucile avait avec Niels dans *Rien ne s'oppose à la nuit* – et le suicide du frère de sa mère d'une balle dans la tête puis du cousin de sa mère, ce qui fait écrire à Vigan que « après, ces morts-là rongent les familles par petits bouts » (*Jours* 98).

provenait possiblement de l'inceste, de trop de laisser-faire, du manque de démonstrations d'affection ; dans le cas de Vigan, elle provient de la maladie mentale de sa mère, de l'absence de contact physique[68] et des mythes familiaux. Parmi ces mythes familiaux, l'inceste recouvert du non-dit mais dont le doute persiste comme un poison, Tisseron ne remarque-t-il pas que le « prix du Secret est souvent payé par cette troisième génération qui n'a pourtant rien à y voir. C'est là que peuvent apparaître des symptômes apparemment dénués de sens dont les porteurs ne peuvent rien dire eux-mêmes, comme l'anorexie » (*Secrets* 116) ? Encore parmi ces mythes familiaux, les deuils non faits, celui d'Antonin mais aussi ceux de Jean-Marc et de Milo puisque leur mort relève du tabou ; pour le clinicien en psychosomatique Salomon Sellam, dans « de nombreux cas cliniques, la personne anorexique est directement reliée à un deuil bloqué. Il est souvent transgénérationnel » (134). Dans *Jours sans faim*, mère et fille se ressemblent, l'anorexie de l'une faisant écho à la « priv[ation] de parole » de l'autre (*Rien* 305). Par l'anorexie, la fille met sa mère dans une situation d'impuissance similaire à la sienne : Lucile, écrit Vigan dans *Rien ne s'oppose à la nuit*, « fut la spectatrice lointaine de mon effondrement » (305), comme elle-même l'a été de l'effondrement mental de sa mère. Comme Lucile s'est exprimée par son corps dans la crise psychotique puis par le suicide, Vigan s'est exprimée par son corps avec l'anorexie. Sa destinataire – destinataire de l'anorexie et de son premier roman – était sa mère. « Lucile » – la Lucile de *Rien ne s'oppose à la nuit* où Vigan revient sur l'anorexie et sur *Jours sans faim* (304-307) – ne s'y est pas trompée, comme en atteste sa réaction après la lecture du manuscrit – elle s'enivre et déclare que « ce n'était pas vrai [...], elle n'était pas comme ça » (351). Le message reçu ne se résumait toutefois pas à sa toxicité et Lucile a bien compris cette autre dimension. Elle a saisi la puissance de l'écriture de sa fille dans ce premier roman et c'est donc naturellement à elle, la femme de lettres capable d'écrire des livres dont le message est entendu et qui pourrait alors réussir là où « Recherche esthétique » avait échoué, que Lucile s'est adressée. *Rien ne s'oppose à la nuit* a tenu cette promesse, il a « fait bouger le système » (211) en faisant parler le reste de la fratrie et a suscité tout

68 Ancelin Schützenberger évoque les travaux d'Ashley Montagu en psychosomatique : « c'est à partir de la peau et du toucher de la peau que se construit l'essentiel de l'être ou du mal-être » (*Psychogénéalogie* 169). Le manque de démonstration d'affection de Lucile envers Delphine pourrait en partie expliquer son anorexie. Dans *Rien ne s'oppose à la nuit* Vigan précise que lorsqu'elle a eu dix ans sa mère ne l'a « plus jamais prise dans ses bras » (173), elle revient aussi sur une scène qu'elle n'a pas racontée dans *Jours sans faim* où le psychiatre de Lucile avait demandé à ce qu'elle assiste aussi à la séance et l'avait fait asseoir sur les genoux de sa mère. Le contact physique avait ouvert chez la fille les vannes à « une déferlante, un raz de marée » de larmes (306).

sauf un silence pétrifié[69]. Au passage à l'acte de Lucile a répondu le passage à l'acte d'écriture de Vigan. *Jours sans faim* montre ainsi l'importance de la relation mère-fille, ce que Vigan reprend dans ses propos sur ce livre dans *Rien ne s'oppose à la nuit*. Il est toutefois une relation mère-fille sur laquelle *Rien ne s'oppose à la nuit* ne s'attarde pas, celle entre la mère et la grand-mère. Or, ce serait un tort que de négliger le rôle de Liane dans la vie de Lucile.

4 Dans la famille Poirier, je demande la mère

Quoique bien différente de son mari, Liane est un personnage aussi haut en couleurs. Vigan écrit de Georges et Liane qu'ils « formaient un couple étrange : lui, si cérébral en apparence, mais totalement gouverné par ses affects, elle, si émotive en surface, solide comme un roc et intimement persuadée qu'elle était sotte » (47). Elle a sa propre mythologie, allant de sa fécondité à son port idiosyncratique de vêtements[70], à ses exploits sportifs (grand écart en justaucorps satinés et monoski nautique en maillot une pièce), à sa pratique du vouvoiement (même avec ses petits enfants) et son lexique (« épatant, formidable, magnifique, gondolant », 357). C'est une « formidable conteuse » qui « tel un lutin facétieux ou un farfadet d'intérieur, raconta[it] pour la centième fois la même histoire, l'œil brillant et le rire chantant. Liane aimait raconter » (45). C'est d'ailleurs sa version du décès d'Antonin que Vigan a gardée dans *Rien ne s'oppose à la nuit*. À sa mort, hommage est rendu « à sa vitalité, à sa gaieté » ; elle laisse derrière elle un « souvenir solaire », une « trace lumineuse et tenace » (379). Gardienne du foyer – elle ignore les écarts de conduite de son mari – elle est aussi gardienne du mythe familial. La maladie de sa sœur n'est dans sa bouche qu'une

> folie héréditaire transmise de génération en génération par de complexes détours, une fatalité qui frappait les femmes de la famille et contre laquelle on ne pouvait rien. Liane soupirait dans sa cuisine, avec ce regard triste, les mains enroulées autour de la chaleur d'un thé. […] Et Liane finissait par conclure :
>
> – Fermez la porte, ma petite reine. On gèle. (257)

69 Son succès critique et populaire a d'ailleurs donné un deuxième souffle à *Jours sans faim*, réédité sous le nom de Vigan, et à *Deux et la folie*, réédité en 2015.

70 Ses « invraisemblables lunettes de soleil en plastique orange » (290), son « invraisemblable pyjama de laine rouge tricoté maison (jusqu'à l'âge de quatre-vingts ans, Liane a porté divers prototypes de vêtements de nuit de sa production personnelle […]) » (45).

Aller à l'encontre du mythe familial, dénoncer l'inceste ou tout autre comportement toxique, c'était se heurter au roc qu'est Liane. Face à cette mère, Lucile ne pouvait que courber l'échine.

Alors que les années 1980 sont « dix années d'hébétude » (353), les années 1990 voient la renaissance de Lucile, comme le montre un passage où son prénom, sujet de verbes actifs, apparaît vingt-deux fois en tête de phrase :

> Lucile se prit de passion pour les plantes, réalisa des boutures, tailla des pieds, surveilla des bourgeons, habilla ses fenêtres de feuillages exubérants et de fleurs en cascade.
> Lucile porta de nouveaux vêtements, retourna chez le coiffeur.
> Lucile recommença à voir ses amis, à sortir avec eux.
> Lucile acheta des rouges à lèvres, dont elle peignit sa bouche plusieurs fois par jour et qui ne quittèrent plus son sac.
> Lucile se remit à porter des talons.
> Lucile arpenta Paris avec ou sans nous.
> Lucile recommença à lire et à écrire.
> Lucile prit le soleil dans l'encadrement de sa fenêtre.
> Lucile se fit refaire les dents.
> Lucile s'aspergea de *Miss Dior*.
> Lucile raconta des histoires, des anecdotes, des blagues, émit des jugements à l'emporte-pièce.
> Lucile éclata de rire.
> Lucile partit avec Manon chez des amis dans le Dorset. [...]
> Lucile eut quelques amants au gré de ses pérégrinations. (328-330)

Lucile quitte son travail, reprend des études et devient assistante sociale. Si crainte du suicide il y a pendant cette période, elle concerne Lisbeth, la sœur aînée qui, « à la veille de ses cinquante ans, [...] avait déclaré qu'elle n'irait pas plus loin » (336). Elle avait d'ailleurs pris ses dispositions – arrêté son travail, réglé des formalités – mais le système familial (et amical) avait reçu l'alerte et s'était mis en mode prévention et Lisbeth avait renoncé à son projet. La renaissance de Lucile n'est toutefois, comme le reconnaît Vigan, « qu'un aspect de la vérité » « [c]ar au fond je sais que Lucile est toujours restée suspendue au-dessus du vide et ne l'a jamais quitté des yeux » (353). Elle reste à la merci de son traitement et ainsi, la canicule de 2003 alliée à l'arrivée dans son service d'une jeune femme toxicomane, malade du sida et victime de maltraitance la fragilisent et des « motifs paranoïaques » la rattrapent (363). Mais la rechute est enrayée. À la veille de ses soixante ans, Lucile se découvre un cancer au poumon dont elle avertit sa famille : « Elle se plaignit de la réaction de Liane, qui selon elle, n'en fit pas grand cas. Liane s'en foutait, *n'en avait jamais rien eu à foutre* » (371, mes italiques). Il importe peu que cette réaction soit véridique ou pas, ce qui importe c'est la façon dont Lucile a interprété la réaction de sa mère et le commentaire qui suit, au plus-que-parfait, car il dépasse bien sûr le cadre du cancer et peut être une réflexion sur les relations incestueuses (ou incestuelles) de son mari. Malgré tout, Lucile reste attachée à sa mère, finalement tout aussi toxique que son mari. Lucile subit un an de traitement et survit au cancer. Mais c'est alors Liane qui est atteinte d'un cancer du pancréas à l'issue rapide :

> Un mercredi à l'heure du déjeuner, alors que j'étais à table avec mes enfants, je reçus son appel.
>
> – *Ma mère est morte*, m'annonça-t-elle, non sans une certaine brutalité, que j'avais identifiée depuis longtemps comme un élément majeur de son système de défense.
>
> Et puis Lucile, qui ne pleurait plus, se mit à pleurer. (378)

La mort de Liane ouvre les vannes, jette Lucile dans la douleur et la détresse. De retour des obsèques, elle commet un acte manqué, elle se casse le pied. Privée de sa mère, Lucile perd son appui, son roc, devient boiteuse. Ce n'est qu'un premier trébuchement, le second sera le passage à l'acte. La mort de Liane en novembre 2007 agit en effet comme le « facteur déclenchant » qui active « le désir de mourir du suicidant » (Hanus, *Deuil* 29, 16). Jusqu'au décès de Liane, le désir de mourir de Lucile était admis – elle s'en était ouverte à sa psychanalyste – mais restait latent. La mort de Liane lève l'interdit et Lucile passe à l'acte en janvier 2008. Vigan n'est d'ailleurs pas sans remarquer la proximité temporelle de ces deux morts, sans toutefois aller plus loin dans le lien entre les deux : « En moins de deux mois nous avions perdu Liane et Lucile, cette fois encore il m'a semblé que cela faisait beaucoup » (389). Ce « cette fois encore » rappelle une autre réflexion que Vigan s'était faite au sujet de Milo : « Dans cette fratrie de neuf enfants, il est le troisième frère mort. J'ignore si ces douleurs s'additionnent ou se multiplient, mais je pense que, pour une même famille, cela commence à faire beaucoup » (207). Carine Decool explique, dans l'étude de cas d'un de ses patients, que ses « passages à l'acte suicidaires sont vraisemblablement corrélés aux pertes libidinales répétées (son père, deux jeunes filles aimées, son travail) qui laissèrent C. sans recours [...]. La perte initiale, responsable du déclenchement de la mélancolie, concerne le père. Le deuil de son père était impossible à faire pour le sujet qui ne parvint pas à se séparer de cet objet » (48). Dans le cas de Lucile, le passage à l'acte suicidaire est corrélé à de telles pertes : la mise en retraite forcée, la mort de Liane, la perte d'innocence (qu'il y ait eu inceste ou pas, le doute faisant son travail de sape), les morts-suicides des trois frères – la perte initiale étant vraisemblablement « *le* drame inaugural » (41), la mort d'Antonin. Vigan reconnaît elle-même tôt dans le roman la corrélation entre la mort de Liane et le suicide de Lucile – « Liane est morte un mois et demi avant ma mère, et je crois pouvoir dire sans me tromper que la mort de Liane, qui avait perdu trois enfants, a donné à Lucile le feu vert qu'elle attendait pour mettre un terme à sa propre vie » (43) – mais sa suggestion sur le mobile de l'attente est sinon erronée, au moins incomplète. Ce n'est pas seulement que Lucile ne voulait pas infliger un autre deuil, la perte d'un autre enfant, à sa mère ; j'avancerai que Lucile a différé son suicide à cause de sa charge accusatrice. Se suicider, c'était pour elle dénoncer le caractère fallacieux du mythe familial et donc accuser Liane, seul parent survivant, d'avoir élaboré puis entretenu et défendu ce mythe au risque de la maladie mentale ou du suicide de ses enfants. Par « loyauté familiale », ce « quelque chose en nous [qui] nous pousse à "défendre" notre famille et son mode de vie et de pensée, et à reproduire son comportement (loyautés familiales conscientes et inconscientes), quels que soient nos désirs conscients de faire autrement » (Ancelin Schützenberger, *Psychogénéalogie* 31), Lucile ne pouvait se suicider du vivant de sa mère. Lucile morte, il faut à Vigan mettre son suicide en mots, mettre un terme à la toxicité des mythes familiaux et enrayer le transgénérationnel.

5 Dans la famille Poirier-Vigan, je demande la (petite-)fille et l('arrière-)petit-fils

Sans doute *Rien ne s'oppose à la nuit* est-il un roman pour mettre en forme et achever ce que Lucile a commencé d'écrire, ses « fragments » comme les appelle Vigan (348, 349), qu'elle qualifie de « confus », n'obéissant « à aucune chronologie, aucune logique », se terminant « comme ils ont commencé, avec brutalité » (348), attributs qui ne sont pas si éloignés de son propre texte qui lui aussi ne respecte pas toujours la chronologie, qui commence avec la brutalité de la découverte du corps, s'achève avec la brutalité d'une profession d'admiration pour le courage maternel et dont la seule logique est de « chercher » (400). Mais chercher quoi ? la faille ? Saisir cette mère insaisissable ? Sans doute *Rien ne s'oppose à la nuit* est-il « un livre, empreint d'amour et de culpabilité » (400), mais il relève aussi d'un besoin de clore, besoin humain naturel :

> Les tâches inachevées – deuils non faits, pertes et traumatismes divers non élaborés – restent longtemps en mémoire, « travaillent » et, d'une

> certaine manière, se « ruminent » longtemps et souvent à vie, et sont même parfois transmises de génération en génération.
>
> Il est important de clore une tâche [...].
>
> Tant que le travail reste inachevé, une tension persiste en soi et l'on n'est pas disponible pour autre chose.
>
> ANCELIN SCHÜTZENBERGER, *Psychogénéalogie* 55-56

Le salut personnel passe par l'achèvement de ce travail et l'exposition des mythes familiaux, car la toxicité des parents traverse les générations. Forward explique clairement que la confrontation « affecte tous ceux avec lesquels vous avez eu des liens affectifs, et particulièrement votre partenaire et vos enfants qui sont des victimes indirectes de vos parents toxiques » (255)[71]. Vigan observe : « [l]a douleur de Lucile sans doute nous constitue, ma sœur et moi » (43). Elle se doit d'écrire ce livre malgré ses « somatisations diverses (lumbago, contractures musculaires, crampes, torticolis) », malgré les cheveux qu'elle s'arrache « au sens propre comme au figuré », malgré ses « stratégies matinales » pour retarder le moment de s'y mettre « (remplir le lave-linge, vider le lave-vaisselle, remplir le lave-vaisselle, vider le lave-linge) », malgré les diversions occasionnées par des boutons à coudre, malgré le sentiment que « [l]'écriture ne donne accès à rien » (188). Ignorante du « sens de cette recherche », Vigan a toutefois

> l'intime conviction que je devais le faire, non pas pour réhabiliter, honorer, prouver, rétablir, révéler ou réparer quoi que ce fût, seulement pour m'approcher. *À la fois pour moi-même et pour mes enfants* – sur lesquels pèse, malgré moi, l'écho des peurs et des regrets [...].
>
> J'écris ce livre [...] parce que je veux savoir ce que je transmets, parce que je veux cesser d'avoir peur qu'il nous arrive quelque chose comme si nous vivions sous l'emprise d'une malédiction [...]. (274, mes italiques)

Le psychologue Marc-Élie Huon remarque que « [l]e suicide de l'être cher contraint l'endeuillé à penser. Poussé à penser, il élabore une version explicative du suicide, un "roman personnel du suicide" » (96). *Rien ne s'oppose à la nuit* est ce roman, à la fois personnel et familial. Car, bien que Vigan dise ne s'être « jamais vraiment intéressée à la psychogénéalogie ni aux phénomènes de répétition transmis d'une génération à une autre » (259) et dise ignorer

---

71 Dans *Rien ne s'oppose à la nuit*, Vigan fait plusieurs fois référence à « l'homme que j'aime » (77) ; la relation avec cet homme s'est achevée entre la rédaction et la publication du livre puisque lors de son passage dans *La Grande librairie*, Vigan entretenait déjà depuis plusieurs mois une relation avec l'animateur de l'émission, François Busnel.

« comment ces choses (l'inceste, les enfants morts, le suicide, la folie) se transmettent », elle admet « qu'elles traversent les familles de part en part, comme d'impitoyables malédictions, laissent des empreintes qui résistent au temps et au déni » (260) et surtout, elle fait figurer son fils au début et à la fin du roman qui est alors contenu entre la réalisation du garçon – « Grand-mère ... elle s'est suicidée, en quelque sorte ? » (15) – et, en réponse à une question de français sur « L'Arlésienne » d'Alphonse Daudet, son péremptoire « Personne ne peut empêcher un suicide » (400). Le fils, la prochaine génération, refuse les euphémismes et autres faux-fuyants[72] et, au terme du livre qui en est empreint, libère sa mère de toute culpabilité. Huon observe encore que la « culpabilité est structurante pour l'individu qui [...] peut ainsi redevenir sujet. [...] L'endeuillé par suicide en s'appuyant sur la culpabilité peut redevenir sujet de ce qui arrive. Paradoxalement, elle sert de moteur à la reconstruction du sujet » (95). En écrivant *sa* Lucile[73], Vigan entre en possession de son histoire familiale, écrit son propre mythe, un mythe qui lui permet de s'affranchir des mythes toxiques du passé et de se restructurer.

Si Vigan est convaincue de la nécessité qu'il y avait pour elle d'écrire ce livre afin de « [s]'approcher » (274), son but ultime était de se distancer, de se désidentifier de Lucile. J'ai déjà relevé le parallélisme établi entre mère et fille dans *Jours sans faim* où, par l'anorexie, Laure reproduit l'état clinique de sa mère. *Rien ne s'oppose à la nuit* établit d'autres similarités entre mère et fille, allant du simple fait qu'elles sont toutes deux gauchères (263) à la « résonance ondulatoire » (*D'après* 118) qu'ont eu leurs textes-confrontations (« Recherche esthétique » et *Rien ne s'oppose à la nuit*), en passant par la coercition sexuelle[74]. *Rien ne s'oppose à la nuit* parachèverait une tentative de désidentification vis-à-vis de Lucile entamée dès l'adolescence : « À partir de l'âge de quatorze ans, ne pas ressembler à ma mère a constitué pour moi une préoccupation majeure, un objectif prioritaire. Je ne voulais en rien être semblable à Lucile, ni sur le plan physique, ni sur le plan psychologique » (339). Qui dit désidentification ne dit pas reniement. Vigan se désidentifie de sa mère mais ne la renie pas, ni ne rompt-elle la filiation. Elle reste la fille de cette femme. C'est sensible dans l'utilisation des photos de couverture de *Rien ne s'oppose à la nuit* et *D'après une histoire vraie*. Les trois photomatons en noir et blanc de *D'après une histoire vraie* font immanquablement penser à la photo en noir et blanc de

72 Fauré reprend l'argument d'Éric Marcus : « [n]ommer explicitement le suicide aide à faire avancer les choses au niveau d'une société [...] afin que les générations à venir touchées par ce drame n'aient plus à souffrir de la honte, du silence ou de l'exclusion » (160).

73 Vigan précise bien à plusieurs reprises qu'à partir de différentes « versions » des faits elle écrit sa Lucile, *Rien ne s'oppose à la nuit* est sa « vision des choses » (303).

74 Aux mains de Georges pour Lucile, à celles du fils de l'ami de Lucile pour Delphine (179).

Lucile/Priscille – la jeune fille qui y est représentée pourrait être la fille de cette femme. Cependant ce ne sont pas, comme on pourrait le croire, des photos de Vigan jeune. On est à la fois dans la continuation et dans la désidentification, un double mouvement qui rappelle celui identifié par Altounian selon lequel un « sujet n'advient à lui-même que d'avoir pu recueillir la voix de ses ascendants du fait même qu'il s'en est détaché. C'est ce double mouvement qui rend communément possible la transmission » (141). Par l'écriture de *Rien ne s'oppose à la nuit*, Vigan a différencié les générations psychiques, condition que Huon donne « pour rendre possible le nouage de la chaîne généalogique et empêcher les répétitions transgénérationnelles de certains actes suicidaires » (99). C'est paradoxalement en se désidentifiant de Lucile que Vigan est venue au plus proche d'elle, qu'elle a pu la saisir et qu'elle peut maintenant passer à une transmission saine – et non toxique ou pathogène – de son histoire.

Dans son livre sur le deuil, la mémoire et la transmission, Altounian reprend les observations de Dany-Robert Dufour sur la « structure ternaire de toute transmission » : « Pour que la transmission d'une histoire soit certaine, [...] il faut en effet qu'elle soit *entendue* d'un autre par l'un, *dite* (traduite/trahie) par le même, et *ré-entendue* par un troisième » (154). L'histoire personnelle et familiale a été entendue de Lucile par Vigan, dite par Vigan et vraisemblablement ré-entendue – sous une forme révisée – sinon par la troisième génération du moins par nous, lecteurs. Dufour remarque que « la notion de transmission d'une histoire » soit « renvoie à une succession de *trois générations* » soit « implique une suite de *trois allocutions* ». Il nous faut alors nous tourner vers la dernière allocution, *D'après une histoire vraie*, roman apparemment né de *Rien ne s'oppose à la nuit* puisque ce sont les questions répétées des lecteurs sur la véracité des faits qui ont amené Vigan à se poser les questions sur lesquelles devisent L. et la narratrice. *D'après une histoire vraie* marque un retour à la fiction, comme le souhaite la narratrice – « J'étais loin d'imaginer [...] ce que le livre [*Rien ne s'oppose à la nuit*] allait provoquer. Je croyais avoir anticipé ses conséquences, mais j'étais loin du compte. [...] Je n'étais pas de taille, c'était tout. Voilà pourquoi maintenant je voulais au contraire revenir à la fiction, raconter une histoire, inventer des personnages, n'avoir aucun compte à rendre au réel » (*D'après* 102). La narratrice est toutefois un double de l'auteure, une écrivaine qui vient de publier un livre sur le suicide de sa mère, dont les enfants sont partis de la maison et qui est en couple avec un journaliste en vue. *D'après une histoire vraie* est bien aussi « un livre sur l'*après* » (*D'après* 124). Quant à L., elle présente des « lubies » et des « phobies » (*D'après* 168) comme Lucile en avait (*Rien* 333) et a bien sûr la même initiale. Le personnage de L. est toutefois inventé, ainsi que l'envoûtement, l'emprise et la dépossession auxquels elle se livre sur la personne de l'écrivaine. On ne peut trancher sur la nature exacte de ce texte dont Vigan donne pourtant la clef : « ce pourrait être un projet littéraire, écrire un livre entier qui se donnerait à lire comme *une histoire vraie*, un livre soi-disant *inspiré de faits réels*, mais dont tout, ou presque, serait inventé » (*D'après* 448). L. pourrait même être une allégorie de la Littérature qui nous envoûte et fait de nous – comme L. de la narratrice – des victimes consentantes. Le roman – où figurent deux suicides, celui de la mère de la narratrice et celui du mari de L., par balle[75], et dont la narration a « réactivé la terreur » que la narratrice « avai[t] éprouvée en découvrant le corps de [s]a mère, quelques années plus tôt » et lui a rappelé son sentiment « d'impuissance, de culpabilité, de regrets » (*D'après* 384) – ne nous donnera pas le mot de la fin[76]. *D'après une histoire vraie* survient après une histoire vraie et marque la volonté acharnée de Vigan de rompre le charme du réel, l'emprise des mythes familiaux toxiques[77]. Ancelin Schützenberger souligne l'importance de clore tout travail – y compris le deuil – resté inachevé : « Terminer une tâche inachevée consiste à revenir dessus, de façon à clore les relations avec la personne aimée, crainte ou haïe, que cette personne soit encore en vie, ou décédée depuis plusieurs siècles » (*Psychogénéalogie* 56). Une telle clôture peut se faire par le psychodrame – encore appelé jeu de rôle thérapeutique – où une personne « jou[e] (me[t] en

75 Ce qui rappelle le suicide de Niels, Milo et Baptiste dans *Rien ne s'oppose à la nuit*. La narratrice réalise finalement que L. a emprunté le récit de ce suicide à l'écrivain américain, David Vann, dans *Sukkwan Island* (*D'après* 468).

76 Vigan achève son roman par une pirouette puisqu'elle fait suivre le mot FIN d'un astérisque. Or, dans le roman, c'est ainsi que L., nègre de métier, dit qu'elle met sa marque au terme des livres qu'elle écrit mais qui ne portent pas son nom – comme Vigan et *D'après une histoire vraie* alors ?

77 C'est à rompre le charme qu'Amanda Sthers s'attache dans le roman du même titre, un roman de deuil après suicide qu'on pourrait également qualifier de roman « ethno-familial ». Benoît, l'oncle de la narratrice (double de l'écrivaine) qui a grandi à Madagascar et, schizophrène, s'est plus tard suicidé, vient la voir en rêve et lui dit qu'il a froid. Or, dans la culture malgache, c'est la phrase que les esprits des morts emploient pour donner l'ordre de procéder au *famadihana*, le retournement des morts (41). Pour retrouver sa mère, Viviane, morte à ses enfants le jour où son frère s'est suicidé, ainsi que pour empêcher la « faute non réparée » de « rebondir sur les générations qui viennent [ses fils] » (74), Sthers écrit ce livre sur sa famille, leur histoire, leurs secrets et le dépose, telle la pierre dans les cérémonies funéraires malgaches, en lieu et place de sa mère afin que le mort soit accompagné et que Viviane rejoigne le monde des vivants. Le roman de Sthers a en commun avec celui de Vigan le deuil après suicide – triple : celui de Viviane et ceux de sa fille affectée par la mort de l'oncle et la « mort » de sa mère – et l'aspect pathogène et transgénérationnel des secrets de famille – « Les chamanes parlent de la "transgénéalogie" » (74). Le passé malgache de la famille maternelle y ajoute une coloration ethnographique.

scène) un *surplus de réalité*, c'est-à-dire développ[e] la situation pour la clore autrement » (Ancelin Schützenberger, *Psychogénéalogie* 56) et où se pratique la « technique du *double* du "protagoniste", son "autre moi", son alter ego » (*Aïe* 79), ce à quoi prétend L. vis-à-vis de Delphine dans *D'après une histoire vraie* qu'il faut alors peut-être lire comme un psychodrame. Ce serait avec ce jeu de rôle thérapeutique entre L. (elle) et elle-même que Delphine de Vigan clôt son mythe familial et achève son deuil après suicide.

PARTIE 2

Le Poids de l'Histoire

CHAPITRE 3

Les secrets de Philippe Grimbert

Trois conflits marquent la France du XXᵉ siècle : la Grande Guerre, la Seconde Guerre mondiale et la guerre d'Algérie, les deux derniers en profondeur de par les choix des dirigeants de l'époque et le comportement de ceux de l'après-guerre. Malgré une défaite rapide, une occupation de plus de quatre ans et une collaboration ouverte avec l'Allemagne nazie, la France sort victorieuse de la Seconde Guerre mondiale. Après une phase de deuil de dix ans s'installe le mythe dominant qu'Henry Rousso a appelé en 1987 le « résistancialisme », défini comme 1. un processus cherchant à minimiser l'importance et l'impact du régime de Vichy sur la société française, 2. la construction d'un objet de mémoire, la Résistance, autour principalement des gaullistes et des communistes et 3. l'identification de cette Résistance à la nation française (Rousso, *Syndrome* 19). Contribuent à l'instauration de ce mythe résistancialiste les épurations au lendemain de la Libération, le fait que De Gaulle soit à la tête du Gouvernement Provisoire de la République Française de juin 1944 à octobre 1946, ainsi que des hommages aux résistants (comme le transfert des cendres de Jean Moulin au Panthéon en 1964). Il faut attendre la toute fin des années 1960 et surtout les années 1970 et la mort de De Gaulle pour que le mythe se lézarde sous les coups de films comme *Le Chagrin et la pitié* de Max Ophüls (1969)[1] et *Lacombe Lucien* de Louis Malle coécrit avec Patrick Modiano (1974) ou d'ouvrages comme *La France de Vichy* de l'Américain Robert O. Paxton (1972, 1973 en France) ou encore de romans comme *La Place de l'étoile* de Patrick Modiano (1968) et *Un sac de billes* de Joseph Joffo (1973). Depuis, Vichy est resté, pour reprendre le titre d'un autre livre de Rousso, un passé qui ne passe pas[2]. Quant aux survivants des camps, leur retour à partir d'avril 1944 cause un choc, mais on essaie de les ignorer[3] et il faudra attendre trente ans pour que la mémoire juive soit ravivée (Rousso, *Syndrome* 41) et que fleurisse en France une littérature juive sur la déportation et les camps. C'est justement à l'aune de l'Holocauste que les critiques ont lu *Un secret*, le deuxième roman du psychanalyste

1 Rousso le qualifie de « contre-mythe » au mythe gaulliste. Sa première diffusion en cinéma, très restreinte, date de 1971. Il ne passera à la télévision qu'en octobre 1981.

2 On peut en dire autant de la guerre d'Algérie que nous verrons au chapitre suivant.

3 Une journée de la Déportation n'est établie qu'en 1954, le Mémorial des martyrs de la Déportation à Paris (dédié à tous les déportés) est inauguré en 1962.

 | DOI:10.1163/9789004384569_005

Philippe Grimbert, auteur de divers essais de psychanalyse appliquée, comme il en sous-titre lui-même un[4].

Même s'il dit avoir toujours écrit, c'est en 2001 que Grimbert publie son premier roman, *La Petite robe de Paul*, suivi de cinq autres, dont *Un secret* au succès médiatique retentissant. Couronné du Prix Goncourt des lycéens 2004, du prix Wizo 2005[5] et du prix Elle des lectrices 2005, sélectionné pour les prix Goncourt, Médicis et Fémina, il s'est vendu à 900.000 exemplaires en cinq ans dans l'édition du Livre de Poche, a été traduit en vingt-quatre langues et adapté au cinéma en 2007 par Claude Miller. Susan Bainbrigge attribue son succès au choix d'un enfant comme protagoniste, à sa présentation (l'absence de jargon psychanalytique) et au mélange des genres – histoire d'amour, tragédie, suspense, drame, Histoire (167-170). Ce n'est toutefois pas le seul roman de Grimbert à traiter du secret, thème cher à l'auteur puisqu'on le retrouve dans ses quatre premiers romans[6]. Parfois associé au secret figure dans les trois premiers le suicide, élément autobiographique puisque Grimbert est un endeuillé après suicide, fait qu'il ne cache pas, mais sur lequel il ne s'est pas étendu dans ses diverses interviews. En fait, les informations relatives à ses parents y sont maigres et basées sur *Un secret* : chacun aurait perdu un conjoint pendant la Seconde Guerre mondiale – l'un, mort du typhus dans un stalag, l'autre (la sœur de celui-ci) déportée avec son fils et gazée à Auschwitz en 1942. Dans les années 1980, les parents de Grimbert se seraient suicidés, ensemble, par défenestration[7]. S'agit-il d'une mort différée qui prend sa source dans la guerre ? Ou n'ont-ils pas pu faire face à la vieillesse, à la déchéance de leur corps, comme le suggérerait *Un secret* et comme invite à le penser un entrefilet paru dans *Le Parisien* ? Tout en gardant à l'esprit la véritable nature de leur décès, romans à l'appui je montrerai qu'il peut tout à fait s'agir d'une mort différée, que le geste et le corps sont porteurs de message et que, comme l'a déclaré Élie Wiesel lors du suicide de Primo Levi, il se pourrait que les parents de Philippe Grimbert soient morts à Auschwitz quarante ans après[8]. L'Holocauste n'est toutefois qu'une donnée, il

4 *Psychanalyse de la chanson* (1996), *Pas de fumée sans Freud : psychanalyse du fumeur* (1999), *Évitez le divan : petit manuel à l'usage de ceux qui tiennent à leurs symptômes* (2001), *Chantons sous la psy* (2002) et *Avec Freud au quotidien, Essais de psychanalyse appliquée* (2012). En plus de recevoir des clients, à la sortie d'*Un secret* Grimbert travaillait « dans deux instituts médico-éducatifs, à Asnières et à Saint-Cloud, auprès d'adolescents autistes ou psychotiques » (Lelièvre).

5 Prix créé en 1978 pour promouvoir les œuvres littéraires françaises d'intérêt juif.

6 *La Petite robe de Paul*, *Un secret*, *La Mauvaise rencontre* et *Un garçon singulier*.

7 Je rétablirai plus loin les faits ; ce qui m'intéresse ici est la façon dont Grimbert le romancier a choisi de travestir et présenter ces faits.

8 Dans sa postface au témoignage de Levi qu'elle a recueilli avec Federico Cereja le 27 janvier 1983, Anna Bravo dit avoir éprouvé, à l'annonce du suicide de ce « père symbolique », douleur, hébétude et le sentiment d'avoir été « doublement abandonnée. Abandonnée à cause

est vrai incontournable et indéniable, d'*Un secret*[9]. Cet élément fondateur qui, si l'on suit le seul critère de Rachel Ertel pour identifier un livre comme appartenant à la littérature juive – « la présence de thèmes et personnages tirés du monde juif » (225)[10] –, le ferait compter parmi les œuvres de cette littérature en langue française, ce, même si l'identité juive de son auteur est seulement de type « résiduelle », c'est-à-dire « consistant de souvenirs réels ou imaginés, de souvenirs d'autrui repris à notre compte – des souvenirs fragmentés, cassés, éparpillés » (Ertel 225)[11]. Privilégier une lecture juive, c'est faire abstraction de l'autre pan du roman, en l'occurrence sa dimension psychologique alors que le message conscient, avoué, de Grimbert était d'exposer l'« impact et la trajectoire d'un secret de façon transgénérationnelle »[12], de voir la « façon dont une histoire familiale, avec ses silences, ses hontes et ses culpabilités, traverse les générations pour tomber sur la suivante » (Ollé-Laprune 15-16). On pourrait en fait qualifier ce roman un peu spécial d'« étude de cas romancée » puisque Grimbert se livre à l'examen d'un fait – la transmission d'un secret – qu'il n'étudie pas en utilisant les paramètres et le jargon de sa discipline, mais qu'il fictionnalise. Il ne s'agit pas d'une autofiction, comme l'a avancé Ruth Kitchen (« Guilt » 150). Serge Doubrovsky, « l'inventeur du mot et du concept », donne de l'autofiction la définition suivante : « Fiction, de faits et d'événements strictement réels » (Doubrovsky 101). Le problème dans le cas Grimbert, c'est que les faits et événements réels connus sont peu nombreux ; il serait plus juste de parler d'impressions et de ressentis réels. Dans un graphique qui comprend un axe horizontal allant de l'introspection au témoignage et un axe vertical allant de la fiction à la non-fiction, la sociologue Gisèle Sapiro situe l'autofiction dans le quadrant introspection-fiction. En vis-à-vis, elle fait figurer dans le quadrant fiction-témoignage le « roman avec une dimension documentaire »

---

de sa mort [...]. Abandonnée à cause de la manière dont il était mort, *comme si le suicide avait jeté une ombre sur sa vie toute entière*. Pour l'opinion commune, Levi était l'homme qui avait triomphé d'Auschwitz [...]. Le suicide rompait avec cette image » (Levi, *Zone* 133, mes italiques). Pamela Ballinger attribue le taux croissant de suicide parmi les survivants de l'Holocauste dans les années 1960 à leur avancée en âge et à la diminution de leurs « capacités à gérer le trauma » (« capacities to deal with the trauma », 117).

9 C'est sous cet angle qu'il est étudié dans les écoles en France. L'éditeur <lePetitLitteraire.fr> en a publié en 2014 une Fiche de lecture (établie par Pierre Weber) ; il est présenté sur <Amazon.fr> comme un « roman-choc sur l'identité juive de la littérature française contemporaine » (dernier accès le 5 mai 2015).

10 « the presence of themes and characters drawn from the Jewish world ».

11 « consisting of real or imagined memories, other people's memories assumed as one's own – fragmented, broken, scattered memories ». Outre résiduelle, la forme de l'identité juive des auteurs de cette littérature peut être historique, religieuse ou nationale (Ertel 225).

12 « Dialogues avec Philippe Grimbert », <https://www.youtube.com/watch?v=xx82p7elZWo> (dernier accès le 8 avril 2015).

(177). C'est là que se situent à mon sens les romans de Grimbert sauf que, pouvant être qualifiés d'« études de cas romancées », il faudrait remplacer le terme « dimension documentaire » par « dimension psychologique appliquée ». Privilégier la dimension historique, c'est oublier un autre événement familial : la mort tragique des parents. *Un secret* – et dans une moindre mesure son premier roman, *La Petite robe de Paul* – a bien trait à l'Holocauste, mais plutôt à ses effets. Figure au cœur du roman la scène fondatrice du secret (l'arrestation de la première femme et du fils du père du futur écrivain-psychanalyste), mais ce Secret[13] a certainement été déjà travaillé pendant la psychanalyse de Grimbert. Étudiant à Nanterre en 1968, il a en effet passé une dizaine d'années en analyse afin de pouvoir exercer. Admettons que cette analyse se soit terminée à la fin des années 70 ou au début des années 80, la mort des parents a eu lieu après – en 1984. Grimbert nie d'ailleurs que le roman soit pour lui une thérapie ou une catharsis : « Les années d'analyse que j'ai traversées avant de devenir moi-même analyste, m'ont permis de mettre cette histoire à la bonne place » (Ollé-Laprune 13). En fait, dit-il, « [c]e livre doit précisément son existence au fait que j'ai été analysé, cette *première* mise en forme de mon expérience et ce repérage de la place que j'occupe dans l'histoire familiale m'ont permis de trouver, je l'espère du moins, la bonne distance pour rendre compte de ce trajet » (Cupa 14, mes italiques)[14]. Cependant, l'histoire qui a été « mise à la bonne place » concerne le Secret, pas le suicide. En outre, l'emploi de l'adjectif « première » alors qu'il parle de mise en forme indiquerait soit qu'il y en a (ou qu'il y en a eu) une seconde soit qu'une deuxième, pour un autre événement, est nécessaire. Si l'on adopte cette hypothèse, l'analyse a en effet mis Grimbert au clair quant au secret familial lié à la guerre et il faut alors lire ses romans plutôt comme des œuvres de deuil après suicide – dont la source, il est vrai, remonte à la guerre, au geste qui provoque l'arrestation de cette femme et de son fils, un geste que Grimbert lui-même qualifie de suicidaire (Ollé-Laprune 13) – et c'est pourquoi ce chapitre ne se limitera pas à *Un secret*. Mais avant de le lire plus en détail et d'examiner les ricochets[15] de cet élément autobiographique dans le reste de l'œuvre, revenons au début, à la « scène originaire » du drame familial.

---

13 Je respecte ici, avec l'emploi de la majuscule, la distinction établie par le psychiatre et psychanalyste Serge Tisseron entre le Secret, « fait psychique », et le secret (avec une minuscule) d'ordre relationnel courant (*Secret* 20).

14 Je reviendrai ultérieurement sur cette notion de « place » qu'il occupe dans l'histoire familiale.

15 Le terme est choisi à dessein. Tisseron, expert du Secret, écrit que celui-ci « "ricoche" entre les générations un peu comme un caillou plat lancé parallèlement à une surface d'eau rebondit en dessinant à chaque fois des figures différentes, jusqu'à disparaître totalement après quelques impacts » (*Secret* 14). Tisseron identifie trois étapes : le secret, les suintements, « manifestations tangibles » de la blessure occasionnée par le secret (*Secret* 23) et les ricochets, « conséquences de ces suintements chez les enfants du porteur

1 Éléments d'un drame familial

Ces éléments se résument à peu de choses. Avant la Seconde Guerre mondiale, le père, Lucien Grinberg, avait déjà été marié. De son union avec Anna Rosemberg, contractée en 1931, est né le 19 juin 1934 un fils, Michel Grinberg. Le frère d'Anna, Charles Rosemberg, se marie, lui, en 1936 à Simonne Jolly (qui deviendra la mère de Philippe Grimbert), ils divorceront en 1946[16]. Anna et Michel sont arrêtés dans la région de Poitiers, transférés au camp de Drancy le 6 août 1942 puis à celui de Pithiviers le 1er septembre 1942 d'où ils sont déportés vers Auschwitz par le convoi 35 le 21 septembre. Ils meurent gazés à leur arrivée, le 25 septembre 1942.

ILLUSTRATION 1 Mur des Noms, Mémorial de la Shoah, Paris

---

de Secret » (*Secret* 23-24). Ici, les ricochets se font de roman en roman et nous verrons qu'après les trois premiers, le suicide disparaît.

16 Ce premier mari – ou le frère ou beau-frère selon le point de vue qu'on adopte – n'est pas décédé du typhus pendant la guerre dans un stalag où il était prisonnier, comme Grimbert l'a inventé dans *Un secret*. Comme en atteste le fichier du camp de Drancy, il a bien été prisonnier. Il s'est remarié en 1946, quatre mois après son divorce d'avec Simonne, et est décédé en 1996. Dans *Un secret*, le père du narrateur tombe amoureux de sa future belle-sœur le jour de son mariage, donnée invérifiable mais dont les dates permettent de douter car cela signifierait que Simonne et Charles se fréquentaient déjà en 1931 et se seraient mariés cinq ans et demi plus tard, avec pour témoin Lucien Grinberg. Notons que les familles Grinberg et Rosemberg sont liées par les sœurs, Caroline et Louise Rosenthal, celle-ci étant la mère d'Anna et Charles Rosemberg, celle-là la mère de Lucien Grinberg.

Le 1er décembre 1947, Lucien se remarie avec Simonne Jolly, divorcée depuis un an. Le 30 mai 1948 naît leur fils, Philippe[17]. L'histoire est simple, le scénario banal, même si douloureux. Mais il a été vécu difficilement. Le secret s'est instauré et à sa suite le Secret. Comme le remarque Tisseron, c'est « moins l'événement inaugural qui importe que la façon dont il est vécu » (*Secret* 9). Ici, viendrait se greffer à l'épisode douloureux un sentiment de culpabilité – c'est du moins ainsi que le narrateur du *Secret* va le présenter – de la part de Lucien (et de sa seconde épouse). Reste que cette vie avant-guerre se trouve engloutie, enterrée, recouverte sous le poids du silence, peut-être pour la cacher ou peut-être simplement pour l'oublier. Quand Philippe a environ quinze ans, un cousin fait une « gaffe » et lui révèle le premier mariage de Lucien, l'existence d'un enfant et la mort de cet enfant et de sa mère en déportation. Philippe découvre la « honte et [le] remords » de ses parents (Lelièvre) qui, quand il leur apprend qu'il connaît leur secret[18], se déclarent « soulagés : "On voulait te le dire à dix-huit ans" » (Lelièvre). Pour Philippe, la révélation du cousin est un soulagement, elle apporte confirmation à ce qu'il avait toujours su, « quelque part »[19]. Pour les parents, la tentative d'oublier cet événement traumatisant a mené au clivage, une « coupure du reste du fonctionnement psychique » (Tisseron, *Secret* 20). Or, Tisseron observe que « la première et principale conséquence du clivage chez un porteur de Secret est d'inciter ses proches – et notamment ses enfants – à se couper en deux à leur tour » (*Secret* 22). Ceux-ci apprennent alors « à fonctionner avec un psychisme divisé : d'un côté, ils doivent repérer l'existence du secret de manière à ne pas courir le risque de confronter leur parent à ce qu'il semble vouloir cacher ; mais d'un autre côté, ils sont obligés de faire comme s'ils n'avaient rien vu et rien entendu » (*Secret* 21-22). Ce sont ces éléments et ce clivage que Grimbert va retravailler dans ses romans.

Interrogé sur la nature d'*Un secret*, Grimbert explique : « je n'avais pas d'autres ressources que d'écrire un roman parce que beaucoup d'intrusions de romancier interviennent dans cette histoire. Je pars d'un fil ténu, de ce peu de connaissances que j'ai eu [sic] des faits. Les circonstances demeuraient entièrement livrées à mon imaginaire. […] Comment Hannah [sic] a-t-elle été réellement arrêtée ? Je n'en savais rien en fait ! » (Ollé-Laprune 13)[20]. Or, de tous ses livres, *Un secret* est le plus proche de son histoire personnelle, ce qui fait dire

17 La grossesse de Simonne lors de son mariage est passée sous silence dans *Un secret*.

18 Les divers articles de presse et interviews avec Grimbert ne mentionnent pas quand cette révélation leur a été faite et Philippe Grimbert n'a pas donné suite à ma demande d'entretien.

19 Cf. « Dialogues », *op. cit.*

20 Hannah est le personnage d'*Un secret*, Anna la première femme de Lucien Grinberg. Les deux prénoms étant homophones, il s'agit sans doute ici d'une erreur de transcription.

à son auteur que « Tout y est vrai et tout y est romancé »[21]. Ces propos se rapprochent de ceux d'Henri Raczymow, juif français d'origine polonaise dont les *Contes d'exil et d'oubli* portent sur l'Holocauste : « Et qui encore pourra me parler de Konsk ? [...] Car de Konsk, de Gustawan, je ne sais rien. *Il me faut tout inventer* » (36, mes italiques). Inventer est la prérogative du romancier : « Quand on ne sait pas, on imagine. Le crédible, le vraisemblable à la place du vrai. Ce qui serait interdit à l'historien est à la portée du romancier », souligne Régine Robin (96). Comme Raczymow – qui est incidemment né la même année et qui, lui aussi, a publié un autre texte à la thématique juive avant ses *Contes d'exil et d'oubli* – Grimbert n'a pas vécu la guerre et les camps. Leur production « juive » s'inscrit dans ce que Marianne Hirsch a appelé la « post-mémoire », *postmemory*. Pour elle, la post-mémoire « se distingue de la mémoire par la distance générationnelle et de l'histoire par un fort lien personnel. [...] Le lien [de la post-mémoire] à son objet ou à sa source est négocié non par le souvenir, mais par *l'investissement et la création imaginaires* » (22, mes italiques)[22]. C'est en rapport avec les enfants de survivants de l'Holocauste qu'Hirsch a développé cette notion – qu'elle préfère à celle de « mémoire trouée »[23] ou de « mémoire absente » (Hirsch 22) – mais, comme elle le souligne elle-même, « elle peut servir à décrire d'autres souvenirs qu'ont les secondes générations d'événements et expériences traumatiques culturels ou collectifs » (22)[24]. Les romans de Grimbert présentent bien la distance générationnelle et l'invention ou création propres à la post-mémoire. Toutefois, contrairement à Hirsch elle-même qui, fille de juifs roumains, entendait quotidiennement des récits sur un monde perdu, il n'a jamais baigné dans cette atmosphère. Sa post-mémoire se serait construite en creux, par les non-dits et les mensonges sur la période et les activités de chacun. Mémoire trouée, mémoire absente ou encore, dans les termes de Paul Ricœur, mémoire empêchée (575), transmise précisément comme quelque chose de *non* transmis (Raczymow, « Memory » 103) hormis sous forme de blessure (Fresco 208). Comme les représentants de la seconde génération que Fresco a interviewés, Grimbert a hérité d'un deuil inachevé, « affubl[é] d'un frère qui ne l'a jamais été », chargé « d'un impossible devoir de

21 Cf. « Dialogues », *op. cit.*

22 « is distinguished from memory by generational distance and from history by deep personal connection. [...] [Postmemory's] connection to its object or source is mediated not through recollection but through an *imaginative investment and creation* ».

23 Titre d'un article de Raczymow.

24 « it may usefully describe other second-generation memories of cultural or collective traumatic events and experiences ».

réparation pour une perte irréparable » (Fresco 217)[25]. Les romans de Grimbert sont une prise de parole qui descelle l'emprise du silence, « l'emprise de la mort » (Fresco 208), une mort doublement double, celle d'Anna et Michel et celle de « Mone et Lucien » à qui Grimbert a dédié son premier roman, *La Petite robe de Paul*. Voyons comment ces éléments d'un drame familial ont été travaillés dans cette première étude de cas romancée.

2 Un secret, des secrets ...

La Petite robe de Paul met en scène un couple, Paul et Irène, parents d'une fille d'une vingtaine d'années. Un jour, au détour d'une promenade dans un quartier qu'il ne connaît pas, Paul aperçoit dans une vitrine une robe d'enfant, « parfaitement blanche », « flottant entre ciel et terre » qui lui cause une « forte impression » (12, 13) et qu'il finit par acheter, comme dans un état second, décorporalisé, « sans avoir en tête son destinataire précis » (18), mais en taille six ans, acte aussi impulsif qu'illogique et qui l'intrigue. Portant le vêtement « avec précaution sur ses bras tendus, comme un enfant endormi » (20), il le cache entre deux de ses costumes. Ce premier secret est bientôt suivi d'un deuxième, instauré cette fois par Irène qui a découvert la robe par inadvertance et pense que « Paul avait une seconde vie » (32). L'achat de la robe relève bien d'une autre vie, mais d'une première vie et ce n'est pas celle de Paul, mais celle de son père. Cette petite robe n'a bien sûr rien d'anodin. Le lecteur, par la narration qui est faite de son emballage comme d'une mise en bière[26] et par la comparaison de son étoffe avec un linceul, est invité à la voir comme représentant un enfant mort, la « silhouette fantomatique » d'une « petite fille morte » (52), comme la voit Irène. Or, Irène a par le passé fait une fausse couche et elle réalise que

25 Dans *Maus*, Art Spiegelman, lui aussi né en 1948, lui aussi endeuillé après suicide – sa mère, rescapée d'Auschwitz où elle a été déportée en 1944, s'est suicidée en mai 1968 sans laisser de note (fait mentionné deux fois dans *Maus*) – fait tenir à son double les propos suivants sur son frère Richieu, mort pendant la guerre : « mon frère-**fantôme**, puisqu'il a été tué avant ma naissance. [...] Je ne pensais pas beaucoup à lui en grandissant ... Il était surtout une grande photo floue accrochée dans la chambre de mes parents. [...] C'est effrayant d'éprouver une rivalité fraternelle avec une photo » (« My **ghost**-brother, since he got killed before I was born. [...] I didn't think about him much when I was growing up ... He was mainly a large, blurry photograph hanging in my parents' bedroom. [...] It's spooky having sibling rivalry with a snapshot », 175). Art n'a pas vécu dans le secret mais il est évident que ce frère a pesé sur son enfance. Pour une étude approfondie de *Maus*, voir le chapitre 3 « Représenter, figurer la Shoah » de Robin.

26 La vendeuse « allonge » la robe dans sa boîte, referme le couvercle « avec cérémonie », la robe « repose dans son carton » comme un corps repose dans un cercueil (16).

cet enfant « aurait très exactement six ans aujourd'hui » (33). Pour Irène robe et fœtus sont liés. La fausse couche, épisode douloureux de leur histoire de couple, n'a plus jamais été abordée, ce qui a empêché le travail psychique d'introjection de s'opérer et les a maintenus dans l'inclusion[27]. Un deuil peut en cacher un autre et Irène formule l'« hypothèse » (38)[28] que chez Paul le deuil non fait du fœtus est lié au deuil, également non fait, de son père, « homme secret à qui il était lié par une muette complicité » (34). Surgissent ainsi dans la narration un autre mort, un autre silence … et un autre objet. En effet, juste après les obsèques de Moritz, la mère de Paul remet à celui-ci une boîte à biscuits métallique inconnue avec la consigne d'aller l'enterrer au fond du jardin. Se télescopent ici deux deuils non faits, deux morts, l'un, l'enfant mort jamais enterré puisqu'il y a eu fausse couche, l'autre, le père enseveli deux fois. Alors qu'il enterre la boîte sous un massif de rosiers[29], Paul ne pose aucune question à sa mère et respecte la loi du silence.

Peu après la boîte apparaît un troisième objet, une photo en noir et blanc d'Irène enfant, tenant « vaillamment debout » (39), le regard grave, le visage « serré » et serrant dans ses bras une poupée nommée Chiffon, photo prise quelques mois après la mort de ses parents, présentée par la famille comme un long voyage. L'enfant, sensible au drame qui l'entoure, trahi par des gestes, ne pleure pas, ne fait donc pas son deuil et s'agrippe à cette poupée de chiffon, objet transférentiel qu'elle n'a pas pu par la suite se résoudre à donner ou jeter – Chiffon se trouve dans une panière, au sixième[30]. Se dessine un entrelacement d'objets (robe, boîte, photo, poupée), de morts et de deuils inachevés, de silences qui perdurent puisque Paul continue chaque dimanche, comme il le faisait avec son père, de se promener au bois jusqu'à une grotte sous une cascade. Un jour, il ose enfin se demander pourquoi il poursuit le rituel des promenades :

> En attendait-il confusément quelque chose *qui n'avait pas été satisfait* du vivant de son père, au point de les avoir répétées obstinément, bien après la mort de celui-ci ? Avait-il entretenu l'espoir de *déchirer le silence*

27 J'emprunte les termes d'inclusion et introjection aux psychanalystes Nicolas Abraham et Maria Török, cf. *L'Écorce et le noyau.*

28 Le choix de ce vocable soutient mon interprétation du roman comme étant une *étude de cas* romancée.

29 Détail encore une fois significatif puisqu'il rappelle les trois boutons de roses qui ornent le plastron de la petite robe.

30 Plus loin, alors qu'Irène l'en sort et la serre contre elle, la poupée lui permet d'unir l'enfant qu'elle était à la femme qu'elle est devenue, à résoudre le clivage survenu avec le secret lié à la mort de ses parents (80-81).

> de Moritz, l'avait-il espéré inlassablement au fil de leurs muets échanges dans la caverne, l'espérait-il encore aujourd'hui, seul sur sa pierre, des années après la disparition de son père ? (46-47, mes italiques)

La grotte, avec toutes les connotations de secret, de crypte, de tellurique et d'utérin qu'elle véhicule, est le but d'une quête qui n'arrive pas à terme, mais que le fils ne peut que vainement répéter. Alors que de son vivant, Moritz n'avait jamais saisi la perche tendue par Paul pour se confier, se libérer, il la saisit dans un rêve où il apparaît, le visage « ravagé par une douleur indicible » (55). Moritz revient et derrière ce revenant apparaît un fantôme, non l'enfant de la fausse couche, mais l'enfant disparu, le vrai destinataire de la petite robe que Paul va exhumer ce week-end de Pâques – fête marquant bien sûr la mort et la résurrection du Christ. En visite chez sa mère, Paul éprouve pour la première fois la tentation de déterrer la boîte métallique, d'« exhumer ces témoignages » (97). Avant de lever l'interdit, il évoque toutefois un autre souvenir douloureux, celui d'une petite poule blanche domestiquée, attaquée par une congénère qui jour après jour avait pioché dans son œil jusqu'à ce que mort s'ensuive. L'épisode de la poule blanche annonce la découverte de ce qui figure sur les photos enfermées dans la boîte. L'attaque implacable et la passivité de l'agressée rappellent le sort des Juifs pendant la Seconde Guerre mondiale, agressés, exterminés, victimes de leurs compatriotes dans l'indifférence générale, comme celle affichée par les parents de Paul « qui avaient pris l'incident à la légère, lui recommandant de laisser les volatiles se débrouiller entre eux » (101)[31]. La violence, l'acharnement, la cruauté de l'assaillante gallinacée renvoient au comportement des Nazis. Se sentant coupable de ne pas avoir protégé l'animal qui avait totale confiance en lui, Paul « avait tenu à l'enterrer lui-même au centre du massif, à l'ombre des rosiers de sa mère » (102), massif qui recèle alors et la boîte et la poule, ce qui valide l'interprétation de la poule et indique le lien entre l'Holocauste et les photos cachées. Quant à la culpabilité de Paul, elle fait écho à celle éprouvée par tous ceux qui « savaient », qui ont fermé les yeux sur les rafles et les déportations et qui, plus tard, ont sans doute ressenti le même « mélange de fascination et de répulsion » (101) devant

31 Alain Finkielkraut dénonce dans *Le Juif imaginaire* cette croyance de la supposée passivité des Juifs conduits comme des moutons vers les camps comme une légende tenace, un « mythe abject et pire que l'oubli : il traite, en effet, les victimes du génocide en *collaborateurs* de leur destruction » (56). Finkielkraut invite à replacer les événements dans le contexte de l'époque – pas de films sur Auschwitz, pas d'informations, la « solution finale » décidée seulement en janvier 1942 – et affirme que « [d]ès le début des hostilités, les Juifs attendaient le pire de Hitler », c'est-à-dire le travail forcé, l'esclavage (59), ils ne s'imaginaient pas faire l'objet d'une extermination systématique.

les clichés et films de prisonniers des camps que Paul devant sa petite poule massacrée.

La psychanalyste Sophie de Mijolla-Mellor aborde dans *Le Besoin de savoir* la pulsion d'exhumer qu'elle affirme être présente « dans la recherche de l'enfant sur ses origines. [...] À certains égards, l'image de l'exhumation se confond avec celle de l'accouchement, de la délivrance [...] de l'enfant qui voit le jour » (200). L'exhumation de la boîte qu'on pourrait qualifier, pour reprendre le terme de Mijolla-Mellor, d'« objet-vestige » apporte à Paul une délivrance. Il y découvre sinon ses origines du moins le secret originel et il en délivre bien un enfant, un corps manquant, tu, tué et donc irreprésentable. Sort d'abord de terre puis de la boîte Moritz, « juvénile, élégant et sportif, amoureux de la vie » et non plus « taciturne, renfermé sur ses secrets » (107). Puis sort d'une enveloppe en papier brun que Paul hésite à ouvrir, car il a l'impression de « franchir un interdit tacite apposé par sa mère sur ces souvenirs » (108), une petite fille en robe blanche figurant dans les bras de Moritz sur une photo déchirée en plusieurs morceaux. Au dos des fragments ne figure qu'une date, juin 42, et à sa vue Paul éprouve une « sensation de brûlure » (108). Ainsi l'enfant morte sans sépulture pendant la guerre, sans doute incinérée dans le four d'un camp, a été enterrée quatre fois : dans l'enveloppe, dans la boîte, sous les rosiers et sous le silence du secret[32]. La photo, déchirée, a subi le même traitement que la robe, tel que l'imagine Irène dans un poème : déchirée, une bretelle arrachée, le tissu taché (65). En cachant la robe qu'il vient d'acheter, en l'« enterrant » dans la penderie, Paul ne fait que répéter ce qui a été fait à sa réelle destinataire dans l'histoire familiale. En lui donnant la boîte le jour de l'inhumation de Moritz, sa mère restituait à Paul « un pan de son histoire » (116) et surtout lui transmettait le secret de son père, le rendait détenteur d'un secret dont il ne connaissait pas la teneur. Nous assistons alors à un surenchérissement dans le secret puisque Paul remet les morceaux de la photo dans l'enveloppe, celle-ci dans la boîte et cette dernière dans le trou qu'il recouvre de terre et de silence. L'enfant se retrouve donc encore une fois enterrée quatre fois, la seule différence étant qu'il y a espoir d'une exhumation future, d'une possible introjection. L'inclusion aurait pu passer de provisoire à définitive et devenir crypte – d'autant plus que la personne partageant le secret (Moritz) est décédée (Tisseron, *Secret* 86). En confiant à son fils la tâche d'enterrer la boîte, la mère lui donne paradoxalement le moyen de mettre à jour le secret, de l'introjecter. Parce qu'il est

32 Notons que la rue des Rosiers, au cœur du quartier juif du Pletzl dans le Marais à Paris, est entrée dans l'histoire nationale par l'attentat antisémite qui y a fait six morts et vingt-deux blessés en août 1982 – trois mandats d'arrêts internationaux ont été délivrés contre ses auteurs présumés le 4 mars 2015.

douloureux, parce que ce n'est pas le sien, il n'est pas du ressort de la mère de le divulguer ; elle ne fait que mener Paul aux photos d'avant-guerre qui mènent à la révélation d'une première vie de Moritz et de l'existence de sa fille. Mais Paul se fait encore pour un temps complice du secret[33]. Irène, enfant, s'était, elle aussi, faite la complice de sa tante dans son mensonge sur ses parents :

> Elle en avait terriblement voulu à Geneviève de lui avoir si longtemps caché la vérité, de s'être obstinée à lui détailler un récit stupide dont l'invraisemblance aurait sauté aux yeux de n'importe quel imbécile. [...] Et la fillette de la photo avait *voulu y croire*, comme elle avait *voulu croire* aussi longtemps que possible à la réalité des lettres lues par sa tante, remplies de banalités et de mots affectueux signés Danièle et Jean. Elle les écoutait pourtant *sans être dupe*, buvant ce mensonge jusqu'à la nausée, [...] Chiffon serrée contre sa poitrine. (66-67, mes italiques)

On comprend mieux le rôle de la poupée, témoin des mensonges, complice de la petite Irène tiraillée entre vouloir croire et ne pas pouvoir croire. Son deuil a été différé par un mensonge prolongé par sa tante. Quand le conseil de famille a décidé qu'il était temps qu'on parle du « drame » à l'adolescente, celle-ci « avait choisi, des années durant, de maintenir la fiction dans laquelle elle avait été élevée » (67). Car drame il y a eu et si la famille a fait peser le silence si longtemps, c'est que les circonstances de la mort des parents d'Irène devaient rester secrètes, étaient tabou. Leur suicide est dans la vie d'Irène « un gouffre, un trou dans son existence qu'aucun mot ne pouvait cerner » (88), d'autant plus que face à sa cause, « l'amour de leur fille unique n'avait pas pesé bien lourd » (113). Comme l'explique Max Warren, le suicide d'un parent « est vécu de façon très personnelle. Un patient interprétait le suicide parental comme "Il n'a pas assez pensé à *moi* pour vivre", et de ce fait, il le ressentait comme un rejet très personnel » (112-113)[34]. Abandonnée, se sentant peut-être coupable de ne pas avoir pu les retenir, Irène enfant se clive pour se protéger. Or, le clivage n'est un moyen de protection efficace qu'« aussi longtemps qu'il [le sujet] ne s'effondre pas. Car cela arrive parfois, notamment à la suite d'un événement mineur qui a le pouvoir de rouvrir la blessure mal cicatrisée » (Tisseron, *Secret* 115). La découverte de la robe blanche dans la penderie rouvre la blessure d'Irène, fait

---

33 Peut-être par habitude, parce que l'interdit a pesé trop lourdement et trop longtemps pour être levé si facilement et rapidement.

34 « is experienced in a highly personal way. To one patient the parental suicide carried the meaning "He didn't think enough of *me* to live," and hence was experienced as a specifically personal rejection ».

remonter et l'enfant mort de la fausse couche et Irène la « petite fille morte […] serrant Chiffon contre son cœur » (113) et amène l'adulte pour la première fois à des pensées suicidaires. Cependant chez Grimbert, de par son histoire familiale, le suicide n'est pas un acte solitaire et Irène d'imaginer verser dans le café de Paul un mélange létal et se laisser « englouti[r] tous deux » dans le sommeil (126). Puis elle imagine une amie lui souffler au contraire de continuer cette histoire de mort « encore et encore […] de génération en génération » (126). Le transgénérationnel ne s'applique ainsi pas uniquement au secret mais aussi au suicide qui, comme cela a été reconnu par les spécialistes, présente toujours un risque de contagion et pourrait comporter un facteur héréditaire[35]. Irène identifie la robe comme un objet la faisant « basculer »[36], elle s'en saisit, se griffe le vagin au sang, verse en fait le sang de la fillette d'avant-guerre qui n'a pas été versé, souille la robe, répète sa fausse couche, expulse le suicide de ses parents et catalyse l'expulsion du secret de Paul. Devant la robe souillée, Paul est saisi d'une pulsion qui le fait gifler Irène. Il fallait cette violence – comme une purgation des passions – pour se débarrasser de la morte cryptée, des morts cryptés. Paul déverse ses mots/maux et Irène ses larmes avant de se retrouver à l'aube, nus, re-nés comme le Christ ressuscité en ce lundi de Pâques. La robe, que Grimbert a qualifiée d'« objet persécutant qu'on détruit » (Ollé-Laprune 14), n'est plus qu'un chiffon taché. Leurs fantômes exorcisés, Paul et Irène vont dormir et Paul rêve qu'il enterre la robe dans la boîte sous le massif de rosiers. Il accomplit un enterrement, une inhumation en bonne et due forme comme en atteste le vocabulaire choisi : « l'ayant pliée soigneusement, il la [la petite robe blanche] déposa avec précaution sur le tas de photographies » (144). Et le rêve de s'achever sur cette pensée de Paul, digne d'un psychanalyste : « *La petite robe blanche est à sa place, là où elle aurait dû se trouver depuis longtemps. Elle s'est acquittée de son rôle. Irène sait maintenant ce qu'elle lui doit et Paul a enfin compris pourquoi il en avait fait l'achat : il lui fallait vêtir un petit cadavre nu* » (145). Le secret est levé, le clivage est levé, levées thérapeutiques.

Dans *La Petite robe de Paul* comme dans la vie de Grimbert telle que l'auteur nous l'a présentée, le suicide est double, commis par les parents, pour une

35 Le psychologue Pascal Millet remarque que se pose dans une même famille la question de « la transmission génétique d'un facteur de risque ou de la transmission culturelle d'une tradition suicidaire. Il est difficile de répondre. […] Il semble toutefois que la transmission "culturelle" soit le phénomène le plus important » (27-28).

36 Ce verbe que nous retrouvons à la fin d'*Un secret* comme euphémisme du suicide démontre la volonté de ne pas (se) représenter l'acte tel qu'il a probablement eu lieu – « basculer » plutôt que « se jeter par la fenêtre ». Il n'est qu'à regarder le film de Pawel Pawlikowski, *Ida* (2013) – où la tante marche vers la fenêtre, la franchit dans le même pas et tombe – pour comprendre la différence.

raison inconnue. Mais contrairement à la vie de Grimbert, il est ici déplacé sur Irène alors que Paul est celui affecté par le secret qui a trait à la guerre, un secret où Grimbert opère un déplacement quant à celui qui le divulgue (pas de cousin gaffeur ici mais Paul qui s'ouvre à Irène), quant à l'identité de celui qui l'a instauré (Moritz au lieu de Lucien[37]) et quant au sexe de l'enfant (une fille alors qu'en réalité il s'agissait d'un garçon). Les dates correspondent toutefois puisqu'au dos de la photo de Moritz avec sa fille est inscrit juin 1942 et que Michel Grinberg est décédé en septembre 1942. La judéité n'est présente qu'en creux dans le roman, par l'histoire de la petite poule blanche ; il y en aurait bien une trace dans l'année 1942, mais cette trace n'est lisible qu'au su de l'histoire familiale de l'auteur. Parallèlement, le chiffre six qui revient à de nombreuses reprises s'explique par son histoire familiale puisque se sont écoulés six ans entre la mort de Michel (en 1942) et la naissance de Philippe (en 1948). La judéité, l'Holocauste sont passés sous silence parce que *La Petite robe de Paul* est justement une étude de cas de silence vertical (transgénérationnel : entre Moritz et Paul, entre Paul et sa fille Agnès, entre Irène et Agnès) et horizontal (conjugal : entre Paul et Irène et peut-être entre Moritz et sa femme), une étude de cas sur le secret transgénérationnel. Le roman use de techniques qu'on retrouve en psychanalyse dans l'interprétation des rêves, en particulier le déplacement. Mais le problème – ou les problèmes – de fond n'y sont pas résolus. Presqu'au terme du récit, Grimbert livre ces réflexions d'Agnès sur ses parents :

> Elle savait fort peu de choses sur la relation unissant ses parents, en dehors de l'harmonie évidente de leur couple. Elle s'aperçut qu'*elle ne s'était jamais interrogée sur les circonstances de leur rencontre*, il lui paraissait évident qu'ils se soient toujours connus, *comme un frère et une sœur* ayant tout partagé. [...] Elle les avait toujours sentis *liés par une complicité silencieuse* dans laquelle elle n'avait jamais imaginé pouvoir s'immiscer. (149, mes italiques)

Se trouvent ici des éléments qui prennent tout leur sens quand on connaît l'histoire familiale. Derrière Agnès – l'agneau de Dieu qui enlève le péché du monde – se profile Grimbert et le narrateur d'*Un secret*. Dans ce premier roman narré à la troisième personne, aucune parole ne figure au style direct. Rien n'est prononcé, le silence persiste. Affleure un sentiment souvent éprouvé par les endeuillés après suicide, la culpabilité : culpabilité de Paul d'avoir acheté la robe et fait resurgir le passé et le refoulé, culpabilité de Paul vis-à-vis de la poule,

37 En réalité, Moritz Grinberg était le père de Lucien, le grand-père de Philippe.

culpabilité d'Irène dont l'amour n'a pas suffi à sauver ses parents du suicide. Par ricochet, culpabilité de Philippe Grimbert ? Ce premier roman ouvre une brèche mais n'apporte aucune résolution. Parce que le père, absent, a besoin d'être (re)présent(é) pour avancer ? Parce qu'y figurent trop de déplacements ? Grimbert ne pouvait que revisiter les mêmes items – la guerre, le suicide, le secret et le silence – dans un roman narré cette fois à la première personne, de son point de vue à lui, l'héritier du trauma, l'endeuillé après suicide.

3 ... plus de secrets

Un secret est un roman plus autobiographique que *La Petite robe de Paul* car plus ramassé sur les deux données du vécu de l'auteur – même si ce demi-frère mort en déportation éclipse presque totalement le suicide des parents, dit comme en passant. Ne soyons pas dupes de ce déplacement. *Un secret* s'inscrit bel et bien dans l'écriture du deuil après suicide. Le demi-frère apparaît d'entrée de jeu, mais sous forme de fantôme et dans une phrase contradictoire : « Fils unique, j'ai longtemps eu un frère » (11). Ce frère est nimbé de qualificatifs élogieux – « aîné, glorieux » (11), « triomphant » (18) – et le narrateur ne peut que vainement se mesurer à lui, « Plus beau, plus fort » (11), « insurpassable » (18). Insurpassable, soit. Mais indépassable ? Car ce frère est en effet également « invisible » (11), survenu, revenu par l'apparition ou réapparition d'un chien en peluche, revenu, mais pas revenant, car il est bien un « fantôme » (96), fantôme psychique. Le narrateur va se retrouver plongé dans un temps qu'il n'a pas connu, lancé malgré lui à la recherche d'un temps qu'il n'a pas perdu pour la simple raison qu'il ne l'a jamais eu. Cette première phrase aux accents proustiens contient tout en la dénonçant l'unicité de filiation et le temps. Dans un numéro de *Yale French Studies* consacré à l'identité juive dans la France du XXe siècle, Ora Avni relève la manière inédite dont Modiano investit le temps et la mémoire pour traiter de cette identité dans *La Place de l'étoile* dont la première phrase contient elle aussi une expression temporelle à la Proust – « C'était le temps » (Avni 231). Elle poursuit : « Contrairement à Proust, cependant, Modiano ne s'emploie pas à retrouver le temps mais à le liquider, à disperser son héritage » (231)[38]. Le dessein de Grimbert n'est pas de rechercher le temps pour le liquider. Il s'attèle à une autre liquidation (dans le sens où on liquide un commerce, avec recouvrement de créances et règlement de dettes) : la liquidation du Secret qui a grevé son enfance et son adolescence et la liquidation

38 « Unlike Proust, however, Modiano does not set out to recover time but to liquidate it, to dissipate its legacy ».

de la mort de ses parents. Il ne disperse pas l'héritage du temps, il le règle. Il a dit d'*Un secret* qu'il s'agit d'un témoignage (Ollé-Laprune 13), un témoignage paradoxal alors puisqu'il n'y a eu aucun témoin de ce que j'ai appelé en première partie de ce chapitre la scène fondatrice du secret – qui entraîne la déportation d'Anna et de son fils –, témoignage paradoxal puisqu'il porte sur une absence et non une présence[39], mais une absence si clairement ressentie qu'elle devient, malgré son caractère inventé, une présence oppressante : « Je m'étais créé un frère derrière lequel j'allais m'effacer, un frère qui allait *peser sur moi, de tout son poids* » (14, mes italiques). Cette remarque du narrateur rappelle celle de Fresco dans « La Diaspora des cendres » : « l'absence de ces millions de morts continue d'être vécue, *quarante ans plus tard, qu'on le reconnaisse ou qu'on le nie*, comme une présence, parfois très encombrante » (216, mes italiques). Quarante-deux ans sont étrangement le laps de temps qui s'est écoulé dans la famille Grimbert entre la « scène » et le suicide[40].

Contrairement à son frère fantôme, le narrateur est maigre, pâle, fragile, maladif, souffreteux, errant de cabinets de médecins en dispensaires et hôpitaux (20), imparfait – « genoux saillants, bassin pointant sous la peau, bras arachnéens » (20) comme ces images de survivants des camps. Surtout il a « un trou sous le plexus dans lequel aurait tenu un poing, creusant ma poitrine comme l'empreinte jamais effacée d'un coup » (20), trait physique d'ailleurs partagé par l'auteur. Ce trou dans la poitrine évoque les *ghost sites* des archéologues, l'existence passée étant « signalée par une très légère modification, par quelque chose qui n'est pas un objet mais la *trace* du fait qu'il a pu prendre place dans une zone donnée *avant de disparaître* » (Mijolla-Mellor 205, mes italiques). À la place du narrateur – anonyme sinon pour son nom de famille, Grimbert – existait un autre enfant, désormais disparu et dont l'absence se manifeste chez son successeur par un creux physique, un manque physique (de chair sur les os, de santé en général) et un mal-être aussi pénétrant qu'indéterminé : « Unique objet d'amour, tendre souci de mes parents, je dormais pourtant mal, agité par de mauvais rêves. Je pleurais sitôt ma lampe éteinte, j'ignorais à qui s'adressaient ces larmes [...]. Honteux sans en connaître la cause, souvent coupable sans raison, je retardais le moment de sombrer dans le sommeil » (12). L'enfant, sous l'emprise du Secret et d'un fantôme, porte sur son corps les traces d'un passé inconnu, d'un enfant qui n'a pas survécu et dont

---

39 Abordant la question du témoignage dans son examen du film de Claude Lanzmann, Shoshana Felman remarque qu'un des aspects les plus marquants et les plus surprenants de *Shoah* en tant que film sur le génocide et les atrocités de guerre est l'absence à l'écran de corps morts (225-226).

40 Jouons avec les chiffres : 84 est le double de 42, une double mort en 1984 par ricochet à une double mort en 1942.

le deuil n'a pas été fait. Le narrateur, « enfant fragile qu'il faut arracher [à l'aide de forceps] à la mort » (55), était donc dès sa venue au monde un survivant. Survivant de sa naissance difficile donc, mais aussi survivant de la guerre, d'un deuil et d'un double suicide ? Selon Tisseron, les jeunes enfants ont « tendance à développer des signes somatiques en réponse aux douleurs psychiques d'un parent [...]. Cela peut alors aller jusqu'à recréer concrètement dans leur propre corps, sous la forme de maladies, les tourments qu'ils imaginent être ceux de leurs parents comme on l'a vu chez les enfants de déportés » (*Secret* 51). Ici, ce sont les tourments de l'absent que l'enfant a recréés, à l'inverse de ses parents qui, par leur physique, tranchent sur l'image stéréotypée du frêle Juif et sur l'image qu'on a des déportés. La mère, Tania, « athlète accomplie, nageuse émérite et plongeuse de haut vol » (88), a un « ventre musclé par l'exercice » et des « cuisses de sportives » (18). Le père, Maxime, s'entraîne chaque jour dans une pièce de leur domicile qu'il a équipée d'une barre fixe, d'un banc de musculation et d'espaliers. Leurs « muscles polis » évoquent chez l'enfant les statues du Musée du Louvre (20). La plastique irréprochable de ces corps dont ils guettent le moindre signe de relâchement fait immanquablement et paradoxalement penser à ces « dieux du stade » immortalisés par Leni Riefenstahl, réalisatrice de propagande nazie, dans son film sur les JO de Berlin de 1936[41]. Maxime et Tania diffèrent somme toute peu des athlètes aryens. Pour Maxime, fils d'un émigré roumain qui a commencé à travailler jeune dans le commerce de son père alors qu'il rêvait de devenir avocat ou médecin pour faire oublier, derrière un titre, son nom à consonance étrangère (et juive), ce culte du corps est une revanche, un moyen de se protéger et de se cacher. Le « nez aquilin, les doigts crochus, le menton fuyant » des Juifs des affiches de l'exposition du palais Berlitz (108) ne s'appliquent pas à lui[42]. Sa carrure de sportif et ses exploits dominicaux sur les pelouses du stade s'opposent diamétralement au « spectacle de ces corps dévêtus serrés les uns contre les autres » (65) avant d'être menés vers les douches du camp, puis traînés dans des fosses, désarticulés, « poupée[s] disloquée[s] » (68), « Figuren » dans le jargon nazi qui avait

41 D'autant plus que l'avant-dernière séquence de la première version d'*Olympia* – titre de la version allemande, la version française s'intitule *Les Dieux du stade* – était un plongeon de quatre minutes. En montrant un couple d'athlètes photographiés en 1930 par George Hoyningen-Huene, la couverture de l'édition d'*Un secret* en Livre de Poche (2007) étaye le texte – l'édition actuelle montre une plongeuse en vol.

42 Cette exposition intitulée « Le Juif et la France » a eu lieu du 5 septembre 1941 au 11 janvier 1942 à l'initiative de l'Institut d'étude des questions juives et a reçu au total 200.000 visiteurs (<http://www.histoire-immigration.fr/musee/collections/exposition-le-juif-et-la-france-au-palais-berlitz-septembre-1941-propagande-antisemite-pendant-la-2e-guerre-mo>, dernier accès le 21 avril 2015).

banni les mots « cadavre » et « victime » (Felman 210). Maxime perçoit son corps comme un « défi à la lâcheté et à la soumission » (103), lui qui a refusé de laisser apposer sur ses papiers d'identité le tampon *Juif* puis de porter l'étoile jaune. Car dans ce roman lourd des silences des uns et des autres, le silence le plus prégnant est celui qui porte sur la judéité des personnages[43]. Le narrateur a ainsi été baptisé catholique, même si tardivement. Sa circoncision a été dissimulée derrière le prétexte d'une « intervention chirurgicale nécessaire » (16). Son nom a lui aussi été travesti, « deux lettres changées officiellement à la demande de mon père, orthographe différente qui lui permettait de planter des racines profondes dans le sol de France » (16) et quand l'enfant, interrogé sur les origines de son nom par des camarades dubitatifs, s'enquiert auprès de son père, celui-ci écarte ses questions d'un geste, brandissant – comme d'autres la Bible devant un démon – le *Roman de Renart* comme preuve de l'existence de leur nom aussi loin que le Moyen-Âge, alors que l'émigration familiale ne remonte qu'à une génération – avec Joseph, le grand-père du narrateur[44]. Grinberg est ainsi devenu Grimbert : « un "m" pour un "n", un "t" pour un "g", deux infimes modifications. Mais "aime" avait recouvert "haine", dépossédé du "j'ai" j'obéissais désormais à l'impératif du "tais" [...]. J'étais décidé à ne rien savoir » (17). Le narrateur grandit dans un silence qu'il respecte, insouciant de cette branche étêtée (15), sans se demander pourquoi ses parents ont quitté Paris et franchi la ligne de démarcation pendant la guerre. Sans le savoir, il entérine ainsi le projet nazi : « L'œuvre de destruction entreprise par les bourreaux quelques années avant ma naissance se poursuivait ainsi, souterraine, déversant ses tombereaux de secrets, de silences, cultivant la honte, mutilant les patronymes, générant le mensonge. Défait, le persécuteur triomphait encore » (16). Le narrateur enfant baigne dans le Secret, mais sait lire le langage corporel des siens, tel le sursaut de Tania alors qu'elle découvre dans une malle « *le* petit chien aux yeux de bakélite qui dormait là, *couché sur une pile de couvertures* » (13, mes italiques) puis son « malaise » devant l'insistance de son fils à emmener la peluche dans sa chambre, ou encore le « trouble » de ses parents quand il appelle le chien Sim (23)[45]. Comme la robe de Paul, Sim le chien en

43 Elle y est beaucoup moins sensible que dans l'adaptation cinématographique de Claude Miller.

44 L'enfant vit aussi selon des traditions étrangères – « quelques feuilles de pain azyme trempées dans de l'œuf battu et dorées à la poêle » – et entouré d'objets étrangers, certains cachés, « un samovar modern style sur la cheminée du salon, un chandelier *enfermé dans le buffet, sous le vaisselier* » (17, mes italiques).

45 Selon Tisseron, parce que « l'être humain utilise en effet d'abord son corps pour se donner une représentation de ce qu'il vit [...] le corps est l'espace privilégié de la mise en scène de l'indicible » (*Secret* 4).

peluche est un objet-vestige qu'il faut exhumer. Rappelons que Mijolla-Mellor ne limite pas cette pulsion d'exhumer à l'élaboration des théories sexuelles par l'enfant mais affirme qu'elle est présente « dans la recherche de l'enfant sur ses origines » (200), comme c'est le cas ici[46]. Or, l'exhumation de Sim coïncide avec l'apparition de Simon le frère-fantôme :

> La nuit qui a suivi je pressais pour la première fois ma joue mouillée contre la poitrine d'un frère.
> *Il* venait de faire son entrée dans *ma* vie,
> *je* n'allais plus *le* quitter. (14, mes italiques)

Dans cette dernière phrase, comme le montre mon découpage typographique, par le jeu des pronoms et adjectif possessif, les deux garçons sont comme en équilibre croisé ; la virgule entre les deux propositions juxtaposées fait fonction de ligne de démarcation – ils sont de part et d'autre comme ils sont de part et d'autre de la ligne entre la vie et la mort –, mais aussi de ligne de symétrie. Dans ce cas, « il » encadrerait, contiendrait « je », ce qui est contraire à la réalité puisque le narrateur a incorporé ce frère défunt, mort parce qu'il n'a justement pas passé la ligne de démarcation, sa vie écourtée comme le narrateur écourte son prénom en nommant le chien Sim. Au narrateur qui se demande où il était allé lui chercher ce nom – « Au détour des silences de ma mère, dans la tristesse de mon père ? » (23) – Tisseron répondrait que ce choix n'est pas anodin. En effet, « à chaque étape [de son développement], l'enfant intériorise les mots qu'il entend autour de lui, et cela sans parfois qu'il en comprenne le sens » (*Secret* 45). Et Tisseron de donner l'exemple de sa fille qui, à un an, avait entendu des discussions sur un neveu malade, qui avait guéri et dont ils n'avaient plus parlé ; or, à deux ans, sa fille a donné à ses peluches les prénoms de ce neveu et de son père. Sans doute que l'intensité émotionnelle avec laquelle le prénom de l'enfant déporté a été prononcée a marqué le narrateur qui a alors appelé la peluche de Simon « Sim ». Dans un chapitre sur les « suintements du secret », outre l'intensité émotionnelle pour laquelle les enfants de détenteurs de secrets présentent une réceptivité particulièrement aiguisée, Tisseron évoque la réactivité – incompréhensible pour l'enfant – de ses parents à certaines images. *Un secret* en offre un exemple parfait. Un soir,

46 En atteste le récit qu'il se fait de la rencontre de Maxime et Tania, de leur échappée en zone libre pendant la guerre, puis de sa naissance qui occupe pas moins d'une vingtaine de pages (36-55).

la télévision diffuse un film qu'on comprend être sur l'Holocauste[47]. Le père ne peut supporter le spectacle, se retire dans son gymnase où le choc de ses haltères et sa forte respiration couvrent les ordres des Allemands ; la mère reste muette sur le canapé du salon, son fils à ses côtés – « Plus muette que jamais à qui pensait-elle ? » (65). Le narrateur n'indique pas l'âge qu'il avait lors de la diffusion de ce film. Plus tard, un autre film sur l'Holocauste est diffusé, à l'école cette fois (donc dans l'espace public), un documentaire et non une œuvre de fiction. La « vision était trop forte » (68) et à peine avait-il ri des grossièretés d'un camarade à l'encontre de ces corps, qu'il se mettait à lutter contre celui-ci, le laissant le visage en sang. Porteur d'une blessure mal cicatrisée, le narrateur fait couler le sang qui n'a pas coulé. Porteur d'une blessure maintenant visible – lui-même saigne de l'arcade sourcilière – il va recevoir le récit du secret. Le documentaire est donc l'élément qui bouleverse sa vie. Il se rebelle, il saigne, il en parle à Louise, amie et confidente de la famille, qu'il sent proche de lui avec son enfance de « petite fille boiteuse, moquée, vivant dans l'ombre de ses camarades plus agiles » (32), traînant un pied-bot comme lui-même traîne son frère-fantôme. Ne faisant pas partie de la famille et se prétendant sans secrets, Louise diffère des oncles, tantes, grands-parents, cette « société secrète, liée par un deuil impossible » (62) : « Tous mes proches savaient, tous avaient connu Simon [...]. Et tous me l'avaient tu » (81). Louise, elle, va briser la loi du silence et révéler le secret ... au style indirect. Le premier récit que s'était fait le narrateur enfant sur ses parents, récit mené au présent, s'écroule sous les coups du récit que lui fait Louise au lendemain de ses quinze ans. Fiction et réalité convergent ici puisque Grimbert avait cet âge quand un cousin lui a révélé par inadvertance le secret. Ses propos, tenus à Stuart Jeffries à l'occasion de la publication du *Secret* en Grande-Bretagne – « J'avais toujours eu le sentiment d'avoir eu un frère. Quand j'ai découvert l'existence de Michel, c'était presque un soulagement, une confirmation de ce que j'avais toujours su »[48] – recoupent ceux de son narrateur : « j'apprenais enfin ce que j'avais toujours su » (72). Avec le secret, Louise lui livre un mot « si encombrant, si coupable » (72) qu'il se demande ce qu'il allait « faire de cet adjectif, collé à ma silhouette décharnée, semblable à celles que j'avais vues flotter dans des pyjamas trop grands » (73). Par cette nouvelle donne qui « chang[e] le fil de [s]on récit » (73), qui va l'amener à s'inventer un autre récit familial, il devient « un autre, curieusement plus fort » (73), il va s'étoffer, ses creux vont se combler, sa poitrine s'élargir, le vide

---

47 Grimbert parle de « *figurants* massés dans des enclos » (65, mes italiques), vocable qui rappelle les *Figuren* des Nazis.

48 « I always had a sense that I had a brother. When I found out about Michel's existence, it was almost a relief, a confirmation of what I had always known ».

sous son plexus – « comme si la vérité y avait été jusque-là inscrite en creux » (158) – s'atténuer. Remarquons toutefois que si le lecteur sait de quel adjectif il s'agit, il n'est pas encore énoncé. Le narrateur demeure dans le non-dit, choisit de reconduire le non-dit. Le mot n'apparaît dans la narration que bien plus tard et réfère à Louise, « pauvre Juive claudicante » (132). Le retard avec lequel le mot apparaît, ajouté au fait qu'il qualifie une personne qui n'est pas membre de la famille et dont Grimbert a dit à Jeffries qu'elle était le seul personnage sans parallèle dans la réalité, s'explique par la motivation du récit, la volonté de l'auteur de garder l'accent sur le transgénérationnel.

Suite aux révélations de Louise échelonnées sur plusieurs visites et présentées dans le roman comme des « chapitres » (77), le narrateur ne peut qu'ajouter de « nouvelles pages à [s]on récit » : « Une seconde histoire est née, dont *mon imagination a rempli les blancs*, une histoire qui ne pouvait cependant pas effacer la première. Les deux romans cohabiteraient, tapis au fond de ma mémoire, chacun éclairant à sa façon Maxime et Tania, mes parents, que je venais de découvrir » (85, mes italiques) – remarquons que nous sommes toujours dans la post-mémoire, la mémoire inventée, comme chez Raczymow. Ces deux « romans » sont les deux récits enchâssés dans *Un secret*, tous deux menés au présent alors que le reste du roman est au passé. Le passé est ainsi écrit au présent, le présent au passé[49], non pour faire revivre le passé aux dépens du présent ou pour le glorifier, mais sans doute plutôt pour abolir la distance entre les deux, pour renouer et réconcilier deux histoires afin qu'elles n'en fassent qu'une[50]. Le narrateur revoit et corrige son récit qui s'étend maintenant sur environ soixante-dix pages (85-154), commence avec le mariage de Maxime et Hannah, continue avec la naissance de leur fils Simon[51], le mariage de Tania avec Robert (le frère d'Hannah), l'envoi de celui-ci sur le front de l'est où il mourra, la « scène » où Louise et Esther (la sœur de Maxime) passent la ligne de démarcation (sans Simon ni Hannah) pour rejoindre Maxime, le mari d'Esther et Tania, la vie commune de Maxime et Tania après-guerre, narrée au futur comme la naissance de leur fils et l'instauration du secret :

49 Dans son film, Miller a traduit cette contradiction dans l'usage des temps grammaticaux par une contradiction dans l'usage du noir et blanc et de la couleur – le présent est filmé en noir et blanc, le passé en couleurs.

50 Cet équilibre croisé rappelle celui, vu quelques pages plus haut, des deux garçons grâce au jeu des pronoms dans les deux propositions juxtaposées.

51 La narration de sa naissance contient déjà sa mort : « Simon vient au monde au début du printemps, vigoureux, hurlant à pleins poumons. [...] Simon se développe parfaitement, il dort bien, fait preuve d'un appétit féroce, sourit à tous. Il lui reste huit ans à vivre » (94). Michel Grinberg est né à la *fin* du printemps, le 19 juin 1934.

> Je vais naître dans ce quartier [...]. Ils se marieront, travailleront ensemble [...]. Chaque fin de semaine ils se rendront au stade. [...] On ne parlera plus de la guerre, on ne prononcera plus le nom des disparus. Peu de temps après ma naissance Maxime provoquera de nouvelles tensions en faisant modifier l'orthographe de notre nom. Grinberg sera lavé de ce « n » et de ce « g », ces deux lettres devenues porteuses de mort. (153-154)[52]

N'oublions toutefois pas que ce deuxième récit est nourri de celui de Louise. S'opère ainsi une mise-en-abyme : le récit de Louise contenu dans celui du narrateur contenu dans celui de l'auteur. Nous lisons le récit d'un récit d'un récit – en somme, le ricochet d'un secret – et qui plus est, le récit romancé d'un récit romancé d'un récit dont la narratrice a fourni en sus des faits une grille de lecture. En effet, Louise présente Hannah comme une mère « inquiète et tendre, veillant sur son fils unique. Plus mère que femme *dirait* Louise » (78, mes italiques) et le narrateur de finir sa phrase avec la raison de cette présentation d'Hannah comme mère plutôt que femme : « pour excuser Maxime, pour ne pas accabler Tania » (78). Il faut relever l'emploi déroutant du conditionnel présent où on attendrait un plus-que-parfait (*avait dit* Louise) – ayant entendu de « première main » le récit de Louise, le narrateur devrait être sûr de cette information – ou, à la rigueur, un conditionnel passé (*aurait dit* Louise). Ce conditionnel présent remet en cause la fiabilité du narrateur à rapporter les paroles de Louise et soulignerait la faillibilité de son récit qui exonère Maxime et Tania de leur désir. Ils se rencontrent pour la première fois le jour du mariage de Maxime et Hannah et c'est le coup de foudre. Le regard dont Maxime fixe Tania juste avant de signer le registre est qualifié d'injure envers Hannah. Tania n'est pas en reste, elle qui a été séduite « dès leur première rencontre » (112) et « se laisse aller à imaginer [l']odeur [de Maxime], le poids de son corps, son sexe, les muscles de ses fesses » (114). Le drame se noue, le coup de foudre fait de ces dieux du stade les héros d'une tragédie antique où un regard scelle leur destin :

> Du haut du plongeoir Tania s'élance [...]. Maxime ne peut détacher ses yeux de la ligne de ces épaules, de cette taille, de ces jambes ciselées.
>
> Hannah applaudit avant de chercher le regard complice de Maxime. Elle n'y voit que Tania. Elle connaît suffisamment son mari pour y lire un désir fou, une fascination qu'il ne songe même pas à dissimuler. Jamais il ne l'a regardée ainsi. (105)

---

52 Le changement de nom n'a été autorisé par le tribunal civil de la Seine que le 6 mars 1953. Phillipe Grimbert est donc né Grinberg et avait presque cinq ans quand le changement de nom a été officialisé.

Le destin est en marche. L'arrivée d'une lettre où Maxime écrit qu'Hannah, Louise, Esther et Simon sont attendus en zone libre où Tania vient d'arriver en précipite le cours. Pour Hannah, « [t]out *bascule*, la vie lui devient insupportable », « Au fond d'elle-même une certitude avait fait son nid : rien ne pourrait empêcher ces deux-là de se retrouver » (125, mes italiques)[53]. Au jeu des regards entre Maxime et Tania répond un autre jeu de regards, fatal celui-là. En attendant de passer la ligne de démarcation, les trois femmes et Simon suivent le passeur dans un café, se séparent en deux groupes. Trois Allemands entrent alors que Simon est aux toilettes et effectuent un contrôle de papiers.

> L'officier [...] tend une main autoritaire [vers Hannah] et la jeune femme *plante ses yeux dans les siens*. Louise et Esther retiennent leur souffle, elles la voient fouiller dans son sac, contempler ses papiers, les poser en évidence sur la table avant d'en sortir d'autres qu'elle tend à l'homme, *sans lâcher son regard*.
>
> Décontenancé, l'officier hausse les sourcils. À peine a-t-il jeté un œil sur le document qu'il aboie un ordre. [...] On entend alors un trottinement sur le parquet de la salle, Simon vient de sortir des toilettes et se précipite vers sa mère. [...] *L'homme interroge Hannah du regard*. Sans hésiter, d'une voix calme elle répond : « C'est mon fils ». (130-131)

Par le regard, la douce et effacée Hannah vient de commettre l'irréparable. Par une simple parole au style direct – d'autant plus significative que le roman n'en contient que trois – elle vient de signer l'arrêt de mort de son fils et donner à leur vie son caractère tragique. Ignorant les circonstances exactes de l'arrestation d'Anna et Michel, Grimbert invente et dépeint Hannah sous les traits de Médée, l'héroïne d'Euripide qui a délibérément tué ses fils pour se venger de l'infidélité de Jason (127). Pour Seán Hand, cette référence inscrit les personnages simultanément dans un registre historique et dans un registre tragique, « symbolisant en quelque sorte un drame aussi bien "grec" que juif » (213)[54]. Grimbert a expliqué que dans sa tête, « il n'y a pas tellement de choix », que le geste d'Hannah est « plus dans l'acte volontaire » (Ollé-Laprune 13). Le narrateur le présente comme un « acte suicidaire » (137) et Gabrielle Schwab parle de suicide sacrificiel motivé par un désespoir total et un cruel désir de revanche (294). Je ne remettrai pas en cause le désir de vengeance. Il faut toutefois questionner les termes de sacrifice et suicide. L'erreur que commet Hannah et la parole qu'elle prononce ne nous apparaissent-elles pas comme suicidaires *a posteriori*, parce qu'au début du XXIe siècle nous savons quel sort attendait les

53 Encore une fois le verbe *basculer*.

54 « somehow symbolizing a "Greek" as well as a Jewish drama ».

femmes et enfants déportés ? En effet, que savait Hannah dont les parents venaient d'être pris dans « la plus grande rafle » (123) ? Au lendemain du Vél d'hiv, les 16-17 juillet 1942[55], chacun semblait y aller de son idée : « Les informations sont contradictoires, les plus optimistes ont entendu parler de cet État juif que l'Allemagne hitlérienne envisage de créer à l'Est, ou bien encore à Madagascar, qui deviendrait la nouvelle Palestine. Les autres, ceux qui tentent de s'enfuir, ceux qui se jettent par la fenêtre ou confient leurs enfants en toute hâte à leurs voisins, n'ont accordé aucun crédit à cette fable » (122-123). N'oublions pas que l'« action Reinhard » – le plan d'extermination de deux millions de Juifs, le premier pas vers la « solution finale » – date de l'automne 1941 et concerne la Pologne occupée. Des informations plus ou moins fiables circulent. À cause de l'échelle à laquelle elle a(urait) lieu et de son caractère inédit, l'extermination du peuple juif est pour beaucoup incroyable, inimaginable[56]. Rousso remarque que les premiers articles « informés » sur les camps apparaissent pendant l'hiver 1944 (*Syndrome* 40). On peut donc avancer qu'Hannah savait certainement qu'elle et son fils seraient arrêtés, qu'elle savait probablement qu'ils seraient internés, peut-être déportés, mais il est tout à fait plausible qu'elle ne savait pas qu'ils seraient exterminés. Cependant, en présentant ainsi les faits, sur le mode de la passion tragique[57], du destin auquel on ne peut se soustraire, le narrateur affranchit Maxime et Tania de leur faute, les décharge de leur part de responsabilité dans le sort qu'ont connu Hannah et Michel, les libère de tout sentiment de culpabilité. Face à un destin implacable, aux prises avec une passion aussi

55 Anna et Michel ont été arrêtés trois semaines après cette rafle – possiblement dans une tentative de passer en zone libre, comme l'a inventé Grimbert, puisqu'ils se sont retrouvés à la police à Poitiers – et déportés le 21 septembre 1942. Le Mémorial de la Shoah fait remonter la première rafle au 14 mai 1941 mais elle ne concerne que des Juifs étrangers. Dans celle du 20 août 1941, 1500 Français figurent parmi les 4232 hommes âgés de dix-huit à cinquante ans arrêtés. Le premier convoi pour les camps part le 27 mars 1942.

56 Grimbert touche à cette perplexité ambiante puisque son narrateur dit que seul le colonel qui a offert refuge à la famille en zone libre savait « l'existence d'un mal absolu au-delà des frontières » mais qu'il « refuse encore de croire à une telle entreprise de destruction » (139). Dans sa biographie, Simone Veil, arrivée au camp de Drancy en avril 1944 écrit ne pas « imaginer un seul instant ce qui nous attendait » (56) et n'avoir jamais entendu parler à Drancy « de chambres à gaz, de fours crématoires ou de mesures d'extermination » (58). Elle soutient que les informations des Juifs « étaient très en deçà de ce que l'on a pu penser. Les Juifs étrangers, traqués les premiers, ont su plus rapidement que les Français de quoi il retournait » (58-59).

57 Mode dont participe à mon sens le sort que le romancier fait subir au premier mari de Tania – il meurt à la guerre en victime tragique alors que dans la réalité, si Charles a bien été prisonnier, il est revenu d'Allemagne et lui et Simonne ont divorcé pour une raison inconnue, peut-être l'attirance entre Simonne et Lucien (maintenant veuf) ou parce que Charles est tombé amoureux d'une autre (puisqu'il s'est remarié très vite).

aveugle qu'irrésistible, Maxime et Tania ne sont plus coupables de leur désir. Il s'ensuit que leur enfant, le « fruit » de ces « deux corps faits pour se rencontrer, s'épouser, se reproduire » (20) ne sera pas le fruit du péché, mais d'un destin doublement inéluctable puisque dicté par l'Histoire et dicté par la passion[58].

Nous touchons là à un sentiment somme toute courant et de la littérature juive post-Holocauste et de la littérature de deuil après suicide : la culpabilité. Le roman abonde en exemples de culpabilité. Il y a d'abord celle du narrateur adolescent qui découvre l'existence d'un frère qui ne diffère guère de celui qu'il s'était inventé et qui perpétue le secret. Il y a sa culpabilité de vouloir « livrer aux flammes » (79) l'image que Louise peint de Simon – Simon ayant déjà été livré aux flammes, le narrateur ne peut que se sentir coupable d'avoir souhaité faire quelque chose de répréhensible qui a déjà été mis à exécution. À la culpabilité du survivant communément ressentie par les rescapés des camps et, quoique dans une moindre mesure par ceux qui n'ont pas connu l'horreur concentrationnaire mais qui auraient pu la connaître[59], vient probablement s'ajouter chez le narrateur la culpabilité généralement éprouvée par les enfants de remplacement[60]. Le psychanalyste Maurice Porot reprend cette définition d'Andrea Sabbadini : « Tout enfant né après la mort d'un aîné est un enfant de remplacement dans la mesure où il est *investi des expectatives et des fantasmes projetés par les parents* sur l'enfant décédé » (171, mes italiques). Surtout, l'enfant de remplacement naît dans une atmosphère de deuil non liquidé (Porot 176). Le narrateur de Grimbert tente d'échapper à cette classification en investissant Tania seule – elle qui n'a pas perdu d'enfant et n'a donc aucun enfant à remplacer – du désir d'enfant. Autant Maxime avait désiré son premier fils, autant il se montre réticent à avoir un autre enfant (55) ; Maxime n'aurait donc pas éprouvé l'envie ou le besoin de remplacer Simon[61]. Quant à Grimbert, interrogé sur le destinataire de ce livre, il répond :

> ce livre s'adresse aux absents, à ceux qui m'ont précédé et qui ont disparu par la volonté de leurs assassins. Ces derniers ont fait en sorte que toute trace du passage sur terre de leurs victimes soit effacée [...]. Mon livre s'inscrit dans cette perspective et l'un de ses aspects est vraiment celui

58 Ce qui l'affranchit en outre du statut, jamais souhaitable, d'enfant de remplacement, point auquel j'arrive.

59 Robin observe qu'Art, le narrateur-auteur de *Maus*, est « le fils d'un survivant qui a hérité de sa culpabilité de survivant, qui a hérité du trauma du père » (329).

60 C'est à l'aune de la notion d'enfant de remplacement que la phrase de Grimbert citée plus haut sur la « place qu['il] occupe dans l'histoire familiale » (Cupa 14) prend tout son sens.

61 Mais une fois l'enfant né, il le dote de ce rôle – voir plus loin.

> d'une sépulture offerte à *ceux à qui je dois*, d'une façon complexe et *non exempte de culpabilité, la vie.*
>
> Cupa 13, mes italiques

Ce « ceux » réfère bien sûr à Anna et Michel, « partis en fumée dans le ciel de Pologne » (Cupa 13), et la citation ci-dessus montre clairement que Grimbert porte la culpabilité inhérente au statut d'enfant de remplacement puisque la « clef du problème est qu'il ne serait pas là si l'autre n'était pas mort » (Porot 203). Le narrateur de Grimbert l'exprime clairement : la nuit de l'arrestation d'Hannah et Simon « scellait le destin de mes parents et *allait me permettre de venir au monde*, quelques années après la mort de Simon. *Je ne pouvais naître qu'à cette condition : sa vigueur cédait la place à ma fragilité* et il s'enfonçait dans la nuit *afin que je puisse voir le jour. C'était lui ou moi* » (146, mes italiques). Le cas Grimbert est intéressant à deux titres. Le premier, relevé par Schwab, est qu'outre venir en lieu d'un enfant défunt, le remplaçant est le « récipiendaire d'une transmission transgénérationelle du trauma de l'Holocauste. [Il est] hanté par une mort ou même des millions de morts qu'[il] n'a pas vécue directement » (286)[62]. Sa culpabilité se trouve alors cumulée. Le deuxième est que, selon Porot, « [p]orteur obligé d'une personnalité qui n'est pas la sienne, [l'enfant de remplacement] aura du mal à s'y adapter, quelque effort qu'il fasse. Objet des fantasmes et des exigences de ses parents, il lui faudra sans cesse s'y plier, sous peine de s'entendre vanter les mérites, réels ou supposés, de celui qu'il aura remplacé et qui aurait certainement été gentil [...] etc. » (222). Or, d'une part, le narrateur d'*Un secret* est à l'abri de toute comparaison puisque l'existence du frère défunt est recouverte du secret, si fantasmes et exigences il y a, ils demeurent non-dits ; d'autre part, bien qu'ayant toujours eu le sentiment d'avoir eu un frère, il n'a pas du tout endossé l'apparence et le comportement supposés de celui-ci – sportif, glorieux etc. – et les a même refusés en cultivant son côté intellectuel – il lit alors que ses parents s'entraînent –, voire son aspect maladif. Le roman ne laisse aucun doute sur le fait que le narrateur savait que son père aurait aimé qu'il soit comme le défunt : « À ma naissance, c'est Simon que l'on avait déposé encore une fois dans ses bras, le rêve d'un enfant qu'il allait former à son image. Ce n'était pas moi, [...] brouillon dont n'émergeait aucun trait reconnaissable » (81). Son apparence chétive fait alors double fonction : elle exprime sa résistance à ce désir (inconscient) du père de le voir comme enfant de remplacement et, image stéréotypée, elle exprime sa judéité et tend au père une perche pour briser le silence. L'enfant né à la

---

62 « recipien[t] of a transgenerational transmission of the trauma of the Holocaust. [He is] haunted by a death or even millions of deaths that [he] did not directly experience ».

suite de l'Holocauste hérite ainsi d'un deuil inachevé et se trouve chargé « d'un impossible devoir de réparation pour une perte irréparable » (Fresco 217), réparation double donc, historique (collective) et personnelle. Mais revenons aux autres instances de culpabilité car celle-ci affecte d'autres personnages, tels Maxime et Tania, « coupables d'avoir construit leur bonheur sur sa disparition [de Simon] » (80), coupables de leur désir[63], « coupables aux yeux de tous » (148) d'un « vrai crime [...], répété nuit après nuit, exilant à chaque fois un peu plus Hannah et Simon » (147). Il est une culpabilité que Grimbert n'exprime pas : celle d'Hannah d'avoir sacrifié son fils, comme si sa propre mort l'innocentait. Enfin, il en est une autre que le narrateur exprime par un déplacement : celle de Maxime d'avoir poussé Hannah à l'acte et donc d'avoir causé la perte de son enfant[64]. Cette culpabilité refait surface bien des années plus tard quand le chien de Maxime, que celui-ci n'a pas jugé utile de tenir en laisse, se fait écraser par une voiture. Les pleurs qui n'avaient pas été versés ou épuisés pendant la guerre se déversent alors, les deux culpabilités se télescopent : « Mon père avait surmonté la disparition de son fils et de sa femme, la mort de son chien le faisait s'effondrer » (170). Je reviendrai sous peu sur ce chien. Avant cela, il faut aborder un autre affect très présent dans le roman, souvent associé et au secret et à la culpabilité : la honte.

Pour Tisseron, « [l]a honte est l'affect maître du secret. Celui-ci, en effet, n'est pas simplement quelque chose qui n'est pas dit. [...] Ce n'est pas non plus quelque chose qui devrait seulement rester caché. C'est quelque chose qui doit rester caché parce que sa divulgation porterait atteinte à quelqu'un » (*Honte* 83). L'arrestation, la déportation et la mort d'Hannah et Simon doivent rester cachées en raison de ce qui les a causées : le désir entre Maxime et Tania – et leur intimité subséquente. Voilà ce qui est honteux. Parce que Maxime et Tania se sont unis et ont eu un enfant, il a fallu cacher cette première vie. Ce besoin s'explique aussi par le fait que la honte est un affect contagieux, elle pourrait rejaillir sur la famille entière. En effet, la « difficulté pour chacun d'assister à la honte de l'autre sans l'éprouver à son tour est ce qui dissuade le plus efficacement le sujet honteux de confier sa honte » (Tisseron, *Honte* 120). En recouvrant leur honte de silence, Maxime et Tania ont non seulement voulu se protéger, mais aussi épargner leurs proches et leur enfant. Or, comme le

63 Tania cache ses esquisses de Maxime « comme un enfant coupable » (114). Pour Jeffries, « [d]ésir et culpabilité sont à jamais liés dans le monde imaginaire de Grimbert » (« [d]esire and culpability are for ever linked in Grimbert's imaginative world »).

64 Pour Kitchen, « la culpabilité qu'il [le narrateur] éprouve pour avoir failli à son père provient de la terrible culpabilité et du chagrin de son père vis-à-vis de la perte de son enfant » (« the guilt he [the narrator] feels for failing his father emanates from his father's own terrible guilt and sorrow about the loss of his child », 153).

souligne Tisseron, « le fonctionnement psychique propre de l'enfant le conduit toujours à imaginer que ce qui lui est caché est honteux, parce qu'il ne peut pas imaginer d'autre cause à un secret qu'une honte et cela même si le secret du parent est d'abord douloureux plutôt que honteux » (*Honte* 95). Le narrateur enfant ne dit-il pas se sentir « [h]onteux sans en connaître la cause » (12) ? Déjà héritier d'une honte confuse (80), l'enfant éprouve à son tour la honte par son désir de lever l'interdit et percer le secret. La révélation du secret présente alors une menace. Il est impératif que l'adolescent garde le silence, préserve le secret, se fasse le complice de ses parents. Il faudra attendre quarante ans pour que Grimbert nous livre leur secret, son secret. *Un secret* constitue, dans une certaine mesure, une confession, ce rituel « qui permet à tout individu de se soulager du poids de la honte pour se charger de celui d'une culpabilité dont la punition permet aussitôt de se débarrasser » (Tisseron, *Honte* 117). Mais de quelle culpabilité Grimbert tenterait-il de se décharger – ou décharger son narrateur ? De la culpabilité de survivant éprouvée par les enfants de remplacement et les survivants (transgénérationnels) de l'Holocauste ? Ou de la culpabilité d'endeuillé après suicide qui n'a pas pu ou pas su empêcher le suicide de ses parents ? Car *Un secret* est un roman qui fait chambre d'écho. Un second fils fait écho à un premier. Un chien (mort) fait écho à un chien en peluche, objet-vestige de l'enfant mort. Un meurtre-suicide fait écho quarante-deux ans plus tard à un « acte suicidaire » (137) qui a entraîné la mort, le meurtre, d'un être cher[65]. J'y reviendrai.

Écho est justement le nom du chien de Maxime, « petit bâtard noir recueilli sur les bords de la Marne » (153), un chien qu'il a donc sauvé avant de causer sa mort. Écho est ainsi le deuxième chien du roman après Sim, il lui fait justement écho, il « avait *remplacé* Sim » (160, mes italiques). Écho est un chien de remplacement qui remplace aussi l'enfant disparu puisque par l'onomastique, il est évident que Sim renvoie à Simon. Écho subira en définitive le même sort que Simon, son corps rejoindra « une montagne de dépouilles destinées à l'incinération » (179-180). Sa mort ouvre les vannes d'un chagrin qui ne s'est pas épanché pendant des décennies et le narrateur trouve son père dans sa chambre « assis sur le bord du lit, la tête entre les mains » (171), lieu et posture qui font écho à ceux dans lesquels s'était trouvé Maxime à l'annonce de l'arrestation d'Hannah et Simon : « Maxime s'était réfugié dans sa chambre, y était resté de longues heures assis sur le bord du lit, la tête entre les mains. Dans un coin, derrière un fauteuil on avait déposé les sacs rapportés par Louise et Esther [...]. Couché sur celui de Simon le petit chien » (137) que l'enfant parti aux toilettes

65 Il ne faut pas s'étonner que Grimbert ait laissé s'écouler le même laps de temps entre la révélation qu'il a eue du secret et celle qu'il en fait.

avait confié à Louise. Louise sert ainsi de relais à plusieurs titres : elle confie le chien de Simon à Maxime et elle confie le secret de Maxime au narrateur qui à son tour nous le confie[66]. La mort d'Écho est un moment-clef du roman. Devenu psychanalyste, conscient qu'Écho est un chien-vestige, le narrateur soulage son père de son secret : « Il m'a dit qu'Écho était mort par sa faute. Je me suis entendu lui dire que c'était vrai, qu'il était responsable de cela, mais de cela seulement » (171). Le fils lui livre tout ce qu'il sait et plus – le numéro du convoi et les dates de déportation et de mort – et le décharge de sa culpabilité : « Seule la haine des persécuteurs était responsable de la mort d'Hannah et de Simon. Sa douleur d'aujourd'hui, sa culpabilité de toujours ne devaient pas permettre à cette haine d'exercer encore une fois ses effets » (172). La confidence opère un retournement, le fils « étrangement fort » serre son père « frêle » et âgé dans ses bras (173). Observons toutefois que le fils a omis de partager un élément du secret. L'« acte suicidaire d'Hannah » (172) reste non-dit, le suicide des parents l'est à peine, dissimulé par l'euphémique verbe *basculer*[67]. Comme il a déchargé son père de sa culpabilité, il est possible que Grimbert attende de nous que nous le déchargions d'une éventuelle culpabilité d'endeuillé après suicide. C'est peut-être un des objectifs d'*Un secret*. L'autre est, rappelons ses propos avec Dominique Cupa, d'offrir une sépulture à ceux à qui il doit la vie et qui sont partis en fumée dans le ciel de Pologne, incinérés comme le sera d'ailleurs le chien Écho. Un autre parallèle est proposé dans le roman entre les chiens et les Juifs. C'est une phrase à cet effet qui fait violemment réagir le narrateur adolescent lors de la projection du documentaire sur les camps, la seule autre phrase du roman au style direct, dite avec l'accent allemand, « Ach ! Chiens de juifs ! » (69), phrase qui mène par ricochet à la levée du secret. Quant au grand-père Joseph, il est enterré dans le « carré juif » du cimetière du Père-Lachaise (164)[68], carré auquel fait écho le cimetière que le narrateur découvre vers la fin du roman, le cimetière des chiens de Josée de Chambrun, fille de Pierre Laval qui avait insisté en juillet 1942 pour que les enfants de parents déportés ne restent pas en France. La lecture des stèles évoque dans le narrateur des tombes d'enfants. L'une retient son attention : « Dear Grigri 1934-1948 » (181). On ne peut manquer de relever combien ces dates sont significatives – ce sont les années de naissance de Simon et du narrateur, de Michel Grinberg et de Philippe Grimbert – comme l'est le redoublement de syllabe du nom du chien :

---

66 Interviewé sur l'adaptation cinématographique de son livre, Grimbert a utilisé ce terme, il a « confié » son livre à Miller (Ollé-Laprune 16).

67 Le verbe est erroné, mais j'y reviendrai sous peu.

68 Moritz Grinberg, le grand-père de Grimbert, a été enterré au cimetière de Bagneux (Hauts-de-Seine) en 1963.

gri/gri, gri-nberg/gri-mbert, les trois premières lettres du nom de famille. En tronquant le patronyme, Grimbert élimine ce qui a causé sa modification et réunit les deux frères. Né de la visite de ce cimetière de chien, *Un secret* devient la sépulture du disparu ; y repose « la blessure dont je n'avais jamais pu faire le deuil » (180). C'est toutefois sous un pseudonyme que l'enfant (et sa mère) repose dans ces pages, Simon et non Michel. Quant à sa photo, dont le narrateur fait bien tardivement mention, elle n'est présente qu'en prose et non sous sa forme visuelle. Parti remettre Sim dans la chambre de service, le narrateur tombe sur un album de photos et voit enfin Simon « en short et en maillot, au garde-à-vous devant un champ de blé, plissant les yeux face au soleil de son dernier été » (162). C'est ailleurs que cette photo figure visuellement. D'abord sur un mur du Mémorial de la Shoah parmi 3000 autres photos d'enfants[69].

69 Environ 10.000 enfants juifs ont été déportés de France et exterminés entre 1942 et 1944.

ILLUSTRATION 2 ET 3 Photo de Michel Grinberg, Mémorial de la Shoah, Paris

Puis dans le livre de Serge Klarsfeld à qui Grimbert l'a confiée :

> Des années après […] avoir mis en terre tous ceux qui m'étaient chers, j'offrais enfin à Simon la sépulture à laquelle il n'avait jamais eu droit. Il allait y dormir, en compagnie des enfants qui avaient connu son destin, sur cette page portant sa photo, ses dates si rapprochées et son nom, dont l'orthographe différait si peu du mien. *Ce* livre serait sa tombe. (184, mes italiques)

L'adjectif démonstratif renvoie bien sûr au livre de Klarsfeld, mais il peut tout aussi bien renvoyer au livre que le narrateur est en train d'achever, au livre que nous tenons en main. L'enfant se retrouverait ainsi doublement inhumé, dans deux « carrés juifs », *Un secret* et *Le Mémorial des enfants juifs déportés de France*[70].

Présent dans *Un secret* seulement sous un pseudonyme, visuellement présent ailleurs, Simon/Michel est-il vraiment le mort à qui *Un secret* offre une sépulture ? Ayant buté à l'oral du bac sur Pierre Laval, le narrateur a réalisé

70 P. 741, sous le nom de Michel Grinberg.

qu'« [i]l restait un blanc dans mon récit, un chapitre dont mes parents ignoraient eux aussi le contenu » (166). Pour remplir ce blanc, il s'est rendu dans le Marais consulter les registres des victimes du nazisme et découvrir les informations sur Simon et Hannah. Cependant, comme un enfant peut être l'écho d'un autre, ou un chien peut être l'écho d'un autre, un blanc peut être l'écho d'un autre. Dans *Un secret*, le blanc est plusieurs fois représenté typographiquement : après mention des épreuves et « humiliations » que Louise a subies en restant à Paris pendant la guerre (54), après mention de la découverte des camps d'extermination, la « destination du convoi qui avait emporté Hannah et Simon » (150), surtout, après mention du suicide des parents :

> Quelques années plus tard ma mère perdrait l'usage de la parole et de la marche, à la suite d'une hémorragie cérébrale. [...] le spectacle de sa championne appuyée à une béquille, sa jambe droite fauchant l'air à chacun de ses pas, lui [à Maxime] deviendrait vite insupportable et blessé plus cruellement qu'un autre par cette vision, il déciderait d'y mettre fin. (158-159)

Le geste, tabou, est passé sous silence. Lors de sa deuxième et dernière mention, il est exprimé à mots couverts : « Prenant sa femme par la taille, il l'avait aidée à se lever pour la conduire tout doucement vers le balcon du salon, pour un *ultime plongeon*. Qu'avait-il murmuré à son oreille avant de l'enlacer et de *basculer* avec elle ? » (183, mes italiques). Le blanc exprime l'indicible, l'irreprésentable[71]. Comme raison au suicide – les parents se sont défenestrés sans laisser de note – le narrateur invoque la déchéance du corps. Maxime, frêle et âgé, Tania, muette et handicapée, finalement aussi bancale que Louise, deux athlètes, deux dieux déchus rattrapés par l'image stéréotypée du Juif qu'ils ont combattue si longtemps, comme un retour du refoulé. Leur suicide est une mort reportée, liée à la guerre, comme en attestent son mode[72], le souhait de Maxime d'être inciméré et son caractère double. Tous deux coupables, ils doivent mourir ensemble. Responsables – à tort ou à raison – de deux morts,

71 Le suicide n'est d'ailleurs représenté ni dans le roman ni dans le film d'où cette scène avait d'ailleurs été écartée : « la scène a disparu du scénario, jusqu'au moment où je crois Patrick Bruel et moi nous avons pensé qu'il serait important de savoir ce qu'il est advenu des parents. Du coup Claude a trouvé la façon la plus discrète de *le dire sans le montrer*, ce que j'ai écrit, moi, au travers d'une phrase, choc certes, mais pudique. Claude est là aussi resté fidèle en se contentant de cette image d'un plongeon dans la piscine » (Ollé-Laprune 14).

72 Grimbert évoque le suicide de Juifs par défenestration devant les mesures antisémites du régime de Vichy (123).

ils doivent payer double tribut[73]. La « scène » de 1942 peut presque être interprétée comme un écran de fumée, la véritable scène, le suicide, est inscrite dans un blanc. Or, ce blanc représente l'irreprésentable, dit l'indicible à un autre titre. Les actes de décès de Lucien et Simonne Grimbert confirment en effet qu'ils sont décédés le 13 mai 1984 presqu'en même temps – Simonne à 17h30, Lucien entre 17h30 et 17h50. Il est toutefois fait mention que le décès a eu lieu à leur « domicile, 15, rue Moncey », dont chaque fenêtre de la façade a bien un balcon.

Cependant, l'appellation standard des décès par défenestration n'est pas « en son domicile » mais « sur la voie publique ». L'indicible tient ici à la nature du décès : non un double suicide mais un meurtre-suicide que même l'article paru dans *Le Parisien* deux jours plus tard se refuse à présenter comme tel, titrant « Lucien et Simone sont morts ensemble ». Ils sont également enterrés ensemble ; l'inscription (sans nom de jeune fille, sans dates) continue de les unir.

ILLUSTRATION 4 15 rue Moncey, Paris 9e

73 « De telles situations de secret partagé et indicible, déjà très difficiles à gérer pour un sujet […] deviennent totalement insolubles par le décès du (ou des) autre(s) protagoniste(s) » (Tisseron, *Honte* 88).

ILLUSTRATION 5 Tombe de Lucien et Simone Grimbert

Le journaliste rapporte les propos du fleuriste qui se rappelle combien Simonne était grande et svelte, qu'elle avait été championne de tennis et qu'une crise cardiaque l'année précédente l'avait laissée paralysée malgré les soins de son mari aimant. Il rapporte encore les paroles de celui-ci à l'employée de maison, qu'un jour il se donnerait la mort. « Dimanche soir, […] Lucien Grimbert a pris son revolver, il a tiré sur sa femme […] avant de retourner l'arme contre lui », écrit le journaliste qui se refuse donc à parler de meurtre, comme s'y refusera Philippe Grimbert vingt ans plus tard, peut-être pour ne pas accuser son père – ou pour que le lecteur ne l'accuse pas – ou pour signifier que la mort trouve sa source non dans le présent, mais dans ce passé qui ne passe pas[74]. En transformant le prénom de la première femme de son père d'Anna en Hannah, Grimbert a placé le personnage entre le grand H de l'Histoire et le petit h de l'histoire personnelle, y compris, voire surtout l'histoire du suicide.

Grimbert semblerait être au clair avec son histoire familiale et avec l'Histoire. Écrire *Un secret* était sa façon d'offrir une sépulture à deux morts, « effacés à deux reprises : par la haine de leurs persécuteurs et par l'amour de leurs proches » (81). Le roman présente toutefois quelques apories. Premièrement, il est dédié « À Tania et Maxime, à Simon », c'est-à-dire à trois personnages, à trois personnes au nom fictif ; le secret n'est donc pas totalement exposé et les niveaux narratifs sont brouillés[75]. Deuxièmement, Grimbert (l'auteur) n'a pas rétabli l'orthographe d'origine de son nom comme le narrateur disait à son père souhaiter le faire (172). Enfin, l'écart entre les dates-clefs est troublant. Entre la mort de Simon/Michel et la révélation de son existence, entre la révélation et le suicide des parents, entre le suicide et la publication d'*Un secret* s'écoulent environ vingt ans, une génération – ce qui souligne le caractère transgénérationnel du secret – et la longueur moyenne des deuils complexes. Le choix de garder un patronyme quelque peu différent et de souligner l'aspect transgénérationnel trahit-il de la part de Grimbert une crainte que la contagion (du secret, de la culpabilité, de la honte – ces deux derniers découlant de la scène originaire mais aussi du meurtre-suicide) gagne la génération suivante, sa fille « Rose » qui l'accompagne au cimetière des chiens ? Avec *Un secret*, Grimbert a levé le voile sur le secret de ses parents et l'a ainsi arrêté de « suinter ». Sans

74 Son geste est comparable à celui du héros d'*Amour*, le film de Michael Haneke, qui traduit si justement la détresse du mari devant la déchéance de son épouse, détresse qui le conduit à abréger les souffrances de celle-ci en l'étouffant. *Amour* a remporté de nombreux prix, dont la Palme d'or à Cannes ; son succès a peut-être contribué à sensibiliser le public et à rendre le sujet moins tabou, mais le film est sorti huit ans après *Un secret*.

75 Le fait que le narrateur n'ait pas de prénom contribue à ce brouillage. Notons que Grimbert semble afficher une certaine prédilection pour ce qui vient par trois, usant ici de trois verbes (Maxime et Tania « allaient unir leurs destinées pour me donner naissance, m'aimer et me mentir » [15], « deux corps faits pour se rencontrer, s'épouser, se reproduire » [20]), là de trois adjectifs (« je n'étais plus seulement faible, incapable ou inapte » [73]). Le chiffre trois représente les trois disparus (« Trois morts surgirent de l'ombre […] : Robert, Hannah et Simon » [75]), et bien sûr le premier et le deuxième schéma familial (Maxime-Hannah-Simon et Maxime-Tania-narrateur) dont les deux triangles inversement superposés pourraient former l'étoile de David.

doute a-t-il également fait le deuil du frère fantôme[76]. Cependant, la scène où le narrateur confie à Maxime connaître son secret a été inventée. Grimbert n'a pas précisé comment il en a informé ses parents, se contentant de dire à Jeffries que cela ne s'était pas vraiment passé ainsi, mais qu'il l'aurait souhaité. Surtout, il a instauré un autre secret – sur la nature du décès. Nous est donnée à lire une confession imaginée et partielle, nous sommes donc encore dans la dissimulation. Or, s'il y a dissimulation, peut-il y avoir résolution ? Il semblerait qu'il faille répondre par la négative puisque Grimbert a confié à l'écrivaine Noëlle Châtelet que l'adaptation cinématographique de son roman « a été un deuxième pas pour accomplir une forme de deuil » (Châtelet, *Suite à la dernière leçon* 193). Faut-il alors voir les deux romans publiés post-*Secret* (après le roman et après le film qu'en a tiré Miller) comme un troisième et un quatrième pas dans ce chemin du deuil ?

4 Post-*Secret*

Un secret est une étude de cas romancée sur le caractère transgénérationnel d'un secret et sur son impact psychologique – comme Secret – sur la génération suivante. Mais c'est aussi une étude de cas romancée sur le caractère transgénérationnel d'un deuil bloqué – le deuil de Lucien Grinberg. Aux cinq étapes de deuil conventionnelles, Salomon Sellam, clinicien en psychosomatique qui a développé la théorie du Gisant, en a ajouté quatre, dont la dernière qu'il a appelée le *réinvestissement* (34). Le réinvestissement irait au-delà de la simple restructuration. Pour le sujet, il s'agit, une fois reconstruit, de former de nouveaux projets, de rencontrer de nouvelles personnes, bref, d'aller de l'avant. Dans le cas de Grimbert, la restructuration a sans doute été opérée par la psychanalyse, ce qui lui a permis de se réinvestir dans des projets d'écriture, d'abord dans son domaine professionnel, ensuite dans le domaine littéraire. Mais le fait que perdurent des secrets, des duos de jeunes personnages masculins et/ou le suicide dans les deux romans publiés après *Un secret* indiquerait que tout n'a pas été réglé dans ce dernier. Il suffit de lire la dédicace de *La Mauvaise rencontre* (2009) – « À mes fantômes » – pour voir cette intuition confirmée.

Ce troisième roman retrace l'histoire de deux garçons, Mando et Loup, qui se rencontrent à un très jeune âge et dont l'amitié est scellée par un objet, une boîte en métal – objet *unheimlich* pour qui a lu *La Petite robe de Paul*. Là encore,

76 Schwab voit *Un secret* comme « la naissance psychologique tardive de Philippe » (« the belated psychological birth of Philippe », 297).

le roman traite de la mort, présente très tôt dans la relation Loup-Mando qui « mour[aient] » au parc (14) dans leurs jeux de cow-boys répétés inlassablement ou qui jouaient au loup dans une grotte où la ritournelle « Loup, y es-tu ? M'entends-tu ? Que fais-tu ? » résonnait de « Tue ... Tue ... Tue ... » (15)[77]. Adolescents, ils concluent un pacte mortifère – « le premier de nous deux qui passe de l'autre côté se débrouille pour faire signe à celui qui reste » (36) – et présentent une fascination générale pour la mort, objet de la plupart de leurs discussions (45). Le cimetière du Père-Lachaise – où rappelons-le Tania a été enterrée – est le but de leurs promenades, ils y contemplent, avec une « émotion jumelle » (72), la tombe des frères jumeaux Maurice et Marcel Héon dont les « dates si proches » témoignent de leur amour. Cette tombe fait écho à celle de Grigri dont on a vu que les dates coïncidaient avec les années de naissance de Michel Grinberg et Philippe Grimbert – le prénom des frères Héon a aussi la même initiale que celui du frère de Grimbert et ils sont morts pendant l'autre guerre mondiale, en 1915. Si allusion il y a au sort qu'a connu Michel, elle apparaît dans leurs promenades au columbarium – « Sous les hautes cheminées qui crachaient leur panache, nous déambulions, [...] à l'écoute du rugissement étouffé des fours », « ici, poignées de cendres, ils [les morts] se réduisaient à leurs initiales » (75) – et dans une seule référence à Auschwitz, au destin des déportés « qui sont passés sous le scalpel, ceux dont on a pris la peau pour faire des abat-jour, le gras pour faire du savon » (42). La mort apparaît encore dans le surnom que Mando donne au professeur dont le cours bouleverse Loup, « Professeur psychopompe » (93), dont les séminaires et Écrits permettent d'identifier comme étant Jacques Lacan. Comme les frères Héon, Mando et Loup, malgré leurs traits antithétiques[78], sont inséparables, lien reflété dans l'emploi fréquent du pronom personnel sujet *nous*. Toutefois leur amitié se fêle le jour où Loup fait faux bond à son ami et ne part pas en colonie de vacances avec lui. Mando ne réapparaît que deux mois plus tard avec comme excuse un poignet cassé soigné en Italie. Ce que Mando a vécu comme une trahison a en fait provoqué son premier épisode psychotique sur lequel lui et sa famille gardent le secret. Les trahisons de Loup vont se multiplier mais n'apparaîtront dans le journal secret de Mando que sous forme de « blancs » (69). Par ses actes, Loup rejette la gémellité prisée par Mando. Autoproclamé traître, après Mando, Loup trahit Gaby, une vieille femme à qui il avait fait le serment de tenir la main à l'heure de sa mort. À travers Gaby, qui souhaite comme Maxime être incinérée, Loup trahit le père ; à travers Mando, Loup trahit le frère, dans un geste d'auto-préservation ? D'affirmation de vie ?

77 Remarquons là encore l'usage du trois : trois questions, trois échos.
78 Alors que Mando est déterminé, Loup est présenté comme faible.

Mando affiche en effet de plus en plus de symptômes psychotiques. Fort des séminaires du Professeur, le narrateur observe : « L'apparition des symptômes était souvent le *fruit* de ce qu'il a appelé la mauvaise *rencontre* » (131, mes italiques). L'emploi de ces deux vocables dans la même phrase n'est pas fortuit. Alors que dans *Un secret*, le fruit de la rencontre des deux corps d'athlètes était le narrateur, une naissance, un événement heureux, ici le fruit est véreux, indicateur de folie, de manque d'intégrité mentale. Loup identifie leur rupture comme l'élément qui « a fait passer Mando de l'autre côté » (132). Loup s'avère être non l'âme sœur, le jumeau de Mando, mais « la mauvaise rencontre à l'origine de sa folie » (170). Malgré des visites quotidiennes des mois durant, Loup ne peut finalement empêcher le suicide de Mando, qui, en guise de note, lui a remis son journal. C'est d'abord par un euphémisme – « il est parti » (171) – que Loup est informé du suicide et finalement par le fait cru – « il s'est jeté par la fenêtre ! » (172). Comme le mot *Auschwitz* a été lâché, le mot *suicide* et le mode de suicide sont enfin énoncés. Comme le narrateur d'*Un secret* avait vu surgir trois morts (Hannah-Robert-Simon), Loup, l'endeuillé après suicide, le narrateur de ce troisième roman, traîne trois fantômes, trois morts qu'il a trahis : sa tante Nine[79], la vieille Gaby et Mando. À la fin, il reprend le journal de Mando, empruntant son « écriture penchée, impeccable » (179), il relance le récit et flirte avec la folie[80]. Il est toutefois sauvé par la voix du Professeur, comme Grimbert a été sauvé par la psychanalyse lacanienne. Loup a « failli basculer » (180). C'est la dernière fois que Grimbert utilise ce verbe. Dans *La Mauvaise rencontre*, où le suicide est dit sans ambages, il est employé pour signifier la possibilité du suicide et il est clair que Loup ne sera plus tenté par cette éventualité. En échappant à Mando, son « double », en reléguant ce frère dans la mort, en le laissant « de l'autre côté », Loup le fait mourir une deuxième fois, comme Orphée a fait mourir Eurydice une deuxième fois sauf qu'ici, dans le mythe revisité par Mando, ce n'est pas le regard qui tue Eurydice :

> Hadès y proposait à Orphée de déposer, sur le plateau d'une balance, le poids de sa douleur ; si un an plus tard, jour pour jour, il demeurait inchangé, alors l'inconsolable repartirait avec son Eurydice. [...] L'échéance arrivée, Orphée soumettait de nouveau sa douleur à la pesée mais il constatait avec horreur que celle-ci, malgré ses larmes et ses chants, était devenue plus légère.

---

79 Il n'est pas allé la voir à l'hôpital, comme elle le lui demandait, quelques jours avant sa mort.

80 Le suicide de Mando joue alors le rôle de la mauvaise rencontre.

> Hadès triomphait, le temps avait accompli son œuvre : Orphée avait définitivement perdu sa bien-aimée. (39)

Eurydice ne meurt pas une deuxième fois, elle est morte et reste morte. Alors qu'*Un secret* jetait des ponts entre présent et passé, *La Mauvaise rencontre* renforce la ligne de démarcation entre les morts et les vivants, ou plutôt les morts et le vivant. Le Professeur psychopompe a donné à Loup les outils psychanalytiques pour comprendre et régler son passé, Grimbert les a mis en pratique dans son écriture. Comme le montre la révision du mythe d'Orphée, la douleur perdure, mais moindre. Comme l'observe Ricœur, « [l]a première leçon de la psychanalyse est ici que le trauma demeure même quand il est inaccessible, indisponible. À sa place surgissent des phénomènes de substitution, des symptômes » (576), il n'est jamais vraiment oublié, mais il est reconnu et se décline différemment. *La Mauvaise rencontre* tranche sur les deux premiers romans. Pour la première fois, par le biais du narrateur endeuillé du suicide de Mando, Grimbert reconnaît son propre statut d'endeuillé après suicide et écrit, consciemment, à partir de cette place dans l'histoire familiale. Contrairement aux deux premiers, ce roman compte un nombre important de phrases au style direct, y compris de la part de Mando peu avant son suicide et sur son suicide. En ce sens, *La Mauvaise rencontre* n'est plus une étude de cas romancée, mais la preuve et l'aboutissement d'un travail de réinvestissement, comme le confirme deux ans plus tard *Un garçon singulier* (2011).

Fidèles au vécu de l'auteur, les enfants des trois premiers romans sont des enfants uniques, mais habités, dédoublés, comme réitérés, bref tout sauf singuliers. C'est pourtant le titre de ce quatrième roman, comme pour confirmer que le passé a été dépassé. Le garçon singulier en question s'appelle Louis, étudiant embauché cet été-là pour s'occuper de Iannis, seize ans, « adolescent singulier » (13) qui ne parle pas et présente des troubles comportementaux. Louis retourne à Horville où il passait ses vacances enfant, ou « Morville » puisque le lieu est dépeuplé de touristes et que c'est un lieu de mort, mort symbolique. Horville est le lieu de la rencontre passée de Louis avec Antoine, les deux garçons singuliers devenus le temps d'un été « inséparables » (48). Surtout, c'est l'été où ils transgressent un interdit en pénétrant dans le parc du Saut du Loup, transgression qu'ils cachent aux adultes de peur que ceux-ci leur en interdisent l'accès. Le Saut du Loup[81] devient leur « jardin secret » (106). Alors que la narration passe librement du présent au passé (montré typographiquement par

81 On ne peut manquer de voir inscrit dans le nom de ce lieu le prénom du narrateur de *La Mauvaise rencontre* comme on ne peut manquer de relever la ressemblance phonétique des prénoms des deux narrateurs, Loup-Louis.

l'emploi des italiques), du couple Louis-Iannis au couple Louis-Antoine, un nouveau secret unit les deux garçons singuliers puisque, contre toute attente (surtout celle de la mère de Iannis), Louis a établi un contact avec l'adolescent qui parvient même à tracer des lettres dans le sable mouillé : « Cet exploit solitaire et dissimulé m'impressionnait mais il devait rester secret, scellant un peu plus encore un pacte de silence entre nous » (117). Louis refuse toutefois de laisser Iannis l'entraîner au Saut du Loup, de le suivre « dans le territoire de [s]on enfance » (125), de replonger dans le passé. Grimbert, le psychanalyste du transgénérationnel, pratique comme romancier l'intratextualité, ou devrait-on dire la transtextualité ? Iannis présente en effet la même particularité que le jeune narrateur d'*Un secret*. Malgré ses seize ans, « sa *frêle* anatomie était celle d'un enfant : parfaitement imberbe, *une poitrine creuse*, un sexe de petit garçon » (56, mes italiques). Le suivre, ce n'est pas seulement replonger dans le passé de Louis, c'est replonger dans le passé du jeune Grimbert, chose que l'auteur n'a pas besoin de faire puisque dans *La Mauvaise rencontre* il a effectué le saut du Loup. Avec Loup, il a rétabli la ligne entre les morts et les vivants et il a pleinement endossé son statut d'endeuillé après suicide. Il y a bien dans *Un garçon singulier* silence et secret, mais aucune référence à Auschwitz ou à la Seconde Guerre mondiale et aucun suicide. Silence et secret ont rapport à un sujet auquel la psychanalyse s'est intéressée dès ses débuts, à savoir, le sexuel. Rappelons que le Saut du Loup représentait pour les « inséparables » Louis et Antoine un « jardin secret » (106). Leur dernier été, l'idée de quitter Antoine a été pour Louis « insupportable. Débordé par une émotion que je n'avais encore jamais ressentie j'ai tendu une main vers lui, qui s'est posée sur sa poitrine. Le cœur de mon ami battait sous mes doigts et sa main est venue chercher la mienne. Nous sommes restés pétrifiés, mais Antoine a réagi le premier » (153). Antoine échappe au « trouble » qui les a envahis (154) en remontant prestement de la grotte, mais il tombe, se cogne la tête et présente des symptômes de traumatisme crânien. Il interdit toutefois à Louis de prévenir ses parents : « Nous avions transgressé un interdit, […] nous n'aurions jamais dû pénétrer dans cette zone dangereuse » (154-155), la zone de la sexualité, de l'homosexualité[82]. Le Saut du Loup est le lieu des explorations homosexuelles. C'est à ce moment du récit, alors que Louis rapporte qu'il n'est jamais revenu à Horville et qu'il avait « voulu oublier » son ami (157), qu'on découvre le contenu du cadeau qu'Antoine lui a fait le dernier jour des vacances et qu'il a aussi tenté d'oublier – la clef du Saut du Loup, la clef du passé, la clef de l'inconscient. Louis, comme Loup avant lui, n'a pas tenu sa promesse, il a trahi

82 Elle a bien sûr déjà été esquissée dans la proximité entre Loup et Mando dans le roman précédent.

son ami, il n'est pas revenu à Horville l'été suivant ou ceux d'après. L'été avec Iannis marque une résolution, les « fantômes » de Louis s'évanouissent (174) et il répond à l'appel au secours de l'adolescent. Alors que Louis doit le livrer à son père qui lui a trouvé un établissement adapté à ses besoins, Iannis écrit le nom de Louis sur la vitre embuée du train et tire la sonnette d'alarme. Louis ne l'abandonne pas et s'échappe avec. Le garçon singulier fuit encore, mais cette fois il « serr[e] avec bonheur la main d'un enfant fou » (178). *Un garçon singulier* est un roman de réparation. Contrairement à Loup avec Mando, Louis sort – ou commence à sortir – Iannis de la folie, du monde intérieur dont il est prisonnier. Alors qu'il avait abandonné Antoine, il n'abandonne pas Iannis en le remettant à son père. Louis rachète sa conduite passée et celle des héros précédents. Si l'été avec Iannis près du Saut du Loup était une incursion dans son inconscient, en s'échappant avec Iannis il va de l'avant. Le secret n'est plus pathogène, mais structurant et libérateur[83].

« [N]ul ne peut faire que ce qui n'est plus n'ait été », écrit Ricœur (573). On ne peut effacer le passé, qu'il soit traumatique ou pas, ni ne peut-on le refaire, il faut composer avec, étape obligée sur la voie de la restructuration et du réinvestissement. Dans son travail, très personnel, sur l'enfant de remplacement, Schwab explique qu'elle est partie du deuil pour finalement arriver au pardon :

> J'avais appris à pardonner et à mon frère et à ma mère. Je devais pardonner à mon frère d'avoir occupé l'espace psychique dans lequel j'étais née. En même temps, je devais lui pardonner de n'avoir jamais été aussi présent dans la vie réelle qu'il l'était dans mon imagination [...]. Je devais pardonner à ma mère de ne m'avoir jamais laissée être moi-même selon mes propres termes. Mais je devais aussi commencer à apprendre à la comprendre. (306)[84]

De tels propos ne semblent pas si éloignés du cas de Philippe Grimbert, hanté par ce frère fantôme et, à en juger par *Un secret*, en butte aux attentes de son père. Grimbert n'est pas apte à pardonner la culpabilité de survivant de son père, au mieux peut-il, comme le fait le narrateur d'*Un secret*, le décharger de cette culpabilité. Il serait cependant apte à le pardonner d'avoir préféré un

83 Même s'il a conscience que leur fugue ne durera sans doute que quelques jours.

84 « I had learned to forgive both my brother and my mother. I had to forgive my brother for occupying the psychic space into which I was born. At the same time, I had to forgive him for never being there in real life, as he was in my fantasies [...]. I had to forgive my mother for never letting me be myself on my own terms. But I also had to begin to learn to understand her ».

mort, de lui avoir enlevé sa mère et de s'être suicidé[85]. L'Autre peut nous pardonner, mais c'est en définitive de soi-même que doit venir le pardon. Il faut se pardonner soi-même de tout ce qu'on s'est rendu, volontairement ou pas, coupable. Il faut se pardonner de tout ce qu'on se sent, à tort ou à raison, coupable, y compris du suicide de ses parents, car le pardon revêt cette « dimension essentielle dans le processus d'apaisement de l'esprit » (Fauré 128). Chacun des quatre premiers romans de Grimbert est ainsi un jalon dans un long travail de deuil, deuil récent et deuil transgénérationnel, dans un travail de deuil après suicide. Le fait que ses deux derniers romans, *Nom de dieu !* (2014) et *Rudik, l'autre Noureev* (2015), portent sur tout autre chose prouverait qu'il l'a mené à terme.

---

85 J'emploie le conditionnel, car ces actes dont le père est coupable figurent dans un roman, il est vrai à teneur autobiographique, mais un roman tout de même.

CHAPITRE 4

Le Harki de Zahia Rahmani

1 La « guerre sans nom »

Un autre conflit déchire la France du XXe siècle et la marque en profondeur, peut-être même à jamais. D'envergure géographique moindre que le précédent, il signe toutefois l'arrêt de mort de l'empire colonial français. Complexe, car à la fois guerre de libération nationale (pour les Algériens) et guerre de décolonisation (pour la France), mais aussi guerre civile[1], menée sur deux fronts géographiques aux contours très flous, il provoque en France la chute de la IVe République, le retour au pouvoir du général de Gaulle et la naissance de la Ve République. Il s'agit bien sûr de la guerre d'Algérie, « déclarée » le 1er novembre 1954 par le Front de Libération Nationale (FLN) et officiellement terminée le 18 mars 1962 par les accords d'Évian, fin entérinée le 5 juillet 1962 par la proclamation d'indépendance de l'Algérie, deux jours après sa reconnaissance par De Gaulle. Mais présenter les faits ainsi est aller vite en besogne, car le conflit n'est officiellement reconnu comme guerre par la France qu'en 1999. Surtout, sa fin est tout aussi nébuleuse que sa nomination[2] puisqu'il s'est poursuivi au-delà du cessez-le-feu du 19 mars 1962 par les exactions de l'Organisation Armée Secrète (OAS) qui tente de maintenir l'Algérie française[3], par le massacre de civils européens et musulmans à Oran le 5 juillet 1962, par l'exode massif des pieds-noirs[4] et par les massacres des harkis[5]. S'abat sur le conflit ce que Pierre Vidal-Naquet a appelé « une sorte d'oreiller de silence » (Stora, *Gangrène*, 71) et Benjamin Stora de remarquer qu'entre « la mort du général de Gaulle [1970]

1 Du côté algérien, les partisans de deux tendances dans le mouvement de libération, les messalistes (adhérents au Mouvement National Algérien de Messali Hadj) et les frontistes (adhérents au Front de Libération Nationale), s'affrontent dans le sang en Algérie et en métropole (dans le milieu immigré). Du côté français, les supporters de l'Algérie française s'opposent à ceux soutenant en paroles ou en actes (les fameux « porteurs de valise ») la thèse de l'Algérie indépendante.

2 « Crise algérienne », « question algérienne », « événements » ou encore « opérations de maintien de l'ordre ».

3 Organisation politico-militaire créée en 1961, l'OAS n'hésite pas à commettre assassinats et actes terroristes (plastiquages, attentats à la voiture piégée etc.) tant en Algérie qu'en métropole.

4 Terme qui désigne les Français d'Algérie, parfois installés là depuis la conquête en 1830.

5 Dans son sens générique, ce terme désigne les Algériens qui ont combattu aux côtés de la France.

 DOI:10.1163/9789004384569_006

et l'arrivée au pouvoir de François Mitterrand en 1981, [...] la mémoire de la guerre algérienne se trouve mise entre parenthèses » (Stora, *Gangrène*, 188), ce, malgré l'engagement dans le conflit de toute une génération de Français (nés entre 1932 et 1943), malgré la forte présence en France de FMA (Français Musulmans d'Algérie)[6] et un flot de publications ininterrompu couvrant des aspects variés de cette guerre[7]. Il faut attendre la fin des années 1990 et les années 2000 pour qu'elle sorte à grand fracas de l'oubli collectif avec le débat sur la torture pratiquée alors par l'armée française, débat lancé en novembre 2000 quand le général Aussaresses passe sans regrets ni remords aux aveux dans *Services spéciaux Algérie 1955-1957*. Auparavant, il faut noter le rôle capital joué en 1997 par le procès de Maurice Papon, condamné pour complicité de crimes contre l'humanité et traduit devant la justice pour ses responsabilités dans la déportation de Juifs bordelais alors qu'il était secrétaire général de la préfecture de Gironde entre 1942 et 1944. Après un passage de deux ans en Algérie (1956-58, donc pendant les « événements »), on retrouve ledit Papon préfet de police de la ville de Paris et c'est sous ses ordres que la manifestation des FMA à Paris le 17 octobre 1961 est sévèrement réprimée – le bilan (officieux) est de 200 à 300 morts. Lors du procès de Papon, l'historien Jean-Luc Einaudi est appelé à témoigner sur le massacre du 17 octobre 1961, « Les familles des victimes juives de Maurice Papon voulaient que ses autres victimes algériennes soient tirées de l'oubli » (Le Bourhis 2003, 161)[8]. Les liens entre la Seconde Guerre mondiale et la guerre d'Algérie ne s'arrêtent pas là[9], mais le plus significatif pour notre propos est peut-être le général de Gaulle lui-même. Comme au sortir de la Seconde Guerre mondiale il avait bâti le mythe d'une résistance générale à l'occupation allemande, permettant à la France de figurer parmi les vainqueurs, au lendemain de la guerre d'Algérie il fait tomber sur elle une chape de silence, la frappe de censure[10] et permet à la France d'aller de l'avant. Quand on en

6 La France compte 210.000 immigrés algériens en 1954, 350.000 en 1962.

7 Pour un exposé plus complet, je réfère le lecteur aux travaux d'historiens comme Benjamin Stora, Guy Pervillé, Pierre Vidal-Naquet, Sylvie Thénault ou encore Raphaëlle Branche.

8 Einaudi fournit une liste de 325 noms (avec dates de décès) pour la période septembre-octobre 1961.

9 Stora évoque par exemple le film d'Yves Boisset, *RAS*, qui sort en 1973 et montre « que la présence militaire française était assimilable, sur le terrain, à la présence militaire allemande en France. [...] *RAS* explique qu'il n'y a pas de différence "qualitative" entre le nettoyage d'un village algérien par l'armée française, et le nettoyage d'Oradour-sur-Glane » (Stora, *Gangrène*, 251).

10 La référence à cette guerre se fait de manière oblique, par exemple au cinéma dans les films *Cléo de 5 à 7* d'Agnès Varda (1962), *Muriel* d'Alain Resnais (1963), *Le Petit Soldat* de Jean-Luc Godard (1963) ou encore *Les Parapluies de Cherbourg* de Jacques Demy (1964).

vient au sort des harkis, la culpabilité de De Gaulle ne fait aucun doute pour l'ancien journaliste Georges-Marc Benamou qui le qualifie d'« inspirateur de la "politique harkie" » (232) et l'accuse seul, avant tout autre, du massacre des harkis[11]. On comprend mieux le silence qui a pesé sur la guerre et sur cet épisode en particulier. Le retour de mémoire qui s'opère depuis une quinzaine d'années – et sur la guerre et sur les massacres – n'en est que plus violent. Il est difficile à l'heure actuelle, alors que se sont multipliés romans, récits-témoignages de harkis et études littéraires et sociologiques, d'affirmer que les harkis sont encore, comme le titrait en 1991 le sociologue Michel Roux, les « oubliés de l'histoire », oubli qui sous-tend tout le roman de Zahia Rahmani, *Moze*, qui sera dans ce chapitre mon sujet principal d'étude.

2 Les harkis

Précisons d'abord que ce terme, que j'utiliserai ci-après dans son sens générique, réfère en fait pendant la guerre à des hommes aux tâches très diverses. Dès 1955, la décision est prise de créer des troupes auxiliaires, des Groupes Mobiles de Police Rurale (GMPR) – devenus par la suite Groupes Mobiles de Sécurité (GMS) et Groupes d'Auto-Défense (GAD). Les « harkas » sont créées officiellement par l'armée en 1956 (Manceron 79) ; cette catégorie de supplétifs deviendra la plus nombreuse après février 1959 « au point qu'à la fin de la guerre le mot "harki" est devenu un terme générique pour désigner l'ensemble des auxiliaires algériens de l'armée française » (Manceron 80). Il existera aussi des Unités Territoriales (UT) et des unités de « moghaznis » rattachés aux Sections Administratives Spécialisées (SAS)[12]. En août 1959, les harkis sont amenés en France ; ces « calots bleus » sont des instruments cruciaux dans la police répressive de Papon[13]. Bien que servant comme supplétifs dans l'armée

11 Benamou distingue trois motivations à cette décision du général : 1. la crainte que la paix en Algérie ne puisse être conclue, les accords d'Évian pas respectés, 2. une connivence avec le FLN puisqu'ils ont les mêmes objectifs à court terme, la paix, menacée par le « magma » représenté par l'OAS, les pieds-noirs et les harkis et 3. la « volonté farouche de préserver une France blanche » (233). Stora avance comme raison principale « la peur au plus haut sommet de l'État » que les harkis, armés, rejoignent l'OAS (« Témoins » 39), mais évoque aussi un critère de classe (les harkis sont pauvres et musulmans, sans pouvoir électoral, contrairement aux pieds-noirs) et l'incapacité des harkis à se défendre politiquement faute de l'existence d'une intelligentsia (« Témoins » 40-41).

12 Les SAS, créées en septembre 1955, apportaient une aide sociale, médicale et scolaire à la population rurale, avec pour objectif de la gagner à la cause de la France.

13 Dans son roman *La Seine était rouge*, centré sur la manifestation du 17 octobre 1961 à Paris, Leïla Sebbar fait témoigner « Le Harki de Papon ». Dans sa préface au numéro spécial des

française, tous ces hommes n'ont pas de statut militaire et n'ont qu'un contrat mensuel. Ils appuient l'armée française dans le bled et les djebels, mais aussi dans la Bataille d'Alger, au Centre de Coordination Interarmées (l'organe central de recherche du renseignement) et avec les tortionnaires des Dispositifs Opérationnels de Protection (Roux 123). Certains se sont engagés pour des raisons diverses : « Crainte du FLN, fidélité à l'armée française qu'ils avaient servie lors des deux guerres mondiales [...], motivations économiques, rivalités tribales » (Aggoun 123). D'autres se sont vus enrôlés de force après être passés à la « question », comme le montrent les premières scènes du film de Gillo Pontecorvo, *La Bataille d'Alger* (1966). Au lendemain des accords d'Évian, des décrets précisent leurs conditions de démobilisation. S'offrent à eux trois possibilités : s'engager dans l'armée française à titre régulier, retourner à la vie civile avec une prime de démobilisation ou demander un délai de réflexion de six mois. Mais « [d]ans les faits, les autorités civiles et militaires [françaises] poussèrent avec obstination les supplétifs à opter pour la deuxième solution » (Roux 187) et 81,2% d'entre eux seraient retournés à la vie civile, comptant échapper aux représailles grâce aux garanties avancées par le FLN et à la présence importante de troupes françaises en Algérie (Eldridge 92). La réalité est toute autre et les historiens ont pu parler de massacres des harkis avec des chiffres allant de 100.000 à 150.000 morts (Hamoumou, *Et ils sont devenus*, 249)[14]. Les harkis sont abandonnés[15].

Assez paradoxalement, c'est au moment de leur mort que naissent véritablement les harkis dans tout ce que le terme va charrier par la suite de connotations. C'est à ce moment qu'apparaît l'embryon de la communauté que

Temps modernes consacré en 2011 aux harkis, Claude Lanzmann, célèbre pour son film *Shoah*, observe que « les "harkis de Papon", investis de pouvoirs de police », tortionnaires qui, selon la formule consacrée, faisaient chanter les caves du quartier de la Goutte-d'or à Paris, « n'étaient pas représentatifs des harkis d'Algérie » (4).

14 C'est le chiffre retenu par Rahmani dans *Moze* (42). Les estimations varient. Selon le général Faivre, il y aurait eu entre 55.000 et 75.000 victimes (cité par Moumen, « Historical Construction », 5). D'autres n'hésitent pas à parler de « génocide » (Hamoumou, « Harkis », 28) ou « d'extermination systématique » et donc de « crime contre l'humanité » (Benamou 221, 231). Interrogé sur ce terme par Fatima Besnaci-Lancou, fille de harki qui a œuvré pour sa communauté, Stora se garde bien de se prononcer et se contente de dire que « c'est un crime décidé ou couvert par un État » (« Témoins » 41). Pour une réflexion philosophique sur les massacres des harkis comme crime contre l'humanité, voir l'article d'Alain David.

15 Pour Benamou, ils le sont juridiquement (puisqu'ils ne sont pas explicitement mentionnés dans les accords d'Évian), administrativement (puisque rien n'a été prévu pour eux) et militairement (les troupes supplétives sont massivement démobilisées au lendemain des accords) (224-225).

formeront les survivants. Face aux violences que les supplétifs subissent[16], l'armée française ouvre un peu ses cantonnements et des harkis se réfugient en France. Se basant sur le nombre de dossiers d'indemnisation déposés en 1987, Roux évalue leur nombre à une « quinzaine de milliers de *familles* » (230, mes italiques). Ces survivants ne sont en effet pas seulement des hommes ; femmes et enfants n'ont pas été exempts des violences et ainsi les familles constitueraient deux tiers des rapatriés musulmans (Manceron 65)[17]. Acceptés bon gré mal gré sur le territoire français, les harkis sont ainsi nés deux fois. Au début de la guerre, il s'agit d'hommes, de supplétifs, ces premiers harkis ont été créés par la France et sa politique militaire ; à la fin de la guerre, il s'agit de familles et ces seconds harkis ont été créés par la gestion de leur installation en France[18]. Il faut pour constituer une communauté et en assurer la postérité un élément féminin ; la présence de femmes (et d'enfants, comme Zahia Rahmani), l'accueil qui leur sera réservé, les conditions dans lesquelles ils seront hébergés – dans des camps (comme à Rivesaltes ou Bias) ou des hameaux forestiers ou cités urbaines, de toute façon en marge de la société française – garantiront la pérennité du groupe.

Les harkis gênent. Comme l'explique Stora, en France, admettre leur existence, « ce serait mettre en accusation le gouvernement du général de Gaulle qui n'a jamais voulu planifier leur départ. Les harkis deviennent ainsi *les témoins gênants* de la guerre d'Algérie » (*Gangrène* 207, mes italiques). Alors on les garde dans ces camps, supposément de transit, plus longtemps que prévu. Celui de Saint-Maurice l'Ardoise aurait officiellement fermé en décembre 1963 (Moumen, « Camp » 117), mais Zahia Rahmani y a vécu, or, sa famille n'est arrivée en France qu'en 1967[19]. Malgré leur mise à l'écart, ou plutôt à cause de leur mise à l'écart dans des conditions de vie effroyables, ces témoins indésirables se manifestent, mais on ne les entend pas vraiment. La première association de harkis, créée pour et par des Français musulmans, naît en 1971[20]. En 1972, une

---

16 Mohand Hamoumou, sociologue fondateur de l'association AJIR (Association justice, information et réparation), souligne « l'aspect cathartique de cette violence », la plupart des harkis « furent humiliés et torturés publiquement, longuement, avec un luxe de raffinement dans l'horreur » (« Harkis » 32).

17 Selon Benamou, 43.000 réfugiés furent évacués d'Algérie par l'armée française entre 1962 et 1970, principalement en 1962 (225).

18 Il semblerait que les « premiers harkis » comptaient aussi des femmes, « femmes soignantes de l'armée », elles aussi punies l'été 1962, mais je n'en ai trouvé mention que dans un témoignage du numéro 666 des *Temps modernes* (26).

19 Pour les conditions de vie dans ce camp et celui de Rivesaltes, voir l'article d'Abderahmen Moumen, « De l'absence aux nouveaux porte-parole ».

20 C'est le Mouvement d'assistance et de défense des rapatriés d'Afrique du Nord (MADRAN). Pour un bref historique du mouvement associatif harki, voir l'article de Moumen cité ci-dessus.

émission des *Dossiers de l'écran* leur est consacrée. Les conditions sont tellement dégradées dans les camps que l'été 1975 la révolte émerge à Bias et Saint-Maurice l'Ardoise[21] avec « grèves de la faim, défilés, prise en otage des administrateurs de camps » (Boutouba 26), une révolte qui amènera le gouvernement à décider de la fermeture de ces camps et des hameaux forestiers. En 1981, Saïd Ferdi publie son autobiographie, relatant comment à quatorze ans il est devenu harki. En 1985, Brahim Sadouni sous-titre son livre, *Français sans patrie*, « premier témoignage écrit par un harki ». En 1986 naît l'Association des Français rapatriés d'origine algérienne (AFRA) puisqu'« il fallait créer sa propre association si l'on voulait être *entendu* », écrit Boussad Azni (143, mes italiques). Géraldine Enjelvin voit l'été 1991 comme un moment charnière puisque les jeunes « harkis » reprennent le terme à leur compte, réappropriation qui « signale la fin de l'objectivation et le passage de la dénonciation à celui d'énonciation » (Enjelvin, « Harkis en France » 169). Dans les années 1990, révoltes et grèves de la faim se poursuivent, menées par les enfants[22]. En 2001, « le Comité national de liaison des harkis dépos[e] une plainte contre l'État français pour "crimes contre l'humanité" » (Enjelvin, « Harkis en France » 169-170). Le 25 septembre 2001 est inaugurée la Journée d'hommage national aux harkis qui s'est depuis pérennisée ; le président de la République, Jacques Chirac, conclut son discours sur ces termes : « les Harkis ne sauraient demeurer les oubliés d'une histoire enfouie. Ils doivent désormais prendre toute leur place dans notre *mémoire* » (cité par Enjelvin, « Entrée » 62, mes italiques). Autrement dit, il ne serait de bon harki qu'un harki mort. Au début des années 2000, ils n'avaient leur place dans la société française que dans un espace mémoriel[23], ce que le roman de Rahmani ne dément pas puisqu'il est catalysé par la mort de Moze le harki. Pour éviter que les camps ne soient balayés par l'histoire, une « vigilance

---

21 Organisée par la Confédération des Français musulmans rapatriés d'Algérie et leurs amis, CFMRAA (Moumen, « Historical Construction » 7), elle a pour but de sensibiliser l'opinion publique sur le sort des Français musulmans.

22 Les émeutes de 1991, motivées par le manque d'emploi, touchent dix-huit départements du sud de la France (voir l'article de Pierret, « Les Révoltes des enfants de harkis »). La grève de la faim de 1997 sur la Place des Invalides dont les demandes « sont liées à la reconnaissance officielle de ce qui est effectivement arrivé aux harkis en plus de mesures pour l'emploi visant à aider les harkis de la deuxième génération » (« are related to the official recognition of what actually happened to the Harkis in addition to employment measures designed to assist second-generation Harkis », Pierret, « Colonization » 43), marque un tournant puisque les deuxième-générations joignent alors les associations qui se fédéreront (Pierret, « Révoltes » 157).

23 Preuve en serait le fait que les camps, lieux de mémoire s'il en est, ont été rasés.

ILLUSTRATION 6 Stèle commémorative, camp de Rivesaltes

commémorative » (Nora XXIV) s'impose, garantie par des stèles comme celle apposée au camp de Rivesaltes en 1995[24].

D'autres plaques sont apposées le 25 septembre 2001 aux Invalides et dans vingt-six autres sites liés aux harkis (Enjelvin, « Entrée » 67). Nous sommes

24 Je remercie ma collègue Dawn Cornelio pour cette photo.

depuis dans la commémoration, dont relèvent également films et livres. Ainsi, en 2003 paraissent quatre livres écrits par des filles de harkis : *Fille de harki* de Fatima Besnaci-Lancou, *Mohand le harki* d'Hadjila Kemoum, *Mon père, ce harki* de Dalila Kerchouche et *Moze* de Zahia Rahmani[25]. C'est à ce dernier que ce chapitre est consacré, car non seulement ce roman apporte-t-il sa pierre à l'œuvre commémorative collective, mais, écrit par une endeuillée après suicide, il constitue un lieu de mémoire personnel[26]. Écrit, comme on le verra, à cause du suicide du père, il prend bien le père comme point de départ, mais, parce que le suicide de Moze est intimement lié à sa condition de harki, il va bien au-delà de cet homme et se lit – sur invitation de l'auteure – comme un témoignage personnel et collectif[27]. Rahmani voulait lire un témoignage sur les harkis ; or, dit-elle, « [q]uand vous ne trouvez pas à lire ce que vous voulez, vous l'écrivez » (« Spectre » 221)[28]. Elle n'a pas trouvé de témoignage, elle a écrit *Moze*. Le reste de ce chapitre s'attachera alors à la figure du témoin – multiple – et à la fonction de « déposition » remplie par ses actes de paroles, dépositions qui s'inscrivent dans ce que la psychologue et psychiatre Laurie Laufer a appelé une « œuvre de sépulture » (114).

3 Présentation du témoin : qui était Moze[29] ?

Bien que présenté comme un roman, *Moze* part d'un fait réel qui catalyse et motive le récit. Le matin du 11 novembre 1991, à 8h30, Moze le harki salue le monument aux morts ; 45 minutes plus tard, des chasseurs trouvent son corps noyé. Le suicide est mentionné dès le prologue, à mots couverts, par un pronom démonstratif neutre : « C'est arrivé le 11 novembre. Mais c'est venu bien avant. Vivant, il était mort. [...] Moze est mort avant sa mort » (19). C'est au présent que sa fille énonce son statut, alors qu'il a été démobilisé le 30 avril 1962, quelques semaines après la signature des accords d'Évian : « Moze *est* un supplétif de l'armée française. Il a rejoint ses compagnons d'armes le 11 novembre

25 En 2006 sort le premier film français de fiction, *Harkis* d'Alain Tasma.

26 Au niveau officiel, dans un discours du 14 avril 2012, Nicolas Sarkozy « reconnaît enfin officiellement la responsabilité du gouvernement français dans l'abandon des harkis à la fin de la guerre d'Algérie » (Kilali 8).

27 Régine Robin rappelle qu'au procès d'Adolf Eichmann, le procureur général, Gideon Hausner, avait insisté dans un geste spectaculaire qu'il ne se présentait pas seul devant les juges, « six millions de procureurs se trouvent à mes côtés » (153).

28 Notons que le livre d'Azni contient un récit de sa « jeunesse d'enfant de harki » (109).

29 Des parties de ce chapitre ont été présentées au *7th International Congress "Narrative Matters"* à Paris en juin 2014 ; la version longue est en dépôt aux archives de l'université de Paris VII-Diderot et disponible sur ma page sur <academia.edu>. Ci-après, les numéros de page se référant à *Moze* figureront seuls, entre parenthèses.

1991 » (20, mes italiques). Quarante ans après les faits, harki Moze demeure et en meurt. Deux paragraphes plus bas sont évoqués les massacres : « Il y a eu des milliers de corps perdus. Et aussi 100 000 voire 150 000 corps tués. Morts obligés, morts méprisés, morts dans le silence, morts dans la honte » (20), ajoutons morts abandonnés, par la France qu'ils avaient servie, « abandonnés pour être tués » (20). D'entrée de jeu, suicide, condition de harki et massacres sont ainsi liés, massacres évoqués sur un ton de plus en plus virulent[30]. Il est clair que celle qui restera au long du roman « la fille de Moze » met la France, qui leur a tourné le dos, plus que l'Algérie, qui a perpétré ou laissé perpétrer le crime, au banc des accusés. Cependant, elle rétablit une vérité historique, à savoir que « tous les harkis n'ont pas été tués en 1962 » (40). Ainsi en fut-il de Moze, dont elle relate le sort à la voix passive :

> Moze n'a pas été tué.
>
> Il fut arrêté, torturé, interné, vendu, déplacé, recelé, acheté, déplacé. Il ne fut pas tué.
>
> Durant cinq années, il fut interné, transféré, frappé, négocié, racheté, emprisonné, torturé, recelé, déplacé, frappé, vendu, racheté.
>
> C'est à cette épreuve qu'il doit sa survie. N'étant rien, rien il n'est devenu. On l'a laissé sortir un jour, un jour pour voir. Ce jour-là il s'est enfui. (22)

Un verbe pronominal redonne à Moze son agentivité, lui, harki malgré lui, victime de l'action des autres, de leurs exactions répétées, faux sujet d'une voix passive qui reflète sa situation en porte-à-faux, situation comprise dans le mot dont « on » le nomme : « harki » (22), cette identité imposée[31]. L'identité est ici triplement problématique puisque premièrement elle lui est imposée par une instance indéfinie, représentée par ce pronom sujet indéfini[32], deuxièmement elle se définit dans une double négation (« Ni nomade ni apatride, ni errant ni exilé, il serait […] un banni », 23) et troisièmement elle se transmet

---

30 Pp. 42, 98 et 143.

31 Pour Enjelvin, les douze participes passés de la citation ci-dessus « qui résonnent comme douze coups consécutifs puissants, cherch[ent] à traduire les diverses formes de violence auxquelles son père, impuissant, a été soumis avant de parvenir à s'enfuir en France » (« which sound like twelve consecutive powerful blows, see[k] to convey the various forms of violence which her father was powerlessly subjected to before succeeding to flee to France », « Harki Daughters » 87).

32 Ce « on » et la voix passive accusent la France en général comme le montre cet autre exemple : « Les guerres se terminent par l'échange des hommes ! Mais, Moze, *on* ne l'a pas demandé. Ni lui, ni aucun de ses camarades *n'a été demandé* » (44, mes italiques).

dans le non-dit des points de suspension dans la citation suivante et le pronom démonstratif neutre *ça* : « Harki est le mot pacte qui le désigne. Le mot que ses enfants doivent dire [...] ; parce qu'ils sont enfants de ... Je me dis, je me désigne, enfant de ça ! Le dire ce mot qui me justifie. Ce qui me justifie est ... » (22). Comme tant d'autres, Moze est *devenu* harki, faux sujet d'un verbe ergatif, pris entre deux feux, dans un faux choix – « Tu flingues ou je te flingue ! » (38) – qui a paraphé sa nouvelle identité de « traître » (43, 56), lui qui aurait peut-être eu plus tôt la possibilité de passer clandestinement en France, mais seul, sans sa femme et ses enfants qu'il aurait en partant abandonnés à la vindicte populaire[33]. Après être passé dans divers camps en Algérie, il s'évade en 1967 pour s'installer en France, « un départ à vie, sans retour. Une interdiction de territoire, même pour les deuils. Une interdiction au-delà de la mort » (47). Il arrive sur un site militaire en Provence puis au camp de Saint-Maurice l'Ardoise avec femme et enfants, dont Zahia, la petite dernière, née en septembre 1962[34]. Du camp, Rahmani nous donne à voir « des baraquements et des tentes, des tours de guet vides, des haut-parleurs qui ne servaient à rien, des barbelés rouillés, des projecteurs qui ne fonctionnaient pas », un paysage évocateur des camps de concentration nazis, un « lieu de guerre » avec l'armée française pour horizon (41). Survivant, « Moze était de nouveau soldat » (41), mais un « soldat-mort », néologisme dont Rahmani qualifie les anciens supplétifs. Le pluriel de ce mot composé endogène[35] a pour particularité que le premier item a perdu sa désinence indicatrice du pluriel ; « soldatmorts » concilie singulier et pluriel et, ce faisant, invite à plusieurs interprétations. D'abord, que l'expérience singulière est représentative d'une expérience plurielle, collective. Ensuite, que le harki connaît plusieurs morts – mort à sa patrie d'origine en devenant un supplétif dans l'armée française (quand il devient harki, dans le sens restreint, militaire, du terme), mort en la quittant (quand il devient harki une seconde fois, dans le sens social et identitaire du terme). Enfin, le harki est un « soldat-mort » dans la mesure où il est un mort en sursis, un ancien soldat à la mort différée, « rétrogradé au rang de non-existant au fichier national » (48)[36]. Dans

33 Sa fille attribue la décision de Moze de devenir harki au meurtre de son père : « À vingt-six ans on tue son père. Et là, il est foutu. Mais jusqu'au meurtre de son père il est loyal. Ensuite, il a largement payé » (36). Chassée du village, sa famille est enfermée à Tizi-Ouzou jusqu'en 1967 (voir l'entretien réalisé par Alison Rice et publié sur <www.francophonemetronomes.com>, dernier accès le 20 juillet 2016).

34 Ils sortiront de ce camp grâce à deux amis français qui ont trouvé à Moze un emploi, passeront six mois dans une cité d'urgence dans le nord avant de s'installer dans un appartement à Beauvais (49-50).

35 Les mots composés endogènes tiennent leur sens de leurs deux items, ici *soldat* et *mort*.

36 En 1984, comme en attesterait un document reproduit dans le livre, Moze a perçu « la prime de recasement et licenciement des harkis sous contrat », vingt-deux ans après la fin de la guerre (62).

le « s » manquant se dresse aussi le secret, le silence. Presque trente ans après sa démobilisation, Moze se suicide, il est retrouvé noyé, son chapeau près de lui, tirant à la France sa révérence[37].

Il est d'usage après un suicide qu'une enquête soit menée. Ici, la visite d'un enquêteur a un autre motif. Il se présente au domicile de Moze et interroge ses enfants parce que ceux-ci ont été dénoncés. En réponse, la fille de Moze lui brandit le rapport d'autopsie, son père n'a subi aucun coup, n'a pas fait de chute, il est mort noyé, noyade toutefois problématique puisque, comme l'a précisé le frère, Moze nageait très bien. Difficile alors d'invoquer la thèse de l'accident, ce qu'ose toutefois la sœur en suggérant que Moze a glissé dans la vase de l'étang. L'enquêteur, dubitatif puisque Moze avait fermé sa voiture à clef, est détrompé par la fille qui dit avoir goûté les doigts de Moze, les avoir léchés « pour les sentir, sentir s'il avait eu l'envie de revenir, de s'accrocher au gravier, de sortir de cette eau. Je n'ai rien trouvé » (29). Son verdict tombe et elle reconstitue pour l'enquêteur – et pour elle-même, endeuillée d'un suicide dont elle n'a pas été visuellement témoin – les derniers moments de Moze, sujet de verbes actifs :

> Il a même pris soin de mettre son chapeau et ses lunettes ! Il a mis son chapeau, son manteau et ses lunettes. Il a pris sa voiture et il s'est rendu à la cérémonie pour les morts. Devant le monument il a serré la main du maire et de ses conseillers. Ensuite il a salué les vieux soldats. [...] Il a repris sa voiture pour l'étang communal. [...]
>
> Il a mis son grand manteau d'hiver et son chapeau. Il est sorti de sa voiture, il est entré dans l'étang, il a pénétré dans l'eau, il a marché dans la vase, il s'est enfoncé le corps dans cette boue. (29-30)

Cette suite d'actions dont Moze est le sujet prouverait qu'il est également l'agent de sa mort, qu'après tant d'années cantonné dans le rôle de victime et de banni[38], il a finalement choisi son destin, tuant par là même le harki que l'armée puis la société françaises avaient créé. Dans la dernière phrase, Moze se tue et tue son corps, le corps du *soldatmort* que la France l'avait fait devenir malgré lui. L'enquêteur tente tant bien que mal de poursuivre son enquête, mais la fille de Moze s'empare de la parole, refait l'histoire de sa famille en

37 Vincent Crapanzano observe que les suicides étaient fréquents dans les camps (171) et Hamoumou qu'en 1962, au moment des arrestations en Algérie, eurent lieu « de spectaculaires et atroces suicides à la hache ou à la mort aux rats » (« Harkis » 31). Le suicide de Moze est à notre sens différent. Il n'est pas juste l'expression d'une profonde dépression, c'est un témoignage. Il aurait par ailleurs été doublement différé : par rapport au moment des massacres et par rapport à ceux des camps.

38 Pour Stora, la victimisation est le propre des harkis (*Guerre* 69).

France et impose sa lecture du geste paternel. L'enquêteur est réduit à un rôle purement narratif, relançant le dialogue quand celui-ci menacerait de s'essouffler. Il permet à la fille de parler des camps, de dire ce qu'elle pense de la guerre d'Algérie, de s'inscrire dans l'histoire des harkis, de dire le flou identitaire dans lequel eux, les enfants, ont grandi. L'enquêteur n'est qu'un prétexte qui sert à crever l'abcès que représente pour la fille la mort – et la vie – de son père, son identité de harki, sa culpabilité. Le suicide, même quand il n'est pas violent, demeure une mort violente pour le survivant, démuni devant le fait accompli. Mais la violence de la mort de Moze est décuplée par tout ce qu'elle charrie :

> Dans le geste de Moze tout est pris, saisi et confondu. Tout hurle. Le Mal, la Justice, le Meurtre, la Vengeance, la Raison, le Tort, la Nation, le Peuple, l'Honneur, la Trahison, le Frère et le Pardon hurlent. […] Le Frère, la Nation, la Trahison, vident votre corps de toute vie. […] Et ces mots frappent. Ils frappent pour vous rappeler ce qu'ils signifient ; ce pour quoi Moze est mort ! Le Frère, la Nation, la Trahison hurlent que Moze est mort coupable. Coupable ! (79)

Devant cette violence décuplée, devant cette fille que l'on entend hurler autant que la mort de son père, l'enquêteur ne peut que battre en retraite et le lecteur prendre conscience que ce suicide n'est pas un simple acte désespéré ou l'expression d'un malaise existentiel, mais une lettre et même un témoignage[39]. Moze, qui « ne parlait pas » (52), a témoigné en se suicidant. En commettant un acte tabou, il a témoigné de sa condition de harki, sujet tabou et dans la société française et dans la société algérienne.

4 Lettre-suicide d'un témoin absent et muet

De Moze il est dit à maintes reprises qu'il « ne parlait pas » (52), ou peu, même s'il « n'avait aucun accent. Cette langue, il la pratiquait avec l'élégance du beau Français qu'il était » (123)[40]. Éduqué, Moze se démarquait de la majorité des

39 Dans *France, récit d'une enfance*, l'emploi de l'euphémisme « mettre fin à sa vie » perpétue le non-dit qui entoure encore généralement cet acte mais apporte confirmation de la position de la fille de Moze sur la mort de son père, il s'agit d'un suicide et non d'un meurtre ou d'un accident.

40 Dans une présentation au colloque « Là où les mondes se touchent » à l'École Régionale des Beaux-Arts de Nantes le 3 mars 2009, Rahmani remarque que si elle mettait bout à bout tout ce qu'ils se sont jamais dit, cela tiendrait en quinze minutes (cf. <https://vimeo.com/5209162>, dernier accès le 5 mars 2015). Dans cette présentation, Rahmani évoque

harkis, illettrés et maintenus dans l'illettrisme[41]. Mais comme eux, il se taisait et sa fille de les qualifier tous d'« aphasiques » (31), muets mais aussi forcés au silence puisqu'« aucun d'entre eux n'a été invité à dire un mot de son existence. Aucune invitation. De cet oubli de lui, on ne s'est pas inquiété. [...] Et lui, de lui il n'a rien dit. Il n'a pas su dire » (109)[42]. Il s'est tu, puis il s'est tué.

Moze n'a pas parlé, mais il a écrit. Il « réclamait » (51, 53), « Il n'était qu'un réclamant » (53) qui « noyait » les instances officielles de plaintes écrites (52). Maudit, empêché de dire ses maux, et ses mots, il écrivait, mais ses lettres restaient souvent mortes, lettres mortes d'un *soldatmort* non invité à dire un mot de son existence née du « malentendu » (115) qu'a été cette guerre en Algérie, de ce « mal-entendu » de mots non-dits. La noyade de Moze est ainsi la dernière lettre de cet homme, comme la note d'un suicidé. Son corps se fait lettre. Après avoir noyé l'administration de ses plaintes, il noie son corps. Sa noyade, de par ses lieu et date si lourds de sens, voire incriminants, est sa dernière réclamation à la France. Rahmani ne s'y est pas trompée puisqu'elle a remarqué dans son article « Le "harki" comme spectre ou l'écriture du déterrement » que « la date de sa mort, la signature, me signifie qu'il y a au-delà de sa mort quelque chose de plus grand, ce que j'appelle un événement. [...] La date est un legs, un legs qui se propose comme un testament à ouvrir » (230). Moze aurait pu choisir un autre jour férié ritualisé, par exemple le 1er mai, mais il se suicide à cause d'une guerre, cette guerre qui l'a fait devenir harki, et donc seule la date commémorative d'une autre guerre peut transmettre la nature de son message. Le 11 novembre commémore la Grande Guerre, jour férié avec, dans toute la France, son cortège de manifestations dont Antoine Prost dit qu'elles ne sont pas « d'abord patriotiques, mais républicaines » car elles célèbrent « non des principes, mais des citoyens concrets » dont le nom est gravé sur le monument et devant lesquels drapeaux et « survivants » s'inclinent (Nora

son père, son emprisonnement, le papier d'interdiction de territoire (algérien) qu'il a dû signer, son suicide, mais à aucun moment ne prononce-t-elle le mot *harki*.

41 Jennifer Howell soutient la thèse d'une opposition étatique d'éduquer la première génération en citant un passage du livre de Blancou où la mère du narrateur, institutrice dans le camp de Saint-Maurice l'Ardoise, essuie un refus de la part du directeur quand elle suggère des classes du soir pour adultes (200).

42 Dans son récit autobiographique, *Les Enfants des harkis*, Salila Telali se lamente aussi du silence de son père harki et du manque de transmission de son histoire. Les mots « Chut ! Silence ! » ponctuent son texte pas moins de quarante-huit fois. Cependant, elle admet aussi avoir contribué à ce silence pour se protéger (et pour faciliter son intégration) et reconnaît que ce silence n'était « pas si entier que ça. À demi-mot, mes parents m'avaient dit des choses que je ne pouvais entendre, mais que j'avais intégrées sans le savoir » (13).

214). Moze le survivant[43] n'a pas dérogé à la pratique républicaine puisqu'il a ce matin-là « salu[é] le monument aux victimes de la Grande Guerre » (20), lui le *soldatmort* à son pays pour la France qui n'a pas reconnu son sacrifice, qui n'a pas reconnu ce soldat demeuré inconnu, que ce livre-déposition de sa fille endeuillée après suicide nous invite à saluer et à reconnaître. Son geste fatal se lit comme une plainte contre l'oubli et une demande de reconnaissance, dans les deux sens du terme. Contrastant la Première Guerre mondiale qui a mobilisé la nation entière et frappé de deuil toutes les communes – qui ont alors érigé un monument à la mémoire de leurs enfants morts pour la France – et celle de 1870-71 qui n'a donné lieu qu'à des monuments cantonaux ou départementaux, Prost émet l'hypothèse que l'érection de monuments dépendrait de l'issue du conflit (196). L'autre conflit donnant lieu à des commémorations nationales de même nature et envergure est bien sûr la Seconde Guerre mondiale. Moze n'aurait toutefois pas pu commettre son geste un 8 mai, d'abord parce que cette guerre véhicule l'ambiguïté – c'est finalement une victoire, une guerre de résistants, mais avant cela une défaite, une guerre de traîtres et de collabos[44] – ensuite parce que la date du 8 mai 1945 marque pour les Algériens la répression sanglante des manifestations de Sétif et autres villes du Constantinois. Quand la fille de Moze dit qu'il n'a connu que la guerre, elle ne mentionne pas la résistance et la libération, mais Vichy et la « tuerie de Sétif » (36)[45]. Quant à commettre son acte un jour commémorant la guerre d'Algérie, quand Moze se suicide, en 1991, elle n'existe pas encore comme telle – puisqu'elle n'est reconnue qu'en 1999 – et n'a pas encore de date commémorative officielle[46]. Pour adresser sa lettre-suicide à la France, Moze n'a ainsi pas d'autre choix que le 11 novembre. Quant au lieu, l'étang *communal*, il s'agit d'un espace qui appartient

---

43 Doublement survivant puisqu'il est aussi endeuillé après suicide – suicides de ses frères d'armes au moment des arrestations et dans les camps.

44 Connotations que porte le terme de « harki » – c'est ainsi que le président algérien, Abdelaziz Bouteflika, les a qualifiés dans un discours de juin 2000 qui a fait un tollé dans la communauté harkie.

45 Robin attribue le manque de reconnaissance par la France de cette « tuerie » au caractère si démesuré « qu'il n'y a pas de discours tenable en dehors d'une dénonciation formelle de la colonisation, ce que personne n'est prêt à faire au niveau officiel » (184). Hamoumou cite entre 1500 et 45.000 victimes (*Et ils sont devenus* 246) – il y en aurait eu de 6000 à 12.000 selon la majorité des historiens.

46 Le 19 mars – jour de la signature des accords d'Évian – a été choisi dès 1963 par la Fédération Nationale des Anciens Combattants en Algérie, Maroc et Tunisie mais n'a été adopté comme « journée nationale du souvenir » par l'Assemblée Nationale qu'en 2002, par le Sénat qu'en 2012 et fait toujours polémique. Ainsi, le journal télévisé de France 2 du 19 mars 2013 a diffusé un reportage sur l'opposition des rapatriés et le boycott du maire de Perpignan (Bacholle-Bošković, « Quelles commémorations » 242).

à la France républicaine. Dans *Clinique du suicide*, Geneviève Morel sonde le rapport qui existe « entre le suicide et ce qui précède » ; pour elle, « le suicide est incontestablement un acte qui témoigne d'un message (message de protestation contre une déception politique, érotique, etc.). En tant que message, il est adressé à l'Autre » (191), dans le cas qui nous occupe, à la France et ses gouvernements successifs, voire sa population entière elle aussi oublieuse des harkis. Le suicide est la dernière lettre d'un corps en souffrance. Vivant, le corps de Moze témoignait de la guerre, des massacres, le harki étant pour la France le « témoi[n] gênan[t] d'une défaite exemplaire » (Azni 113). Mort, il témoigne de l'oubli où sont tombés les harkis et il incrimine.

Mais comme ses autres plaintes, le suicide de Moze restera lettre morte car pour parler d'un tabou (la guerre d'Algérie et les harkis), il a commis un acte tabou (le suicide). Il y a surenchère dans le tabou, donc surenchère dans le silence[47]. C'est là que le père de Rahmani et Moze divergent. Si le suicide de celui-ci est resté lettre morte, le suicide de celui-là a été pendant sept ans une lettre en souffrance, lettre en souffrance d'un corps souffrant puis mort. Le corps doit être écrit pour pouvoir être entendu et cette tâche incombe à sa fille qui, dans le livre qui porte le nom de son père, prend la parole, reprend sa parole, « ses mots encagés » (142) et permet à sa voix de glisser en elle[48]. Dans « Le "harki" comme spectre », texte où elle énonce clairement la nature autobiographique de son roman – « "Moze" était mon père » (222) – l'auteure revient sur les circonstances de l'écriture de *Moze* :

> Je travaillais depuis quelques temps sur un texte, *Ma langue ne veut pas mourir* [...].
>
> Je travaillais de cette manière sur la langue et voilà que le corps de mon père m'apparaît et me revient. [...] Il revient et advient là ce qui va faire que le texte va exister : mon père comme spectre. Cela se passe en 1998 [...]. Cette figure du père comme spectre vient à moi par un phénomène physique particulier qui prend la forme d'une dépression. (225)

Et Rahmani de poursuivre :

---

47 De plus, son acte n'a eu aucun témoin, donc personne pour briser le silence. Cette remarque remet bien sûr en cause la description du suicide par la fille de Moze et donc sa propre qualité de témoin – sauf si l'on entend par témoin celui qui fait une déposition constitutive d'une œuvre de sépulture – j'y reviendrai.

48 La cinquième partie, intitulée « Moze parle », porte comme sous-titre « La voix de Moze glisse en sa fille ».

> Ma « dépression » se situe à un point très précis : je suis dans la salle de bains, je me lave et brutalement je deviens de l'eau, je suis transformée en eau, une flaque d'eau. Je me vois ramper en flaque d'eau, et là j'ai la certitude que je vais mourir [...]. Donc je suis une flaque, je rampe, et je ne réalise pas qu'il y a un parallèle à faire entre la mort de mon père et moi qui suis de l'eau. (227)

En 1998, donc sept ans après son suicide, la noyade du père parle enfin à Rahmani. Sa lettre-suicide arrive à destination, est ouverte et lue. Entretemps on peut se demander si Rahmani n'a pas effectué un déni de suicide, comme pourraient en attester les doutes énoncés au début du roman par l'enquêteur et la sœur de la narratrice. Le déni de suicide, comme l'explique le psychiatre et psychothérapeute Christophe Fauré, est la réponse qu'ont parfois les endeuillés afin de se protéger de la violence de l'acte et de leurs émotions, réponse dangereuse car elle met « les proches en deuil en décalage par rapport à leur réalité, et ce blocage émotionnel est en contradiction avec le déroulement harmonieux du processus de deuil » (158-159). La dépression qui submerge Rahmani sept ans après les faits et la pousse à écrire suffit à montrer que le processus de deuil ne s'est pas fait harmonieusement[49] ; prolongées, les complications du deuil sont devenues une « pathologie du deuil » (Bacqué et Hanus, 43). La transposition romanesque de la dépression montre aussi un décalage car, si les impressions retranscrites, les dates et les mots utilisés se recoupent avec ce qu'écrira Rahmani dans « Le "harki" comme spectre », on n'est pas sûr de savoir qui de la femme ou de la fille de Moze les vit – la mise en retrait des paragraphes inviterait à penser qu'il s'agit de la fille[50]. Reste qu'au bout de sept ans, le chagrin, l'eau du père noyé ont fait céder le blocage, le barrage et menacent d'engloutir la fille. Après avoir noyé l'administration de lettres de réclamation, après s'être noyé, Moze noie sa fille qui n'a pas pu ou pas su se ménager une « sépulture psychique » où le père puisse « habiter le vivant sans le hanter » (Laufer 114). Moze, corps absent et muet de spectre, délègue à sa fille la parole, une parole grâce à laquelle elle fera son travail d'endeuillée après suicide, voire même œuvre de sépulture[51].

---

49 Dans *France, récit d'une enfance*, elle date le « torrent de larmes » de juin 1992, quand elle est prise « d'une immense tristesse. Je ne cessais de pleurer le malheur de mon père » (98).

50 « 28 septembre 1998. Je suis nue, je suis comme un liquide. [...]. Je n'ai plus de corps, je suis de l'eau. [...] J'appelle, je crie, Je vais mourir, je vais mourir, je suis de l'eau, de l'eau ... » (147-148).

51 Pierre Fédida établit une distinction entre les deux, l'œuvre de sépulture étant « plus exigeante » que le travail de deuil car « c'est à une vérité de la parole que l'on a ici à faire. La

5 Moze et la parole

« Écrire c'est combler la lacune d'une parole tuée dans la chaîne générationnelle, et écrire cette rupture réinstaure l'héritage par la restitution de cette parole », affirme Janine Altounian dans un livre très personnel écrit à l'aune d'un « manuscrit relique » laissé par son père, survivant du génocide arménien de 1915, et intitulé *L'Intraduisible. Deuil, mémoire, transmission* (48). Ces propos pourraient s'appliquer à Rahmani et à son père dont la parole a été tue, sinon tuée. Avec et dans *Moze*, Rahmani restitue la parole du père, en particulier dans la cinquième partie, « MOZE PARLE La voix de Moze glisse en sa fille ». La parole est la clef de voûte de ce roman aux allures de tragédie[52]. L'injonction est faite à la fille de faire parler ce père qui parlait peu, ou pas, qui de lui « n'a rien dit. Il n'a pas su dire » (109)[53]. La fille de Moze insiste sur la nécessité de parler : « Ce qui doit être condamné dans la condamnation de Moze c'est ce qui a permis son existence. Il faut le dire [...]. Il faut parler, parler de ce qui a eu lieu ! [...] parler pour que la parole exerce son droit » (136). Sur cette page le verbe *parler* apparaît pas moins de vingt-cinq fois, rendant le silence de Moze assourdissant, faisant retentir d'autant plus la parole de sa fille. Celle-ci, qui l'a sauvé une première fois[54], le sauve du silence dans lequel il a sombré. Elle n'attend pas qu'on lui donne la parole, elle s'en empare et se fait comme son exécuteur testamentaire. Dans le prologue, littéralement un « pro-logos », avant-discours, la fille expose le suicide, les massacres de harkis, la condition de harki (de la première et deuxième génération), sa filiation et son propre rôle dans cette prise de parole que sont les cinq parties qui suivent :

> Par l'écriture je sais que je l'expose et le réduis. Par l'écriture je me défais de lui et vous le remets. Mais je rappelle, étant sa fille, que je suis aussi ce

---

parole est ce seuil mouvant de la paroi du tombeau : parler c'est laisser se former un lieu qui donne forme au mourant » (cité par Laufer 114).

52 Je reviendrai sur sa dimension dramaturgique. La parole – dans le sens de parole donnée – est la clef de voûte de l'engagement et du destin de Moze.

53 Selon le schéma familial maghrébin qui privilégie les fils sur les filles (voir l'article de Camille Lacoste-Dujardin), la délégation de la parole aurait dû revenir au fils aîné, Mokrane, celui que Rahmani dit être son « père, le seul » (*France* 20) car il avait fait « figure de père » pour la petite Zahia quand son père était en prison (Rahmani, « Spectre » 225). Mort, Mokrane ne peut remplir ce rôle – notons que les verbes actifs qui relatent sa mort laissent planer un doute sur son intentionnalité (139, 140) ; en passant de « Ma mère me dit » à « Une mère me dit » (167), Rahmani fait de Mokrane le représentant de tous les fils de harkis morts.

54 En 1967 il a eu la permission de sortir du camp voir sa fille malade et en a profité pour s'évader (43).

> qui est venu par lui et qui le continue. Un legs. Une exécution testamentaire ouverte par son salut aux morts.
>
> Je suis parole de mort faisant serment non pas de mort, mais faisant serment avec la mort comme parole. Moze m'a offert la sienne. (24)

Or, le roman s'ouvre sur une parole – « Je me souviens, / Écris que tu te souviens » (11) – parole reprise au début de la fameuse cinquième partie, sans que le flou qui entoure l'identité du « je » et du « tu » ne soit dissipé. Nous n'allons pas seulement entendre la parole de Moze ou la parole de sa fille, mais *une* parole, parole personnelle (de représentants de la première et deuxième génération) et parole collective (des harkis), parole en quelque sorte transpersonnelle[55].

Mais avant de faire sa déposition, la fille de Moze doit légitimer sa parole, prouver sa filiation. Pour ce faire, elle produit au sein du texte un « Certificat d'hérédité », en fait un certificat attestant du décès de Moze et établissant

> [...] qu'il a laissé pour héritier(s)
> – Mme
> –
> –
> –
> –
> –
> –
> –
> –
> – (35)

55 Peut-être faut-il imputer à cette nature transpersonnelle de la parole dans *Moze* la difficulté de déterminer le genre de ce texte, ni roman, ni témoignage, ni autobiographie dans l'acceptation générale de ces termes. Collecto-biographie ou autobiographie plurielle pour Keith Moser (47), c'est pour Laura Reeck un témoignage autofictionnel (131), pour Sabrinelle Bedrane « une œuvre hybride, essai, biographie, oratorio, ou plutôt suite de monologues sériels » (97), pour Évelyne Ledoux-Beaugrand et Anne Martine Parent un « récit de paroles » (66). On pourrait encore ajouter récit de filiation puisqu'il remplit les six conditions définies par Dominique Viart (79-93). L'hybridité générique de *Moze* reflète le malaise identitaire que le sociologue Régis Pierret a observé dans ses entretiens avec des enfants de harkis qui ne se sentent ni « totalement membre de la communauté algérienne, ni totalement membre de la société française » et souvent « assimilés aux secondes générations de l'immigration et, à ce titre, victimes du racisme » (« Enfants de harki » 89).

Le nom de famille n'est indiqué ni pour Moze ni pour sa femme et les enfants ne sont pas nommés du tout, juste signalés par des tirets[56]. Nous sommes dans une crise de la nomination, dans une perte du nom qui n'est pas sans refléter la perte vécue. Même l'« attestation de services dans les formations supplétives », bien qu'elle révèle le numéro d'immatriculation de Moze et ses lieux et dates de naissance, ne livre pas de nom de famille : « Le chef du bureau central d'archives administratives militaires atteste que : *Moze*, numéro d'immatriculation au recrutement : 50.910.04 032 [...] a servi dans les formations supplétives constituées en Afrique du Nord » (62). À la question « Filiation de » est inscrit « Congrégation des Rahmanya » (62). L'identification entre « la fille de Moze » et l'auteure, Zahia Rahmani, s'opère par le nom de cette congrégation. La lettre du Ministère des anciens combattants et victimes de guerre reproduite à la page suivante atteste de l'emprisonnement dans divers camps algériens post-indépendance et du rapatriement de « MOZE » dont le nom de famille est fourni dans sa filiation – « fils du Moh Ammar Ogaless Abdel Rahman et de Khedoudja Ogaless Abdel Rahman » (63). Notons que dans les deux cas où il figure, le nom de famille diffère légèrement du nom de l'auteure, Rahmanya et Rahman au lieu de Rahmani, comme s'il s'opérait dans la nomination, par l'instabilité de ces voyelles, une ligne de fuite, un refus de se laisser territorialiser[57]. Ce flou dans la nomination figurant dans des documents (supposément) émis par des ministères français pourrait également indiquer que pour la France, peu importe (importait) l'individualité de ces hommes, seul importait leur service « en qualité de harki », mentionné à trois reprises dans le premier document, la congrégation Rahmanya ayant cédé le pas à la communauté harkie[58]. La crise de la nomination se poursuit à la génération suivante puisque les enfants de Moze sont affublés – par l'école ? Par des voisins ? En tout cas par l'Autre étranger – de prénoms français (Isabelle, Francine, Francis). C'est par le comportement de l'Autre que les enfants de Moze apprennent leur identité harkie : « C'est à la campagne qu'on l'a compris. On vous dit vous êtes "harki". Mais ce n'est pas comme être breton, pâtissier, gymnaste ou colonel. Ce que ça signifie, c'est ici que nous l'avons appris » (70). Cet Autre n'est cependant pas seulement l'étranger, c'est aussi leur père qui, dans la même parole, nie leur identité et leur assigne une identité fondée sur une double négation (« Il nous disait, Vous n'êtes rien ! Ni exilés, ni immigrés », 73) et qui reproduit

---

56 *France, récit d'une enfance* fait également état de neuf enfants (31).

57 Je reviendrai dans la huitième partie de ce chapitre sur cette notion de (dé) territorialisation.

58 Pour Ledoux-Beaugrand et Parent, l'écriture sert « à réparer la filiation et à restaurer le père harki comme citoyen et comme homme » (62).

avec ses enfants ce que lui a subi. Ainsi, il les enferme, amenant les voisins à se manifester. Il leur fait réciter chaque jour une « liste de civilités » (65), les soumettant à un régime militaire qui fait d'eux des « petits soldats » (66). Il leur interdit d'avoir des amis, les empêchant ainsi de ressentir une appartenance à aucune communauté – « Pas d'amis arabes, pas d'amis immigrés, pas d'amis français » (69)[59] – comme lui-même est entré dans la non-appartenance en devenant harki, plus algérien mais pas vraiment français. En leur transmettant son identité harkie, il leur a transmis sa honte (65).

Honte et culpabilité sont les sentiments déterminants de cette identité, sentiments ressentis par les pères, mais aussi par les enfants. Dans le prologue, Rahmani dit vouloir se défaire de « cette figure extrême de la culpabilité » et ajoute « Comment sortir seule d'une culpabilité endossée ? » (23). La fille dénonce ce legs forcé et clame son innocence – « Je ne suis pas coupable d'être arrivée à l'endroit d'où je vous parle. Je ne pouvais échapper à sa vie. Elle m'a contenue jusqu'à sa fin » (24) – avant de faire reposer cette culpabilité, dans le chapitre (ou acte) intitulé « La justice », sur les vrais coupables : « Ce pays [la France] a fait cet homme » (127). Quant à la honte, elle parsème l'ensemble du roman[60] et est, elle aussi, rejetée sur la France et sa « politique honteuse » (66), son « conflit honteux » (116). La fille dit de Moze qu'il « avait honte pour ce pays. Encore plus que pour lui » (110). Honte et culpabilité sont dans le milieu maghrébin liées puisque l'injonction *Hchouma !* est souvent suivie d'un silence et doit provoquer un sentiment de culpabilité. Dans un chapitre de *Témoignage et trauma*, la psychologue et psychanalyste Régine Waintrater compare honte et culpabilité : celle-ci est « un affect qui se laisse dire », celle-là « un affect qui empêche la parole », « Contrairement à la culpabilité, qui est encore une façon de se relier à l'autre, la honte est un sentiment qui isole le sujet, et le sépare de ses semblables » (Waintrater 96). Moze est mort muet, silencieux, réduit au silence, isolé, honteux. En mettant fin à ses jours, il a adressé sa dernière lettre et mis fin à sa honte. À la fin du roman, la fille relate un acte honteux de son père. Une année, pour l'Aïd el-Kébir, la fête du mouton, Moze a acheté un bœuf. Devant le refus catégorique de sa femme de cuisiner l'animal, Moze est allé chercher la bête dans le garage, l'a portée sur son dos et enterrée dans le jardin ; ce faisant, il a fait « taire tout le monde » (187). Comme il avait, avec le bœuf, endossé sa faute et l'avait portée en terre, en se suicidant, il recouvre sa faute et sa honte de harki. Il les recouvre mais ne les enterre pas

59 Ces trois communautés coïncident presque avec celles desquelles les enfants de harkis interviewés par Pierret réclament leur appartenance – harkie, algérienne, française (« Enfants de harkis » 89).

60 On en relève pas moins de dix-sept occurrences.

et la honte persiste à la deuxième génération[61]. Sa vie durant, Rahmani (et la fille de Moze) est restée isolée dans la honte des harkis ; le suicide de son père, acte honteux, redouble sa honte et l'isole pendant sept ans de silence jusqu'à ce que le père spectral s'adresse à elle et qu'elle brise, dans *Moze* et par *Moze*, le silence. La honte aussi[62] ?

Au cœur du roman, devant la « Commission nationale de réparation » (88), la plaidoirie de la fille de Moze glisse du père à elle : « Faut-il rendre justice à Moze ? Que peut-on lui rendre ? ». Suivent sept autres questions, puis : « On ne peut rien lui rendre. Et que peut-on *me* rendre ? » (109, mes italiques). Un tel glissement est nécessaire car la fille, tout en ayant hérité de l'identité harkie de son père, pourrait être considérée un témoin incomplet, ne pouvant témoigner que partiellement, ce qui pourrait disqualifier son témoignage[63]. Cependant, ce n'est pas des actions de Moze en tant que supplétif qu'elle témoigne, mais de sa vie en France, de leur vie en France. Elle témoigne en son nom à lui et en son nom propre. Preuve en est justement le nom choisi par l'écrivaine pour son père. Moze n'est en effet pas son vrai nom. Rahmani explique : « C'est par le truchement de l'invention du nom propre, celui par lequel une filiation est devenue possible, que le récit va prendre. [...] [M]'est arrivé, fin janvier-début février 1999, "Moze", c'est-à-dire ce prénom, cette chose, qui est je pense la contraction du prénom de mon père et du mien » (« Spectre » 229). À un moment, la fille de Moze s'écrie qu'« on » sait les noms des harkis massacrés et exige à l'aide de trois impératifs « [q]u'on nous les dise les noms des disparus ! Qu'on nous donne les noms ! Donnez-les ! » (90). Devant le mutisme

61 La honte persiste-t-elle à la troisième génération ? Émilie Gougache, journaliste « issue de la troisième génération de harkis », si elle a de toujours compris qu'elle appartenait à cette communauté, n'a, à vingt-sept ans, pas encore été atteinte par la honte (voir son article « Harkis : Qui replantera l'olivier ? », <http://www.huffingtonpost.fr/emilie-gougache/harkis-qui-replantera-lolivier_b_5874730.html>, dernier accès le 12 février 2015).

62 Je suis d'accord avec Reeck qu'à la fin du roman, la fille de Moze s'est défaite de tout sentiment de honte – aussi bien celui lié à la condition harkie que celui lié au suicide – mais l'on ne peut parler, comme le fait Reeck, d'expiation (140), terme trop empreint de la religion catholique et surtout qui suggère qu'on a commis une faute, alors que Rahmani et la fille de Moze ne sont que les *héritières* d'une faute.

63 Jean-François Chiantaretto, psychologue et psychanalyste, qualifie les *Musulmänner* des camps de concentration nazis de témoins incomplets et observe que le simple fait d'avoir survécu disqualifierait en partie leur témoignage (102). Pour Reeck, la fonction de témoin est intrinsèque à la deuxième génération, puisqu'« ils ont hérité du fardeau et du sentiment compliqué d'appartenance nationale porté par la génération de harkis [...] [p]ar conséquent, ils ont été amenés à témoigner de l'expérience de harki » (« they inherited the burden and the complicated sense of national belonging that the Harki generation has carried [...] [a]s a result, they have been led to bear witness to the Harki experience », 130).

persistant des autorités françaises, Rahmani, en intitulant son roman *Moze*, donne un tel nom, le nom d'un disparu, d'un père absent, d'un *soldatmort*, mais un nom qui n'est pas tout à fait le sien, un nom inventé selon ses propres termes. En inventant ce nom, Zahia permet et au père et à la fille de témoigner, une fille qui se sent « le légataire » du « devoir de témoignage » (131)[64].

Rahmani voulait écrire un témoignage. La fille de Moze est animée du même désir mais émet des doutes sur la forme : « Je veux témoigner, je le veux, mais je ne sais pas comment » (97), doutes que Rahmani a sans doute également éprouvés et que le caractère inclassable, hybride de son livre traduit très bien. Constitué d'un prologue et d'un épilogue et de ce qu'on pourrait appeler cinq actes tant le texte a des accents dramaturgiques, il inclut des pseudo-documents : un Certificat d'hérédité (35), un télégramme daté du 16 mai 1962 de Louis Joxe, ministre d'État chargé des affaires algériennes (42)[65], un Avis à la population du même Joxe (43), une Attestation de services dans les formations supplétives (62), une lettre du Ministère des Anciens Combattants (63) et l'en-tête d'une Convocation à témoigner à la Commission nationale de réparation (88)[66]. *Moze* résiste à toute classification[67]. Même son style fragmentaire donne lieu à diverses interprétations. Pour Susan Ireland, il sert à « exprimer la détresse psychologique et la dissolution du moi causées par les expériences des harkis » (307)[68], mais on peut également le voir comme la construction, à partir d'éléments (identitaires, culturels, historiques) divers, d'un puzzle ou patchwork. Car n'oublions pas que l'écriture de *Moze*, l'assemblage de ces

64 On remarquera l'emploi masculin de ce nom pourtant aussi du genre féminin. En littérature jeunesse, le harki, contrairement aux autres acteurs du conflit (soldats français, révolutionnaires algériens, pieds-noirs) n'a jusqu'à maintenant pas de descendance (Bacholle-Bošković, « Héritiers » 164).

65 Ce télégramme nº125IGAA est repris sur divers sites internet, dont celui de l'association Mémoire de la France d'Outre-mer et R.E.C.O.U.R.S. (Rassemblement et Coordination des Rapatriés et Spoliés d'Outre-mer) (<http://francememoire.pagesperso-orange.fr/actions_19mars.htm>, dernier accès le 12 février 2015).

66 Je les qualifie de « pseudo-documents » parce qu'il faudrait les comparer aux originaux que « Moze » a reçus et parce que la Commission n'existe pas.

67 Chaque titre des cinq « actes » est accompagné d'une phrase résumant son contenu, à la manière des romans du XVIIIe siècle : I. LA MORT Entretien sur Moze, II. LA SÉPULTURE Les filles de Moze retournent dans le pays de leur père, III. LA JUSTICE La fille de Moze est reçue par la Commission nationale de réparation, IV. LA FEMME DE MOZE Ou comment la mère et ses histoires … et V. MOZE PARLE La voix de Moze glisse en sa fille. Trois textes précèdent en outre le prologue ; le premier, de trois lignes, place le roman sous le signe de la mémoire et du témoignage : « Je me souviens. / Écris que tu te souviens. / Que tu t'en souviens » (11).

68 « convey the psychological distress and the dissolution of the self caused by the *harkis'* experiences ».

divers éléments qui le constituent, ont aidé Rahmani à sortir de sa dépression, l'ont sauvée de cette impression de liquéfaction qui menaçait son intégrité mentale. De même, si la crise de nomination peut attester d'une dissolution du moi, elle peut également démontrer une volonté de créer sa propre identité. Preuve en est, comme nous venons de le voir, le nom Moze. La fille de Moze plaide non pour le défendre (99), ni pour « le réhabiliter ou le disculper mais pour dire ce que signifie le devoir de témoignage dont je suis moi le légataire. Sa mort lui donne un rôle que sa vie durant il n'a pu exprimer. Je sais que cet homme était dans l'impossibilité même de dire qu'il ne pouvait pas dire ce qu'il avait vécu. Ça, je l'ai partagé, je l'ai vécu » (131-132). Elle écrit contre l'oubli, dans une urgence mémorielle : « Elles [les familles] vont oublier. [...] Toute l'envie a disparu et l'envie de revenir [en Algérie] va sombrer avec les morts. [...] Tous ils seront morts. Ils l'ont voulu ce si long sommeil. Les enfants de leurs enfants se rappelleront alors qu'ils venaient de là. Juste un souvenir et ils y passeront comme d'autres vont en Espagne » (101)[69]. Témoin délégué, témoin légitime (qui établit par sa filiation la légitimité de son témoignage), « témoin sans qualité précise » (108) mais témoin à part entière (et non partiel), c'est armée de la langue que l'école républicaine lui a apprise que la fille de Moze se présente devant la Commission nationale de réparation et, qu'au lieu de simplement témoigner, elle s'empare littéralement de la parole et se fait accusatrice. Car l'œuvre de sépulture, ce travail de deuil après suicide un peu spécial car il passe par la parole – encore plus spécial ici parce qu'il passe par une *prise* de parole – ne peut se construire sans mettre sur le banc la véritable accusée : la France.

6 La fille de Moze : le témoin accusateur

Alors que les filles de Moze sont dans son pays d'origine dans l'espoir de l'y enterrer est reçue une « convocation à témoigner » (88)[70]. J'emploie à dessein la voix passive car seules sont reproduites les deux phrases d'en-tête d'un document dont la suite ne nous est pas donnée à voir :

69 Cette prédiction pourrait s'avérer juste. En effet, jusqu'à présent ont été publiés des récits de harkis de la première génération (directement, par Ferdi et Sadouni, ou indirectement, *Treize chibanis harkis* de Besnaci-Lancou) et de la deuxième génération (Besnaci-Lancou, Kerchouche, Kemoum, Rahmani, Telali). Il n'existe pas de livre de la troisième génération.

70 La question de l'enterrement demeure non résolue puisque la fille de Moze retourne en France se présenter devant la Commission.

République française – Commission nationale de réparation – Convocation à témoigner (88)

La suite du dialogue laisse à entendre que cette convocation s'adresse à « la fille de Moze » :

> – [...] [fille de Moze :] Ils me demandent de revenir. Ils veulent que je témoigne. Ils me veulent comme témoin.
> – [sœur :] C'est une instruction de dossier ?
> – [fille de Moze :] C'est une commission de réparation. Pas un tribunal. (88)

Dans son introduction au livre d'Azni, l'avocat Emmanuel Altit affirme, en ce qui concerne les harkis, la nécessité d'une poursuite juridique de la vérité : « Si seuls comptent les faits, qui peut les établir, sinon le juge ? Et comment ? En écoutant ceux qui, enfin, acceptent de parler, de raconter, en obligeant ceux qui s'y refusent à le faire » (cité par Reeck, 127). Mais c'est compter sans les réticences de la justice française[71], réticences que Rahmani représente superbement bien dans cette scène, simagrée de justice. Le « témoignage » de la fille de Moze occupe la partie centrale du récit, la troisième, ironiquement intitulée « La Justice ». L'audience commence par un ordre, l'« Approchez » du Président qui se trouve avec ses confrères – des hommes, mais dont on ne connaît pas le nombre – en hauteur et que la fille ne voit pas. Dans ce simulacre de commission où elle est « entendue » (113), elle dit le sacrifice des harkis qui ont trahi leurs frères et épargné la guerre à des Français[72]. Forte du « mandat d[u] dispar[u] » (Dulong), cette endeuillée après suicide se livre à une série d'accusations. Elle accuse d'abord la France de silence : « Et qu'a fait en quatre décennies cet État qui aurait dû rappeler que ces Français interdits d'Algérie vivaient là un drame qu'il se devait de corriger ? » (120). Elle l'accuse de ne pas

---

71 Le procès intenté par le Comité de Liaison des Harkis en 2001 n'a pas abouti (Reeck 128).

72 La fille de Moze est un « témoin historique » au sens où l'a défini Renaud Dulong. Celui-ci distingue trois catégories de témoins : le témoin oculaire (qui était présent et a vu ce qu'il raconte), le témoin instrumentaire (qui est mandaté par une institution pour exécuter une tâche dont il rend compte dans un rapport écrit) et le témoin historique, « un témoin oculaire qui décide de devenir témoin instrumentaire, par un acte *intentionnel* congruent à l'institution du témoignage oculaire » (Dulong, mes italiques). La fille de Moze (et Rahmani) a, comme ce témoin, été projetée « dans un événement qu'[elle] n'a pas prévu et auquel [elle] n'a pas été préparé[e] », elle est prise « dans l'événement, [elle] en est victime », surtout elle est « "libre" de témoigner ou de se taire » (Dulong), liberté de se taire que Rahmani a longtemps exercée, jusqu'à ce que son père lui revienne en spectre et la mandate pour témoigner.

avoir voulu entendre son père qui a pourtant « comparu jusqu'au bout » (118). Elle accuse ensuite les gouvernements de l'époque de n'avoir « jamais considéré les musulmans français engagés auprès d'eux comme étant leurs semblables dans la citoyenneté » (121), d'avoir tenu 99% de la population en Algérie hors de la République, d'avoir exercé une politique de séparation peu différente de l'apartheid sud-africain. Elle accuse encore les élus en Algérie de n'avoir « jamais accordé la moindre liberté, la moindre démocratie aux Algériens » (121). Elle accuse les Français d'abandon et de meurtre : « J'accuse le peuple français de m'avoir abandonnée. J'accuse ce pays d'avoir tué mon père » (125). Elle accuse enfin encore une fois la France d'avoir « fait » les harkis (127), d'avoir usé de « subterfuges et d'artifices » (134), d'avoir mis à profit la misère dans laquelle vivaient les Musulmans, d'avoir pratiqué sévices et spoliations, vols et tortures pour revêtir ces hommes de l'« uniforme du colonisateur », de l'uniforme du traître (134). Elle l'accuse de trahison et n'hésite pas, elle, à porter un jugement : « Trahir son frère est un crime mais trahir celui qui a trahi son frère pour toi est pire qu'un crime » (143). Le témoignage de la fille de Moze est violent, violence qui, comme l'a repris Waintrater au sujet de *Beloved* de Toni Morrison, « ne tient pas seulement à l'atrocité du dire : elle est tout autant violence du non-dit » (87), violence décuplée dans le cas de la fille de Moze par celle inhérente au suicide et par son statut d'endeuillée après suicide. De témoignage, les propos de la fille deviennent et plaidoirie (en faveur des harkis) et réquisitoire (contre la France) dans un dialogue qui, tout en en ayant l'apparence (emploi des tirets), n'en respecte pas les conventions narratologiques, comme dans l'exemple suivant qui commence par la voix de la fille au nom des harkis :

> – [...] [la fille :] Nous les voulons ces jugements qui nous dont dus. Vite, des proclamations, des placards, des affiches et des livres. Des mots qui le disent !
> – [le Président :] *On a reconnu le malheur de vos familles ! Le président ne l'entend pas comme moi. Je lui dis que je veux l'ambitieuse vérité et pas une inscription au calendrier national.*
> – [la fille :] Je ne veux pas de commémoration.
> – [le Président :] Mais venez-en aux faits. (114, mes italiques)

Le deuxième tiret indique bien un changement de locuteur mais sa déclaration – qui, remarquons-le, a un sujet indéfini (« On a reconnu ») – est suivie d'un discours narrativisé (les pensées de la fille) puis d'une phrase au style indirect dont le sujet est la fille (« Je lui dis que je veux ... »). On ne devrait alors pas avoir ensuite un autre tiret puisque c'est la fille qui dit « Je ne veux pas de commémoration ». Les conventions du dialogue écrit sont restituées avec le dernier tiret (parole du président). Ainsi, comme la fille met à mal la commission, Rahmani met à mal les conventions du discours écrit ; toutes deux dérangent l'ordre établi[73].

Accusatrice[74], la fille de Moze se fait, comme son père avant elle, réclamante, voire revendicatrice : « Retrouvez les ministres, ceux des Armées, de l'Intérieur et de la Justice, les présidents et les chefs de la police et de la propagande, convoquez-les ! Et s'ils sont morts, lisez les ordonnances ! » (117). Mais ce J'accuse et ces revendications de la fille ne sont pas entendus, car la commission « ne peut tout entendre » (118) et, après lui avoir signalé la fin de l'audience, cette commission, représentante de la République Française comme indiqué sur la convocation, lève simplement le siège, abandonnant la fille à ses invectives, comme la France a abandonné les harkis :

> [le Président :] – C'est fini !
>
> [la fille :] – Quelque chose de ce massacre, de cet abandon voulu, nous dit que tous ils le savaient. Tous ils le savaient que seul le frère trahi avait raison. L'Algérien avait raison. C'est pour cela qu'on a désarmé ces gens, que la France les a envoyés à la mort, c'est par mépris de ce qu'ils étaient réellement ! Des Algériens ! Par ce seul mépris. C'est cette guerre-là qui ne porte pas de nom !
>
> Les gens de la commission ont disparu. Je suis seule. Seule pour leur dire que tous les miens crèvent d'avoir cru à ce mensonge. La République. (143-144)

Par-delà les harkis, la fille embrasse la cause des descendants des Algériens de tout bord ; par-delà les responsables d'alors, elle finit par incriminer la France contemporaine et ses responsables qui ne protègent pas la présente génération des actes racistes, de la violence policière, du délit de profil, de la discrimination à l'emploi et qui n'entendent pas cette génération à laquelle la fille de Moze et Rahmani appartiennent. Dans un entretien sur le postcolonialisme et l'anti-impérialisme, Gayatri Spivak, auteure du fameux « Can the Subaltern Speak ? », observait que pour elle, la question « Qui devrait parler » (« Who should speak ? », 59) est moins cruciale que la question « Qui écoutera ? » (« Who will listen ? »), elle poursuit : « "Je parlerai en mon nom en tant que personne du Tiers Monde" est aujourd'hui une position importante pour

---

73 Parallèlement, *Moze* est une pièce de théâtre sans didascalies.

74 Azni profère aussi des accusations : « Nous n'accusons pas pour obtenir des avantages illusoires. […] / Nous accusons au nom de la mémoire. / Nous accusons au nom de l'honneur » (169).

la mobilisation politique. Mais la *véritable exigence est que*, quand je parle à partir de cette position, *on m'écoute sérieusement* ; pas avec cette sorte d'impérialisme bienveillant » (59-60, mes italiques)[75]. La fille de Moze, produit du (post)colonialisme français, parle enfin, accuse, mais la commission ne l'entend pas, ne l'écoute pas jusqu'au bout. Sa parole est interrompue. Dans « Le Pacte testimonial », Waintrater explique le rôle du *témoignaire*, de celui qui recueille le témoignage. Elle affirme que « c'est le passage par un autre qui restitue au témoin les pans de son histoire confisqués par les événements dont il témoigne » (80), remarque qui s'applique au cas de la fille de Moze. En témoignant devant la commission, elle reprend possession de l'histoire de son père et de sa propre histoire, comme le fait Rahmani en témoignant devant nous. Le « témoignaire capable de tout entendre » (Waintrater 80) est bien sûr doté d'une toute-puissance. Le fait que la commission de Rahmani refuse de tout entendre peut alors prêter à deux interprétations. Si Rahmani reproduit des schémas antérieurs – le refus de la France d'entendre les harkis (toutes générations confondues) – lui faire jouer ce refus est un acte subversif par lequel Rahmani la harkie rejette la toute-puissance française, la supériorité de la France, le pouvoir qu'elle prétend exercer sur les harkis. C'est donc la réappropriation par Rahmani de son agentivité, une reprise de contrôle sans laquelle le deuil ne pourrait s'accomplir, l'œuvre de sépulture se faire. Son achèvement est toutefois différé car la fille de Moze n'est pas entendue, ou du moins pas jusqu'au bout[76]. Waintrater aborde dans le même chapitre sur le témoignaire le triomphe de l'euphémisme, « l'évitement du mot » (87). Parallèlement, dans *Moze* Rahmani s'inscrit contre « l'aventure malheureuse » (138) – termes de la commission – qu'a été la colonisation française de l'Algérie, contre le « malentendu, cette guerre en Algérie » (115) si tardivement reconnue. Née de ce malentendu, il n'est pas surprenant que la fille de Moze soit à son tour mal entendue.

> JE ME SOUVIENS.
> Écris que tu te souviens.
> Que tu t'en souviens. (11, 175)

---

75 « "I will speak for myself as a Third World person" is an important position for political mobilization today. But *the real demand is that*, when I speak from that position, *I should be listened to seriously* ; not with that kind of benevolent imperialism, really ».

76 Nous, lecteurs qui lisons *Moze* jusqu'au bout, permettons à Rahmani de se réapproprier cette histoire.

Dans la première instance, la première ligne est en lettres minuscules ; à la fin, les majuscules semblent amplifier l'importance de la mémoire – ce qui étaye la lecture de *Moze* comme témoignage historique à la fonction monumentaire. *Moze* porte et sur la mémoire personnelle (y compris intergénérationnelle) et sur la mémoire collective, démontrant d'une « porosité des sphères du public et du privé » (Bedrane 97). Par ses références à la Seconde Guerre mondiale, par le parallélisme qu'il convoque entre le *Muselmann* d'Auschwitz et le *soldatmort, Moze* confirme la nature multidirectionnelle de la mémoire identifiée par Michael Rothberg, cette capacité à voir des chevauchements et interférences entre des souvenirs collectifs distincts (162). Par cette mémoire multidirectionnelle, le lecteur saisit l'ampleur du crime contre les harkis et son caractère génocidaire. Mais cela ne veut pas nécessairement dire qu'il compatisse, du latin *compatior,* c'est-à-dire qui « souffre avec ». Reste que le témoignage qu'est *Moze* parvient à « refaire du lien là où il y a eu rupture » (Waintrater 67), dans son cas double rupture puisqu'elle concerne aussi bien les harkis et la France que le père suicidé et sa fille endeuillée[77].

7 Le témoin mal(-)entendu

Que faire quand les mots tombent dans l'oreille d'un sourd (et il n'y a pire sourd que celui qui ne veuille entendre) ? Pour Rahmani, c'est l'écriture d'un livre, d'un témoignage qu'elle ne trouvait pas (« Spectre » 221), donc faire passer le témoignage, l'accusation, les réclamations du père dans le domaine public et artistique, condition sine qua non à son travail de deuil d'endeuillée après suicide. Pour son père (et Moze), c'était le suicide. Moze est le témoin absent, le témoin non entendu, le *Muselmann* de cette guerre. Rappelons qu'à Auschwitz, on appelait *Muselmann,* qui veut dire littéralement « musulman »[78], ces hommes qui n'essayaient plus de survivre. Dans *Ce qui reste d'Auschwitz,* Giorgio Agamben donne plusieurs explications à ce terme, « la plus probable renvoie au sens littéral du terme arabe *Muslim,* signifiant celui qui se soumet sans réserve à la volonté divine » (53), parmi d'autres, « moins convaincantes », celle de Marsalek « pour qui le terme fait allusion aux “mouvements typiques des musulmans”, [évoquant] les rituels de prière islamique »

77 Puisqu'elles disent « l'impossibilité de dire, la cassure de l'histoire, la césure de l'intelligibilité », la fille de Moze et Rahmani pourraient être dans la terminologie de Robin des « méta-témoins » (273).

78 Wolfgang Sofsky précise que le terme provient d'Auschwitz, « les morts vivants » avaient d'autres qualificatifs dans les autres camps. Fait troublant, *Musulman* est le titre du deuxième livre de Rahmani.

(Agamben 53-54). Aldo Carpi, professeur de peinture déporté, les appelle des « morts vivants » (cité par Agamben, 49), appellation qu'on ne peut que rapprocher des *soldatmorts* de Rahmani. Celle-ci fait à plusieurs reprises dans *Moze* référence à l'Holocauste. Dans son réquisitoire, la fille de Moze invite à voir un parallèle entre les soldats harkis et les *Sonderkommando*, qui ne différeraient que dans leur habillement, « la toile du condamné à mort, du Juif condamné » pour l'un, l'uniforme de l'occupant pour l'autre (133). Elle invite la commission à faire un rapprochement entre les deux événements historiques, les deux massacres – « L'horreur nazie est ce que l'homme dans son ignominie a fait de plus monstrueux. Le dire ici, si vite, n'élude pas cette horreur au profit d'une autre, comparable et assimilable » (132). Pour Primo Levi, les « vrais témoins », « les engloutis », les « témoins intégraux », ce sont « eux, les "mulsulmans", [...] ceux dont la déposition aurait eu une signification générale. Eux sont la règle, nous [les rescapés] l'exception » (cité par Agamben 82-83). Reprenant les mots de Levi et son « paradoxe », Agamben écrit que les *Musulmänner* « sont ceux qui n'ont pas témoigné, et n'auraient pu le faire. [...] Les rescapés, pseudo-témoins, parlent à leur place, par délégation – témoignent d'un témoignage manquant » (41-42)[79]. Or, témoigner d'un témoignage manquant, n'est-ce pas ce que fait ici (en partie) Rahmani ? Carpi a noté dans son journal, « Personne ne veut voir le *Muselmann* » (Agamben 61) ; de même, personne n'a voulu voir, ne veut voir les harkis[80] et personne n'a voulu ni ne veut écouter Moze et sa fille. Moze s'est alors exprimé dans un autre langage, par son corps. Cependant, la France ne comprend pas le langage du corps, surtout quand il s'énonce en privé, comme le suicide de Moze, commis, il est vrai, dans un endroit public, mais sans témoin oculaire[81]. Sa fille et Rahmani s'adressent alors à la France avec le langage appris à l'école républicaine.

Aussi crucial que le discours soit, plus crucial est, comme l'observe Spivak, le fait qu'il soit écouté. La production du témoignage n'est qu'un versant de celui-ci. L'autre versant, tout aussi important, est sa réception. La commission n'a pas entendu le témoignage complet de la fille de Moze. Est-ce que nous,

---

79 À savoir, que « Le musulman est le témoin intégral » car cette déclaration « implique deux propositions contradictoires : 1. "Le musulman est le non-homme, celui qui ne peut en aucun cas témoigner." 2. "Celui qui ne peut témoigner est le vrai témoin, le témoin absolu." » (Agamben 198).

80 Ce refus de voir met en question dans *Moze* l'affirmation de la commission qu'elle « veiller[a] à une ré*vision* [re-vision] juste » (125, mes italiques).

81 Les grèves de la faim de 1991 et 1997, elles, entrent par les journaux et la télévision dans le domaine public. La dernière en date est celle de Boaza Gasmi, fils de harki et président du comité national de liaison des harkis, menée entre le 16 septembre et le 4 octobre 2013 pour obtenir de la République une réparation morale et financière (il l'a interrompue quand on lui a donné un rendez-vous avec François Hollande).

lecteurs, nous entendons le témoignage, la déposition qu'est ce récit? *Moze* est-il, pour reprendre les propos de la fille (97), le témoignage que nous attendons ? Le témoignage que nous voulons ? Enjelvin semble le penser puisqu'elle dit qu'en 2003 – date de parution des quatre livres de filles de harkis – « La France semblait prête à écouter attentivement ces filles de harkis et disposée à prendre la littérature harkie au sérieux » (« Harki Daughters » 85)[82]. Je n'en suis personnellement pas si sûre. Ce récit, qui émane d'un « témoin historique », s'adresse en tant que tel « aux contemporains, à tous les contemporains ; et, par-delà, aux générations futures. Sa portée intentionnelle n'est pas dirigée vers telle ou telle institution, mais il s'adresse *à qui voudra bien le recevoir* ; il a une portée *potentiellement* universelle » (Dulong, mes italiques). Je ne conteste pas l'intention de ce « témoignage historique » ; là où le bât pourrait blesser est dans sa réception qui dépend, comme l'écrit Dulong, du bon vouloir du témoignaire. Pour atteindre son destinataire, Dulong postule que le témoignage historique doit « en imposer à celui qui le reçoit. Il ne s'agit pas de qualité littéraire au sens de la critique des ouvrages de fiction, mais de l'adéquation de l'écriture à la fonction monumentaire. Un monument inspire le respect par son apparence extérieure, et la forme du témoignage doit aussi imposer la posture de réception correspondant à l'intention du témoin » (Dulong). *Moze* inspire sans doute le respect, là n'est pas la question. Le problème est que ce n'est pas le témoignage que nous attendons, et ce, pour diverses raisons : il n'émane pas du témoin premier, du « témoin complet » (le père) et il n'est pas écrit dans le style habituel du témoignage, contrairement aux trois autres récits de filles de harkis. Il n'est certainement pas non plus le témoignage que nous voulons. Dans *L'Ère du témoin*, Annette Wieviorka affirme : « Le témoignage en appelle au cœur, pas à l'esprit. Il fait naître la compassion, la pitié, l'indignation, la rebellion même. Celui qui témoigne signe un "pacte compassionnel" avec celui qui a reçu le témoignage » (143)[83]. *Moze* remplit son rôle de témoignage dans la mesure où il apporte au lecteur un savoir – sur la guerre d'Algérie, la condition harkie des pères et des enfants, la continuation de la guerre dans les incidents racistes qui perdurent en France – mais il ne remplit pas le pacte compassionnel. Non à cause de sa transmission (l'individu sur qui porte le témoignage et sa souffrance sont bien, selon les paramètres de Wieviorka, au centre de son entreprise), mais à cause d'une mauvaise réception. *Moze* est un texte riche et

82 « France seemed ready to listen carefully to these Harki daughters and willing to take Harki literature seriously ».

83 « Testimony appeals to the heart and not to the mind. It elicits compassion, pity, indignation, even rebellion. The one who testifies signs a "compassionate pact" with the one who received the testimony ».

complexe qui, justement par cette complexité frôlant l'hermétisme, en appelle à l'esprit bien plus qu'au cœur. Il risque d'être mal entendu, voire non entendu, pour trois raisons[84].

Premièrement, *Moze* nous met, nous lecteurs français, dans une position difficilement tenable. Texte dont l'objectif est clairement politique, il nous donne le rôle de *juge et juré*. Mais il nous met également sur le banc des *accusés* puisque le discours de la fille de Moze devant la commission est à la fois plaidoirie et réquisitoire. Il nous force à regarder en face les responsabilités de la France dans le sort des harkis et leurs conditions de vie et à reconnaître sa culpabilité qui est également la nôtre.

Deuxièmement, *Moze* présente un *surinvestissement du littéraire*. Par ses cinq parties (ou cinq actes), son prologue et son épilogue, il évoque une pièce de théâtre, plus particulièrement une tragédie antique – c'est ainsi que Crystel Pinçonnat l'a lu dans son article sur le complexe d'Antigone[85]. La fille de Moze relate comment, un jour, devant le comportement paternel proche de la folie, elle s'est emparée du fusil et a « voulu le tuer » (75), commettant symboliquement un parricide (75), meurtre commun des tragédies antiques[86]. Cette folie se propage et menace l'intégrité mentale et littéraire de la fille. Moze investit sa fille qui a la même écriture que lui – « J'écris comme lui, jusqu'à ma signature qui est la sienne » (77). Devant la commission – est-ce une hallucination du personnage ? – père et fille fusionnent : « Je la [la justice] réclame, il la réclame, nous la réclamons » (113). Elle devient lui : « Moi, maintenant, je porte son matricule. Je suis la fille du harki numéroté. J'ai son numéro » (120). La disparition presque totale de la fille est d'ailleurs sensible dans le nom que l'auteure a choisi pour le père ; comme le remarque Pinçonnat, « [d]e son prénom, Zahia, comme digéré par le nom du père, ne reste que le "z" de l'initiale : en Moze, elle est enclavée » (506). De la fille il ne subsisterait que l'enveloppe corporelle, le dernier acte, « Moze parle », ayant pour sous-titre « La voix de Moze glisse en sa fille ». Mais cet acte est un dialogue entre Moze et sa fille, un dialogue de sourds qui fait inévitablement penser au théâtre de l'absurde et au *Malentendu* d'Albert Camus. Vincent Jouane relève dans *Moze* des caractéristiques des pièces de Ionesco et Beckett, en particulier *En attendant Godot*, dès les premiers échanges entre l'enquêteur et la famille : « [à] l'instar des personnages du théâtre de l'absurde, la narratrice et les membres de sa famille

84 Outre que le problème de réception réside sans doute en partie dans le fait que le contentieux se poursuive.

85 Ledoux-Beaugrand et Parent ont analysé la représentation du père harki à la lumière de la figure d'Antigone qu'elles voient moins comme un intertexte manifeste qu'un concept heuristique (56).

86 En fait, elle déclare l'avoir tué ce jour-là, « Je ne l'ai plus jamais aimé vivant » (75).

n'existent rapidement plus que par leurs discours qui incarnent l'absurdité de la vie de leur père ainsi que leur propre condition » mais « contrairement au message contenu généralement dans les pièces de Beckett ou Ionesco, qui a pour objectif principal de mettre en avant l'absurdité de la condition humaine, il s'agit plutôt ici de condamner l'absurdité de la situation dans laquelle les harkis et leurs enfants se trouvent encore aujourd'hui » (170)[87]. En sus d'échos au théâtre de l'absurde, *Moze* – surtout son dernier acte – rappelle *Le Malentendu*, pièce également fondée sur un crime, le meurtre du frère (et fils), Jan, qui vit dans l'« exil » et l'« oubli » (Camus 31). L'intrigue du *Malentendu* repose encore sur un problème de reconnaissance et de silence[88]. Les propos de la femme de Jan à Martha recoupent ceux de la fille sur Moze : « Il voulait se faire reconnaître de vous [...], mais il ne savait pas trouver la parole qu'il fallait » (Camus 97). Nulle commission dans *Le Malentendu*, mais à la fin, le refus du vieux domestique qui « entend mal » (34). Figure supérieure évocatrice de Dieu et qui a joué son rôle dans l'échec de la reconnaissance[89], le refus de ce domestique d'aider Maria est aussi net que le refus de la France d'aider les harkis et leurs descendants. La référence à la pièce de Camus renforce l'interprétation de *Moze* comme dialogue de sourds entre la France et les harkis.

Troisièmement, *Moze mélange des styles divers*, fait déroutant pour le commun des lecteurs. Les dialogues dramatiques côtoient de la prose narrative et des passages poétiques. Comme nous l'avons vu plus haut, sont insérés ici et là des pseudo-documents. Est reproduit un poème de Si Mohand Mhand. Des exergues traditionnels (comme un du *Sixième Jour* de Youcef Chahine) côtoient une citation du personnage Moze (ou serait-ce du père de Rahmani ?)[90] et un exergue non attribué, en italiques[91]. Trois textes allant de trois lignes à une page et demie précèdent le prologue, se trouvent donc dans un espace

87 Des cinq actes qui forment cette « pièce », tous sauf un reposent sur un dialogue qui échoue : dans l'acte I l'enquêteur part précipitamment, dans l'acte II la fille de Moze est rappelée en France pour se présenter devant la commission, dans l'acte III la commission lève le siège, dans l'acte V le dialogue entre Moze et sa fille s'interrompt brutalement, sans raison.

88 La mère et Martha ne reconnaissent pas Jan dans le voyageur qui descend chez elles et qu'elles vont tuer pour le dépouiller de ses biens. En refusant de dire son nom, en ne trouvant pas le mot dont « il aurait suffi » (Camus 24), Jan permet à l'engrenage meurtrier de se mettre en marche.

89 À cause de son apparition acte I scène 5, Martha oublie d'ouvrir le passeport de Jan ; à l'acte II scène 8, il ramasse le passeport tombé derrière le lit sans que Martha et la mère ne le voient.

90 « *Visage de soixante-deux*, était l'insulte préférée de Moze » (107).

91 « Il y a des jours où on déborde, /des jours où on se dit, /Tous les harkis se sont fait hara-kiri » (183).

narratif incertain, fait d'autant plus déconcertant que le premier texte ouvre la cinquième partie et qu'on ne sait ni qui « je » ni qui « tu » qualifient.

8 Le témoin mineur

Il est un autre témoin, une autre endeuillée après suicide dont nous n'avons pas encore parlé et qui vaut pourtant son « pesant de poudre »[92] : la mère (la femme de Moze)[93]. Ses « histoires » occupent la quatrième partie et s'échelonnent du 28 septembre 1998 au 21 janvier 2001, dates qui contiennent, tout autant que la date du suicide du père, un livre. C'est en effet de 1998 que Rahmani date le retour du père alors qu'elle travaille à un texte sur sa langue maternelle, le berbère, texte qui s'intitule *Ma langue ne veut pas mourir* et « qui relève du genre "dramaturgique" » (« Spectre » 225)[94]. La mère dit le massacre des harkis et le meurtre de l'oncle de Moze. Elle parle de sa « guerre de femme » (155), de la mort de Mokrane. C'est elle qui dit le meurtre commis par le père, mais cet aveu se fait au style indirect libre :

> 27 novembre 2000. J'ai appris cette nuit le meurtre commis par mon père et ses frères. Je suis venue te voir dans ta chambre. [...] je t'ai demandé si papa avait tué des gens. *Tu m'as dit, Oui.*
>
> Tu m'as dit, Demande à ta sœur, elle a tout vu. [...]
>
> Je t'ai demandé à nouveau, Est-ce que papa a tué des gens ?
>
> – Ils étaient cinq. Cinq que les soldats français ont déposés une nuit dans l'entrepôt près de la caserne. J'ai entendu qu'ils les torturaient. Les Français ne venaient que la nuit. Ta sœur a tout entendu. Elle a tout regardé, chaque nuit. C'est elle qui m'a dit qu'il y avait ton père.
>
> – Est-ce que papa a torturé ces gens ? (170-171, mes italiques)

Ainsi, la mère est un témoin de seconde main. Face aux questions qui hantent la fille – si le père a tué, a torturé, s'il a jeté les soldats français morts ou vivants dans le torrent[95] – son visage se ferme, elle ne veut plus lui parler et l'envoie

92 Référence à l'expression du célèbre écrivain algérien, Kateb Yacine, dans sa préface à *La Grotte éclatée* de Yamina Mechakra en 1979 : « À l'heure actuelle, dans notre pays, une femme qui écrit vaut son pesant de poudre ».

93 Si la fille a une identité unique – monoparentale même, la fille de Moze –, cet autre personnage féminin apparaît dans l'acte IV sous ses deux fonctions : « LA FEMME DE MOZE Ou comment la mère et ses histoires ... ».

94 Ceci expliquerait au moins en partie les éléments dramaturgiques de *Moze*.

95 Pour qualifier sa dépression, rappelons qu'elle parle de « torrent de larmes » (*France* 98).

voir sa sœur, celle « qui ne dit rien » (172). La parole de la mère est problématique encore à un autre titre car, outre tenir d'un tiers sa connaissance du meurtre éventuel, elle « excelle dans un genre que l'on appelle les contes et les fables » (156), elle « est experte en histoires et légendes » (165)[96]. La mère est ainsi un témoin de qualité douteuse. En outre, elle « ne parle que dans la langue de son enfance » (163). La mise en mots de ses propos passe donc par la traduction, avec tous les dangers que cela comporte. Comme le dit Jean-Marie, le Français qui fait son jardin, à qui elle parle davantage depuis la mort de Moze, elle « veut qu'on l'entende » (188). Mais ses paroles, délivrées en berbère, ne peuvent être que mal entendues. Le texte s'achève sur la mère parlant aux oiseaux, aux chats, aux fleurs et surtout au petit pêcher[97] ramené d'Algérie, « énorme, gorgé de fruits » (183) et qui a été planté sur le bœuf enterré là par Moze. Ce bœuf, symboliquement impur puisqu'acheté à la place d'un mouton pour l'Aïd, n'a pas empêché l'arbre de donner des fruits en abondance, ce que Jouane interprète comme une possibilité pour les descendants de harkis « de surmonter leur histoire [...] à condition de parvenir à faire le deuil en racontant cette histoire de manière objective et en la transmettant aux générations futures » (199). Avec *Moze*, Rahmani offre à son père une sépulture ; ce témoignage-déposition est une « mise au tombeau » (Laufer 114). Sur la faute de Moze enterrée, l'écriture de sa fille fleurit. Le secret de Moze, son péché, demeure non-dit[98], sauf peut-être à un pêcher dans une langue mineure par un témoin douteux, peu fiable et surtout un témoin mineur, dans le sens postmoderne du terme. Comme de sa propre mère la mère avait hérité du savoir du tissage, tissage de fils et cotons qui permet d'exécuter des « récits abstraits » (158), de sa mère la fille de Moze hérite du savoir de tisser les mots, un tissage postmoderne qui, comme pour les tapis maternels, demande à ce qu'on quitte des yeux le cœur pour suivre sur les bords « des chemins infinis, profonds et séduisants » (158). Quittons donc le cœur du roman et suivons les lignes de fuite où nous entraîne Rahmani.

Rahmani essaie de comprendre ce que le berbère, une de ces « langues de l'oralité », « langues mineures [...] constamment bataillées par leurs langues dominantes », a de force et de pouvoir, « Je me disais : *La langue mineure contient en elle quelque chose d'unique et rare aujourd'hui. Elle ne vit et survit, elle ne reste active que par une expérience de résistance à la langue du progrès* »

96 La narratrice de *France, récit d'une enfance* parle de « récits familiaux » et « légende » (35, 49).

97 L'arbre est pour la fille de Moze un pêcher (péché) et pour Jean-Marie un prunier, différence notable puisque pour la France les harkis ont compté pour des prunes.

98 Au moment de quitter le café, l'homme « dit, Moze avait un secret. Il quitte le bar » (188).

(« Spectre » 225)[99]. Ces notions de langue mineure et de résistance ne sont pas sans évoquer le travail des postmodernistes Gilles Deleuze et Félix Guattari. Dans *Kafka, pour une littérature mineure*, ils avancent que la littérature mineure est « celle qu'une minorité fait dans une langue majeure » (29). Elle est le produit d'écrivains hors système, comme Kafka le Juif de Prague – ou comme Rahmani la harkie –, et se définit selon trois caractères. Premièrement, « la langue y est affectée d'un fort coefficient de déterritorialisation » (29), deuxièmement « tout y est politique. [...] son espace exigu fait que chaque affaire individuelle est immédiatement branchée sur la politique » (30) et troisièmement « tout prend une valeur collective » (31). *Moze* relève bien de la littérature mineure dans la mesure où par-delà Moze il y a tous les harkis (les *soldatmorts*), le personnel et le collectif sont mêlés et bien sûr quand il s'agit des harkis, on touche au politique – ces deux derniers caractères établis par Deleuze et Guattari ont été démontrés au cours de ce chapitre, je n'y reviendrai pas. Penchons-nous alors sur la déterritorialisation de la langue, ainsi que du discours et de la littérature française canonique.

Il faut d'abord remarquer que le roman n'en est pas réellement un, ni dans son fond (par ses sources autobiographiques), ni dans sa forme puisqu'il fait fi des genres. Le récit déborde des « cinq actes » qui eux-mêmes débordent de leur titre puisqu'ils ont un sous-titre. Il concilie passages dramaturgiques, passages lyriques, poésie en prose[100] et mélange allègrement style direct, style indirect et style indirect libre, détournant, déterritorialisant les règles du discours

---

99 La langue de la mère est comparable à la *Muttersprache* qui, pour Hannah Arendt interviewée en 1964 à la télévision allemande, est ce qui reste de l'Europe préhitlérienne (Agamben 210) ; la langue de la mère de Rahmani est ce qui reste de la période pré-massacre, pré-guerre et même pré-colonisation.

100 « Là-bas homme vivant.
Enfant qui a vu son père tué.
Tué par ce frère héros devenu.
Fille, fils, de père-soldatmort-faux-français-traître, même douleur.
Ton père, l'ignoré-français-indigène-arabe, il fallait le tuer. L'abandonner pour être tué.

Toi, chair de rien, soldatmort, il fallait te tuer.
Te montrer mort. T'exhiber.
Ne pas te laisser partir. Toi, chair de rien, chair de vengeance.
Il fallait te tuer.
À la guerrrrrrrrrrrre » soldatmort.
Leurre de l'ennemi déjà en fuite. Que le combat guerrier ait lieu.
Que la haine finale advienne ! » (21). Ce poème a pour Jouane des relents d'« oraison funèbre » (162).

écrit[101]. Nous avons également vu que figurent dans *Moze* des (pseudo-)documents. Ce genre d'intertextualité permet une « déhiérarchisation »[102]. Si le télégramme de Louis Joxe semble avoir été reproduit intact, l'avis à la population du même Joxe a été, à la page suivante, partiellement biffé, délivrant alors un tout autre message :

> Avis à la population : demande à haut-commissaire de rappeler ~~que toute initiative individuelle tendant à installation métropole Français musulmans est strictement interdite. En aviser~~ d'urgence ~~tous chefs SAS et commandants d'unités –~~Louis Joxe, ministre d'État, chargé des Affaires algériennes. (43)

Rahmani apporte ainsi une correction à un document historique[103]. Voyons ce qui reste de cette directive : « demande à haut-commissaire de rappeler d'urgence ». Il y manque clairement un complément d'objet direct qui serait, contre toute probabilité les « Français musulmans » de la ligne précédente, les harkis qui sont alors encore une fois dans le non-dit et dans l'abandon. Le détournement de document le plus significatif demeure toutefois celui de la convocation à témoigner devant la Commission nationale de réparation puisque celle-ci n'existe pas. Deleuze et Guattari montrent que Kafka « déterritorialise » la langue allemande majeure, lui résiste en développant des « *intensifs ou tenseurs* les éléments linguistiques, si variés qu'ils soient, qui expriment des "tensions intérieures d'une langue" » (41) et, citant Wagenbach, ils donnent comme exemples pour l'allemand de Prague « l'usage incorrect de prépositions ; l'abus du pronominal ; l'emploi de verbes passe-partout (tel *Giben* [...]) » (42). Chez Rahmani, les entorses au discours écrit relevées plus haut constituent de tels tenseurs. On peut y ajouter le néologisme *soldatmort*, l'emploi démesuré du pronom indéfini « on » et des points d'exclamation, l'usage de répétitions, comme celle du verbe *parler*. Moser voit ce dernier comme un « leitwortstil » (183), il cite Robert Alter : *leitwortstil* « désigne la répétition in-

---

101 Avec l'enquêteur :

> – Que nous voulez-vous ? [style direct].
> – Avant de mourir, il a parlé ? [style direct].
> Il ne m'a pas parlé. Il était là, il attendait, lui dit mon frère. [style indirect libre].
> – Vous n'aviez rien remarqué ? [style direct].
> Je lui dis que Moze est mort depuis longtemps. [style indirect] (27).

102 Le terme est de Rahmani (<https://vimeo.com/5209162>, dernier accès le 5 mars 2015).

103 Moumen qualifie de « correctives » les mesures prises par Joxe, Pierre Messmer et Roger Frey (« Historical Construction » 4) ; ironiquement, Rahmani corrige donc des mesures correctives. Remarquons que dans *La Seine était rouge*, Sebbar apporte elle aussi des corrections – sur des stèles commémoratives.

tentionnelle de mots dans un texte littéraire donné. Le *leitwort* individuel ou mot de tête, exprime généralement un motif ou un thème important à ladite histoire » (182)[104]. Il est sans doute possible de trouver d'autres intensifs dans *Moze*, mais ces trois derniers – *on*, les points d'exclamation et *parler* – sont en soi révélateurs. Ils expriment à eux seuls le refus de la France de reconnaître sa part de responsabilité dans le sort des harkis et sa dissimulation dans l'indéfini du pronom sujet, le rôle de réclamants des harkis (et de leurs descendants) et la nécessité d'une prise de parole dans le domaine public. Pour Moser, Rahmani parsème son roman de néologismes, d'intrusions auctoriales et de répétitions afin que le lecteur « joue un rôle actif dans la négociation du sens » (182)[105]. Ce choix du terme « négociation » est intéressant dans la mesure où le lecteur doit en effet négocier le sens de cette œuvre postmoderne née d'un événement personnel (le suicide du père), causé par un événement collectif historique (l'abandon et les massacres des harkis), lui-même causé par des négociations non respectées (les accords d'Évian). Alors que ceux-ci prévoyaient la démobilisation des harkis, le roman nous mobilise dans la quête du sens, dans la quête d'identité de cette fille restée volontairement anonyme. Car la crise de la nomination relevée dans la cinquième partie de ce chapitre relève du postmodernisme du texte. La « fille de Moze », anonyme il est vrai, ne porte plus ce nom d'« Isabelle » qu'« on » lui a donné (66-67)[106]. Quant à son nom de famille, il fuit dans l'instabilité des voyelles relevée plus haut – Rahmanya, Rahman, Rahmani. Devant la commission, elle parle au nom du soldat français ; dans le cinquième acte, elle laisse la voix de son père glisser en elle. À de nombreuses reprises, en particulier dans le dialogue entre les filles de Moze retournées dans le pays de leur père (acte II), le lecteur perd le fil du dialogue et ne sait plus trop qui parle. L'acte IV, sur la femme de Moze, est sans doute de ce point de vue le plus instable, le plus postmoderne. La narration, autour de la mère dont des paroles sont rapportées, est interrompue par ce qui semblerait être, en retrait et datés, des extraits du journal de la fille, dépressive, qui se sent être de l'eau (p. 147). Mais quelques pages plus loin, juste après la date, c'est sans conteste la mère qui parle – « Tu es née le lendemain

---

104 « designates the purposeful repetition of words in a given literary piece. The individual *leitwort* or leading word usually expresses a motif or theme important to the given story ».

105 « play an active role in the negociation of meaning ».

106 Kenneth Olsson considère cette pratique consistant à donner aux enfants de harkis des prénoms français comme « un reliquat de pensée coloniale » (« a remnant of colonial thinking », 162). Dans un autre texte postmoderne, mais beur cette fois-ci, la jeune narratrice anonyme, prise dans un *double bind* entre l'école républicaine et sa famille, s'imagine qu'on l'appelle Georgette – voir mon livre, *Un passé contraignant* pour une analyse du roman éponyme de Farida Belghoul.

de notre condamnation » (150) – et qui raconte le meurtre du frère de Moze. Si le lecteur réalise bien que c'est la mère qui parle, cet emploi du style indirect libre dans une entrée de journal intime déroute. Ainsi, dans *Moze*, Rahmani déterritorialise le français et produit un texte qui, par son mélange de styles, par le manque de fixité de ses personnages et surtout de sa narratrice, résiste à une interprétation simple. Elle revient ainsi au sens premier du terme *harki*, soldat d'une *harka*, unité en mouvement, qui manque donc de fixité, qui est fluide. Texte postmoderne, *Moze* est un exemple de déterritorialisation. Par sa forme et son fond, il refuse les règles narratives et sociales françaises, territorialisantes. Texte de littérature mineure, donc texte politique à valeur collective, il fait comparaître des témoins aux qualités multiples, qui offrent des lignes de fuite le long desquelles leurs témoignages nous échappent. C'est ainsi dans le postmodernisme, la déterritorialisation, que *Moze* et les harkis trouvent leur territoire propre, contre celui des camps imposé par la France où était recréée une dynamique coloniale (Sims 76), contre le « non-espace » social, géographique et administratif que la France leur a ménagé à leur arrivée en métropole (Moser 171). *Moze* transforme et la fuite des harkis en France et la fuite de Moze dans le suicide – souvent considéré comme la solution des lâches – en lignes de fuite deleuzo-guattariennes qui permettent à son auteure d'amorcer sa distanciation par rapport au passé historique et personnel, distanciation essentielle à toute restructuration du moi après l'élaboration – par la parole – d'une œuvre de sépulture d'endeuillée après suicide.

9 Zahia Rahmani restructurée

Avant sa venue à l'écriture, Rahmani a fait un DEA d'esthétique et a travaillé dans divers lieux parisiens de l'art – la Galerie Nationale du Jeu de Paume ou encore l'École nationale supérieure des beaux-arts de Paris. Elle est actuellement conseillère scientifique au département des études et de la recherche de l'Institut National d'Histoire de l'Art. Autant dire que rien ne la destinait a priori à écrire des romans ou récits. Elle n'en a d'ailleurs publié que trois, entre 2003 et 2006, tous inspirés de son histoire (familiale et collective). Rahmani n'est pas un écrivain comme les autres, c'est un « écrivain légataire » qui, en tant que tel, doit remettre son père « dans la circulation mémorielle du monde » (Altounian 71), opération que *Moze* a réalisée. Comme Altounian, elle écrit en héritière d'une déflagration qu'elle doit, afin de se constituer elle-même, « symboliser par son écriture » en restituant la parole à celui « chez qui elle fut avortée » (Altounian 70-71). *Moze*, le seul de ses trois textes à relever d'un registre dramatique, effectue une telle restitution. Dans le dernier acte, Moze, qui dit avoir souillé Mokrane, a le dernier mot mais c'est un mot qui condamne sa fille à son identité harkie :

> – Je ne suis pas seul. Ton frère [Mokrane] est avec moi.
> – Lui n'était pas sale.
> – Je l'ai souillé.
> – Et moi ?
> – Faut-il pourrir la terre de ce pays de toute notre pourriture ? (180)

La fille de Moze – et par extension Rahmani – semble condamnée à demeurer dans la souillure de la condition et de l'héritage harkis. *Moze* n'offre pas la distanciation nécessaire pour une restructuration, distanciation rendue doublement nécessaire par le suicide du père, mais il l'amorce. Dans un geste symbolique, pour la première fois la fille de Moze décolle en effet l'enveloppe contenant l'avis de décès de son père, l'en sort et l'ouvre : « J'ai lu : *Décédé le 11 novembre 1991* » (172). Dans *Moze*, Rahmani publie l'avis de décès de son *soldat-mort* de père ; avec *Moze* elle enterre son père, elle lui donne une sépulture, elle fait œuvre de sépulture. *Moze* a donc bien cette « fonction monumentaire » que j'ai évoquée dans la septième partie de ce chapitre et c'est à partir de cette sépulture, de ce monument qu'elle nous convie à saluer comme Moze avait salué le monument aux morts avant son suicide, que Rahmani effectue ses premiers pas vers une restructuration. Preuve en sont les derniers mots (répétés) du roman – « Je veux vivre jusqu'au jour où tu porteras des fruits » (188) – mots de la mère qui s'adresse au petit pêcher rapporté d'Algérie. Or, on sait que le petit pêcher regorgera de fruits. *Moze* est comme ce terreau à partir duquel Rahmani, nourrie par les soins de sa mère, s'épanouira. Là, comme Moze avait déposé le bœuf dans le jardin, elle dépose sa « culpabilité endossée » et en finit avec son héritage d'« enfant de salaud » (23, 79). Comme la fille de Moze le réclamait, elle a « déclaré », couché par écrit le corps suicidé de son père, a creusé sa tombe « au grand jour » (103), inscrivant dessus son nom, nom-titre du livre. Investi de « l'aura symbolique » que lui a octroyé sa présence au sein de la littérature et sa restitution dans la langue du tiers (le français), il devient alors lieu de mémoire (Nora XXXIV). Altounian émet l'hypothèse qu'après un génocide, « il faut que, chez l'héritier qui put *entendre* d'un autre – le survivant – le passé qui l'habite, se constitue, par un *dire/traduire/trahir* en langue *étrangère*, une histoire *ré-entendable* par lui-même ainsi que par son allocutaire de la culture étrangère » (154). Rahmani a entendu le silence de son père, a enfin ouvert sa lettre-suicide ; si le témoignage de la fille de Moze n'a pas été entendu par la commission, celui de Rahmani, *Moze*, est bien cette histoire produite dans notre langue, ré-entendable, re-lisible, lue et relue par nous, allocutaires de la culture étrangère, nous, le tiers pour qui ce qui reste a été traduit. Après *Moze*, Rahmani a écrit *« Musulman » roman* puis *France, récit d'une enfance*, sa propre histoire, qui met un point final à sa phase de restructuration d'endeuillée après suicide. Rappelons les termes de Fauré : « La phase de restructuration peut se comprendre comme un temps où on trouve – ou retrouve – sa place dans le monde. Elle correspond aussi à un temps de redéfinition : redéfinition de son rapport à la personne disparue, redéfinition de son rapport à autrui et de son rapport à soi-même » (180). Ces trois redéfinitions correspondent aux trois livres de Rahmani : *Moze* par rapport au père disparu, *« Musulman » roman* et *France, récit d'une enfance* par rapport à la mère et à elle-même, même si ce dernier est encore un récit à la fois personnel et à valeur collective, comme en atteste l'article indéfini du titre – *une* enfance et non *mon* enfance.

Le ton de ce troisième livre diffère grandement de celui de *Moze* ; même s'il revient sur la condition de harki, sur le père, il n'est plus rageur et accusateur, mais apaisé, comme si l'auteure était en paix avec elle-même – il s'achève d'ailleurs sur les mots « J'ai confiance » (153). Lui aussi est informé par la mort, mais une mort future et non plus du père mais de la mère – hospitalisée en octobre 2005. Mais c'est comme si le récit déjouait la mort puisque la mère, grâce à qui ses enfants ont tenu debout, le clôt, tenant son petit-fils nouveau-né, lui parlant dans sa langue et répétant « Cébien » – au lieu de Esteban. Il se développe selon deux axes : l'axe autobiographique de Zahia Rahmani (de son arrivée en France jusqu'à ses seize ans) et un axe, disons féministe où la mère et la grand-mère jouent un rôle essentiel. Le récit relate ce que le père fait subir à ses enfants[107], les réussites scolaires de la fille, son évasion avec son frère Hocine dans la littérature américaine, surtout *Black Boy* de Richard Wright avec qui elle s'identifie. Il relate surtout la rébellion de la fille envers son père : son refus, à douze ans, de s'en tenir à regarder le journal télévisé et de sortir pour les publicités alors qu'apparaît à l'écran un corps nu de femme (30) ; son refus, toujours à douze ans, de rentrer et faire le ramadan, préférant la fugue (81) ; sa revendication d'avoir les mêmes droits que ses frères (83) ; au vu de ses bons résultats au collège, sa demande d'une chambre pour elle seule (124) ; son travail, la dernière année de collège, pour Lutte Ouvrière et surtout les trois jours qu'elle passe à une fête avec d'autres jeunes et à la suite de laquelle le père la chasse (145). Suivant le deuxième axe, le récit relate l'histoire maternelle, ses ancêtres que ses fables rendent « singuliers et héroïques » (52), une généalogie

107 Il a seul le droit de regarder la télévision, il prend la clef pour les empêcher de sortir, il les insulte.

qui fait pendant à l'histoire paternelle, l'« histoire des hommes » dont son « peuple » n'était pas[108]. La mère tient donc un discours transgressif, déterritorialisant, qui était déjà présent dans *Moze*.

Le double axe du récit reflète la double identité de la narratrice. Alors que la France la voit et la traite comme la fille de son père, fille de harki, fille d'un homme honteux et coupable, à l'intérieur d'elle-même elle est la fille d'une famille maternelle héroïque. *France, récit d'une enfance* est ainsi un hommage à la mère, cette mère qui l'a sauvée de la société française qui voulait sa disparition[109] :

> En France, je subis, j'endosse. Une société se perpétue contre moi, et elle sait le mal qu'elle exerce. Broyant mon avenir pour mieux se réjouir de mon échec, elle veut ma disparition.
>
> Ce fut le combat de ta vie de corriger l'amnésie qu'exigeait de moi cette société. Ce reniement néfaste tu as compris que c'était à ma destruction, à celle de tes enfants, qu'il travaillait. […] Tu déjouas donc cette négation en me rappelant à la grandeur. (39)

Dans la bouche de cette mère, il n'y avait qu'amour (23). Elle soutient sa fille de son mieux, que ce soit en lui achetant les boules de Noël tant convoitées (20) ou en l'accompagnant en cachette à la fête foraine (133). Elle lui donne dignité et honneur par le biais de sa langue, le berbère, la seule dans laquelle ses enfants peuvent lui parler, et ses valeurs :

> *Waldin*, ceux qui t'ont mis au monde.
> *Thajadith*, ceux dont ils viennent et dont nous provenons tous.
> *Lejdud*, le conseil de celles et ceux qui veillent sur nos pas.
> *Din*, le comportement par la parole. (41)

C'est par la pratique de cette langue mineure et le respect de valeurs d'une culture mineure qui mettent l'accent sur les racines et la parole que la mère fait résistance à l'histoire silencieuse et nocive du père et de la France. Alors que Moze définissait l'identité de ses enfants par la négative, la mère utilise la négation pour les sortir de la victimisation et de la honte de leur condition de

108 Dans sa présentation au colloque « Là où les mondes se touchent », Rahmani réitère ce point : « En France on considérait que l'enfant africain n'a pas de généalogie, mais à la maison, quand sa mère lui parle, il a des ancêtres, il a une famille, il a une éducation, il est structuré par elle » (<https://vimeo.com/5143150>, dernier accès le 5 mars 2015).

109 Des pages lui sont d'ailleurs adressées à la deuxième personne du singulier (39-44).

harki et leur donner dignité humaine : « Vous *n'êtes pas* ce qu'ils pensent que vous êtes » (42, mes italiques). Surtout, alors que son mari est devenu harki, elle les enjoint à enrayer la transmission de cette identité : « *Ne devenez pas* ce qu'ils veulent que vous deveniez » (42, mes italiques). C'est grâce à elle que sa fille refusera d'être une assujettie, de « porter le vêtement étriqué que l'on nous propose » (58), comme une génération plus tôt le même « on » indéfini avait fait endosser à son père l'uniforme militaire, le condamnant à la condition étriquée de harki. Non seulement la mère l'a-t-elle soutenue et protégée de la société française annihilatrice, elle l'a aussi sauvée du suicide. Devant le refus catégorique du père qu'elle soit interne au lycée, à la veille de ses seize ans la fille avait fait une tentative de suicide – c'est le dernier élément de sa jeunesse que Rahmani évoque dans *France, récit d'une enfance* :

> Un soir je lui [à la mère] écris une lettre en guise de remerciements. Je la glisse sous mon lit. Chère maman. Je veux dormir longtemps. Je t'aime. Et sous les draps, j'avale.
>
> Cette nuit-là, dans le noir elle s'est approchée. Son instinct, son amour l'ont poussée jusqu'à ma chambre.
>
> Elle m'a dit, D'abord je t'ai touchée. Ensuite je t'ai parlé et puis je t'ai secouée. Je t'ai secouée très fort. Puis elle a hurlé. (148-149)

On remarquera l'absence des guillemets de cette note de suicide et des paroles de la mère, laissant intacte la symbiose entre les deux femmes et poursuivant la déterritorialisation des codes narratologiques déjà pratiquée dans *Moze*. Ce qu'on pourrait appeler la trilogie de Rahmani s'ouvre donc sur un suicide réussi et s'achève sur un suicide raté, finalement sorti du non-dit[110].

France, récit d'une enfance marque ainsi le terme de la restructuration[111]. Rahmani y met la condition de harki de son père au passé – « Mon père était harki » (90), en net contraste avec le présent utilisé dans *Moze*. Elle refuse cette

---

110 *France, récit d'une enfance* apporte aussi une raison au suicide du père : la montée du FIS (Front Islamique du Salut) qu'il constatait avec angoisse, répétant ces seuls mots « ça recommence, ça recommence » (98) – non à tort puisque l'Algérie connut dans les années 1990 une « décennie sanglante ». Comme l'a amplement montré ce chapitre, la montée du FIS ne peut pas être la seule cause du suicide de Moze ; on peut la voir, toutefois, comme l'événement déclencheur – pour Edwin S. Shneidman, « chaque acte suicidaire ne peut se comprendre [...] que dans la rencontre de facteurs multiples qui se "cristallisent" à un moment donné pour réaliser le passage à l'acte » (Hanus, *Deuil* 107).

111 Depuis, Rahmani a écrit des articles critiques et littéraires. « Le "harki" comme spectre ou l'écriture du déterrement » où elle revient sur son père, sur la genèse de *Moze*, sur le harki comme figure de l'homme banni est paru en 2008 – il a donc été écrit plus ou moins en même temps que *France, récit d'une enfance*.

identité ; en effet, à la journaliste d'*El Watan* qui lui demande un papier à l'occasion des cinquante ans du déclenchement de la guerre d'Algérie et qui lui fait la remarque qu'« [i]l y a peu de temps encore je ne t'aurais jamais parlé [...]. Vous les harkis je ne peux pas vous parler », elle répond « Je ne suis pas harki [...]. Tu me confonds avec mon père » (91). Rahmani y aborde son identité et on ne peut manquer de remarquer combien son phrasé fait écho aux conseils de la mère : « Nous sommes ce que nous sommes aux yeux des autres seulement. Ce que je suis, je suis seule à la savoir. C'est en raison de notre histoire que nous sommes, nous les enfants de harkis, devenus ce que nous sommes devenus » (100). Il s'agit de se défaire du poids de l'H/histoire, de s'affranchir d'une identité imposée, d'extraire d'une identité collective (« nous » les (enfants de) harkis) une identité propre, singulière (« je »). Au terme du papier, c'est ce « je » qui demande aux Algériens que si l'un des leurs se (re)trouvait dans l'obligation de trahir ses frères, que « l'on ne condamne pas les enfants de cet homme. Pas les enfants. Plus jamais » (102). Mais ce papier – qui occupe plus de neuf pages du récit – ne sera pas publié, l'Algérie de Bouteflika n'étant pas prête à recevoir ce témoignage. Rahmani, avec *Moze* puis avec *France, récit d'une enfance*, a toutefois adressé son témoignage aux deux peuples responsables des faits historiques qui ont déterminé son identité, elle a fait son deuil du suicide paternel et s'est restructurée. La jeune fille suicidaire qui « refusait de [s]e plier » (33) et la jeune femme dépressive qui rampait dans une flaque d'eau sont devenues une femme debout[112].

112 Référence au livre de Khalida Messaoudi, leader du mouvement féministe et démocrate algérien dans les années 1990.

PARTIE 3

L'Enfant endeuillé après suicide

CHAPITRE 5

Olivier Charneux : un cas de deuil (presque) classique

Dans cette dernière partie, j'aborderai une catégorie d'endeuillés après suicide dont on a encore moins parlé : les enfants. Déjà pour le deuil en général, les enfants ont longtemps été relégués au second plan. Ils sont pour la psychiatre Elizabeth Kübler-Ross les « endeuillés oubliés » (198) et dans les termes du psychiatre et psychothérapeute Christophe Fauré des « endeuillés de seconde zone » (125). Peu nombreux sont les ouvrages de suicidologie qui leur consacrent ne serait-ce qu'un chapitre. En 2004, dans *Le Deuil après suicide*, le psychiatre Michel Hanus remarque qu'« [a]u regard de la grande richesse et de la multiplicité de la littérature spécialisée sur le suicide, les suicides, les travaux sur le deuil après suicide sont relativement peu nombreux et ceux sur le deuil après suicide des enfants encore moins, une quinzaine environ » (293), même si Albert C. Cain y consacre plusieurs chapitres dans son séminal *Survivors of Suicide* (1972). Dans sa contribution au numéro spécial de *L'Esprit du temps* dirigé en 2005 par Hanus, la psychologue belge Cécile Paesmans lui fait écho : « Si la littérature consacrée au deuil est abondante, le deuil après suicide, en particulier chez l'enfant, est un sujet à ce jour peu abordé dans la littérature scientifique, voire même inexistant, au vu de nos recherches, dans la littérature systémique » (101). Hanus a consacré un chapitre de son livre de 2004 aux enfants ; dans le numéro spécial de 2005 cité ci-dessus, l'article de Paesmans est le seul à porter sur les enfants ; en 2007 Fauré les mentionne au passage. En littérature française contemporaine, parmi les dix-neuf écrivains que j'ai identifiés comme auteurs d'un ou plusieurs livres à teneur autobiographique relevant du deuil après suicide[1], seulement deux ont traversé cette épreuve dans leur enfance : Olivier Charneux et Chloé Delaume[2]. Tout en ayant conscience que chaque deuil – a fortiori chaque deuil après suicide – est unique et sans vouloir minimiser l'expérience qu'a vécue Charneux, car le suicide d'un parent a toujours un potentiel traumatisant pour l'enfant, après des considérations

1 Voir l'introduction.

2 Sur la base de 12.000 suicides par an en France, Hanus infère qu'il y a chaque année 5400 enfants endeuillés après suicide – donc 9% d'enfants sur 60.000 endeuillés au total (Fauré 11) ; avec deux écrivains sur dix-neuf ou deux auteurs sur vingt-cinq, mon corpus présente entre 8 et 10,5% d'enfants endeuillés après suicide, ce qui est assez représentatif de la réalité.

 | DOI:10.1163/9789004384569_007

d'ordre général j'userai de son récit *L'Enfant de la pluie* (1999) comme d'une étude de cas d'enfant endeuillé après suicide (presque) classique que l'adulte relate ouvertement à la première personne[3]. Cette expérience me permettra d'aborder dans le dernier chapitre le cas pour le moins singulier de Delaume qui, elle, sans doute à cause des circonstances traumatiques du suicide – un meurtre-suicide auquel elle a assisté –, s'est exprimée dans une œuvre autofictionnelle aussi riche que déstabilisante.

1 Les enfants, le deuil et le deuil après suicide

Dans *Le Deuil*, Marie-Frédérique Bacqué et Michel Hanus reprennent une étude sur la mort menée en 1971 par la Britannique Sylvia Anthony sur un groupe de 128 enfants d'horizons socioculturels divers ; leurs réponses entrent dans cinq catégories :

A) Ignorance apparente de la signification du mot, du moins selon les critères des adultes ;
B) Intérêt pour le mot ou le fait associé à une conception erronée ou trop limitée ;
C) Définition donnée par référence à des phénomènes associés secondaires ou par référence au seul genre humain ;
D) Référence correcte bien qu'encore limitée mais comportant les points essentiels ;
E) Description et définition générale satisfaisantes sur le plan logique et biologique.

> Elle [Anthony] conclut qu'aucun enfant de moins de 5 ans ne donne une réponse pouvant entrer dans le groupe C (elles sont toutes A et B), qu'aucun enfant n'atteint la catégorie D avant 8 ans. (83)

Bacqué et Hanus poursuivent : « À 6 ans, la distinction de la mort et du sommeil paraît acquise [...], celle d'irréversibilité et d'universalité ne le sont pas du tout. Le devenir du mort est encore voué à l'imaginaire de l'enfant » (84). Or, Charneux avait cinq ans lors du suicide de son père et *L'Enfant de la pluie*, qui couvre une période allant de septembre 1968 à décembre 1973 – donc de l'âge de cinq à presque onze ans – montre l'imaginaire de l'enfant à

3 Charneux est l'auteur de quatre romans, *La Grande vie* (1995), *Les Dernières volontés* (1997), *Nous vivons des vies héroïques* (2007) et *Les guérir* (2016) et trois récits, *L'Enfant de la pluie* (1999), *Être un homme* (2001) et *Tant que je serai en vie* (2014). Il écrit aussi pour le théâtre.

l'œuvre[4]. C'est maintenant une évidence que les enfants, au même titre que les adultes quoique différemment, ne sont pas exempts du deuil. Comme celui des adultes, leur deuil est « toujours principalement conditionné par la nature de la relation préexistante à la perte » (Paesmans 102), mais il diffère de celui des adultes dans la mesure où il est plus progressif, différent selon leur évolution intellectuelle, affective et cognitive. Il faut également noter que contrairement à l'adulte, face à la mort l'enfant, parce que dépendant d'eux, « se tourne instinctivement vers les adultes qui restent auprès de lui et s'identifie immédiatement à leurs attitudes et réactions » (Bacqué et Hanus 89), identification problématique lorsque l'entourage a des réactions différentes – la mère et le frère et les sœurs dans le cas de Charneux – ou en butte avec la réaction que l'enfant devrait avoir, basée sur sa relation avec le défunt. Pour le jeune Olivier, le suicide du père a également eu « pour conséquence de changer les conditions d'existence » (89), changements dans l'immédiat et cinq ans plus tard avec le déménagement de Charleville-Mézières. En sus des « nécessités de leur développement », Hanus attribue la complexité du deuil après suicide chez les enfants à leur « fonctionnement mental » ; en effet, « le monde psychique de l'enfance baigne dans la toute-puissance fantasmatique [...] et dans la pensée magique » (292), caractéristique parfaitement illustrée dans *L'Enfant de la pluie*. Hanus reprend un tableau de 1991 où Carter et Brook établissent les différences entre « deuil normal », deuil après suicide chez les enfants et ESPT[5] (295-297). Ressortent de ce tableau les éléments suivants : les sentiments de culpabilité et de désespoir sont plus forts dans le deuil après suicide, comme le sont la recherche de compréhension (parfois même excessive), la dépression (pouvant devenir chronique) et l'interférence avec le développement mental. Particuliers au deuil après suicide sont la stigmatisation, la contagion, les difficultés de communication, le blâme de soi et/ou des autres, les mensonges, la désorganisation de la personnalité. Certains affects sont sensiblement décalés ; ainsi, dans le deuil, la préoccupation avec la mort est remplacée dans le deuil après suicide par une préoccupation avec le suicide, la peur de mourir par la peur de se suicider, la peur de la mort des autres par la peur d'autres suicides, les « réactions contre soi » par la « suicidalité » (Hanus 297). Pour Hanus, le deuil après suicide chez les enfants « ne comporte pas d'éléments proprement singuliers ou spécifiques » mais certains traits en sont « fortement accentués » (297). Il explique les points communs qu'a ce deuil avec l'ESPT par

4 L'âge « pivot dans la formation du concept de mort » paraît être huit ans, « l'idée de mort » étant correctement acquise vers neuf ans (Bacqué et Hanus 84).

5 L'« état de stress post-traumatique » est encore appelé « syndrome de stress post-traumatique », état ou syndrome que le cas Delaume permettra d'examiner plus avant.

le fait que le suicide est « souvent pour l'enfant un événement traumatique par sa violence et éventuellement ses caractères soudain et inattendu » (297). Il conclut : « L'enfant ne comprend pas le suicide et il n'aura de cesse d'essayer de comprendre ce qui a pu le ou la pousser [son père ou sa mère] à cette extrémité » (383), tâche qui peut prendre des années voire des décennies, sans garantie de réponse, comme nous allons le voir maintenant avec Charneux[6].

2 Lorsque le père disparaît

Le 26 septembre 1968, André Charneux se suicide. Il laisse une femme et cinq enfants : Catherine (seize ans), Christine (quinze ans), Francis (quatorze ans), Sylvie (douze ans) et le petit dernier, Olivier. Le suicide est mentionné d'entrée de jeu dans *L'Enfant de la pluie*. En deux phrases, l'écrivain unit et sépare le père et son enfant : « C'est au début de la morte saison que mon père s'est tué. J'avais cinq ans » (15). La famille habite une grande maison où le père est charpentier-couvreur, « comme son père et son grand-père » (10), et la mère femme au foyer, issue d'une famille bourgeoise d'anciens industriels dont la grossesse inopinée de la fille finit de ruiner les espoirs. La belle-famille aura avec ce gendre une entente cordiale mais distante. Ce n'est que bien plus tard, quand paraît son premier livre, qu'Olivier Charneux comprend que sa grand-mère maternelle détestait son père au point de refuser de voir ce livre dans les vitrines « parce qu'il portait le nom de mon père » (33). Ni le mot « suicide » ni même le mot « mort » ne sont prononcés devant l'enfant : « On a évité de prononcer le mot, le mot qui fait peur, le mot que l'on veut épargner aux enfants et que pourtant j'avais déjà entendu. On ne m'a pas dit "mort" » (15), « Le mot "suicide" n'appartenait pas à mon vocabulaire. Les adultes ne prononçaient jamais ce mot en ma présence » (40). L'enfant se heurte au silence – « On ne m'a rien dit » (13) – qui remplit alors la fonction contre laquelle Kübler-Ross met en garde, mais que la mère et la belle-famille souhaitent sans doute puisque « garder le silence face à un enfant, c'est lui transmettre le message […] qu'il est tabou de mentionner l'être cher disparu » (Kübler-Ross 201). L'enfant en conclut : « Les grands […] mettent sous silence ce qui les dérange » (35). Surtout, il se heurte aux mensonges dans lesquels les adultes s'empêtrent. Le lendemain du suicide, alors qu'il demande où est son père, « on » lui dit : « Il est en voyage, ton papa. Ne t'inquiète pas. Viens. On va s'amuser au jardin » (14). Deux ou trois jours plus tard, confronté à la réalité, « on » substitue un

6 La question de ma fille de sept ans au sortir d'une représentation du *Petit Prince* – « Pourquoi est-ce que quelqu'un voudrait se tuer ? » – m'amène à penser qu'un enfant sait identifier un suicide même si le concept lui pose problème.

autre mensonge au premier : « Ton papa a eu un accident. Il est tombé de la grande échelle en montant sur un toit. On va l'enterrer dans son village, à Poix-Terron » (15). C'est pour pallier l'absence de tombe, ou du moins de nom sur une pierre du cimetière, pour mettre « des mots sur le silence » qui a entouré la mort d'André Charneux, c'est pour ce père déclaré fou par le médecin afin que le curé l'accepte dans sa terre, qu'Olivier Charneux a écrit *L'Enfant de la pluie*.

Le mensonge est bien sûr une réaction commune de la part des adultes. Mary et Maureen Stimming indiquent parmi les aspects du deuil qui ressortent des descriptions d'enfants survivants les « distorsions et informations souvent trompeuses fournies aux enfants par d'autres membres de la famille » (169)[7]. Albert C. Cain et Irene Fast rapportent que ¼ de leurs jeunes patients ont fait l'objet de mensonges (cités par Dunne-Maxim et al, 236). Suivant Cynthia R. Pfeffer, Hanus souligne que « le déni ou la falsification des propos adressés à l'enfant sur la cause de la mort peuvent conduire à des réactions aberrantes et à des distorsions de la réalité » (299). Est-ce à de telles distorsions que nous avons affaire dans *L'Enfant de la pluie* ou à un imaginaire enfantin particulièrement développé ? Je pencherais pour la seconde hypothèse, comme le montrera la suite de ce chapitre et comme invitent à le penser la scène de la baignoire où se lavent l'enfant et son père, celui-là imaginant que celui-ci « est une plante, je l'arrose. Mon gobelet devient un bateau. C'est un paysage, je l'explore. Mon petit bateau fait une escale sur sa cuisse. Son nombril est une grotte. Ses pieds, des rochers » (13), ou encore l'explication d'Olivier sur le manque de ressemblance de sa grand-tante Pierrette avec son frère : « Ma réponse était que ce n'était pas sa sœur mais plutôt une ancienne employée, une orpheline adoptée » (34). Les professionnels s'accordent sur la nécessité de dire la vérité sur le suicide d'un parent à son enfant[8]. Comme l'observe Fauré, « il ne faut jamais présupposer que l'enfant ignore ce qui s'est passé. D'une façon ou d'une autre, il sait sans savoir … C'est quelque chose dans l'air qu'il capte. Il peut avoir de très fortes suspicions sur la possibilité d'un suicide, mais comme on ne lui dit rien, il se tait » (161), observation qu'étaye le récit de Charneux :

> Mon frère, mes sœurs étaient blancs, sans voix. Ma mère paraissait folle. Il s'était passé quelque chose mais les adultes ont souvent de drôles de

---

7 « distortions and often misleading information provided to children by other family members ».

8 C'est la position de Bacqué et Hanus et de Fauré – pour ceux-là « La vérité ne se refuse pas mais elle n'a pas à être assénée sans égard. On ne dit pas la vérité en ces domaines, on y acquiesce. On ne la prêche pas, on s'y soumet en répondant simplement » (119), pour celui-ci « Dire la vérité sur ce qui s'est passé : c'est le mot clé, mais il n'y a aucune urgence à le faire » car le discours doit « laiss[er] à l'enfant le temps d'intégrer progressivement l'impact du décès » (162).

> comportements. [...] Je voyais bien quelque chose d'étrange sur les visages de notre famille. J'écoutais également ce qui se disait quand, malgré ma présence, ça parlait. J'entendais « mort », André était « mort ». Ce mot coïncidait avec les explications que l'on m'avait fournies : un voyage mystérieux et grandiose. (13-14)

Du haut de ses cinq ans, impatient devant le temps indu que son père met à revenir, l'enfant, plein de sagacité, ose « à peine en conclure que c'était peut-être ça, la mort : cette drôle d'absence, celle qui rend les absents davantage présents » (21)[9]. Ce n'est que bien plus tard, vers vingt ans, qu'il apprendra « comment il s'est tué, qui l'a trouvé. Il s'est pendu dans la chaufferie, sous le grand escalier du hall d'entrée. Maman l'a trouvé » (15) – notons que Charneux l'écrivain adulte couche ici sur le papier deux questions qu'il a dû se poser enfant auxquelles il donne ensuite la réponse. Il fait ainsi se refléter par la construction de sa phrase les deux temps cruciaux, celui des questions et celui des réponses. Nous avons vu plus haut que généralement « l'enfant calque son deuil sur celui de son entourage » (Paesmans 101). Si le récit de Charneux conteste cette déclaration, il montre que l'enfant vit toutefois bien son deuil selon les réactions de son entourage, qu'il ajuste ses propres réactions sur les siennes et qu'il suit bien les « scripts de deuil » édictés par la famille avec les comportements que celle-ci accepte, ceux qu'elle refuse et ceux qu'elle tolère. Paesmans dit de ces scripts familiaux de deuil que leur impact « semble jouer un rôle particulièrement important sur la façon dont l'endeuillé va gérer son deuil » (112). Voyons quel(s) script(s) la mère, les grands-parents maternels et le frère et les sœurs donnent à lire au jeune Olivier.

D'abord choquée par la mort brutale et par la découverte du corps de cet homme avec qui elle faisait chambre à part, l'épouse de trente-quatre ans chasse après quelques jours son accablement, chasse les visiteurs étrangers à la famille et fait en sorte que la vie reprenne le dessus[10]. Quinze jours après l'enterrement, elle fait fi du qu'en-dira-t-on et invite des gens chez elle : « On la jugea frivole, légère, scandaleuse, paraît-il, une veuve joyeuse » (22). Après avoir passé sa jeunesse à élever ses enfants, elle « avait envie de s'amuser », « elle se sauvait et nous sauvait », reconnaît son fils adulte (21). La mère s'avère toutefois rapidement déficiente. C'est sa fille aînée qui s'occupe de la maison et son fils aîné qui gère les colères, caprices et disputes des deux cadets. Surtout, trois semaines après l'enterrement, elle laisse entrer dans sa vie « le métreur », un homme de vingt-deux ans, marié avec enfants, qui travaillait avec le père

9 Cette dernière phrase fait écho à Édouard Levé (voir l'introduction).

10 La mère, née Viviane Durand, reste anonyme dans les récits de Charneux.

et vient réclamer son salaire avant de proposer à la mère de s'associer et sauver l'entreprise. Le métreur se révèle alcoolique, fêtard, paresseux. Il devient toutefois l'amant de la mère et commence à convoquer chaque soir Olivier pour vérifier la propreté de ses mains, règle en fer à l'appui. Cette violence – qui survient peu après le suicide du père et que l'on peut interpréter comme dirigée à travers son fils contre l'ancien patron, d'ailleurs appelé par sa belle-famille « l'ouvrier aux mains sales » (33) – renforce l'amour de l'enfant pour le défunt : « "Jamais il ne te remplacera", lui jurais-je chaque soir » (25). L'enfant comprend que le métreur est « fou et dangereux. Il valait mieux l'occulter, tout occulter, faire comme s'il n'existait pas et les problèmes également » (51) – je reviendrai sur ce « faire-comme si ». Francis, le frère, déteste celui qui restera pour eux « le métreur » et la cadette, Sylvie, profite de ses absences pour réclamer vêtements et chaussures, exprimant son chagrin par des cris et des exigences auxquelles sa mère cède pour avoir la paix, comblant l'absence par un débordement toujours insatisfaisant de cuir et de tissu[11]. Bacqué et Hanus remarquent que la « personnalité du parent survivant est le facteur principal d'expression du deuil de l'enfant. Pour des raisons à la fois affectives (l'enfant attend de ses parents l'autorisation tacite de dire sa souffrance), mais aussi économiques car les difficultés matérielles hiérarchisent les priorités » (63). La joie vite retrouvée de la mère, la liaison qu'elle entretient avec « le métreur », sa façon de déléguer ses responsabilités parentales aux aînés de ses enfants, son incapacité à gérer l'affaire familiale – ils finiront par fermer boutique – font d'elle une mère déficiente qui ne permet pas au deuil de son dernier fils de s'exprimer. La réaction des grands-parents maternels vient conforter l'interdit[12] : « Après sa mort, ils n'ont plus jamais prononcé son prénom ni évoqué un souvenir le concernant. Rien. Comme s'il n'avait jamais existé » (33). Au printemps 1970 – plus de dix-huit mois après le suicide – l'enterrement de son hamster permet à Olivier de faire ouvertement un deuil, il est heureux « d'organiser une petite cérémonie en l'honneur de mon hamster que je confiais à la Meuse avec des fleurs, en lui souhaitant bon voyage » (52), comme il aurait pu le souhaiter à son père, lui aussi parti, selon le premier script familial, en voyage. Le décès du père amène ainsi une réorganisation familiale, une « redistribution des rôles que détenait le défunt entre les différents membres du système familial » (Paesmans 107) – et extra familial avec l'arrivée du métreur. Francis est celui qui reprend le plus auprès d'Olivier le rôle du père : il lui demande d'aller

11 Charneux ne mentionne pas dans *L'Enfant de la pluie* la réaction de Catherine et Christine à la mort du père sinon que leur mutisme ne les empêche pas de désapprouver du comportement de Sylvie.

12 Les grands-parents paternels sont décédés.

se coucher, lui donne une raclée quand ils s'aperçoivent qu'Olivier ramène de l'école des objets plus ou moins coûteux gagnés en trichant aux billes. Pour Olivier, Francis « était un vrai-faux papa » (88). La tante Pierrette – la sœur du grand-père maternel, celle qui a élevé Catherine, la mère ne « pouva[nt] faire face à l'arrivée successive d'enfants » (27) – prend également dans une certaine mesure le relais du père. Comme celui-ci avait fait découvrir à son jeune fils la mer et la montagne, elle lui fait vivre de « grandes découvertes [...] : le cirque et ses animaux, la rue, le carnaval, le cinéma, l'autobus, les cafés d'ouvriers, les vieux, l'hospice, la pauvreté, l'injustice, le don de soi » et sort l'enfant « pour me faire respirer et grandir en me montrant autre chose du monde que la folie de la maison » (28). Surtout, dans un contexte familial tendu et en déroute, en sus d'être la seule de la famille maternelle à avoir apprécié le père, elle offre stabilité, douceur et apaisement : « Elle voyait bien ce qui se passait. Ça la rendait triste mais, nous, elle ne nous jugeait pas. Elle avait l'œil. Elle était là » (29). Le centre aéré, l'été 1970, aère littéralement l'enfant, lui donne accès à un autre monde, immense, où le mouchoir n'est plus signe de tristesse mais l'objet d'un jeu dans cette « nouvelle famille » que forment enfants et moniteurs : « Je n'ai plus pensé à mon père, ni à ma mère, ni à mon frère, ni à mes sœurs, pendant deux mois » (63). C'est pourtant contre son gré qu'il s'était plié à la volonté de sa mère, se sentant abandonné par le départ de Catherine et Christine en Allemagne, de Francis en Corse et de Sylvie en colonie, se sentant « orphelin, sans famille, l'enfant le plus malheureux du monde » (59). Ce sentiment et cette peur d'abandon affectent communément les enfants endeuillés après suicide et Charneux de remarquer : « À cause de mon père, je n'ai jamais supporté les départs, ceux des autres autant que les miens. Je les associe immanquablement à sa mort, à l'abandon » (60) – nous verrons pourtant que la vie le confrontera à moult départs. Par la lecture qu'il commence à apprendre, le jeune Olivier tente de se rapprocher de son père, d'en maîtriser l'absence. De même, il est attiré par toutes les traces laissées par ce père dont le comportement de la mère et de la belle-famille et dont l'absence d'inscription au cimetière semblent nier jusqu'à l'existence. Encouragé par les affirmations de la maîtresse que tout s'explique et que c'est à nous de voir d'où nous venons, il ouvre tiroirs, armoires et cartons. Voir le nom de son père inscrit sur des cartes de visite, sur du papier à en-tête, sur un tampon, voir sa signature et son écriture l'impressionnent, lui apportent la preuve que cet homme a existé. Comme la photographie pour Roland Barthes, ce sont des « certificats de présence », ils disent « seulement et à coup sûr, *ce qui a été* » (Barthes, *Chambre* 135, 133), que cet homme a été, que sa mère ne s'est pas « unie à un nuage », que lui-même n'est pas « un enfant de la pluie » (33). Parallèlement à son désir de savoir d'où il vient, s'affirme sa volonté de grandir qui ne tient pas seulement au fait qu'il soit le benjamin de sa fratrie, mais relève aussi – et surtout ? – d'une caractéristique des enfants endeuillés qui « s'efforc[ent] de se projeter dans l'avenir et de grandir précocement », qui montrent « des désirs obstinés de se grandir, de se prendre en charge, de montrer qu'ils sont grands, de devenir autonomes » (Bacqué et Hanus 96-97). La répétition de ce désir – exprimé pas moins de quatre fois dans le récit – atteste de l'obstination de l'enfant :

> J'étais petit. J'avais hâte de grandir, soif de connaître. (38)
>
> Pourquoi vieillir serait source d'ennuis et d'angoisse puisque, au fond, je n'espérais que cela ? (49)
>
> Elles [les dents de lait qui tombent] […] exacerbaient mon impatience de grandir. (52)
>
> « Vivement que je sois grand, vivement que je sois grand », me répétais-je. (92)

L'enfant grandira, bien sûr, mais pas dans ce récit puisqu'on le quitte alors que la mère doit solder ses comptes et vendre la maison, et la famille déménager. Nous sommes fin décembre 1973. *L'Enfant de la pluie* est le récit de l'enfance empreint malgré le suicide – ou à cause du suicide – de ce que les psychologues nomment la « pensée magique ».

3 Le temps de la pensée magique

Les spécialistes du deuil et du deuil après suicide chez l'enfant relèvent, concomitante à la volonté de grandir, une stagnation, voire une régression dans son évolution développementale[13]. Max Warren parle de régression des fonctions de l'ego et d'arrêt du développement émotionnel favorisé par les facteurs suivants :

> (1) La famille et le conjoint sont inaccessibles pour discuter avec l'enfant de la mort d'une manière significative ; (2) Les sentiments de l'enfant envers le parent mort sont « gelés » et l'image n'est pas sujette à réévaluation et changement alors que se développe l'ego de l'enfant ; (3) l'enfant survivant a un fort besoin inconscient de rester à l'âge qu'il avait lors du suicide afin que le parent mort le reconnaisse au « paradis » ; (4) il y a la

13 Citons par exemple Bacqué et Hanus (96-97).

> peur qu'il se suicide quand il parvient à l'âge qu'avait le parent lors de son suicide, de sorte que rester enfant signifie vivre. (114)[14]

Dans le cas Charneux, si le premier facteur est clairement présent, rien n'est moins sûr pour le deuxième. Le troisième est clairement absent. Quant au quatrième, même si Charneux a effectivement reconnu avoir « toujours été persuadé ne pas vivre au-delà de l'âge que [s]on père avait atteint » (*Tant* 139), rien ne laisse à penser qu'il redoutait le suicide, au contraire. Son imaginaire, sa pensée magique sont très puissants mais, comme l'atteste la scène de la baignoire relatée plus haut, ils précèdent le suicide et, une fois celui-ci survenu, offrent à l'enfant une « stratégie de faire-face », ce que les Anglo-Saxons appellent *coping*. De même, si « [a]vec le suicide encore plus qu'avec la mort, l'idéalisation avec le parent mort est décuplée » (Warren 115)[15], le jeune Olivier portait à son père une admiration sans bornes avant la mort de celui-ci. La scène qui le prouve est d'ailleurs la première scène du père qui soit décrite[16]. Charneux raconte comment un après-midi, son père l'a emmené sur un chantier :

> Leur métier [du père et du grand-père] me *faisait rêver*. [...] Je suis parti avec lui et son ouvrier, dans la camionnette, *fier d'être son fils*. Combien de kilomètres avais-je déjà effectués à ses côtés, sur tous les sols de la maison, avec le modèle réduit de son camion que j'avais réclamé à maman ? [...] J'admirais sa façon de conduire, brutale et franche. [...] Les deux hommes ont déployé l'échelle. [...] « Allez, hop, m'a dit mon père. Suis-moi. Fais comme moi ! » [...] Il était fier de moi car je ne criais pas, ne voulais pas redescendre. Il m'a montré à son ouvrier en disant : « Tu as vu mon fils ? Ça, c'est un Charneux, un futur couvreur. » [...] Une fois redescendu sur la terre ferme, j'étais devenu un petit homme, *son* petit homme. (10-12, mes italiques)

La mort entérinera l'amour inconditionnel de l'enfant, le père demeurera son héros, « gelé » – pour reprendre le terme de Warren – dans cette perfection

14 « (1) Inaccessibility of relatives and surviving spouse to discuss the death with the child in a meaningful way ; (2) Feelings the child has toward the dead parent are "frozen," and the image is not subject to reevaluation and change as the child's ego develops ; (3) There is a strong unconscious need for the surviving child to remain his age at the time of the suicide so that the dead parent will recognize him in "heaven" ; (4) There is a fear that he will commit suicide when he reaches the parent's age at the time of suicide, hence to remain a child is to live. »

15 « [w]ith suicide even more than with death there is an intensified idealization of the dead parent ».

16 Son suicide est énoncé dès le début, mais la première scène nous le montre vivant, dans un moment d'harmonie avec son fils.

qui n'empêche toutefois pas l'évolution de l'enfant, mais a peut-être contribué à la longueur de son deuil – voire à des choix de vie sur lesquels je reviendrai. Car si Charneux remarque du jour de l'enterrement « il est mort ce jour-là », il ajoute aussitôt « Pour les autres, pas pour moi » (16). Sentant bien qu'on ne lui dit pas tout, l'enfant s'invente des « personnages : chevalier de la vérité, espion, petite souris » et se met en quête de la vérité (18). Fort de sa panoplie de Zorro reçue à Noël et « décidé à sauver [s]a famille des méchants », il épie sa mère et le métreur (24). Hanus explique que dans la pensée magique, « monde interne et monde réel ne se superposent pas tout à fait mais ne se distinguent pas bien » (303). *L'Enfant de la pluie* montre comment l'un se nourrit de l'autre. Ainsi, alors que son père a « disparu sans donner de nouvelles » depuis dix mois, en juillet 1969 Olivier comprend :

> Il avait marché ou vogué ou volé jusqu'au bout de la terre (les moyens changeaient suivant les soirs), il avait atteint un endroit désert, le soleil là-bas brillait fort, il avait changé de nom, il était entré dans une fusée construite spécialement pour lui (je l'avais vue décoller), il se dirigeait maintenant vers la Lune, bientôt il l'atteindrait. Ce soir-là de juillet, le monde entier allait le voir marcher sur la Lune. [...] Je n'avais pas peur de son comportement dans l'espace. Il avait eu le temps de s'entraîner sur les toits, d'affronter le ciel sans le souci d'en bas. [...] (30)

Dans l'imagination de l'enfant, son père se substitue ainsi à Neil Armstrong, « Je ne respirai plus quand *mon père* apparut. [...] il a salué avec le bras. Il a dit au revoir au monde, au revoir à ses enfants, au revoir à maman, aux amis qu'il aimait » (31, mes italiques). Par l'entremise de Neil Armstrong – et de l'imagination d'Olivier – le père fait les adieux qu'il n'a pas faits – puisqu'il n'a pas laissé de note de suicide. Ceci ne veut toutefois pas dire qu'il disparaît de la vie de son fils, au contraire, leur relation se poursuit et c'est grâce à son père qu'Olivier vainc une faiblesse dans le poignet gauche qui le handicape à la gymnastique. En effet, cette douleur devient pour lui le signal de la présence de son père qui lui lance un défi : « Je devais le relever, surpasser ce handicap, le transformer en force. Chaque samedi, je me battais contre lui » (45). Ne pourrait-on alors pas voir la douleur du deuil comme un défi à relever et le suicide du père comme un handicap à transformer en force ? Surtout qu'à celui-ci succède bientôt le suicide de Catherine, le 22 novembre 1970[17]. Olivier a sept ans et demi et « [t]out réapparaissait inchangé deux ans plus tard » (76).

17 Earl A. Grollman, tout en démentant le mythe selon lequel on est génétiquement prédisposé aux tendances suicidaires, relève que les jeunes « sont particulièrement sensibles et un suicide antérieur dans la famille pourrait établir un modèle destructeur invitant à un

La narration de ce suicide présente un obstacle, Charneux se heurte au flou de sa mémoire :

> D'abord, j'ai cru ne me souvenir de rien. Ensuite, j'ai mélangé les dates, les événements. J'aurais juré, par exemple, avoir changé d'école. L'angoisse générée par ce changement me permettait de justifier celle imputable au suicide de ma sœur. Ces méprises ne reflétaient que mon angoisse d'aujourd'hui à aborder cette autre mort. (64)

Cette fois, « on » ne juge pas utile d'« enlever » l'enfant, de le soustraire à la tourmente « qui m'échappait, qui ne m'atteignait pas. [...] Chacun était dans la folie de sa douleur. Je n'existais plus. On cherchait à peine à m'écarter. On me traversait. On ne me voyait plus » (67-68). Ainsi, on ne le prévient pas et il assiste un matin en pyjama à la levée du corps. La mère affiche la même obstination à vivre et faire la fête que deux ans plus tôt et refuse, malgré les hauts cris de Sylvie, de ne pas aller comme prévu à Paris avec le métreur pour le Nouvel An : « Ma mère n'en pouvait plus de ces histoires, de la mort, des accusations, des reproches, des convenances. Elle agissait de la même façon que deux ans plus tôt, sans mot ni explication, par des actes » (77). Comme deux ans plus tôt, Sylvie réclame de nouveaux vêtements. Cette fois, elle ne se prive pas pour incriminer sa mère. Le jeune Olivier assiste à leurs disputes « terrorisé, blotti contre les placards. J'appelais mon père à l'aide. Je voulais qu'il revienne et si c'était pas possible, je l'implorais pour qu'il n'arrive rien de mal à personne, ni à maman, ni à Sylvie, ni à Francis, ni à Christine, ni à moi » (78), prière qui montre bien son appréhension de la mort, voire du suicide, comme en atteste par ailleurs ces pensées, quand la mère quitte une dispute et la maison : « nous étions démunis, abattus et inquiets. [...] On se demandait où elle était, si elle reviendrait. Pourvu qu'elle ne fasse pas de bêtises, pensait-on » (79). Pris entre deux feux, l'enfant console l'une (sa sœur) et montre par sa présence et son obéissance son soutien et son affection à l'autre (sa mère). Toute démonstration physique reste cependant au stade du vœu, un vœu passé, dépassé : « J'aurais aimé la [la mère] prendre dans mes bras, lui caresser la main » (79). Comme deux ans plus tôt, tante Pierrette sera source de soutien ; alors que la mère est à Paris avec le métreur et le frère et les sœurs avec des amis, après un réveillon où, à force de vouloir « oublier »[18] ils se rappellent tout, Pierrette

---

comportement de répétition » (« are especially suggestible, and a previous suicide in the family could establish a destructive model for repeat behavior », 41).

18 Le verbe est utilisé cinq fois : « Nous avons oublié les feux de la gazinière qui ne brûlaient pas [...]. Nous avons oublié maman, Catherine, Christine qui ne s'activaient pas comme

emmène pour la première fois l'enfant au cinéma. Dans la Catherine Deneuve de *Peau d'âne*, il reconnaît sa sœur Catherine qu'il est allé subrepticement voir un matin, à l'aurore, sur son lit de mort. Voir l'héroïne morte rire plus tard dans le jardin l'amène à conclure que « la mort n'existe pas et tout finit bien » (85). L'enfant dépassera encore une fois par sa pensée magique les mensonges et les évitements des adultes. « On » l'a en effet tenu à l'écart de l'enterrement, jugeant qu'« une cérémonie supplémentaire [l]e traumatiserait » (71) et, à sa question sur la cause de la mort de sa sœur, « on » répond : « Elle a pris trop de cachets pour dormir » (71) – il apprendra quinze ans plus tard qu'elle « s'est étouffée avec six sacs en plastique » (64)[19]. Il trouve « la solution » à l'école, devant une photo des neiges éternelles : « Papa vit dans le domaine des neiges éternelles et Catherine le rejoint » (74). De retour à la maison où, devant l'atmosphère lugubre, il décide de garder pour lui la bonne nouvelle, il se précipite dans sa pièce de jeux, s'empare d'une de ses voitures de collection – qui restent habituellement exposées dans la vitrine – et donne vie à sa solution :

> J'installais Catherine sur la banquette arrière et je roulais. Je l'amenais à mon père. Les routes étaient sinueuses, des routes de montagne. [...] Catherine ne parlait pas. Elle se laissait conduire. Ses cheveux battaient dans le vent. [...] Il soufflait de ma bouche. D'une même tonalité dans la montée, il changeait dans les tournants. [...] Soudain, j'ai été ébloui par la neige qui la [la route] recouvrait et nous entourait de toutes parts. [...] Le vent [...] emporta la voiture dans les airs, m'obligea à me lever. [...] Nous étions dans les nuages. [...] Je dansais avec mon père, avec Catherine dans la vapeur suspendue. Nous nous confondions aux nuages. Tout souriait. (75)

Par le pouvoir de son imaginaire, l'enfant transforme ainsi un suicide qui aurait pu présenter des circonstances aggravantes en un moyen de renforcer le deuil premier. Si père et fille, au grand dam de Sylvie, ne reposent pas dans le même cimetière, ils survivent ensemble dans l'imaginaire d'Olivier qui étaye cette observation de Bacqué et Hanus : « L'enfant en deuil continue de vivre

---

en ces jours de fête où mon père trônait au milieu d'une quinzaine de convives dans la salle à manger. Nous avons oublié l'atmosphère qui y régnait [...]. Nous avons oublié quand elle resplendissait de lumières tard dans la nuit. Nous avons oublié les odeurs qui emplissaient la maison entière [...] » (80).

19 Il serait tentant de voir de l'*unheimlich*, de l'inquiétante étrangeté, dans ce nombre six puisque six personnes ont été endeuillées après le suicide du père – sa femme et leurs cinq enfants. Catherine aurait-elle pris sur elle – en réalité ou dans la reconstruction mémorielle de son frère – le deuil inexprimé des cinq autres survivants ?

avec son parent mort en imagination. À l'intérieur de lui, dans ses pensées, dans son monde intérieur, le parent mort est toujours là. Il le voit, il l'entend, il le retrouve, il lui parle » (94). Olivier parle en toutes occasions à son père ; il lui confie les secrets sur la mère et le métreur, il le remercie de son aide lors des séances de gymnastique et le maudit quand il n'y arrive pas (45), il entend ses encouragements à ladite gymnastique (52), il redoute de partir en colonie de vacances, malade d'abandonner son père (et Catherine) dans la maison (101). La première année, il lui semble avoir passé son temps, à la maison et à l'école, à le dessiner (29). Imitant son idole Claude François avec un micro improvisé, il chante et danse pour son père (95). C'est à lui qu'il adresse la prière du « Notre Père » (122). Il invente des jeux avec lui, lui lance des paris toujours renouvelés – « Je compte jusqu'à dix. Si à dix on se lève ou si quelqu'un tousse, ça voudra dire que tu m'aimes ou que je te reverrai bientôt » (123). Parfois, l'enfant est cependant rattrapé par la réalité : d'abord heureux de sa performance au spectacle de gymnastique, le manque de commentaire de sa famille lui fait prendre conscience de l'absence de son père qui ne lui dira pas combien il est fier de lui et à tante Pierrette, inquiète et compréhensive, il ne pourra qu'offrir son silence et serrer fort la main. Les fameuses fiches que les élèves remplissent à chaque début d'année scolaire sont pour lui source d'angoisse et le ramènent, elles aussi, à une réalité qui n'est réelle que pour les autres :

> Écrire « décédé » devant la profession du père m'insupportait. Je butais également sur la question du nombre de sœurs. Devais-je répondre deux ou trois sœurs ? J'inscrivais toujours trois. Ces fiches [...] me forçaient à déclarer des choses que je ne voulais pas dire ou reconnaître. Pour moi, Catherine et mon père n'étaient pas morts comme les grands l'entendaient. (121)

« [É]tiqueté, désigné par son malheur » (Cyrulnik, « Liens » 96), il refuse cette étiquette comme il refuse en fait la mort de son père et de sa sœur. Continuer à leur parler reflète ce refus de leur mort, mais c'est aussi un moyen de l'accepter, d'y faire face, d'exercer son *coping*. Alors que le récit s'achève, que les survivants de la famille sont installés en voiture prêts à suivre le camion des déménageurs, un vent léger les pousse vers l'avant et Olivier de penser « Papa nous donne son souffle » et de prendre en lui ce souffle « à pleins poumons » (140). Dans le récit suivant, *Être un homme*, on retrouve Olivier à Reims, il a treize ans et il fait rouler ses petites voitures, prêt à passer d'une forme de jeu à une autre, toutes deux ayant à voir avec le père, ayant à voir avec l'amour.

4 Charneux et les jeux de l'amour

Ross-Kübler remarque des enfants qu'ils « gèrent la perte à leur propre rythme, parfois avec un temps de décalage, car ils sont dotés d'un "mécanisme de sécurité" » (205). Nous allons voir maintenant, en abordant le jeu, que tout en n'en ayant *apparemment* pas souffert outre mesure[20], Olivier Charneux a mis des années, des décennies à gérer la perte du père, à faire son deuil. Le jeu a été la réponse immédiate de l'enfant de cinq ans à l'imagination et aux capacités ludiques déjà débordantes. La pièce de jeux est son « royaume, située [...] à proximité de l'entrée annexe qui s'ouvrait sur le garage et la galerie, mon autre royaume » (41) – le garage étant bien sûr le royaume du père. Malgré la profusion de jouets, ce sont les Lego et les petites voitures qui retiennent son seul intérêt. Or, ces deux jouets sont tous deux liés au père. Il passe les jours qui suivent l'enterrement de son père dans la voiture que celui-ci lui a offerte, réplique de sa propre DS. Il imagine prendre la place de son père quand il attendait sa femme avec énervement ; conduire calme alors son attente avant que ne revienne l'énervement, « Mon père n'était toujours pas rentré. Je redevenais Olivier » (20). Faire rouler les petites voitures, une fois qu'il aura dépassé l'âge de conduire sa mini DS, lui permettra de perpétuer l'attente du père, mais aussi de rester en contact avec lui, voire de poursuivre son identification à lui[21]. Il n'est alors pas étonnant qu'on le retrouve à la première page d'*Être un homme* à treize ans en train de jouer avec ses voitures avant de le suivre à la page suivante vers le secrétaire où son frère garde des magazines érotiques. La seule évocation d'une scène de vestiaires fait palpiter et durcir son sexe qui emporte son « corps entier dans une sorte de vertige aussi délicieux qu'intolérable, inédit dans [s]a vie » (10). À son frère qui survient peu après cette première découverte du plaisir et qui lui demande ce qu'il fait, il répond : « Rien. Je joue avec mes voitures » (*Être* 10). Le jeu enfantin a été remplacé par le jeu adolescent qu'il sert à cacher. Surtout, le jeu des voitures, présent dans *L'Enfant de la pluie* et que l'on pourrait assimiler au jeu freudien du *fort : da* puisqu'il s'agit – dans le jeu et dans le récit – d'apprivoiser l'absence du père[22], cède la place à un autre jeu de répétition, un jeu de « petite mort » qui s'avère relever de la

20 Ce qui me permet de qualifier son deuil de deuil classique.

21 On comprend alors la panique que l'enfant ressent quand sa mère l'inscrit à toutes sortes d'activités qui risquent de ne pas lui laisser de temps pour jouer (120).

22 Le jeu du *fort : da* décrit par Freud consiste pour le jeune enfant à lancer loin de lui une bobine et à la ramener à lui dans un automatisme de répétition dont le but est d'apprivoiser l'absence de sa mère. Pour Jacques Derrida, « on pourrait imputer tous les efforts du petit-fils [de Freud], de la répétition du jeu [du *fort : da*], à une "pulsion de maîtrise"

« grande » mort, *Être un homme* étant scandé par les victimes que fait le sida – j'y reviendrai sous peu. Ce qui intéressait Charneux dans les voitures, c'était rouler et avancer. En jouant aux voitures, il « cherchai[t] [s]on père [...] sans le savoir » (42). Aux Lego il assigne une autre fonction, « commémora[tive] » :

> *Chaque jour*, le temps s'arrêtait sur le 26 septembre 1968. En étais-je conscient ? Je ne peux rien affirmer. Je me souviens du cérémonial. Je m'installais par terre [...]. Je construisais mon manège au centre de la pièce. Mes camions apportaient les petites briques blanches. [...] Je montais le manège. [...] Je m'occupais de l'électricité et de la sono en plaçant une lampe de bureau au-dessus, un tourne-disques à côté que j'empruntais à mes sœurs. [...] De nouveau faire vivre la fête à Charleville. (42, mes italiques)

Contrairement à la mère lancée dans une fuite vers l'avant, l'enfant est pris dans un principe de répétition et recrée « chaque jour » les circonstances de la mort de son père. En effet, le 26 septembre 1968, alors que « [l]a fête foraine était à [leur]s portes », il jouait dans le garage tandis que la famille cherchait le père (9). Quand le corps a été découvert, une tante « m'a enlevé [...]. Elle m'a emmené à la fête » (13), « J'avais cinq ans. Je ne pensais qu'à jouer. J'étais heureux. Sa sœur m'a payé les manèges que je voulais [...]. Toute l'après-midi, je me suis enivré » (14). La fête foraine et les manèges deviennent ainsi indissociables de la mort du père, tant et si bien que Charneux adulte reconnaît qu'« il n'est pas une fête aujourd'hui ou un manège solitaire installé sur une place qui ne me rappellent sa disparition » (43). Comme les petites voitures, il abandonnera ses « jeux forains seulement à treize ans » (43). *Reenacment* ou jeu post-traumatique, ces deux formes de jeu étant établis inconsciemment comme un « mécanisme de guérison » (*healing mechanism*, Dunne-Maxim et al 239) ? Le « diagnostic différentiel du *reenactment* avec un jeu post-traumatique » étant « fait sur l'attitude ludique ou non de l'enfant » (Grappe 90), les jeux d'Olivier tombent clairement non dans la catégorie du jeu post-traumatique, mais dans celle du *reenactment*. Si le jeu forain est effectivement fait de rituels et dure longtemps, il n'est ni macabre ni dangereux – comme le remarque la psychiatre Lenore Terr des jeux post-traumatiques. Les petites voitures et les Lego, ces jeux liés à la mort et qui, comme les « jeux de la mort », « permettent une certaine maîtrise de la situation » (Bacqué et Hanus 94), seront les seuls jouets

---

(*Bemächtigungstrieb*) » (430). Il s'agit également dans le cas de Charneux de maîtriser l'absence, la mort.

que l'enfant emportera lors du déménagement, ce qui montrerait que son deuil n'était alors pas achevé[23].

À treize ans, Charneux cesse les jeux forains et délaisse ses petites voitures, il découvre le plaisir – « La découverte » est justement le titre du premier chapitre d'*Être un homme* – et sent « son enfance qui s'en va » (*Être* 11). En quatrième de couverture, il déclare poursuivre « dans ce livre le récit, commencé avec *L'Enfant de la pluie*, de tout ce qui constitue l'homme de trente-sept ans que je suis aujourd'hui : ma famille, les rencontres déterminantes, ma sexualité, les deuils, le théâtre, les voyages, l'écriture ». Le deuxième chapitre allie rencontre et sexualité, la rencontre avec Rodrigo[24] et la « révélation »[25] de son homosexualité. Charneux a seize ans et connaît sa première expérience homosexuelle. Sa relation avec Rodrigo et son ami Alain durera deux ans, l'amènera au seuil des années 1980, « Le sida n'était pas là. Il était à nos portes, mais nous ne le savions pas » (19)[26]. À dix-huit ans, il commence des études de théâtre et rencontre Thierry, avec qui il finit par emménager. Que dire de ce choix d'études ? De ce choix de partenaire et de mode de vie[27] ? Ne reflètent-ils pas un attachement au père ? Comme son père, Olivier Charneux se retrouve dans un couple mixte puisque Thierry est eurasien. Le théâtre lui permet de poursuivre ses jeux, de jouer divers scripts, d'endosser des personnages autres, comme, enfant, il a endossé le personnage de l'enfant joueur et sans problèmes dicté par le script familial – mais dont les jeux, comme on l'a vu, étaient essentiellement centrés autour du père. En évoluant dans cette « famille » que sont les intellectuels homosexuels, une famille dont les membres meurent les uns après les autres, Charneux rejoue le script familial. Au suicide du père et au suicide de Catherine succèdent la mort de Michel Foucault, de Jean-Paul Aron et Guy Hocquenghem, de Jean-Luc Lagarce, de Bernard-Marie Koltès, d'Hervé

23 L'enfant a du mal à imaginer « un départ définitif de cette maison [...] Cette maison abritait nos disparus comme le sang coule dans nos veines » (131), « Il fallait dire adieu, [...] adieu à mon père, à ma sœur, adieu à mon enfance. Je n'y arrivais pas » (139). Fauré dit de la maison qu'elle peut « devenir un lieu ambigu, du fait du suicide. Soit rien ne change et chaque membre de la famille parvient à y retrouver ses marques. Soit elle porte, à tout jamais, le sceau de la mort et cesse d'être un lieu-refuge » (55). Dans le cas de Charneux, la maison a indéniablement changé, elle est devenue un lieu-sanctuaire.

24 Il s'appelle Mario dans *Tant que je serai en vie*.

25 C'est le titre de ce chapitre.

26 On relèvera que la même expression est utilisée pour parler du sida et de la fête foraine – « à nos portes ».

27 Je ne parle pas de l'homosexualité comme choix puisqu'il a été clairement montré qu'elle est adaptative mais du choix de la façon de vivre sa sexualité (partenaire unique ou partenaires multiples, rapports protégés ou pas).

Guibert et Jean-Noël Pancrazi[28] et tant d'autres – y compris Alain, son deuxième amant, d'une quinzaine d'années son aîné – que l'on pourrait qualifier de pères de substitution. Ces morts participent de son travail de deuil, inachevé. Cet inachèvement n'a rien d'anormal, comme l'observe Hanus : « l'enfant n'a pas les moyens psychiques de mener à terme son travail de deuil durant son enfance et devra le continuer au début de sa vie adulte ou plus tard à l'occasion d'autres pertes » (308). Charneux continue donc son deuil, un deuil rendu un peu particulier par son orientation sexuelle et la période à laquelle il devient sexuellement actif, homosexualité et épidémie de sida favorisant la multiplication des pertes. D'ailleurs, en ayant de nombreux partenaires sexuels alors que le sida sévit, ne s'expose-t-il pas, quoiqu'il en dise, à la mort ? En 1988, la sortie du film *Once More* (*encore*) suscite la polémique – « peut-on choisir de mourir du sida en ne se protégeant pas ? » (*Tant* 72) – et le fait sortir de ses gonds : « Nous [Thierry et moi] sommes informés du danger. Nous avons pratiqué le sexe sans risque. Nous avons bien appris la leçon du préservatif à utiliser systématiquement pour les relations extérieures. [...] Choisir sa propre mort me heurte. [...] on a déjà donné dans ma famille avec le suicide, je n'ai pas envie, pour l'instant, de prendre le relais » (*Tant* 73). Reste que, malgré leurs précautions et leur pratique du sexe sans risque, Thierry lui annonce un jour sa séropositivité. D'abord abasourdi, Charneux est envahi par la colère et se sent « trahi, floué » (*Être* 80). Il interroge Thierry qui admet qu'un préservatif a peut-être éclaté dans un sauna : « Ma colère explosa. Je l'accusai de ne pas avoir suffisamment fait attention, d'avoir été léger, inconscient, fou. Je l'accusai de suicide. Je l'accusai de meurtre envers moi. Je l'accusai d'avoir foutu en l'air notre amour » (*Être* 81). Au-delà de Thierry, c'est au père que sont adressées cette colère et ces accusations, au père qui, lui, s'est effectivement suicidé et qui, par son suicide, en « se foutant en l'air », a « foutu en l'air », a mis un terme à leur amour. D'autre part, peut-on croire Charneux quand il dit ne pas avoir envie de prendre le relais du suicide alors que, la séropositivité de Thierry confirmée, ils font l'amour et que le préservatif éclate ? Lui-même n'est pas dupe : « Était-ce dû simplement à un produit défectueux ou à une mauvaise utilisation, *ou à un désir enfoui chez moi de rejoindre Thierry dans la mort que je pensais alors quasi certaine* ? » (*Être* 82, mes italiques). Mais Charneux endosse le rôle de son personnage habituel, le survivant : « Je mis plusieurs jours à comprendre ce que cette nouvelle impliquait : ce serait moi, sans doute, qui enterrerais Thierry et cela ne me réjouissait nullement. La pensée de sa mort me faisait honte » (*Être* 85). Est-ce vraiment la pensée de la mort de Thierry qui suscite ce sentiment de honte ou est-ce une fois encore lié à la mort du

28 *Tant que je serai en vie*, pp. 46, 72, 75, 77 et 100.

père et à une certaine charge de culpabilité, la culpabilité du survivant, alors et maintenant[29] ? Cyrulnik écrit de l'enfant survivant que pour lui, « toute une partie du discours n'est pas prononçable parce que l'enfant a honte d'être fier, il a honte du bonheur qu'il éprouve à avoir survécu alors qu'il est coupable de la mort de ceux qu'il aime. S'il ne peut pas le dire, il va tout de même le paradire, sous forme de dessin, de saynètes ; adolescent, il l'exprimera par le théâtre ; l'adulte se fera romancier » (« Liens » 93). Or, Olivier a survécu deux fois, à deux suicides. Son investissement dans le jeu et son recours à son imagination, enfant, son choix de la voie du théâtre avant de suivre celle de la littérature, une fois adulte, pourraient relever d'un sentiment de culpabilité. Le jeu lui-même serait peut-être source d'un tel sentiment. En effet, alors que tout le monde cherchait le père, Olivier jouait ; alors que tout le monde autour de lui est affecté – son frère et ses sœurs sont « blancs, sans voix », la mère paraît folle (14) – lui « ne pensai[t] qu'à jouer » et était « heureux » (14). Sa réaction est en désaccord total avec la situation – et pour cause, on le tient à l'écart – et il ne serait pas étonnant que dans les jours suivants, voire bien plus tard, il se soit senti coupable de n'avoir pensé qu'à jouer[30]. Alors qu'on enterre sa sœur, il va à l'école et fait montre d'un comportement et d'une apparence adéquats – il est « ailleurs » et son visage est « tout blanc » –, mais il se sent également « fier d'être le héros du jour » (73), fierté qui, elle aussi, peut avoir suscité un sentiment de culpabilité. C'est encore une fois par le biais d'un animal que la

29 Serge Tisseron note dans l'introduction de son livre sur la honte qu'honte et culpabilité sont souvent confondues alors qu'il existe entre les deux des différences certaines. Dans un passage sur le psychanalyste hongrois Sandor Ferenczi, Tisseron mentionne la honte en rapport aux enfants « mal accueillis » ou qui ont perdu un parent et vécu cette perte comme un rejet. Or, Charneux n'a pas été un enfant désiré par sa mère : « Si j'avais eu le choix, je n'aurais pas eu tant d'enfants » répétait la mère à ce cinquième enfant né sept ans après l'avant-dernière. Il en conclut : « Si elle avait eu le choix, je ne serais pas de ce monde » (*Tant* 123). A-t-il vécu la disparition de son père comme une forme de rejet ? Le fait qu'il était dans un fort rapport d'identification au père et que celui-ci s'est suicidé explique-t-il dans une certaine mesure un comportement – lui aussi dans une certaine mesure – à risque ? Dans *Tant que je serai en vie*, avant d'évoquer les disparus dans les domaines du théâtre, du roman, de la danse, de l'art et de la photographie, de la bande dessinée, Charneux évoque « les changements radicaux qu'il [le sida] implique dans nos façons de vivre et de penser la sexualité, la présence constante de la mort et du deuil, la *culpabilité des survivants* » (100, mes italiques).

30 Deux ans plus tard, le suicide de Catherine réveille le sentiment de culpabilité et en suscite un nouveau puisqu'il était resté indifférent à son retour inopiné d'Allemagne, « J'avais tellement à faire entre mes jeux et l'apprentissage des conjugaisons » (65), conjugaisons qui participent pourtant, comme les jeux, de son travail de deuil, comme on le verra plus loin.

culpabilité ressentie à l'occasion du suicide du père est ouvertement énoncée – mais aussitôt refoulée. Son chat Gribouille disparu, son imagination s'emballe :

> « De méchants bandits l'ont enlevé. Ils découpent la fourrure des chats pour en faire des manteaux. C'est un trafic organisé, international. » Cette explication ne me convenait pas. J'en apportais une autre : « *Il est parti parce que je ne l'aimais pas assez*. Il ne reviendra plus. » Cette version-là ne me plaisait guère. Je la remplaçais par un accident de voiture. « Il a été renversé. C'est fini. » Trop cruel. « Il est blessé. Il m'attend quelque part. Je dois le retrouver. » Cette *solution* me plut. Je partis à sa recherche [...]. (96, mes italiques)

L'enfant impute la disparition du chat – et à travers lui, du père – à l'insuffisance de son amour[31]. Le sentiment de culpabilité est aggravé chez les jeunes enfants par leur « mégalomanie persistante » et leur « mode magique de pensée, ils ont toujours spontanément tendance à croire que tout ce qui se passe autour d'eux vient d'eux, est leur fait » (Bacqué et Hanus 101). Hanus explique comment le sentiment de culpabilité chez l'enfant endeuillé après suicide est double : en effet, ces enfants

> cumulent la culpabilité de tout enfant en deuil et la culpabilité du deuil après suicide. Mais après suicide, ces sentiments s'appuient encore sur d'autres bases que l'ambivalence, la pensée magique et le narcissisme vivace quand il s'agit d'un de leurs parents. Ils ne peuvent pas comprendre qu'un de leurs parents se suicide eux étant là. Je dis « comprendre » au sens le plus fort : ils ne peuvent pas imaginer, se représenter, conceptualiser, mettre en pensée, en images, en représentations ce fait. Il leur est déjà très difficile de réaliser et d'essayer d'accepter qu'un parent meure, les laissant abandonnés. Mais qu'il se tue ! Ils se disent que la vie n'a pas de sens et surtout qu'ils n'ont pas eux de valeur puisqu'ils n'ont pas suffi pour garder en vie leur père ou leur mère. (305)

L'Enfant de la pluie illustre parfaitement cette incapacité de l'enfant à comprendre – dans son sens fort – le suicide de son père, ce qui explique aussi en partie son entêtement à trouver des « solutions »[32]. Dans son propos sur le

---

31 On notera aussi dans le passage ci-dessus l'emploi du terme « solution », déjà utilisé pour situer le père au domaine des neiges éternelles et lui amener Catherine.

32 Quant au manque de valeur de soi que ces enfants éprouvent, on le retrouve dans l'intense besoin de « séduire, de plaire à tout prix » que ressent et mentionne Charneux adulte (*Être* 36).

sentiment de culpabilité qu'éprouvent les enfants dont un parent se suicide, Paesmans ajoute un élément intéressant : « Lorsqu'un des parents meurt par suicide, cette situation [se sentir responsable de la mort] s'en trouve davantage renforcée et *plus spécialement encore lorsqu'il s'agit du parent avec lequel l'enfant se trouvait en rivalité œdipienne* » (103, mes italiques). Or, c'est sans doute le cas d'Olivier puisque le conflit œdipien se situe généralement entre trois et cinq ans. Son identification au père n'est donc pas simplement un des autres aspects du chagrin identifiés par Stimming (169), mais relève de la rivalité œdipienne que le suicide vient bouleverser. L'enfant continue de se comparer au père : dans la cachette qu'il a trouvée derrière une armoire placée en biais dans l'angle de deux murs, il dit « J'étais comme mon père. J'entendais mais j'étais invisible » (87). C'est d'ailleurs dans ce recoin, « aussi sombre et confiné qu'une grotte ou une caverne mais suffisamment grand pour être deux, m'asseoir et me lever » (86), qu'il garde sa boîte à biscuits avec ses richesses, dont « une photo d'identité de mon père enfouie dans une petite pochette verte en plastique » (86-87). C'est dans cet espace que l'enfant garde son père, trois fois enfoui[33], un espace que l'adulte assimile à une grotte, une caverne, mais qui pourrait tout aussi bien être, pour reprendre le terme de Nicolas Abraham et Maria Török, une crypte, la crypte psychique où il enferme son père. Anne Ancelin-Schützenberger explique que la crypte est ce lieu où un membre de la famille garde un non-dit, « quelque chose ou quelqu'un qui était disgracié ou avait disgracié la famille, laquelle en avait honte, et dont on ne parlait pas » et qu'il s'agit d'oublier (*Aïe* 59-60). Cette définition fait immanquablement penser au père de Charneux disgracié par sa belle-famille qu'il a disgraciée, lui, l'ouvrier aux mains sales, en mettant leur fille aînée enceinte et ruinant leurs espoirs de mariage rédempteur, totalement oublié par cette belle-famille au lendemain de sa mort. C'est dans cet espace-crypte qu'Olivier garde son père et continue de s'identifier – s'introjecter ? – à lui. Écrire *L'Enfant de la pluie*, c'est ouvrir la pochette verte « qui s'ouvrait comme un livre » (87), en faire sortir le père, extraire le non-dit de l'espace-crypte pour les coucher sur le papier, « écri[re] pour lui » (17) et lui donner la tombe qu'il n'a pas eue. Charneux pallie ici un autre manquement de la mère qui n'a pas fait graver le nom de son mari et les « dates de sa vie » (17) sur une tombe ; au même âge qu'elle avait quand son mari s'est suicidé – trente-quatre ans – Charneux écrit ce livre, un livre-tombe, mais aussi un livre qui constituerait le dernier jeu avec le père, sur le père.

Cyrulnik dit du survivant qu'il n'a pas de lieu pour raconter « sauf peut-être au théâtre, par la tragédie, la littérature, le récit travaillé » et que notre propre déni nous oblige à le faire taire (« Liens » 97). Réduit au silence, Olivier s'est

33 Derrière l'armoire, dans la boîte, dans la pochette.

affairé entre « [s]es jeux et l'apprentissage des conjugaisons » (65). Il ne se contente pas en effet d'apprendre par cœur et réciter celles-ci, il les interprète : « Je me prenais pour un acteur de tragédie : "Je *suis*, tu *es*, il *est*, nous *sommes*, vous *êtes*, ils *sont*. J'*étais*, tu *étais*, il *était*, nous *étions*, vous *étiez*, ils *étaient*. Je se*rai*, tu se*ras*, il se*ra*, nous se*rons*, vous se*rez*, ils se*ront*." » (66). Être ou ne pas être, telle n'est pas la question ; être, avoir été et être dans le futur, telle est la question. C'est une question de survivant après suicide qui doit accepter l'acte qui a scindé le temps entre un avant et un après, qui doit faire son deuil dans le présent et qui doit, par sa nature de *sur*vivant, dépasser l'acte et se projeter dans l'avenir[34]. Jeune adulte, Charneux a poursuivi son travail de deuil mené jusqu'alors sur le mode ludique par le théâtre et ses « délégués narcissiques » (Cyrulnik, « Liens » 97). À vingt-deux ans, sa participation à un atelier d'écriture du théâtre animé par Michel Vinaver fait basculer sa vie, il se consacre dès lors à l'écriture. Sa lecture d'*Outside* de Marguerite Duras en 1991 – en particulier l'entretien que Duras « a eu avec la veuve d'un camionneur dont le mari s'est suicidé après avoir été accusé à tort d'attouchement sur une fillette de onze ans » (*Tant* 98) – le mène à son premier roman. *La Grande vie* part donc de la curiosité de Charneux l'endeuillé après suicide de « savoir ce que cette fillette [aussi une endeuillée après suicide, quoique différemment] était devenue vingt ans après les événements » (*Tant* 98). Le suicide est ainsi déjà indirectement présent. Dans *Tant que je serai en vie*, Charneux relate comment deux ans après ce premier roman il s'était réveillé

> avec la volonté irrépressible d'interroger ma famille sur les raisons du suicide de mon père et de ma sœur et sur mes origines. Ces entretiens doivent avoir lieu sans plus tarder pour deux raisons. Premièrement : l'écriture de mon nouveau livre *L'Enfant de la pluie* en dépend. Je compte écrire le récit de mon enfance et il me manque des éléments. Deuxièmement, la présence de la mort, constante depuis l'arrivée du sida, et *l'absence qu'elle génère pour ceux qui restent*, me questionne. (120, mes italiques)[35]

L'endeuillé du sida réveille finalement et met en mouvement l'endeuillé après suicide. Dans le dernier chapitre d'*Être un homme* intitulé « Le

---

34 Notons que le titre des deux récits suivant *L'Enfant de la pluie* contient le verbe – non l'auxiliaire – être, d'abord à l'infinitif, le récit apportant une définition au titre, *Être un homme* – qui rappelle *Si c'est un homme* de Primo Levi, autre survivant et suicidé – puis au futur, avec cette affirmation de l'élan vital, *Tant que je serai en vie*.

35 Ce n'est pas la première fois que Charneux mentionne une quête des origines, y aurait-il là un autre secret de famille ?

revenant », il revient sur la séance de dédicace qu'il a tenue dans une librairie de Charleville-Mézières lors de la publication de *L'Enfant de la pluie* et où est apparu son oncle paternel. Jacques a « soixante ans mais il en paraît quarante. L'horloge de son corps s'est arrêtée le jour où mon père s'est suicidé, le 26 septembre 1968. Depuis, nous ne nous sommes jamais revus » (117). La ressemblance avec André Charneux est saisissante et dans l'accolade de départ s'opère un glissement – « j'ai le sentiment que ce n'est pas moi qu'il étreint, tout comme ce n'est pas lui que j'étreins. Mon père, son frère, est au milieu de nous, invisible, mais présent » – qui lui redonne « pour la première fois depuis longtemps » le sentiment d'être orphelin (120). Avec *L'Enfant de la pluie*, Charneux a fortement progressé dans son deuil après suicide[36]. Il évoquera encore le suicide dans ses deux récits subséquents, mais il s'agit justement d'une évocation. Le suicide n'est plus le cœur du récit, même s'il occasionne encore questions et malaise. Ainsi, dans *Être un homme*, cherchant à se faire réformer, Charneux se rend chez un psychiatre qui a la réputation de fournir le certificat nécessaire. Le jeune homme lui livre par écrit sa vie, « mon enfance dominée par le double suicide de mon père et de ma sœur aînée. Elle me revenait avec facilité, mon enfance. Je ne l'avais pas quittée » (44)[37]. Le certificat où figure un mensonge – le psychiatre dit le soigner après une tentative de suicide – le jette dans un abîme de questions qu'il a dû se poser, plus jeune – « Comment l'interpréter [ce mensonge] ? Que j'étais comme mon père ? Que je finirais comme lui ? Ne pourrais-je donc pas échapper à son acte ? Existe-t-il un atavisme du suicide ? » (45) – et l'amène à se questionner sur le temps nécessaire pour se remettre d'une tentative de suicide manqué. Devant cette fausse expérience de survivant à un suicide manqué et le malaise qu'elle provoque, il se protège comme il l'a toujours fait, en jouant le personnage de survivant. L'enfance, ce n'est qu'en 2005, à quarante-deux ans, après avoir vu le film de Gus Van Sant, *Last Days*, qu'il l'abandonne : « Ce soir du 25 mai, je fête mes 42 ans et je n'en reviens pas d'avoir dépassé l'âge de mon père, suicidé à 41 ans » (*Tant* 139). Comme tant d'endeuillés après suicide, il a « toujours été persuadé ne pas vivre au-delà de l'âge que mon père avait atteint. J'avançais vers une mort programmée, inscrite, déterminée » (*Tant* 139-140). Non seulement le film le fait-il abandonner l'enfance, il lui donne l'envie d'écrire un livre sur les derniers jours d'un homme, ce qui l'amène à imaginer les derniers jours de son père et ses actions introduites par « Il a dû », à tout jamais gelées dans la probabilité :

36 Il m'a laissé entendre qu'un deuil après suicide n'est jamais parachevé, que lui-même traînera « comme un boulet jusqu'à la fin de [s]a vie les conséquences d'actes dont [il n'est] pas responsable » (communication personnelle, 9 décembre 2017).

37 Il semblerait que ce soit là la première mise en écriture des suicides.

> […] Il a dû rendre visite à des amis très chers, à un membre de la famille, sa sœur aînée peut-être. Il a dû jusqu'au bout ne rien préméditer de son acte à venir. […] Il a dû la trouver [la corde] dans une malle en fer ou par terre. Il l'a regardée pendouiller entre ses doigts. C'est seulement au moment précis où il a senti les fils râpeux chatouiller sa paume que l'idée lui est venue de se pendre. (141-142)

Dans ce dernier récit, Charneux se livre à son dernier jeu avec le père, puise une dernière fois dans son imagination. Il achève le jeu commencé avec *L'Enfant de la pluie* et son annonce du suicide. Après les petites voitures et les jeux forains, il s'empare des mots comme de Lego, il les dispose sur la page comme il disposait les petites pièces sur la moquette pour rejouer, *reenact*, le suicide du père, les circonstances de son suicide. Ces mots-Lego disent cette fois l'acte lui-même, le passage à l'acte, un acte dont la spontanéité, le manque de préméditation dédouaneraient le fils de toute responsabilité, de toute culpabilité.

Charneux n'aura jamais de réponse à ses questions[38], mais il semble être désormais au clair avec ce manque. Longtemps, par le jeu et l'imagination, il a marché sur la corde raide entre apprivoiser l'absence (et faire son deuil) et garder son père en vie (empêchant alors le travail de deuil de s'accomplir). En dépassant l'âge de son père, il a quitté son enfance. En écrivant le suicide et surtout le deuil après suicide, en mettant en mots ses souffrances, en tricotant sa résilience, comme le dit si bien Cyrulnik (*Merveilleux* 186), il a changé un malheur en merveille. S'il pense à son propre cas quand il avance qu'on « peut être marqué par la disparition sans en porter les stigmates » (*Tant* 127), Olivier Charneux est l'archétype de l'enfant résilient. Le cas Chloé Delaume vers lequel je vais maintenant me tourner est bien différent et son œuvre incontestablement porteuse de stigmates.

38 Les trois jours qu'il passe à interviewer sa famille n'en amènent aucune, « Mon père et ma sœur ont emporté leurs raisons de mourir avec eux » (*Tant* 122).

CHAPITRE 6

Elle s'appelle Chloé Delaume. Elle est un personnage de fiction endeuillé post-traumatique

Nous abordons avec Chloé Delaume un cas pour le moins non classique de deuil après suicide puisqu'il résulte d'un événement traumatogène : le meurtre-suicide de ses parents quand elle avait dix ans. Ce qui n'a été pour autrui qu'un fait divers, exposé en page 3 ou 6 de quotidiens avec les titres accrocheurs propres à ce genre de nouvelle, a bien sûr totalement changé la vie de l'enfant quand celle-ci s'appelait encore Natalie Dalain[1]. Pour Mara Goyet, auteure de *Sous le charme du fait divers*, celui-ci est comme une petite boule qu'on retourne pour faire tomber la neige et dans laquelle on a enfermé l'horreur. Dans la plupart de ses livres, Delaume agite la petite boule d'horreur mais, contrairement à ce que pense Goyet, son fait divers, tombé en littérature, ne s'est pas usé quand elle s'en est servie, peut-être à cause de sa charge traumatique, plus sûrement parce qu'elle l'a inscrit dans un projet de recherche esthétique et parce que l'écrire de texte en texte participe de son travail de deuil[2]. Ce serait toutefois une erreur que de la réduire à cet événement, aussi traumatique qu'il ait été, comme l'ont fait des critiques lors de la publication de son deuxième livre, *Le Cri du sablier*, couronné du Prix Décembre en 2001. Delaume a déploré le « voyeurisme compassionnel » qui en a motivé l'achat et a confié à Thierry Guichard avoir rendu les premières pages « touffues [...] pour décourager d'une certaine manière » (27). Le trauma ne fait effectivement pas tout, comme Delaume l'a illustré grâce à Isabelle Bordelin, cette lectrice dont le suicide sert de point de départ à *Une femme avec personne dedans* (2012). Victime d'inceste, Isabelle Bordelin

1 « Il tue sa femme et se suicide » titre *Le Parisien* du 2-3 juillet 1983, « Drame de la rupture à Bourg-la-Reine : Le mari évincé tue sa femme et se suicide » a déjà clamé *France-Soir* le 1er juillet 1983 avant d'étoffer son titre le lendemain avec un « Privé de mer, le capitaine a craqué et tué sa femme avant de se suicider à Bourg-la-Reine (Hauts de Seine) ». Pour une lecture comparative des trois entrefilets, voir l'article de Dawn Cornelio, « De Nathalie Dalain à Chloé Delaume ».

2 Kai Erikson relève que « c'est *la façon dont les gens y réagissent* plutôt que *ce qu'ils sont* qui donne aux événements la qualité traumatique qu'on leur accorde [...] ce sont les dégâts occasionnés qui définissent et donnent forme à l'événement initial » (« it is *how people react to them* rather than *what they are* that gives events whatever traumatic quality they can be said to have [...] it is the *damage done* that defines and gives shape to the initial event », 184). Dans le cas Delaume, la nature de l'événement et l'âge qu'elle avait alors ne pouvaient qu'en faire un traumatisme.

 | DOI:10.1163/9789004384569_008

avait envoyé à l'écrivaine un manuscrit qui « prenait le trauma comme une preuve implacable : puisque l'horreur est vraie, il y a littérature. Elle n'avait pas saisi qu'une plaie seule ne chante guère » (*Femme* 10). Seuls le travail de la langue et la recherche d'un geste esthétique peuvent la faire chanter. Après *Le Cri du sablier*, Delaume a poursuivi sa politique anti-compassion et anti-fait divers et créé une œuvre autofictionnelle tout à fait unique dans le champ littéraire français contemporain. Cette œuvre – appelons-la ainsi même si Delaume soutient ne pas être dans l'œuvre mais « dans la recherche » (« S'écrire » 110) – compte à ce jour presqu'une trentaine de livres et est fondamentalement transdisciplinaire, alliant à la littérature – dans l'acceptation la plus simple du terme – la musique, la performance, la télévision ou encore le virtuel[3]. C'est toutefois de cette scène qu'elle écrit, comme elle le reconnaît elle-même : « le meurtre, la psychose, le deuil, le suicide. La mort, l'aliénation. C'est de ça que je parle, c'est de là que j'écris » (*Règle* 66). Même si cette histoire est trop lourde, « impossible » dirait la spécialiste du trauma Cathy Caruth (5), Delaume est cette histoire (*Maison* 91) et le meurtre-suicide un point d'entrée de l'œuvre delaumienne. Si mon propos m'amènera à des considérations littéraires, esthétiques, stylistiques, le drame parental demeure, de par le sujet de cet ouvrage, le point de départ et le point d'ancrage de ce chapitre et la posture que j'adopte est en un sens celle prônée par la psychologue Marie-Frédérique Bacqué pour qui « [l]e sens n'est pas à rechercher dans l'événement qui a frappé de l'extérieur le sujet, mais dans ce qu'intérieurement », et j'ajouterai littérairement, « il a construit à partir de ce bouleversement » (« Psychothérapie » 159). Si deuil et traumatisme sont, comme le souligne Christian Mormont, des phénomènes distincts, l'un désignant la perte et la peine qui s'ensuit, l'autre la blessure psychique provoquée par un événement insupportable, Mormont s'empresse d'ajouter qu'il « n'est pas rare, toutefois, qu'une perte brutale provoque un traumatisme [...], si bien que deuil et traumatisme se conjuguent et se compliquent mutuellement » et pour l'endeuillé traumatisé, « les aspects deuil et traumatisme sont initialement indissociables » (218). Cette indissociabilité première explique que les deux phénomènes resteront grandement indissociés dans ce chapitre – comme le sont par ailleurs le suicide et le meurtre. Citant Leigh Gilmore, Barbara Havercroft mentionne qu'un deuil qui perdure « peut constituer un traum[a], [lui]-mêm[e] répétiti[f] » (22) ; ce n'est pas le cas ici. Si la scène traumatique delaumienne est revisitée de livre en livre, il ne s'agit pas

3 Une transdisciplinarité d'ailleurs reflétée dans son site web <www.chloedelaume.net>. Sur l'invitation de Canal+ de faire un court-métrage sur le chiffre trente, Delaume a aussi réalisé « La Contribution », présenté au Festival de Cannes de 2014 et sur Canal+ (voir la rubrique « agenda » de son site, accès le 15 avril 2016).

de « remâchage incoercible ou de régurgitation perpétuelle », comme Bacqué qualifie le traumatisme (« Deuils et traumatismes » 361), c'est une scène dynamique, évolutive dont les faits peuvent être résumés succinctement : le 30 juin 1983 à 18h, alors que sa mère, Soazick, compte profiter d'un départ en vacances pour quitter son mari, la jeune Natalie assiste au meurtre maternel par le père puis au suicide de celui-ci. Témoin qui répète dans trois livres « *j'ai tout vu. Tout. Rien inventé* » (*Maison* 189), elle nous donne à lire, sous forme éclatée, cette scène primaire, elle nous invite à endosser, comme le formule Nadège Martin, le rôle de « personne refuge » dépositaire « pour un temps [de] toute l'inhumanité vécue », le rôle de témoignaire – un rôle vicié, comme nous le verrons[4]. Après être revenue sur les différentes mises en écriture du trauma qui, à mon sens, participent d'un travail de deuil et de la reconstruction du Je, je brosserai le portrait de cette singulière famille et montrerai l'inscription de l'état de stress post-traumatique dans l'œuvre autofictionnelle delaumienne, avant d'émettre une hypothèse sur les raisons pour lesquelles cet événement, traumatogène il est vrai, a si longtemps hanté la survivante. Bloqué par un entourage familial hostile et une prise en charge psychologique déficiente, le traumatisme delaumien est longtemps resté enkysté et le deuil après suicide post-traumatique en a été prolongé d'autant.

1 « Scène fondatrice » et état de stress post-traumatique

C'est par ce terme, « fondatrice », que Delaume qualifie la scène du drame. À Colette Fellous en 2009, elle précise : « fondat[eur] par rapport à mon écriture », « était le meurtre de la mère par le père, par un fusil à bout portant, dans la cuisine. J'étais à un mètre, je me suis pris de la cervelle sur la figure ».

4 Ce « *Tout vu* » est également présent dans *La Règle du je* (2010, pp. 8, 55, 84) et légèrement modifié dans *Le Deuil des deux syllabes* (2010, « j'ai vu le sang », p.18). Dans *Éden matin midi et soir* (2009), écrit parce que le fils d'une amie s'était suicidé et qu'elle avait en tête les survivants (propos tenus au Colloque Chloé Delaume à l'université de Guelph en avril 2018), les considérations sur le mode de suicide qu'elle prête à son héroïne Adèle Trousseau (mais dans lesquelles résonne sans doute le sentiment de Delaume, témoin malgré elle et plus tard suicidaire) déplacent la focalisation du suicidant vers le témoin : « Moi, ça [la pendaison] ne m'a jamais tenté. C'est comme la défenestration, l'arme à feu ou le saut sous le métro. À cause des témoins, je crois bien. Je pense toujours à ceux qui assistent à la scène ou retrouvent le cadavre en ayant rien demandé. Le suicide, c'est un acte intime, faut pas que ça abîme quelqu'un d'autre que les pompiers, qui, eux, ont reçu une formation » (17). On retrouve une position similaire dans les propos de la narratrice de *Dans ma maison sous terre* (2009) : « Je n'aime pas l'idée d'un corps qui choque, qui imprime un trauma dans l'esprit de ceux qui le trouvent. Je suis contre tout témoin. Probablement parce que je l'ai été moi-même » (154).

Interviewée en même temps que Claire Castillon par Grégoire Leménager en 2012, elle renchérit avec des considérations touchant le lecteur : « Mon matériau n'est pas fictif. La scène fondatrice [...] je me la suis fâdée môme. Voir le sang, et l'intérieur du crâne de papa et de maman, et tout ça ... Je ne raconte pas vraiment d'histoire, il s'agit de transmettre un ressenti. Donc, mon lecteur doit s'en prendre plein la gueule, c'est nécessaire ». Et de fait, nous aussi sommes éclaboussés par les bribes de cette scène écrite sous forme éclatée et dans l'œuvre – puisqu'on la retrouve dans divers livres – et dans des textes spécifiques, comme si l'éclatement des crânes – qui paraphe l'éclatement de la cellule familiale – ne pouvait que s'exprimer ainsi. C'est en effet d'abord sous forme de triptyque – *Les Mouflettes d'Atropos, Le Cri du sablier* et *La Vanité des Somnambules* – que Delaume a souhaité travailler sur l'histoire familiale. *Les Mouflettes d'Atropos* aborde la scène de biais, par ce qui apparaît comme un problème de physique – calculer le poids de l'impact d'un bouchon qui saute – sauf que la formule – qui comprend la force de compression et la force élastique – est faussée par la présence du ressentiment, voire de « [l]a qualité de la douleur au MOMENT du choc » (10). Dans ce premier roman, Delaume nous plonge dans l'indicible, dans une pensée empêchée par l'horreur de ce dont l'enfant n'aurait pas dû être témoin qui s'exprime par la répétition croissante de « elle a »[5] et les majuscules de la vision d'horreur :

> Elle n'avait pas dix ans et elle n'avait rien fait elle croyait au soleil et elle n'avait rien fait elle aimait sa maman et elle a vu le sang {elle a elle a} elle a vu le sang {elle a elle a elle a} elle a vu le sang {elle a elle a elle a elle a} elle a vu le sang {elle a elle a elle a elle a elle a elle a elle a elle a elle a elle a elle a elle a elle a elle a elle a} elle a VU LE SANG.
>
> *Mouflettes* 81-82[6]

Elle nous plonge dans l'incapacité de l'enfant de verbaliser le trauma au-delà de la vision du sang ; elle nous plonge dans sa « sidération » qui bloque le « processus de deuil » (Bacqué, « Deuils et traumatismes » 361) – j'y reviendrai. Dans le deuxième roman – qui a été « une grande délivrance avec parfois des moments douloureux » confie Delaume à Guichard (27) – la scène fondatrice

5 Deux, puis trois, puis quatre, puis quinze fois, mis ci-dessus entre accolades.

6 Delaume écrit en août ou septembre 2008 dans l'entrée de son blog # 170 « C'est du sang, plein de sang, sur les murs. Sur mes mains aussi. Au réveil. Depuis deux jours c'est comme ça et c'est très fatigant. [...] Il faut plusieurs minutes pour se convaincre que c'est dans ma tête, pas dans le réel, dans ma tête. Malgré l'odeur, la sensation sur les doigts ». De texte en texte surgissent le sang et les éclats de cervelle comme symboles et traces physiques du traumatisme car « la vision d'un corps abîmé ou maltraité par les circonstances de la mort peut effectivement rester fixée avec dommage chez le sujet » (Bacqué, « Psychothérapie » 155-156).

surgit dès les premières lignes, mais crue, débarrassée de tout travestissement scientifique. Le sang y est toujours important mais il y a maintenant verbalisation – même si la ponctuation demeure minimale :

> Les hommes nombreux forcèrent la porte. {Réfugiée au-dedans} {je ne pouvais qu'entendre.} {À l'hôpital dit l'un} {trop tard notèrent les autres.} {Leurs semelles dans les *flaques*} {ils investirent le crime.} {Se gorgèrent du réel} {avec satisfaction.} {Ils aspiraient *chaque goutte*} {pour se forcer à croire} {pour se forcer à dire} {j'y étais sans la peur} {sans le dégoût sans choc} {sans envier la crécelle} {de l'enfant *moite d'A+*}. (*Cri* 9, mes italiques et accolades)

Valérie Dusaillant-Fernandes interprète le « rythme martelé » dû aux césures fréquentes entre les mesures rythmiques (6/6) mises entre accolades dans le passage ci-dessus comme faisant « écho au "je" fragmenté de la narratrice » (46), un Je que la déflagration a chamboulé, comme en attesterait le style : la ponctuation non seulement réduite au seul point final mais qui plus est employée mal à propos[7], les détournements sémantiques[8] et l'absence de prépositions, articles, conjonctions de subordination, voire de verbes[9]. Dusaillant-Fernandes impute l'absence de « toute marque typographique ou tout commentaire émotionnel » au refus de Delaume de faire du pathos (44) et à sa volonté de montrer l'abîme entre les personnages et l'enfant. Elle relève par ailleurs qu'outre un rythme martelé, « lorsque la narration des faits devient trop pénible, Delaume pratique [...] le "clinamen" » (44) – terme de physique épicurienne repris par les Oulipiens pour signifier une variation par rapport à une contrainte d'écriture. Delaume en détourne le sens pour l'appliquer à elle-même[10] et surtout pour qualifier la scène, d'abord dans *Le Cri du sablier* puis dans *La Vanité des Somnambules* :

---

7 Dans « Le commissaire entra. Dissipa les badauds » et « Tasse chinoise un par un ils entrèrent dans la pièce. Commentèrent l'orpheline étonnant spécimen » (*Cri* 11, 10), le point se substitue à la conjonction de coordination *et*.

8 « La concierge coryphait le Kleenex à la main » (*Cri* 10) – Delaume tire du nom « coryphée » un verbe.

9 Les mots absents sont représentés ci-après par les crochets : « Sur le siège [en] moleskine de la Renault [de la] flicaille la fenêtre entrouverte laissait tomber [des] gouttelettes car le temps se couvrait », « [Une] Tasse chinoise [à la main,] un par un ils entrèrent dans la pièce. [Ils] Commentèrent [que] l'orpheline [était un] étonnant spécimen » (*Cri* 11, 10).

10 « Vous [l'enfant] fûtes témoin cuisine dénouement innommable pour tout individu benoîtement formaté. [...] Vous fûtes enfant rustine du silence imploré. Le vestige de la honte le fossile clinamen qui perturbe le bon ordre attire regard inquiet des voisins indiscrets » (*Cri* 82).

> J'ai eu peur. Surtout. Au tout premier matin. Prendre la route il était prévu un séjour bref quelques poses bourgeoises amicales [...] il était prévu pour une fois je ne dirais pas clinamen pour une fois n'est pas coutume il était prévu et puis évidemment.
>
> J'ai eu peur. Je n'ai pas bien compris sur le moment sur le moment précis je parle bien entendu du moment exact de l'instant minuscule où je me suis *tétanisée*.
>
> *Vanité* 43, mes italiques

La scène, imprévue, clinamen, constitue évidemment une déviation de la vie toute tracée de cette famille où la fille aurait grandi entre sa mère, professeur de français dans un collège catholique, et son père, capitaine au long cours dans la marine marchande, au rythme des absences de celui-ci. Elle tétanise, sidère l'enfant témoin, la jette dans l'incompréhension, une incompréhension décuplée par l'incompatibilité entre ce qu'elle voit (le sang, les éclats de cervelle) et ce qu'elle entend, en particulier les propos d'un pompier ou policier qui appelle son épouse, la prévient qu'il rentrera tard et répond qu'il fera griller les côtelettes demain car il fera beau, « nous avons eu un magnifique mois de juin » (*Cri* 9)[11]. Cette phrase, ce 30 juin au soir, qui montre par l'emploi du passé-composé que l'homme se projette déjà dans l'avenir, qu'il anticipe de faire griller de la viande dans le jardin le 1er juillet, est en totale dissonance avec la réalité de la fillette rivée dans l'ici et maintenant, l'HLM de Bourg-la-Reine en ce dernier jour de juin. Elle est reprise huit fois dans *Le Cri du sablier*, subissant dans les deux derniers cas des changements temporels, comme si la narratrice tentait de se désentraver du *hic et nunc*. Le conditionnel, même passé, d'« On aurait dit qu'on aurait eu un magnifique mois de juin » (60), est porteur d'autres possibilités. Le futur de « nous aurons un magnifique mois de juin » (133) qui clôt le livre et fait suite à un acte de destruction mais aussi de purification – « J'ai foutu le feu au jardin : cette année nous aurons un magnifique mois de juin » (133) – marque la possibilité d'un nouveau commencement, la détermination de mettre la scène derrière soi.

L'enfant fut donc témoin d'une scène incompréhensible[12], de par sa nature et de par la réaction de certains adultes autour d'elle, d'une scène qu'elle

11 Cette phrase a déjà été utilisée, détournée, dans *Les Mouflettes d'Atropos* : « Nous sommes en juin et il fait beau » (146, 148). Pour une discussion de cette phrase – et une analyse narratologique en général du *Cri du sablier* – voir le deuxième chapitre de la thèse d'Émilie Brière (pp. 136-137 pour le « magnifique mois de juin »).

12 Louis Crocq identifie comme une des caractéristiques de l'état post-traumatique le « non-sens du trauma » : « Il est arrivé quelque chose qui a court-circuité les défenses d'attribution de sens. Ce qui a fait irruption, lors de l'expérience traumatique, c'est le réel brut de

n'aurait pas dû voir puisque, comme le souligne le psychiatre Michel Debout, une « caractéristique de la mort violente suicidaire est que le passage entre la vie et la mort se fait sans témoin, aussi l'entourage est obsédé par la représentation [...] de ce qui s'est passé juste avant le décès » (45). Le cas Delaume montre qu'être témoin n'absout pas de l'obsession représentationnelle. Peut-être qu'y a également contribué le fait qu'on lui a menti sur la nature du décès : « je suis orpheline [...] à cause d'un sale crime [...] oublions-le [...] je me souviens [...] le médecin l'a dit [...] un mensonge propre m'a proposé [...] dans la BX familiale mes très chers parents ont cramé [...] c'est plus plausible il faut l'avouer [...] trauma initial : données effacées » (*Vanité* 45). Sauf que les données ne s'effacent pas si facilement, car l'enfant a « tout vu » :

> Les Citroën ne sont pas fiables. 30 juin 1983 : autoroute et calcination. [...]
>
> 280 victimes d'homicide par arme à feu [...] dont 97 femmes [...] en 1983 [...] 510 suicides par arme à feu [...] dont 418 hommes [...] en 1983 [...] 11946 tués dans un accident de la route [...]
>
> Troquer 11946. Contre mes 418 et puis mes 97 [...] Papa maman au milieu des 11946 c'est rien n'est-ce pas non rien du tout. Ce n'est pas dangereux inquiétant maman dans 11946. Alors que. Dans 97. *On y pense.* Aux 96 autres. Représentables et très concrets.
>
> *Vanité* 20-21, mes italiques

Le « On y pense » est une rare indication dans l'œuvre delaumienne – hormis les neuf mois de mutisme post-scène – de la manifestation immédiate du deuil. Malgré leur soi-disant pouvoir de réconfort, les chiffres ne tiennent pas à distance la vision d'horreur, peut-être à cause de la dangerosité de la scène. En effet, le père ne se serait pas contenté de tuer sa femme, il aurait menacé sa fille – « Le père l'avait visée mais il ne la tue pas » (*Cri* 75) – et lui aurait même infligé son suicide comme punition. Delaume serait une survivante à deux titres, comme endeuillée après suicide et comme ayant échappé à une menace de mort[13]. Or, c'est dans cette menace de mort que se serait fixée la nature post-traumatique du deuil delaumien. Bacqué observe en effet que le « deuil

---

la mort et du néant, qui n'a pas eu le temps d'être habillé en réalité sensée » (*Seize leçons* 185-186).

13 Caruth note que survivre peut en soi être traumatique, « une crise » (« a crisis », 9). En qualifiant Delaume de « *victime* du drame familial » (« Elle se nomme » 47, mes italiques), Dawn Cornelio choisit pour Delaume un des rôles tenus selon Karen Sadlier par l'enfant témoin : victime, agresseur ou tiers « sauveur » car cet enfant peut « s'identifier à l'un des rôles, lequel est souvent repérable lors des premiers entretiens de psychothérapie » (77). Nous verrons en fin de chapitre que Delaume peut prétendre aux trois rôles.

post-traumatique survient lorsque la perte d'autrui est concomitante d'une menace mortelle pour la personne», «Le processus de deuil est bloqué par la sidération *inhérente à la menace de mort*» («Deuils et traumatismes» 360, mes italiques). Physiquement intacte, elle échappe d'autant moins au trauma que, comme l'avancent les professionnels comme Sadlier, «[u]n enfant qui n'a pas été blessé ne bénéficie pas de la "diversion" temporaire des blessures et des sensations physiques. Aussi doit-il immédiatement faire face à toute la charge émotionnelle et subjective de l'événement» (78), ce qui peut l'amener à ressentir immédiatement «tous les symptômes douloureux d'un état de stress post-traumatique» (Pynoos & Eth 24)[14]. Delaume cumule en fait deux (des trois) événements qui accroissent chez les enfants le risque de souffrir de ce syndrome : assister au meurtre d'un parent et assister au suicide d'un parent[15]. Il n'est pas étonnant qu'elle se décrive, la veille de l'enterrement, «poupée post-traumatique» (*Cri* 11). Le choix du vocable «poupée» démontre bien qu'elle a laissé un peu de sa personne dans le trauma et étaye l'observation de Bacqué selon laquelle la «mort de l'autre est, en effet, perçue inconsciemment comme la mort de soi» («Deuils et traumatismes» 360). La scène est fondatrice car non seulement divise-t-elle la vie de la fillette entre un avant et un après mais elle tue une partie d'elle et ce n'est qu'avec une autre identité – sous une autre identité ? – que l'enfant pourra prétendre (y) survivre. Le psychiatre Claude Nachin relève l'importance particulière des traumatismes subis par les enfants car leur psychisme en cours de constitution «ne sera jamais ce qu'il aurait pu être s'il n'avait pas été touché par le Trauma» (28). Les conditions que la psychologue Cécile Paesmans établit comme nécessaires à la continuation optimale du développement de l'enfant en deuil par suicide peuvent s'appliquer au cas des enfants survivants à un meurtre-suicide : soutien et solidarité entre les membres de la famille, une réorganisation des «rôles, règles et canaux de communication» et l'existence de «scripts» permettant à l'enfant de «donner un sens cohérent à cette mort» (109-110). Or, la famille[16] n'a rempli aucune de ces conditions. Delaume explique à Fellous : «personne n'était en état psychique de gérer ça de toute façon, c'était trop violent»[17]. L'enfant mettra neuf

14 «all the painful symptoms of a post-traumatic stress disorder».

15 Pynoos & Eth mentionnent comme troisième événement assister au viol de la mère (19).

16 Maternelle (les Leroux), les membres de la famille paternelle vivaient presque tous au Liban.

17 La psychologue Hélène Romano observe que les «événements traumatiques ont cette valeur déstructurante liée au fait que les proches de l'enfant sont blessés par le drame (psychologiquement ou physiquement) et ne sont plus disponibles pour l'enfant. L'environnement n'est plus stable, plus *secure*, plus rassurant. Cela peut être ponctuel ou s'inscrire dans le temps et laisser l'enfant dans un état durable d'errance relationnelle» (24-25). Dans le cas Delaume, cela s'est inscrit dans le temps et l'on peut avancer que son

mois « pour que la scène se digère en mémoire », neuf mois « pour accoucher de l'humain qui germa au creux de la fillette à la robe souillée par la révélation » (*Cri* 18), un germe qui mettra encore plus longtemps pour arriver à maturité, une quinzaine d'années pour arriver à une identité nommée : Chloé Delaume. Comme l'état de stress post-traumatique n'a vraiment été identifié qu'au début des années 1980[18] et que des protocoles différenciant les symptômes de stress post-traumatique chez l'adulte et chez l'enfant n'ont été mis au point qu'à la fin des années 1980 (Sadlier 25), il est fort à parier que l'enfant n'a pas reçu une intervention psychologique immédiate adéquate[19]. Crocq souligne la singularité du débriefing à la française, où l'énonciation « de *sa* vérité du trauma, pour le sujet, est la clé de la révélation de sens et la réappropriation de *son* aventure, inscrivant le *debriefing* à la française au rang des méthodes cathartiques » (« Perspective » 58-59). Ce sera plus tard, dans ses textes, que Delaume se livrera à ce débriefing puisqu'elle y donnera *sa* vérité[20] et se réappropriera *son* histoire, puisqu'elle y imposera *sa* fiction. Endeuillée post-traumatique[21], c'est plus tard que Delaume réalisera « l'ampleur du traumatisme » (*Dernière fille* 22) qui la laisse sidérée dans l'immédiat et muette pendant neuf mois (Guichard 20). Dans *La Dernière fille avant la guerre* (2007), on la retrouve en août 1983, errant dans un camping, « sacrée Miss Aphasie » (14). Des troubles langagiers peuvent apparaître suite à un trauma, que ce soit bégaiement, « aphonie, zozotement, mutisme électif», de tels symptômes peuvent refléter les liens

---

(court) exercice de la prostitution et ses deux mariages constituent des symptômes d'errance relationnelle.

18 Suite aux études de vétérans de la guerre américaine du Viêt Nam – deux révisions ont été apportées au DSM (Diagnostic and Statistical Manual of Mental Disorders) en 1987 et 1994 (Crocq, « Perspective » 54). Sadlier fait remonter à la Seconde Guerre mondiale l'intérêt des psychanalystes (comme Anna Freud) pour les « réponses infantiles aux événements perçus comme traumatisants » (13). Pour une étude du trauma chez l'enfant, voir le cinquième chapitre de Crocq.

19 Pratique courante aujourd'hui, elle se compose d'un « entretien psychologique de *defusing* (ou déchocage) » ou d'un « débriefing (bilan psychologique d'événement) » (Crocq, *Seize leçons* 200, 211). *Le Cri du sablier* mène à penser que la visite chez un psychiatre advient plus tard : « la folle était envoyée deux fois par semaine chez une psychologue éloignée du domicile. [...]. *elle* avait donc quelqu'un à qui parler de ses problèmes et par-delà leur devoir accompli les hébergeurs [ses tuteurs] s'assuraient qu'une charmante camisole chimique les mettait à l'abri du moindre incident. Aussi les boîtes de Temesta et de Lexomil ornaient sa table de nuit » (92, mes italiques) – on notera la dépersonnalisation (réaction immédiate selon Crocq, *Seize leçons* 79), ou plutôt la latence de personnalisation (encore en germe), marquée par l'absence de majuscule à « elle ».

20 Erronée, comme nous le verrons dans la partie suivante.

21 Il s'agit bien d'un « deuil post-traumatique » et non d'un « deuil traumatogène », car les troubles développés ne dépendent pas uniquement de facteurs endogènes mais aussi exogènes, comme le précise Bacqué (« Terreur » 35).

entre l'enfant et le monde extérieur, en particulier sa famille (Romano 67). En effet, parler, « c'est ne pas être seul et être entouré *d'autres prêts à recevoir cette parole* ; c'est aussi être en confiance d'avoir en face de soi un Autre capable d'entendre cette parole ; c'est enfin ne pas être emprisonné dans un contexte qui interdit toute révélation et oblige à se taire » (Romano 67), trois conditions non remplies par la famille Leroux[22]. Exclue de la parole, l'enfant se la réappropriera mais sous forme performative et non pas seulement sous forme de témoignage[23]. Outre de chagrin – trois gouttes dans une pipette pour l'été 1973 et un « [t]ube à essai entier pour l'hiver et la suite » (*Mouflettes* 84) – faute de mots, l'enfant souffre de maux, d'« [a]ngines blanches à répétition » qui font que ça fait appel d'air quand elle parle ; elles témoignent en fait de la gorge éclatée de son père. Les écharpes portées de septembre à avril (*Mouflettes* 109) font, elles, office de bien piètres garrots puisqu'elles ne peuvent endiguer le flux du trauma.

Variable est le retour à la normale après un trauma – et par conséquent, aléatoire la durée du travail de deuil après suicide post-traumatique. Cela « peut s'effectuer en quelques heures, une journée ou plusieurs jours, voire une semaine, rarement plus » (Crocq 53). Pour la jeune Natalie, jamais n'y eut-il retour à la normale, une autre normalité s'est installée quand elle a été confiée à son oncle et sa tante (maternelle) lors de son entrée en classe de 6ème sans doute un an plus tard. Delaume admet avoir été une adolescente « bizarre », « assez dure, très, très morbide, qui faisait des tentatives de suicide tout le temps, habillée toujours tout en noir avec les cheveux crêpés, qui faisait de la sorcellerie » (Fellous). Plus tard, n'ayant de son propre aveu aucune « compétence dans le monde réel » ni « un rapport au monde très évident » (Fellous), elle n'a pu travailler en entreprise ni passer le CAPES après ses études de Lettres modernes et a présenté, comme la « quasi-totalité des traumatisés », mais un deuil bloqué en sus, « des troubles des conduites et des troubles caractériels » (Crocq 70) : boulimie, toxicomanie (substances légales et illégales), prostitution et conduites d'auto-agressivité (tentatives de suicide). *Les Mouflettes d'Atropos*

22 Même si la grand-mère aurait supposément tenté de lui « extirper les mots » (*Cri* 11). L'enfant n'est sans doute pas dupe que l'intérêt de celle-ci est tout sauf bienveillant. Selon Boris Cyrulnik, il existe plusieurs formes de récits : le récit pré-verbal, le récit-représentation qu'on se fait à soi-même de ce qu'on a vécu, le récit partagé et enfin le récit collectif (sous forme de roman, de film, etc.) (cf. l'émission *La Grande Librairie* du 22 avril 2016). Le récit ne peut être partagé que si l'on est en confiance sinon c'est se (re)mettre en danger. Il est clair dans le cas Delaume que l'enfant ne se sent pas en confiance et donc garde son récit pour elle-même, le partageant plus tard avec des professionnels (psychologues, psychothérapeutes etc.) puis au niveau collectif.

23 Brière voit les neuf mois d'aphasie comme une gestation qui « conduit à l'autoengendrement de soi dans et par le discours » (165).

évoque ainsi à plusieurs reprises sa pratique de la prostitution[24], pratique qui la ramène à son père puisqu'elle l'accompagnait parfois quand il allait voir une prostituée et qu'elle l'attendait dans la voiture le temps d'une face de cassette dans l'auto-radio. Chloé Delaume dit avoir aimé ces moments de complicité « parce qu'il [le père] m'appelait par mon prénom. J'existais un peu plus, j'étais presque quelqu'un » (*Femme* 89). Delaume a tout à fait conscience que la pratique de la prostitution n'est pas étrangère au père – en général – puisqu'elle dit à Guichard qu'« [é]videmment, on avait toutes un rapport compliqué au père. Quand on faisait la pute dans le bar, on attendait toutes que notre père entre ... » (21). Quant à l'acte lui-même, il rappellerait le trauma puisqu'il la jette dans la décorporalisation, comme elle a pu le faire, enfant, pendant la « scène » : « Quand ça traîne trop je réalise. Il ne faut pas réaliser. Surtout pas. [...] Fixation jusqu'aux larmes d'un coin de l'oreiller d'un liseré du drap blanc d'un grain sur la moquette d'une peluche sur la laine [...]. Le Graal de la lobotomie » (*Mouflettes* 176-177). Doit-on voir dans la décision de Delaume de rendre possible le téléchargement de son avatar dans le jeu des Sims™ comme une extension de cette pratique de la prostitution[25] ? Ou serait-ce simplement une autre voie esthétique et psychologique dans la performativité et la restructuration du moi qu'elle explore – comme elle l'a fait dans ses livres, ses performances et son site ?

Pour ce qui est des tentatives de suicides – rappelons que « le risque relatif de tentative de suicide est multiplié par 3,5 lorsqu'il y a eu tentative de suicide ou suicide d'un des parents » (Paesmans 104) – Delaume prétend en avoir fait treize[26]. Elle fait remonter sa première tentative de suicide à ses onze ans[27] et ajoute : « La plupart de mes T.S. étaient des appels au secours basiques »

24 « J'ai gagné ma vie comme branleuse. On appelle ça hôtesse de bar », « Je suis entrée au Putanat comme d'autres dans les Ordres » (*Mouflettes*, 51, 187). Dans *Une femme avec personne dedans*, elle précise que « deux ans durant [s]es revenus de prostituée avaient soutenu le ménage, les frais perso de monsieur, ses billets pour Paris, le champagne pour ses maîtresses » (39).

25 Plus de deux cents personnes se le sont procuré (*Règle* 87).

26 Suicides et tentatives de suicide – fictifs et réels – scandent ses textes. Outre Adèle Trousseau et Chloé Delaume, citons Esther Duval dans *Certainement pas*, Clotilde Mélisse (double fictif de Delaume) dans *Dans ma maison sous terre*, son avatar dans le jeu des Sims™ (dans « Corpus Simsi Reloaded », posté sur son site on lit : « J'ai suicidé mon propre dossier, crashé mes trois fichiers vitaux et je suis repartie vers la Somnambulie ») et une lectrice, Isabelle Bordelin. Même dans le monde des Sims™ où la conception du jeu exclut le suicide, des personnages parviennent à y recourir en allumant des cheminées « afin de s'y jeter » (*Corpus* 102).

27 Son double, Adèle Trousseau, elle, fait sa première tentative à six ans avec des baies rouges.

(Guichard 20), appels que la famille cesse d'entendre puisqu'« [a]u printemps des seize ans la tante ne viendra plus déposer des affaires au service concerné. À l'hiver dix-sept ans le grand-père ne pourra simuler l'assistance avec sa vieille Peugeot étant sous perfusion pour cause de cancer généralisé » (*Cri* 94). Nous serions en 1989 et 1990. À en croire *Le Cri du sablier*, elle n'aurait pas commis de T.S. entre dix-huit et vingt-trois ans (donc entre 1991 et 1996) mais clame dans *Ma maison sous terre* s'être ratée une semaine avant le décès du grand-père en mars 1992. Elle aurait en « 1998, la nuit [de ses noces] » avalé un « tube de Lexomil. Pour oublier l'erreur et marquer le coup » (*Femme* 37) mais le mariage a été célébré le 17 juillet 1999. La dernière T.S. daterait de l'hiver 2004 (*Maison* 15, *Règle* 88) mais d'une part elle confie à Fellous en août 2009 que sa dernière tentative remonte à six ans et d'autre part Marika Piva relève dans *Narcisse et ses aiguilles* la mention d'un suicide manqué daté du mois d'avril qui suit l'anniversaire où Delaume devenait plus vieille que sa mère (Piva 27), donc en avril 2008 puisque Delaume est née en mars 1973 et que sa mère, née en juillet 1947, est décédée en juin 1983, à l'âge de 35 ans. Il est clair que nous sommes en terrain vicié – et pour cause – et ne pouvons prêter foi aux dires des narratrices delaumiennes sauf peut-être quand elles avancent : « J'ai besoin pour m'aider à vivre de cette pensée que je peux en finir quand je veux. Et en même temps j'ai besoin qu'on m'empêche de passer à l'acte » (*Sang* 81). D'où que vienne la prévention, elle a jusqu'à maintenant réussi et Delaume a même passé le cap décisif de l'âge de son père au moment de son suicide. Peut-être ses tentatives de suicide ont-elles majoritairement été un appel à l'aide, elles peuvent toutefois également être le symptôme d'un trouble psychologique, ce dont l'écrivaine ne se cache d'ailleurs pas. Encore une fois, elle partage son diagnostic avec qui veut bien l'entendre, en l'occurrence Colette Fellous : « je suis bipolaire à tendance psychotique », « borderline » ajoute-t-elle dans *La Règle du je* (89)[28]. Est-ce à la scène fondatrice ou à un suicide toujours possible qu'il faut attribuer la décision de Delaume de ne pas avoir d'enfant ? L'absence d'enfant est en effet le moyen le plus radical d'éradiquer toute sorte d'hérédité[29] et d'endiguer une contamination du trauma et empêcher la formation de « Fantôme », dans le sens psychiatrique, transgénérationnel du terme (Nachin 41)[30]. Si elle

28 On trouvait déjà ce diagnostic dans *La Vanité des Somnambules* (51) et *Dans ma maison sous terre* (62). Adèle Trousseau se défend d'être psychotique et revendique un « moi subdivisé » (16), subdivision qui fait dire aux narratrices delaumiennes « je suis légion » (*Femme* 128).

29 Nous verrons plus loin que le père souffrait peut-être de troubles psychiques qui pourraient alors expliquer son geste meurtrier.

30 Le refus catégorique et violent d'adopter un enfant dans *Corpus Simsi* (102) laisse à penser que le choix de stérilité relève du trauma et de la même raison que Delaume avance contre les suicides violents.

est « stérile par choix ferme. Seule, si totalement seule, sans aucun héritage et dénuée de lignée », n'est-ce pas parce qu'elle est « [f]ille de cadavres secs » (10), cadavres d'ailleurs représentés dans des images de scènes de cuisine dans *Corpus Simsi* (68, 69) ? Dans *Le Deuil des deux syllabes*, Delaume la « Nullipare » au N majuscule (*Femme* 119) rappelle la sentence de Cioran – « Commettre tous les crimes hormis celui d'être père » (*Deuil* 29) – qu'elle met au féminin ; elle affirme son refus de la maternité et donc la mort pour elle de ce vocable, « un mot dénué de futur au passé enterré et au présent absent » (*Deuil* 30), dont elle fait ici le deuil. En s'exigeant nullipare, Delaume empêche la scène traumatogène de « suinter », comme le dit Serge Tisseron des secrets de famille. Celle-ci s'infiltre toutefois dans toute l'œuvre delaumienne peut-être parce que l'enfant traumatisée s'est accrochée à ce moment, l'empêchant, comme l'explique Caruth, « de se reglisser dans son propre espace chronologique dans le passé et de le revivre encore et toujours dans les rêveries compulsives du jour [...]. Le moment devient une *saison*, l'événement devient un état » (185, mes italiques)[31]. On notera que la scène, encapsulée dans sa petite boule d'horreur renversée de livre en livre, est devenue intemporelle, ce dimanche devenant « les dimanches » et ce mois de juin « [l]es juins » (*Les Juins ont tous la même peau*, 2009) et que Chloé Delaume exposait sur son site sa biographie, ou son « parcours », en « saisons »[32]. L'œuvre delaumienne s'apparenterait à un « Trauma Recovery Center » (LaCapra 43) où se déroulerait, sous nos yeux de témoignaires, une lente récupération, un lent travail de deuil après suicide post-traumatique, la lente croissance du germe Chloé Delaume né de la scène, nourri dans le néfaste terreau familial et dont la maturation passe par une distanciation d'avec la famille.

2 Famille, je vous hais

Chloé Delaume ne cache pas sa haine de la famille, la famille maternelle s'entend, puisque le père était d'origine libanaise et qu'il semblerait que sa

31 "from slipping back into its proper chronological place in the past, and reliv[ing] it over and over again in the compulsive musings of the day [...]. The moment becomes a *season*, the event becomes a condition ».

32 Saison 1 : De l'inconvénient d'être niée, saison 2 : CMP forever, saison 3 : Je n'est plus autre, saison 4 : Écrire, fait-elle, saison 5 : Terrains de Je, saison 6 : Corps, médias, et laboratoires, saison 7 : Pousser dans les orties, saison 8 : Personne, mais quelque part, saison 9 : Je, mais cette fois pas toute seule et saison 10 : Pratiquer la magie est la seule solution (accès le 5 avril 2016).

famille – à l'exception de « tonton Georges » – vivait là-bas en 1983[33]. Jusqu'à *Où le sang nous appelle* (2013), la famille paternelle est pratiquement absente de l'œuvre delaumienne et sa réaction au drame passée sous silence. Or, comme l'explique le psychiatre Michel Hanus, trois facteurs sont responsables des difficultés que les enfants peuvent rencontrer après le suicide d'un parent : « les problèmes qui existaient auparavant dans leur famille, le suicide et ce qui arrive ensuite » (*Deuil* 300), la cohésion familiale étant « un facteur de protection psychologique chez l'enfant exposé aux événements traumatisants » (Sadlier 94). Sauf que dans le cas qui nous occupe, la famille (immédiate) est source du trauma et qu'il semble qu'il n'y a eu cohésion ni avant ni après. Reprenons les données familiales dès le début, revenons sur les relations préexistantes à l'événement, sur le couple parental. Le père naît Selim Abdallah[34] le 26 septembre 1945 à Beyrouth, dans une famille chrétienne maronite, l'aîné de neuf enfants. La mère naît Soazick Leroux le 10 juillet 1947 dans une « famille riche que le grand-père a ruinée en s'adonnant au jeu » et qu'elle fuit « en quittant la France pour aller enseigner le français à Beyrouth » (Guichard 18). C'est là qu'elle a vraisemblablement rencontré Selim avec qui elle se marie le 31 août 1972 à Kobayat (Liban) avant de revenir donner naissance à leur fille, Natalie Anne Hanné Suzanne, le 10 mars 1973 à Versailles. La famille s'installe définitivement en région parisienne en 1978 après qu'un obus a détruit leur appartement libanais (Guichard 18). Quelques années plus tard, le père se fait naturaliser et, au grand soulagement de la mère et de sa famille, prend le nom de Dalain et comme prénom Sylvain, ce qui permet à la mère de faire croire que son mari est du sud de la France. La mère finit par enseigner le français à l'Institut Notre-Dame de Bourg-la-Reine – où la petite Natalie va à l'école primaire – alors que le père est amené en tant qu'officier dans la marine marchande à se déplacer souvent et longtemps. Le 30 juin 1983, il passe à l'acte.

Mais avant le suicide, il y avait la toxicité parentale et plus particulièrement paternelle. Chloé Delaume reconnaît dans le corps qui lui « sert d'habitacle » « des béances affectives infinies. Je voulais un papa une figure tutélaire quelque chose de filial d'amusant de joli. Sécurisant aussi. Surtout » (*Vanité* 53). Alors que le retour du marin approche, « l'enfant s'imaginait la scène. [...] Ce serait l'été. On aurait dit que papa m'aimerait. On aurait dit qu'en rentrant dans cinq

33 Cela expliquerait pourquoi il a été inhumé le 11 juillet 1983 au cimetière des Ulis (Essonne) parmi les indigents avant que son corps ne soit, selon les dires de l'employé du cimetière avec qui je me suis entretenue, « repris » ou « parti » (à l'ossuaire par exemple). À en juger par *Où le sang nous appelle*, le corps du père serait retourné à Kobayat au Nord Liban, le giron du clan. Ses frères et sœurs, Joseph, Robert et Salam vivraient toujours au Liban et Émile en Biélorussie.

34 Salem, selon les mentions marginales figurant sur l'acte de naissance de Soazick Leroux.

jours papa dirait bonjour Chloé. Il dirait même oui carrément Chloé Chloé tu m'as manqué » (*Cri* 59-60). Mais la scène est imaginée, narrée au conditionnel passé des jeux enfantins du *faire-semblant* et surtout, l'enfant ne s'appelle pas Chloé. En fait, elle ne s'appelle pas. Elle est « l'Enfant » (*Cri* 19), innommée, manque de nomination qui semble s'être inscrit dans un plus vaste contexte de maltraitance[35]. Aussi bien le chien que l'enfant recevaient des coups de tabouret, la différence étant que le chien « se retenait de pleurer [...]. Moi, je n'en ai jamais été capable » (*Mouflettes* 99). La narratrice du *Cri du sablier* parle de « l'enfant assignée au placard et au cortège de crampes qui s'ajoutaient chafouines aux brûlures ceinturées » (37), sans compter le livre de calcul asséné sur la tête (*Cri* 39)[36]. Elle se remémore encore l'épisode du camping, quand ses parents l'ont laissée enfermée sous la tente en pleine chaleur. À leur retour, dégoûté par l'odeur de sueur, le père la somme de se déshabiller et la décrasse au jet d'eau glacé sous le coup duquel, comme le remarque Cornelio, « les parties du corps – les lèvres, les veinures, le sommet du crâne, les tempes, le sang, les sinus, la mœlle, la muqueuse, la chair et les os, [...] le cœur, les doigts – se dissocient de l'ensemble du corps [...]. La violence n'a pas seulement pour effet de faire souffrir l'être physique, elle le fait voler en éclats, se désintégrer en une série de pièces détachées » (« Fragmentation » 150). L'éclatement du corps rappelle bien sûr la « scène » ; il faut alors se demander si c'est ainsi que l'enfant – d'environ huit ans – a vécu sur le moment ce passage au jet, ou si la « scène » a entaché *a posteriori* toute instance de maltraitance. Demandant à son père la raison pour les coups de martinet, la narratrice du *Cri du sablier* se remémore sa réponse : « Un jour je vais te tuer : ça c'est en attendant » (47). Ces mots sont bien sûr de l'ordre des sévices psychologiques dont Crocq dit qu'ils sont aussi traumatisants pour l'enfant que les sévices corporels (87) ; ces mots ont sans conteste augmenté l'indice traumatogène de la « scène ». L'enfant n'était cependant pas la seule victime du père, la mère aussi « se faisait tabasser » (Guichard 19) et la narratrice d'*Une femme avec personne dedans* insinue que la violence du père a pu être meurtrière[37]. Chloé Delaume évoque en effet la vieille impression de 1981 qu'il avait étranglé une « poupée vivante », une prostituée prénommée Karen (88), fait divers paru dans *Le Parisien* cet été-là mais qu'elle n'a pas recherché. Toujours est-il que le père fait incontestablement figure d'« agent agressif » (Sadlier 71) et qu'il a par son geste (auto)destructeur souillé à jamais la vie de sa fille.

---

35 Pour une étude de la violence paternelle, voir le mémoire de Michèle Gaudreau.

36 Quant au chat, il aurait fini étranglé et le hamster servi aux amis « cuisiné en mezzés » (*Cri* 23). Ce roman abonde en exemples de maltraitance.

37 Le souvenir est remonté à la surface pendant une séance avec « la Clef », la psy (89).

En fait, le père, principal responsable d'une pathologie familiale grave, est porteur d'une triple souillure. Premièrement, il est perçu – par la famille maternelle – comme ayant « un grain » de folie dont sa fille aurait hérité – Delaume file cette métaphore dans *Le Cri du sablier*. La narratrice de *Dans ma maison sous terre* le déclare « psychotique, avec des tendances schizophrènes » (48) mais questionne plus loin sa folie : « Ça peut rendre fou d'être le dindon d'une oie blanche déjà trop farcie » (87)[38]. Folie ou jalousie extrême[39] ? Deuxièmement, il a un nom arabe, souillure que la mère porte comme une « honte » (*Maison* 56). Le patronyme relève pour la mère « de l'innommable [...]. Abdallah ça veut dire certainement pas français. Abdallah ça ne précise aucunement maronite. Un problème pour elle-même, ses parents, sa famille, Éducation petite bourgeoise, droitisme et racisme ordinaire » (*Règle* 10). La naturalisation sera un soulagement, « Enthousiasmée sûrement par le nouveau départ la mère choisit Sylvain pour son époux Sélim » (*Cri* 72-73). Abdallah, amputé de ses deux premières lettres et la voyelle finale nasalisée, devient Dalain. Les apparences sont sauves alors que le nom paternel se trouve entaché par les actions du frère de celui-ci, Georges Ibrahim Abdallah, le « tonton flingueur » (*Maison* 95), le chef de la Fraction armée révolutionnaire libanaise, la FARL, qui lutte à coups d'attentats contre l'occupation du Sud Liban par Israël. Arrêté par hasard en octobre 1984, il sera condamné en mars 1987 à la réclusion criminelle à perpétuité pour complicité d'assassinat de deux diplomates en 1982[40]. Son arrestation vaut aux « hébergeurs » de sa nièce la visite de la DST (Guichard 20 et *Sang* 128). Chloé Delaume se rappelle ses promenades au parc Montsouris avec « Tonton Georges » (*Maison* 96), ils parlaient de dinosaures et nourrissaient les pigeons et l'oncle « faisait le tour de l'eau avec un grand monsieur » (97). Elle revient sur les événements :

> Georges Ibrahim Abdallah est arrêté le 24 octobre 1984 à Lyon.
>
> En 1984, Selim s'est déjà suicidé. Difficile de savoir s'il était dans la FARL, ou s'il ne rendait que de menus services. Parfois je me demande si tout ça n'a pas joué. Si son frère recherché, le réseau menacé, ça ne l'a pas

38 La mère, enceinte et soucieuse des apparences, l'aurait manipulé pour se faire épouser – j'y reviendrai sous peu.

39 La jalousie du père est la première chose qu'un de leurs voisins m'a dite sur lui.

40 Libérable depuis 1999, Georges Ibrahim Abdallah fait l'objet d'une véritable saga politico-judiciaire – avec l'intervention de la Secrétaire d'État Hillary Clinton auprès de Laurent Fabius en 2013 pour empêcher sa libération (et son expulsion vers le Liban). Ses défenseurs le jugent victime de « racisme d'État ». Il reste à ce jour emprisonné à la maison d'arrêt de Lannemezan (<http://www.franceinfo.fr/actu/justice/article/georges-ibrahim-abdallah-prisonnier-d-une-vengeance-d-etats-595985>, dernier accès le 8 avril 2016).

> amené à s'autoriser le geste. Ma mère aurait parlé. Lui, sûrement arrêté. Ça explique peut-être toute sa *programmation*. Il a déplacé tout l'argent sur un compte en Suisse, trois jours avant de tirer. Sur son agenda au 30 juin, il y avait écrit *Jour J*. Le grand-père maternel aimait cogiter dessus.
>
> *Maison* 99, mes italiques[41]

Programmation d'un acte politico-terroriste ou d'un crime passionnel mû par une jalousie décuplée par la décision de la mère de le quitter ? Par le biais d'anciens amis de Soazick à Beyrouth, *Où le sang nous appelle* offre encore une autre version des faits. La mère aurait vidé le compte en banque et informé son mari de son intention de demander le divorce au retour des vacances d'été quand elle emménagerait avec son amant alors que le père, lui, avait également décidé de changer de vie, d'abandonner la mer pour des bureaux à Paris et qu'il lui écrivait des lettres de supplications pour qu'elle reste (*Sang* 342-344). Les scripts ne manquent donc pas sur les conditions précédant la « scène », ce qui en fait d'autant ressortir l'immuabilité. La seule certitude qu'il semble y avoir porte sur la préméditation puisque « le gamin du 4ème étage » a vu le père le 29 juin à la cave remonter son fusil[42]. Reste que « [l]e seul adulte mâle avec qui elle [l'enfant] se soit sentie heureuse et en confiance, c'est Tonton Georges » (*Sang* 357) dont le prénom simple[43] efface la violence (meurtrière) attachée au nom propre, efface la double souillure du nom du père[44]. Troisièmement, le père souille sa fille de son sang par-dedans (ce sang coule dans ses veines) et par-dehors lors de la « scène » : « En explosant le père par sa tête morcelée trouva encore moyen de ramper au-dedans. […] Ton sang séché papa qui virevolte et s'engouffre » (*Cri* 25). Pour se laver de ce sang-souillure, pour faire son deuil après suicide post-traumatique, il faudra paradoxalement que la fille se rende à la source de ce sang, là où le sang l'appelle, au Liban. L'été 2012, elle

---

41 Dans *Où le sang nous appelle*, Delaume mentionne des valises « si lourdes qu'elle et sa mère seront écartées » (126). Peut-être contenaient-elles des armes ?

42 Communication personnelle avec le voisin des Dalain, Raymond Beaulieu (11 décembre 2015) qui soutient les entrefilets dans France Soir : la « lettre destinée à la famille et à la police […] dans laquelle il expliquait les motifs de son acte » (*France-Soir* 1er juillet) et le fusil « acquis deux jours plus tôt » (*France-Soir* 2 juillet 1983).

43 Delaume soutient qu'elle ne connaissait pas son deuxième prénom, Ibrahim, « Ce sont les journalistes ou bien les politiques qui l'ont rebaptisé. Pour que ça sonne arabe. Parce que Georges Abdallah ce n'était pas suffisant, beaucoup trop maronite, complexe et libanais, pas assez effrayant pour le tympan occidental » (*Maison* 98).

44 « Longtemps j'ai été plus qu'incapable de voir dans les Abdallah autre chose que le berceau de mon foutu bourreau » (*Maison* 101).

s'y serait rendue avec Daniel Schneidermann[45] et y aurait rencontré le clan Abdallah :

> Je suis venue ici avant tout pour comprendre, reconstituer les faits. Mon père, de quand date sa violence, chercher les traces de sa folie dans la ville aux affiches. Ma mère, leur couple, ma naissance, ma petite enfance au Liban. Atavisme, points communs, je suis venue les chercher, les scruter à la loupe [...]. La famille, le clan, la communauté politique, le passage à l'acte, le basculement.
>
> *Sang* 286

Elle peine à réconcilier les photos de ses parents et d'elle petite que lui montre sa tante avec celles qu'elle a en mémoire et qui donnent des clichés inventés : « ici c'est moi dans le placard, là c'est maman sous Lexomil, et à côté papa qui promet que pour Noël il nous défigurera au vitriol » (289). La réalité est quelque part entre les deux séries de clichés, entre l'autobiographie et la fiction, dans la nature pathogène de l'héritage – psychologique, patronymique et sanguin – du père dont il faut se délivrer pour prétendre au deuil. Les narratrices delaumiennes s'y attèlent de deux façons, d'abord dans le refus de la nomination – « Je n'appelle jamais mon père Sylvain, uniquement mon ou le père. Je dépouille l'homme de son prénom, plus personne ne pourra le nommer, alors il errera en enfer » (*Maison* 47) – ensuite dans une tentative d'expulsion : « Je me viderai du père. Grain à grain. Je t'extrairai de moi joli papa [...]. Il ne restera rien » (*Cri* 27). Mais comment pratiquer l'extraction sans y passer soi-même – « ils disent tuer le père pour pouvoir avancer. Mais quand le père est mort mais quand le père charogne comment le liquider sans se perdre autopsie » (*Cri* 95-96) – ni sans se plier à ce que le père avait peut-être en tête – « Que songeais-tu au fond quand tu n'as pas ce jour appuyé au carnage sur la gâchette argent. Qu'affolée de souffrance et esseulée aux berges je finirais certaine par suivre ta sortie. Fifille à son papa fille digne de toi mettant fin à sa corde tranchant elle-même le fil » (*Cri* 129) ? *Le Cri du sablier* semble créer une distanciation, un refus[46] et marquer un changement dans l'attitude de la fille qui n'a plus peur. À la fin, « [l]e sablier s'effondre » (*Cri* 126). Elle s'est défaite du père bourreau, du père meurtrier et le reconnaît finalement, à la deuxième personne et en alexandrins[47], comme père suicidé dont elle peut dès lors faire

45 Co-auteur du livre, avec qui elle est pacsée depuis octobre 2013.

46 « Ma joue gauche brûle encore de ton bout de cervelle *je ne tendrai pas l'autre* » (*Cri* 125, mes italiques).

47 Marqués ci-dessous par les barres.

le deuil : « Car à trop disséquer le meurtre de la mère / car à tant chavirer tes déjections sanguines / sur mon corps traces témoins j'en oubliais souvent / que tu te nommes : suicide » (*Cri* 127). Dans ce deuxième roman, Atropos incarnée, elle coupe « net, papa, le mal à la racine » (*Cri* 131). Comme le démontre si bien Évelyne Ledoux-Beaugrand, il s'agit « moins d'écrire pour exhumer le passé et, avec lui, l'image d'un père vivant que d'inhumer ce dernier par l'acte scripturaire afin qu'il cesse de vivre de sa présence aliénante à travers sa fantasmophore [sa fille] » (149). Il faudra toutefois attendre 2013 et *Où le sang nous appelle*, le retour au Liban, pour que l'inhumation scripturaire – après l'inhumation corporelle au milieu des années 1980 – soit menée à bien et le deuil accompli car entre-temps Delaume reçoit une « bonne nouvelle » qui la force à remettre son ouvrage sur le métier et retisser sa filiation et son identité – même si elle s'appelle toujours Chloé Delaume.

Alors qu'elle travaille sur *Certainement pas* (2004), Chloé Delaume rencontre sa cousine, la fille de ceux qu'elle appelle « les hébergeurs », qui l'informe « avec un sourire désarmant de bonne foi qu'elle avait eu, par la grand-mère, *une bonne nouvelle qui va te faire plaisir.* [...] *Sylvain n'est pas ton père* » (*Maison* 44-45). Le choc fut « abyssal » (Fellous). L'identité, si douloureusement reconstruite, tremble sur ses fraîches fondations[48]. L'annonce soudaine de la bâtardise provoque un « éboulement du Moi » (*Maison* 204)[49]. Comme la narratrice de *Dans ma maison sous terre* le confie à Théophile : « Je n'ai plus de père, comprenez-vous. Cela fait vingt-cinq ans que je suis orpheline et me voilà maintenant à moitié fille de rien. Je ne sais plus qui je suis, je ne sais plus d'où je viens ni à qui je ressemble ni contre qui je lutte » (71). Celle que la famille – « l'infamille » (*Maison* 21) – a assimilée au père, celle qui a tant honni le responsable de la « scène » se trouve soudainement démunie, d'autant plus que le travail sur *Certainement pas* ne lui laissait pas le loisir de se consacrer à cette nouvelle donnée. La donnée n'était pourtant pas si nouvelle que cela, la mère s'étant assurée de semer des indices de la bâtardise. Cette femme qui aurait voulu que son mari se prénomme Sacha les faisait en effet entonner une chanson de Sacha Distel, « Scandale dans la famille »[50] :

---

48 J'examinerai la question de l'identité, inhérente au travail de deuil, plus loin dans ce chapitre.

49 Bâtardise pourtant colportée dans les « on dit » des voisins (communication personnelle, Raymond Beaulieu, 11 décembre 2015).

50 Reproduite *in extenso* dans *Dans ma maison sous terre* (51-53).

> Est-ce une scène inventée ou pas, je suis petite et nous sommes trois à reprendre *Scandale dans la famille*. Est-ce une scène inventée ou pas, du temps de Selim de Sacha mais pas de Sylvain nous rions [...].
>
> Si c'est pour de vrai c'est très grave. Parce que maman, elle, elle savait. *Ton père n'est pas ton père* elle le savait bien. Qu'elle m'ait appris cette chanson-là [...], je trouve déjà ça très suspect. J'ajoute à Théophile que c'est limite pervers, alors il me répond que la mère transmettait le secret par la bouche.
>
> *Maison* 75-76

Les dates – le mariage le 31 août 1972 et la naissance le 10 mars 1973 – ne sont d'aucun secours, au plus prouvent-elles que Soazick Leroux s'est mariée enceinte. Chloé Delaume explique toutefois : « Ma conception en juin, leur rencontre en juillet, leur mariage en septembre [sic] et l'accouchement en mars, il savait calculer. C'est pour cela qu'on disait que j'étais une prématurée » (*Maison* 68)[51]. L'autre question que pose la « bonne nouvelle » c'est bien sûr : « M'a-t-il élevée en le sachant, est-ce pour ça que pleuvaient les coups. M'a-t-il élevée en l'ignorant, ou en faisant juste semblant » (*Maison* 68). Pour Delaume, la bâtardise, sue du père, expliquerait son manque de nomination et la maltraitance (Fellous)[52]. La grand-mère finira par se rétracter (*Sang* 88)[53] mais le doute fait son chemin et pour Delaume « la *"bonne nouvelle"* foutait en l'air toute ma

51 La mère a vainement tenté d'avorter – « sale embryon résista extraction [...] l'œuf refusa alors d'être étouffé » (*Cri* 69) – sans le soutien de la grand-mère qui refusa de l'aider (*Maison* 124). Interrogée sur la lettre qui l'a le plus marquée, Delaume répond : « c'était une lettre que ma mère avait adressée à son propre père afin d'avoir les sous pour se faire avorter. Ça, ça m'avait beaucoup marquée. Mais ... j'ai résisté » (<http://www.dailymotion.com/video/x13ymu6_chloe-delaume-a-vous-de-lire_news>, dernier accès le 27 avril 2016). Dans un chapitre de *Dans ma maison sous terre* intitulé « Une femme, deux hommes, 666 possibilités » Chloé Delaume propose entre crochets treize scénarios sur la rencontre de Soazick avec l'étudiant géniteur puis avec Selim, scénarios de plus en plus brefs et qu'elle finit par multiplier à l'infini : « [**Scénario 1** [...] **Scénario 13** il ne lui a jamais pardonné] × ∞ » (86).

52 Elle s'interroge somme toute peu sur le père naturel, « un étudiant en médecine beyrouthin » (*Maison* 73), se représente juste en onze paragraphes, hésitant entre conditionnel passé et conditionnel présent, la « vie rêvée, mon ange », sans le meurtre-suicide et ce deuil post-traumatique : « En juin ma robe ne rougirait pas » (*Maison* 89), « J'aurais eu des chagrins d'amour, mais sans le syndrome d'abandon » (*Maison* 90), « Je ne serais pas écrivain [...]. Je me serais reproduite sans redouter de transmettre un gène paternel défaillant. Je me serais enduite d'une douceur qu'on ignore quand on est *en survie* » (*Maison* 91, mes italiques).

53 Delaume a imputé l'invention de ce mensonge au désir de sa grand-mère qu'elle reprenne contact avec elle (Colloque Chloé Delaume, université de Guelph, 27-28 avril 2018).

construction personnelle, mais aussi tout mon travail » (Guichard 27) – travail de deuil après suicide post-traumatique compris. La « bonne nouvelle » bouleverse ses projets littéraires et esthétiques et sa reconstruction psychologique et Delaume se sent dans l'obligation de rouvrir un cycle qu'elle avait clos avec *La Vanité des Somnambules*. Surtout, la « bonne nouvelle » la rapproche de ce père, comme elle le dit à Fellous : « ça m'a presque peinée de savoir que je n'étais pas la fille de cet assassin parce que d'abord j'ai compris avec le temps qu'il était bourreau soit, mais qu'il en avait bien bavé aussi du fait d'être un libanais dans une famille objectivement raciste », « il y avait quelque chose d'intéressant dans ce sang ». Il lui faudra huit ans pour remonter à la source de ce sang, pour l'heure il faut répondre à la grand-mère, réponse qui change la nature du projet de livre des morts, de chœur des morts. *Dans ma maison sous terre*, qui devait être « quelque chose de plus proche de *Certainement pas* », se métamorphose sous le « besoin de vengeance » (Guichard 24). Delaume passe sept mois à l'écrire, « dont quatre en dépression, avec une nouvelle pulsion suicidaire » (Guichard 27), des « crises violentes, axées hyperphagie. [...] On m'a vidée du père, alors je me remplis lipides glucides fructose » (*Maison* 127). Arrivée au terme du livre, son « ire s'est déplacée vers les entrailles porteuses. Avariées » (201), c'est la mère qu'elle veut tuer, cette femme victime des coups et de la jalousie de son mari, innocente mais aux mains sales.

Il ressort clairement du *Deuil des deux syllabes* que la fille avait une relation privilégiée – ce qui ne veut pas dire affectueuse – avec la mère malgré les défauts de celle-ci dûs, comme Delaume l'a réalisé bien plus tard en analyse, à sa condition (non diagnostiquée) de maniaco-dépressive (Fellous). Gifles et placard constituent son arsenal disciplinaire. « Négligente » (*Cri* 22), la mère est surtout présentée comme la complice passive des brutalités de son mari, « si pétrie de crainte qu'elle se mua fille de Loth durant bien des années » (*Cri* 23). Par exemple, lors de l'épisode du jet de douche glacé au camping, elle « détourne pupilles » (*Cri* 42). C'est par la lecture et l'apprentissage de mots nouveaux que mère et fille communiquent, celle-ci « heureuse de se lier à la mère d'une tendre complicité » sinon absente (*Cri* 55) et entrant dans les jeux mis en scène pour les convives. Chloé Delaume, rompue à l'écriture en alexandrins comme on l'a entraperçu plus haut, tient d'elle cette pratique : « pour que je lui foute la paix, elle m'expliquait ce qu'était un octosyllabe et me demandait d'en écrire un avant de pouvoir revenir la voir. Puis, ensuite, on passait à l'alexandrin » (Guichard 20)[54]. Après sa majorité, la fille ouvre les cartons de la mère et y trouve, outre des classiques, des romans commerciaux et l'intégrale

54 Des alexandrins se camouflent sous la prose de paragraphes entiers du *Cri du sablier* et des *Sorcières de la République* (respectivement pp. 122, 123, 128 et pp. 225-233 par exemple).

de Paul Guth. Elle réalise alors le gouffre entre leurs goûts littéraires et qu'elles n'auraient donc pu s'entendre : « Papa ne s'en serait pas chargé, ma vie, mes écrits l'auraient fait. Ça n'aurait pas collé, maman. Je t'aurais détestée, et toi tu ne m'aimais pas » (*Deuil* 24). C'est sans doute là, dans le manque d'amour exprimé dès *Les Mouflettes d'Atropos*[55], que le bât blesse – car les goûts littéraires, musicaux, vestimentaires etc. de Delaume ne sont sans doute pas étrangers au trauma et au deuil. Au fil de l'œuvre delaumienne les rôles parentaux font l'objet d'une réévaluation constitutive d'un travail de deuil. Alors que le père meurtrier laisse émerger le père suicidé, victime du racisme familial et du mensonge fondateur de sa femme, le rôle de la mère, idéalisée à tel point qu'on a l'impression dans *La Dernière fille avant la guerre* qu'elle seule est morte ce 30 juin 1983[56], est révisé : « Ma mère victime n'était pas que victime. [...] Son meurtre prend un sens différent. Ce n'est plus seulement une femme battue, bafouée puis assassinée. C'est aussi celle qui fait chanter à sa fille et à son mari la genèse de leur piètre famille. Elle devient comme l'initiatrice de son malheur » (*Maison* 77). En 2010, donc vingt-sept ans après le meurtre de sa mère, au terme du *Deuil des deux syllabes* où elle exprime sa lassitude d'être hantée par la dernière image maternelle, cadavre acéphale dont le sang s'épanche en une flaque grandissante qu'elle doit enjamber, elle fait enfin le deuil et de la mère à qui elle demande sur l'air de la chanson de Jacques Brel de la quitter[57] et du mot « maman », mot dévoyé puisqu'enfant, elle a « dû appeler maman ta sœur si détestée quand elle a endossé son statut de tutrice » (*Deuil* 16). Le deuil du père, lui, reste à faire, empêché, au moins en partie, par le comportement de la famille maternelle.

Le moins qu'on puisse dire c'est que Chloé Delaume n'est pas tendre envers la tante et son mari à qui l'enfant a été confiée quand elle a réintégré une classe de 6ème « normale » ; elle ajoute : « ça a été violent parce que j'ai eu l'impression qu'on effaçait ma mère pour toujours » (Guichard 20). Elle est « accueillie » au sein de ce nouveau triangle familial – *Le Cri du sablier* fait état d'une cousine de trois ans, future porteuse de la « bonne nouvelle » – où les « hébergeurs » n'auront de cesse de sauver les apparences, en vain. À sa majorité, Delaume les fuit, en même temps que le reste de la famille maternelle. La grand-mère

55 « Peut-être qu'au fond tout au fond d'elle elle m'aimait quand même un petit peu. Un tout petit peu quand même. Ma maman » (*Mouflettes* 101).

56 « [j]'ai dix ans c'est l'été en Bretagne, maman est morte » (17), « J'avais dix ans quand j'ai commencé [à écouter Indochine], [...] l'été de la mort de ma mère » (79).

57 « Maman quitte-moi / Je t'ai oubliée / Tout s'est oublié / Putréfié déjà / Gangrené au vent / T'as bien entendu / Et au temps perclus / De trop vieux instants / J'ai noyé ces heures / Qui me tuaient parfois / À coup de pourquoi / Des fissures au cœur / Maman quitte-moi / Maman quitte-moi [ter] [...] » (*Deuil* 26-28).

est sans doute celle qui porte le plus la haine delaumienne, peut-être parce que, comme Théophile en fait l'hypothèse dans *Dans ma maison sous terre*, Delaume transfère sur elle la rancune qu'elle a contre Soazick (178). Piva voit dans la rare utilisation de son prénom, « Mamie Suzanne » (*Maison* 16), une pratique de « magie noire » (Piva 43), le nom étant une voie pour nuire à la personne. Raciste, égocentrique au point de se préoccuper de sa manucure le jour de l'enterrement de sa fille (*Maison* 22), elle est, après son refus de rendre visite à sa petite-fille[58] et surtout après la « bonne nouvelle », l'ennemie personnelle numéro un, la femme à abattre, comme l'exprime clairement *Dans ma maison sous terre*, « livre de vengeance » (10) et « tentative de meurtre » (65). Le grand-père, lui, ne suscite pas chez sa petite-fille la même animosité, mais certainement du dégoût – surtout quand elle se le représente, « obèse alcoolique » (*Maison* 7) écrasant de son poids le cercueil de sa fille, image dégoûtante d'« inceste imposé en terreau post-mortem » (*Maison* 8). C'est avec lui qu'elle a des « conversations épuisantes sur [s]es lectures d'adolescentes » malgré son manque de point de vue propre puisqu'il le tient de sa fille défunte ou d'un « indvidu passé sur RTL ou dans *Le Figaro* » (*Deuil* 20-21). C'est lui qui vient, après chaque tentative de suicide, « lui porter sa valise et la ramener au port » (*Cri* 93), comme en 1983 il était venu chercher sa famille pour les fameuses vacances qui devaient pour Soazick parapher son abandon du domicile conjugal. Peut-être Chloé Delaume lui fait montre de moins de haine qu'au reste de la famille Leroux parce qu'ils ont en partage d'avoir été témoins du meurtre-suicide. En effet, « le grand-père était là » (*Cri* 76). De toutes les versions de la « scène », dans tous les éclats présents ici et là dans l'œuvre delaumienne, il ne figure que dans ce passage du *Cri du sablier* :

> Le 30 juin la maman en instance de divorce avait fait ses valises *et la malle de l'enfant* pour partir en vacances au fond du Finistère. [...] Elle avait demandé au grand-père de venir chercher à la maison les *fuyardes* en voiture. [...] Le grand-père était là *venu chercher fille petite fille* et bagages bien remplis. Le grand-père était là accoudé Frigidaire sirotant Ricard frais quand la porte s'ouvrit. [...] Le grand-père en voyant l'arme vipérée du père posa verre en chemin et courut au couloir. Il était quatre pattes réfugié aux toilettes quand retentit salve liquidation maman et autoparricide. Il était quatre pattes et n'osa ressortir de ses latrines cachette qu'une demi-heure au moins après que cesse tout bruit. L'enfant était déjà exposée aux voisins lorsqu'il croisa les flics à l'angle de l'escalier. [...]

58 En 2002, elle refuse l'invitation de Chloé Delaume, « Venir, c'était admettre que je m'en étais sortie » (*Maison* 43).

> Le grand-père enfermé dans les chiottes maisonnée n'avait pas assisté au massacre dix-neuf heures.
>
> *Cri* 76-78, mes italiques

Autofiction ou déformation perceptive due à l'indice traumatogène élevé des faits – réaction commune chez les enfants survivant à un suicide (Dunne-Maxim et al 236) ? Cette version est erronée à deux, voire trois titres. Premièrement, les actes de décès des époux Dalain indiquent dix-huit heures comme heure de leur mort. Deuxièmement, le voisin du dessus qui s'est précipité dans l'appartement quand le deuxième coup de feu a retenti – celui que Sylvain Dalain s'est tiré dans le ventre avant de s'en tirer un autre dans la gorge – affirme que les enfants étaient dans la chambre avec le grand-père – qui n'était donc pas dans les toilettes[59]. Troisièmement, comme l'indiquent les coupures de presse de 1983 et le confirme le voisin, le couple avait *deux* enfants et tous deux étaient présents lors de la scène. Or, dans toutes les versions, Chloé Delaume se présente seule – comme indiqué ci-dessus en italiques. Enfant unique[60], elle est le seul témoin du meurtre-suicide. La narratrice de *La Dernière fille avant la guerre*, qui se passe au camping l'été de ses dix ans, donc juste après le drame, clame : « Je ne serai plus seule » (28). Le frère est passé inaperçu aux yeux de la critique. Il est pourtant présent dans *Où le sang nous appelle* mais camouflé sous la dénomination d'« enfant mâle » (93) et caché derrière le pluriel des « petits » (105), ce qui fait croire qu'il est le fils des hébergeurs, le frère de la cousine[61] et donc le cousin de Natalie Dalain. Une lecture attentive montre que ce n'est pas le cas puisqu'il ne figure pas dans le groupe des « Martineau mâles au nombre de trois, ici l'homme qui se dit papa [l'oncle hébergeur], son géniteur [le père de l'oncle] et son beau-frère [de l'oncle] » (*Sang* 119). Le garçonnet – il a trois ans au moment du drame – n'est pas un Martineau[62], c'est un Dalain et d'après leur voisin « le portrait craché de son père ». Interviewée par Cornelio peu après notre découverte commune des articles de presse et donc de l'existence de Frédéric Dalain, Delaume n'a pas nié son existence. Reste qu'elle a choisi dans son œuvre autofictionnelle d'écarter son petit frère. Elle a confié à Cornelio que sa mère avait conçu cet enfant pour sauver son couple et qu'il était traité comme un prince alors qu'elle se faisait disputer – ce qui aurait pu susciter rancœur et jalousie et pourrait expliquer l'absence

59 Une employée de l'Institut Notre-Dame qui travaillait avec la mère en 1983 s'est toutefois souvenue que « quelqu'un s'était enfermé dans les toilettes » (communication personnelle, 11 décembre 2015).

60 Comme elle s'autoproclame dans *La Vanité des Somnambules* (66).

61 Ils ont d'ailleurs sans doute plus ou moins le même âge.

62 Si tant est que Martineau est leur vrai nom.

du frère dans les textes[63]. Malgré sa portée et ses ramifications, une telle donnée ne remet toutefois pas en cause les déclarations de Chloé Delaume sur sa conception de l'autofiction : « Je ne suis pas dans le vrai, je ne suis pas dans le faux, j'essaie d'être dans le juste [...]. Le juste ton, la juste note » (*Règle* 56). Dans l'œuvre delaumienne, la vérité ne se trouve pas dans « les faits », mais « dans le ressenti » (*Femme* 107)[64]. Peut-être que confrontée à une scène d'une horreur indicible et incompréhensible, une scène sidérante, la jeune Natalie s'est sentie seule face à la mort et la menace de mort et c'est ce qu'elle traduit dans sa représentation de la scène. Mais, d'un autre côté, peut-être est-ce parce qu'ils étaient deux que, comme l'a observé Dusaillant-Fernandes, « à chaque fois qu'elle revient sur la scène traumatique » « l'écrivaine divise ses phrases en deux mesures rythmiques (6/6) » (46), intégrant ainsi Frédéric à la scène et à son travail de deuil. Étant donné le sujet de cet ouvrage, je regrette bien évidemment le choix qu'a fait Delaume de se présenter comme fille unique, comme je regrette que Frédéric Dalain ait décliné ma demande d'entretien et m'ait suggéré de me diriger vers « Chloé Delaume »[65]. Delaume a, quant à elle, dit à Cornelio que Frédéric est « le frère de Natalie mais pas de moi ». Il aurait été intéressant de savoir comment *lui* a ressenti l'événement. Les enfants vivent en effet le trauma différemment selon leur âge et les facteurs de « ce qui va être ou non traumatique » sont « complexes et multiples » même si les cliniciens ont distingué quatre phases (140). À trois ans, Frédéric entrerait dans la deuxième phase, « lorsque l'enfant maîtrise le langage et la marche mais utilise une pensée pré-formelle », alors que Natalie entrerait dans la troisième, celle des enfants qui ont « acquis des processus de pensée abstraite » (Bailly 140). À vécu traumatogène différent, travail de deuil post-traumatique différent. La mise à l'écart de Frédéric pourrait indiquer qu'il n'a joué aucun rôle dans le travail de deuil de son aînée. Si la spécialiste du trauma infantile Lenore Terr observe, vingt cas à l'appui, qu'en deçà de trente-six mois, « un enfant ne pourrait se souvenir verbalement du gros du trauma » (181)[66], elle précise que le trauma psychique semble néanmoins laisser « une marque indélébile dans l'esprit

63 Cela pourrait aussi expliquer pourquoi le frère et la sœur ne sont pas en contact. Je remercie vivement Dawn Cornelio de m'avoir communiqué ce ressenti glané auprès de Delaume (communication personnelle, 20 novembre 2015).

64 On comprend toutefois mieux pourquoi pour Chloé Delaume « l'appellation "autofiction" n'est jamais d'origine contrôlée » (*Règle* 17), le contrôle amenant des découvertes pour le moins déstabilisantes.

65 Contrairement aux personnes qui ont connu Natalie et dont Delaume déplore l'usage de ce prénom, son frère, lui, en l'appelant Chloé Delaume « ne ni[e] pas ce qu['elle est] devenue » et ne la « coince » pas « dans cette ancienne identité » (Fellous).

66 « a child could not remember most of the trauma in words ».

d'un enfant, aussi jeune ait-il été quand le trauma a frappé » (182)[67]. Frédéric Dalain dit ne pas tenir à discuter de son passé et avoir avancé sans regarder derrière lui depuis plus de trente-trois ans[68]. Ces deux enfants ont donc géré différemment leur deuil post-traumatique, l'un en mettant un océan entre lui et sa famille[69] et en allant de l'avant, l'autre en érigeant le trauma en œuvre au moyen de laquelle et dans laquelle faire son deuil et se reconstruire. Le « cela la regarde » de Frédéric Dalain pour qualifier la façon dont Delaume a choisi de gérer le passé traumatique montre clairement un désaccord, désaccord que l'on peut voir, comme le frère, dans *Corpus Simsi*. Dans une image ci-dessous, dans ce qui apparaît comme une cuisine avec sur la table un cadavre[70], l'avatar de Chloé Delaume, auréolé d'une lumière verte positive, est en désaccord avec celui de Frédéric, surmonté d'un sigle négatif et d'un sigle indiquant la socialisation. Étant donné l'environnement (la cuisine et le cadavre ensanglanté), on peut penser que le désaccord porte sur la « scène »[71].

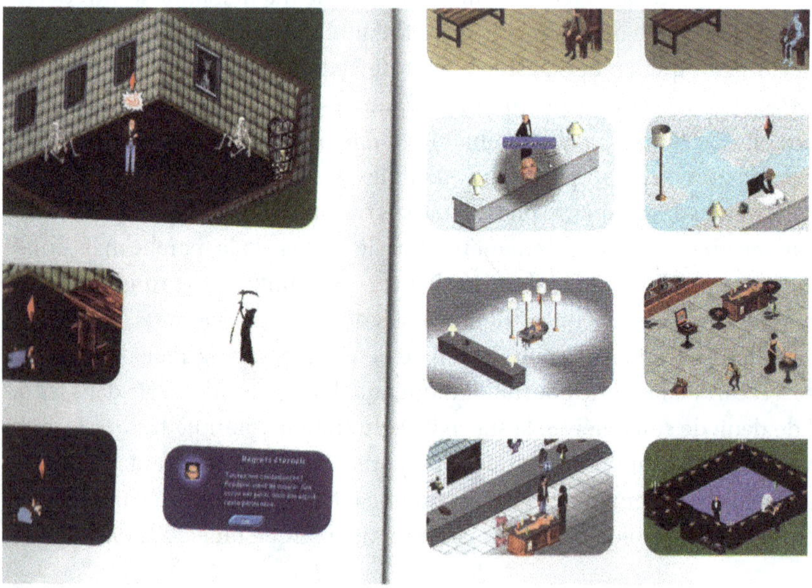

ILLUSTRATION 7 *Corpus Simsi*, p. 111

67 « an indelible mark in a child's mind, no matter how young he is when the trauma strikes ».

68 Communication personnelle, 3 décembre 2015.

69 Il semble toutefois être en contact avec ses oncles et tantes Abdallah. Son choix de s'installer aux Antilles est troublant quand on sait le rôle joué par la chanson de Sacha Distel – le « Scandale dans la famille », des enfants adultérins, a lieu à Trinidad.

70 Le père est-il encore une fois évincé, comme dans *La Dernière fille avant la guerre* (17, 79) ?

71 Le jeu des Sims™ 1 étant dépourvu d'armes à feu, Delaume a remplacé le fusil par un hachoir. Delaume soutient que le « Frédéric » de *Corpus Simsi* est Frédéric Beigbeder,

Dans le chapitre de *Corpus Simsi* sur la mort, Chloé Delaume a revisité sur une double page la « scène fondatrice » et pour la première fois représenté Frédéric – dans une image de la page de gauche il est à terre en position fœtale, terrorisé, aux pieds de qui semble être la Faucheuse, sur la page de droite il est sur une chaise électrique alors que Chloé Delaume apparaît comme aux commandes de son exécution. Surtout, sous l'image de la Faucheuse figure cette cartouche :

ILLUSTRATION 8 *Corpus Simsi*, p. 110

Frédéric n'est donc pas seulement écarté du script delaumien, dans *Corpus Simsi* il est bel et bien supprimé, mis à mort. Une mort virtuelle à rapprocher peut-être de la mort de « Nathalie Dalain (1973-1999) » au terme de *Dans ma maison sous terre* (205). Peut-être est-ce le Frédéric-témoin du trauma ou encore le Frédéric déficient dans la gestion du deuil qui sont ici éliminés, comme le sera Nathalie Dalain, tous deux corps et identités résiduels de la fiction première qui a volé en éclats sous les coups du fusil et qui vole en éclats sous le coup de la plume delaumienne dans un inlassable travail de deuil.

3 Identité, écriture du stress post-traumatique et deuil après suicide post-traumatique

L'écriture delaumienne du stress post-traumatique, indissociable du deuil après suicide post-traumatique, consiste bien d'éclats car il s'agit, pour « [p]arler de l'événement, parler de soi dans l'événement », comme l'explique le psychologue clinicien Marc-Élie Huon, « d'épuiser le trauma, de fractionner l'image

affirmation à laquelle je ne prête pas totalement foi étant donné l'environnement et le contenu de ces images.

traumatique, de construire des liens morceau par morceau, avec des représentations » (94). Déstructurée par un événement sous le coup duquel l'ordre familial et l'ordre psychique éclatent, c'est paradoxalement en produisant plus de bribes et d'éclats et en quittant son corps que le sujet delaumien parviendra à se restructurer[72]. Commençons par le corps, un corps qui, malgré sa « chair attendrie par les coups » (*Vanité* 11), n'était pas prêt à recevoir le trauma le 30 juin 1983 et qui devient un « corps suant par chaque pore la crainte et le déni » (*Vanité* 11), « un corps complètement détraqué » (*Vanité* 56), « un corps assiégé » par Chloé Delaume qui a « grandi avec » (*Vanité* 65, 66)[73]. « Si vous avez manqué le début », comme le titre le premier chapitre de *La Règle du je*,

> Je m'appelle Chloé Delaume. Je suis un personnage de fiction. Mon corps est né dans les Yvelines le dix mars mille neuf cent soixante-treize, j'ai attendu longtemps avant de m'y lover. [...] J'ai très officiellement pris possession des lieux l'été de ses vingt-six ans. [...] Les locaux étaient sombres et plutôt insalubres, j'ai passé une saison à blanchir à la chaux les parois cervicales. Les nerfs étaient hirsutes et le cœur en lambeaux, j'ai mis beaucoup de temps à le raccommoder. (5)

Mais de telles données[74] seraient encore trop simples, le corps se rebelle, exproprie[75], expulse. C'est d'ailleurs suite à son expulsion en 2002 à la fin de *La Vanité des Somnambules* – après quarante mois (*Corpus* 14), donc depuis 1999 – que Chloé Delaume se retrouve « [p]ersonnage de fiction sans domicile fixe » (*Corpus* 4) et entre dans le domaine virtuel Les Sims™, le jeu de simulation de vie. Elle explique : « Sous forme d'avatar, le Je y devient un personnage de jeu vidéo formaté, soumis à d'autres règles que celles du monde physique » – où ni le suicide ni le meurtre ne sont permis. Le moi s'équarrit « en un tas de fichiers » (*Corpus* 11), y éclate mais sans souffrance[76]. « Être un Sims »

---

72 La restructuration est la quatrième phase du deuil identifiée par le psychothérapeute Christophe Fauré.

73 Pour une étude de la « fragmentation des corps » – corps « assassinés, mutilés, cuisinés ou dépecés », « réels, fictifs ou métaphoriques » – voir l'article de Cornelio, « Fragmentation ».

74 Déclinées à l'envi selon les textes, ainsi dans *La Dernière fille avant la guerre* : « J'ai pour résidence principale un corps de sexe féminin fabriqué en mars 73. Avant ma venue et les travaux, il avait beaucoup moins de valeur, le soma était calciné, il a fallu tout reconstruire, cave à la chaux, grenier sur rue. Je me suis beaucoup investie » (9).

75 Dans *La Dernière fille avant la guerre*, p. 18.

76 Les Sims présentent aussi, contre toute apparence, la particularité de ne pas être prisonniers d'un lieu. En effet, grâce à l'accès à Internet ils peuvent « abandonner leur territoire initial, et aller ailleurs » ; comme le souligne Chloé Delaume dans l'entrée de son blog datée du « 23 simsial 03, 12h07 », ils quittent le disque dur, transitent sur un site et se téléchargent sur un nouvel ordinateur.

est d'ailleurs « très reposant. Ils n'ont [...] aucun trauma existentiel, aucune pulsion morbide ou presque. Les Sims ne peuvent être névrosés, psychotiques, schizophrènes, paranoïaques, aphasiques, mythomanes, hystériques, anorexiques, atteints de troubles obsessionnels compulsifs, ni plus génériquement maboul » (*Corpus* 61). De plus « Nous [les Sims] ignorons la pulsion de mort et davantage encore la meurtrière » (*Corpus* 41). Devenir un Sims offre donc un répit dans l'expérience post-traumatique, un refuge loin du réel où suicides et meurtres sont susceptibles de se produire. Libre de configurer son avatar à sa guise, Chloé Delaume se fait toutefois à l'image du corps premier, avec la même date de naissance et pour nom Chloé Delaume comme en attestent les captures d'écran (*Corpus* 13-14)[77]. Le projet Corpus Simsi – que Delaume explique vers la fin du livre – déborde vite les confins du jeu vidéo et devient une série d'une dizaine de performances « qui présentaient le personnage de fiction, la "simsette" nommée Chloé Delaume, dans des situations différentes » (Mercier)[78], avant que Delaume n'y consacre une rubrique de son site web[79] et n'en fasse un livre – phase terminale du projet – où le corps figure dans le titre, rendu étranger sous sa forme latinisée – *Corpus Simsi* – une forme faussement symétrique, où la fille serait toujours présente dans le « m », lettre-miroir, miroir du moi, prise entre deux syllabes identiques, le « si » dans lequel les endeuillés après suicide s'abîment autant que dans les pourquoi. Après le projet Sims et le suicide de son avatar virtuel, le corps hôte de Chloé Delaume investit l'espace ludique dans *Certainement pas*, basé sur le jeu de société Cluedo™, puis l'espace télévisuel dans *J'habite dans la télévision* (2006). Le corps est donc omniprésent, quoiqu'errant, peut-être à cause de la « sensation de flottement » que Delaume éprouve vis-à-vis de son corps qu'elle dit habiter « vraiment très très peu et assez mal », tout en somatisant beaucoup (Fellous). Si en

77 Même en Belle, Blanche-Neige, Fée Clochette ou Raiponce, l'avatar garde les traits de Delaume et sa coupe de cheveux caractéristique.

78 Ces performances « s'appuient sur la lecture de textes, la présence d'un musicien électronique, et la diffusion sur écran de saynètes du jeu, activées en direct » (*Corpus* 124). Dans sa communication « Les Médiamorphoses de Chloé Delaume » où elle examine l'usage que fait Delaume de différents médias pour représenter le corps, Alexandra Profizi observe que les « nombreuses performances de l'auteur, sur scène, son corps se superposant ainsi aux projections du jeu vidéo sur grand écran » ont renforcé « [l']effet d'hybridité entre le corps réel et son avatar virtuel ».

79 Avec blog et skin téléchargeable. Le lecteur peut ainsi devenir Chloé Delaume, experience qu'elle réitère avec *La Nuit je suis Buffy Summers* (2007) : « En remplissant la fiche personnage, si le lecteur inscrit Chloé Delaume, il joue une partie non plus seulement fictionnelle, mais autofictionnelle. De l'intérieur. [...] Il ne joue plus à vivre une fiction mais une autofiction. Il joue à être Chloé Delaume » (« S'écrire » 121) – insistons sur le verbe « jouer » car ne devient pas Chloé Delaume qui veut, comme le montre l'échec d'Isabelle Bordelin, l'aspirante écrivaine, qui lui avait confié son objectif : « Je veux être à mon tour Chloé Delaume » (*Femme* 11).

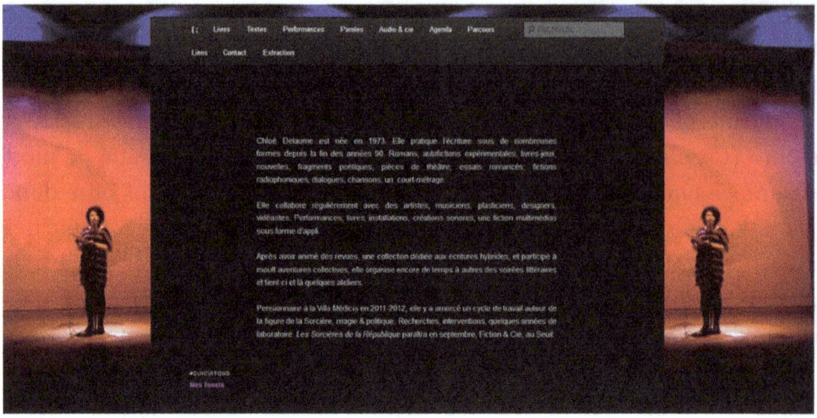

ILLUSTRATION 9 www.chloedelaume.net, 13 avril 2016

2009, quand elle s'adresse à Fellous, elle dit avoir « assez bien réussi à me réapproprier une nouvelle identité fixe », elle reconnaît qu'avec le corps, « qui est pourtant le point d'ancrage principal », elle n'a « pas encore résolu l'affaire ». Le rapport flottant qu'a Delaume au corps traduit ces « mouvements réflexes d'évitement, de fuite » que Bacqué identifie dans la psychopathologie du deuil post-traumatique (« Deuils et traumatismes » 362). Début 2015, une photo de Delaume (dédoublée, de part et d'autre du texte) prise lors d'une performance orne la page d'accueil de son site, la scène du théâtre offrant un point d'ancrage au corps rendu flottant par la « scène » traumatique.

Ce qui advient au corps, insalubre lors de l'entrée en possession, reflète ce qui est arrivé au lieu du drame, l'appartement entaché du sang des parents, devenu inhabitable et qu'il a fallu nettoyer et quitter. Il n'est alors pas étonnant que l'œuvre delaumienne foisonne de lieux, à commencer par le camping d'août 1983 où Anne erre puis entend « l'appel de *L'Aventurier* » (*Dernière* 16), le tube du groupe Indochine dont elle deviendra une fan inconditionnelle[80]. En 1999, Chloé Delaume prend possession du corps de Natalie Dalain. Avant cela, elle a résidé vingt-six ans en « Somnambulie » (*Vanité* 7) puisque « Chloé Delaume est un personnage de fiction » et que les « personnages de fiction sont les enfants de la Somnambulie » (*Vanité* 81). Expulsée du corps hôte, elle est de retour en Somnambulie en 2002 à la fin de *La Vanité des Somnambules* avant de la quitter pour Sim City, lieu de « contrôle total » (*Corpus* 105) où même les « conversations sont soumises à des schémas précis » (*Corpus* 54). Malgré cela, il est possible de ruser et déjouer les paramètres établis par les programmeurs et ainsi électrocuter son frère ou rejouer ou représenter la scène fondatrice, comme on

80 Être fan d'Inchochine devient d'ailleurs un espace en soi (*Dernière* 34), comme le groupe puisqu'Anne, pour finir, « reposera en Indochine » (*Dernière* 113).

l'a vu plus haut. Le monde virtuel n'est donc pas hermétique au deuil post-traumatique ; comme Delaume en fait la remarque générale, « Le virtuel reproduit le réel » (*Sang* 25). En 2004-2005, Chloé Delaume se fait *Versuchsperson*, sujet d'essai, et passe vingt-deux mois « à exposer [s]on corps, [s]on âme et [s]on cerveau à la télévision » (*Sang* 23). Ce projet s'inscrit comme celui de Corpus Simsi dans sa démarche autofictionnelle, son but étant cette fois de « comprendre le temps de cerveau disponible, le décervelage en live d'un point de vue intérieur » (*Sang* 23), elle qui a été témoin du décervelage d'un point de vue extérieur. À force de s'exposer, elle finit par « habiter dans la télévision », comme le titre son roman de 2006 tiré de cette expérience. Depuis 1999, date de publication de ses premiers textes[81], un espace chapeaute les autres : l'autofiction, « résidence principale » (*Règle* 7), à laquelle Delaume a consacré un essai, *La Règle du je*. L'Autofiction y est présentée comme un pays fondé par Serge Doubrovsky en 1977, « [e]nclavé dans les terres du Roman » et voisin du « Royaume de l'Autobiographie » et qui subit des invasions parce qu'« annexé à la République Bananière des Lettres » (*Règle* 15, 17), territoire vicié par la « consanguinité » (*Maison* 27) et l'idolâtrie du commercial aux dépends du littéraire et de l'expérimental. En digne héritière de l'OuLiPo, Chloé Delaume défend bec et ongles son territoire dont elle repousse sans cesse les limites par des projets menés sur des supports et dans des « zones en jachère », des « territoires non exploités » en littérature (« S'écrire » 123) – le virtuel, le jeu de société, la fan fiction[82], la musique, la poésie sonore, le support numérique[83] – qui sont autant d'attaques envers la République Bananière des Lettres[84]. L'Autofiction est le territoire par excellence de la recherche et de la restructuration performative du Je post-traumatique, un terrain de jeu/Je privilégié.

Mais arrêtons-nous un instant justement sur le jeu, moyen de se distancier par rapport à la réalité, mais aussi chez l'enfant mode d'expression du trauma

81 « Les Levrettes d'Andromaque » et « Prostituationnisme » parus dans la revue *EvidenZ*.

82 Avec *La Nuit je suis Buffy Summers*, « une histoire créez-votre-propre-aventure inspirée d'un épisode de la série télévisée » qui « reproduit le format interactif de la *fan fiction* » (« a create-your-own-adventure story inspired by an episode of the television series » which « replicates the interactive format of fan fiction », Gaensbauer, « Autofiction » 219). Voir aussi l'article que Sonia Lagerwall a publié en 2014.

83 *Alienare*, « fiction [exclusivement] numérique » publiée en 2015, est téléchargeable sur l'AppStore (<www.alianare.fr>, dernier accès le 13 avril 2016) – alors que, comme le remarque Sylvie Ducas en 2010, « toutes les expérimentations numériques de l'auteure aboutissent toujours au livre » (176) – toutes, sauf *Alienare* et son site web qui est lui aussi lieu d'expérimentation, comme en attestent les versions successives que nous verrons plus loin.

84 *Certainement pas*, derrière son apparence ludique de révision du Cluedo™, est un roman politique, un drôle de règlement de « comptes avec le milieu littéraire », éditorial, parisien (Grangeray, « Les je »).

et outil du travail de deuil, comme on l'a vu avec Charneux. Romano en identifie trois sortes : le « jeu traumatique […] caractérisé par son aspect répétitif et monotone » (73), le « jeu abréactif » où « l'enfant est capable de faire évoluer son scénario jusqu'à une fin quelconque sans être bloqué dans une compulsion de répétition du trauma » et qui « permet à l'enfant de reprendre le contrôle sur ce qu'il a subi et d'assimiler ses propres réactions et sentiments » (74, 75) et le « *re-enactment play* (reconstitution par le jeu) » « caractérisé par l'expression *a posteriori* de traces traumatiques à travers le jeu et les investissements de l'enfant », il s'agit « d'une répétition d'un seul aspect de l'événement » (75). Le jeu delaumien semble relever surtout du deuxième car il y a sans conteste reprise de contrôle de l'événement[85] – même si des manifestations du *re-enactment play* sont sensibles dans ses textes[86]. En ce sens, le jeu delaumien illustrerait la remarque de Bacqué selon laquelle le « deuil post-traumatique montre une forme de concurrence entre le traumatisme […] et le deuil », même si ici, le jeu abréactif (qui relève du deuil car tourné vers « une intégration progressive de l'événement ») l'emporte sur le *re-enactment play* (qui relève du trauma car enlisé dans le passé, resurgissant « intact dans un présent perpétuel ») (Bacqué, « Deuils et traumatismes » 361). Delaume est peu diserte sur ses jeux, enfant. La narratrice du *Cri du sablier*, se souvenant de la question d'un psy sur ses jeux les neuf mois suivant le meurtre-suicide, mentionne qu'elle lavait les jouets, supposément « juste pour le contact la texture détrempée au fil du robinet c'était si agréable » (15) mais vraisemblablement pour nettoyer le trauma, peut-être laver ses parents (sa mère) et sa robe maculés de sang. Dans *Dans ma maison sous terre*, Chloé Delaume se livre en fait à une version adulte du « jeu des morts » « inventé par Soazick D. en novembre 81, afin d'agrémenter le trajet » de l'école (*Maison* 20) puisque le cimetière, situé derrière leur HLM de Bourg-la-Reine, formait un raccourci.

Il s'agissait de « [c]hoisir une sépulture […]. Puis composer une vie, cinq étapes plus la fin » (*Maison* 21). Dans le roman, Chloé Delaume et Théophile visitent les tombes de Clotilde Mélisse, Mlle B, Sacha Distel, Tom, Mérédith P., Marguerite Duchambron et Anatole Brumier. Delaume y rejoue au jeu des morts, comme pour agrémenter son trajet d'endeuillée post-traumatique et retrouver sa mère. Dans *Le Deuil des deux syllabes*, c'est sur le mode conditionnel

85 Delaume a confié à Ada Mercier que ce qui lui plaît dans le jeu des Sims™, c'est l'« incroyable sensation de maîtrise », « toutes ces lois sévères sont détournables en trichant, et le jeu devient alors une véritable page blanche où l'on peut faire ce que l'on veut », on a « le pouvoir de vie ou de mort sur notre créature, le contrôle du temps … ».

86 Par la répétition de l'image de la robe tachée, du sang sur la joue, des éclats de cervelle, de la mère acéphale, par la phrase entendue après le drame, « nous avons eu un magnifique mois de juin ».

ILLUSTRATION 10 ET 11 HLM et cimetière à Bourg-la-Reine

des « on aurait dit » du jeu d'enfant du *faire-semblant* qu'elle la retrouve et nie sa mort : « On aurait dit que maman elle serait pas morte [...]. On aurait dit que maman elle m'aimerait m'écouterait me soutiendrait me conseillerait sans défaillir » (*Deuil* 19). Reprendre et réviser le jeu de Cluedo™, c'est peut-être, à travers le meurtre du docteur Le*noir*, un meurtre « sans cesse élucidé » mais au mobile inconnu, montrer l'attachement à madame Le*roux* et exprimer l'incompréhension quant au mobile de ce crime-là. Reconstitution du drame, *Certainement pas* est vicié d'entrée de jeu puisqu'on sait qui (Sylvain Dalain) a tué madame Leroux, où (dans la cuisine) et avec quelle arme (un fusil). Cornelio parle de « narration minée » (« Limites » 423). *Certainement pas* ne peut que se déliter, s'effondrer, effondrement auquel la révélation de la « bonne nouvelle » pendant sa rédaction n'est peut-être pas étrangère mais qui trouve aussi sa source dans le trauma puisque pour LaCapra, « le trauma invite à la déformation, il perturbe les genres et les espaces délimités et menace d'annuler les distinctions » (96)[87]. Le roman s'achève dans le chaos avec « la culmination de la désintégration définitive du roman – la dernière page change même de genre littéraire et se présente sous forme de dialogue théâtral » (Cornelio, « Limites » 429), le titre « Fin de partie » se référant et à « cette partie de Cluedo très spéciale »[88] et à la pièce éponyme de Samuel Beckett.

Le « jeu » – entre guillemets car le terme n'est pas à prendre dans son sens ludique mais plutôt dans son sens psychologique, comme révélateur de trauma – qui prévaut dans l'œuvre delaumienne demeure le jeu – dans le sens d'intervalle entre deux objets – avec l'identité. Nous avons vu qu'assez tôt il y a du jeu dans l'identité. Delaume naît en effet Natalie Anne Hanné Suzanne Abdallah[89]. Vers 1980, le nom de famille change en Dalain et en 1999 elle se met au monde en publiant ses premiers textes sous le nom de Chloé Delaume, prenant le prénom à l'héroïne de *L'Écume des jours* de Boris Vian[90] et le nom à Antonin Artaud, auteur de *L'Arve et l'aume*, après en avoir retranché la première partie, comme cette nouvelle identité tente de faire l'ablation de l'identité première – nous sommes ici encore dans une pulsion de maîtrise. Comme Dans

87 « trauma invites distortion, disrupts genres and bounded areas, and threatens to collapse distinctions ».

88 Dédicace de Delaume dans ma copie de *Certainement pas*.

89 En fait, elle ne naît rien puisqu'on ne la nomme qu'après plusieurs jours (Fellous et *Cri* 28). La crise de nomination se poursuit même après la naissance puisque Chloé Delaume écrit : « On m'appela l'Enfant jusqu'à ce que mes parents se soient neutralisés. Neuf mois je fus la Petite. Ensuite s'accumulèrent l'inventaire adjectifs qui tous se déclinèrent en fonction de l'humeur et des situations. La Grande et la Connasse. La Folle et la Pétasse » (*Cri* 19).

90 Dans *Les Juins ont tous la même peau*, Delaume adresse à Vian ses remerciements (8), Vian qui est né le même jour qu'elle (mais en 1920) et qui est mort le même mois que ses parents (mais en 1959).

La Règle du je, elle explique la genèse de son nom : « Boris Vian se débattait, Artaud aussi [...]. Ils se refusaient sec à m'engendrer, je sais. Je les ai violentés : née de père et de père. Je me suis moi-même engrossée » (6). Chloé Delaume naît d'une violence symbolique, naît de la violence physique et psychique du 30 juin 1983 d'où germe sa nouvelle identité qu'elle a mis vingt-six ans à nommer publiquement[91]. Performatifs, les deux textes dans *EvidenZ* font ainsi acte de naissance – et sont une mise à mort puisque « Personnage de fiction = suicider le Je. Pour le redéfinir, pour le réinvestir, par la littérature. J'ai sur les mains le sang de Nathalie Dalain » (*Règle* 13). Chloé Delaume n'est pas un pseudonyme, c'est la signature d'une réappropriation de soi par la performativité de l'acte littéraire : « Mon ancien Je par d'autres se voyait rédigé, personnage secondaire d'un roman familial et figurante passive de la fiction collective » (*Règle* 6)[92]. Chloé Delaume se fait personnage principal de *sa* propre fiction et dit « [m]aîtriser le récit dans lequel [elle] évolue » (*Règle* 6). Notons toutefois que le choix de ce nom reproduit des données familiales car premièrement la double filiation paternelle rappelle la rumeur scandaleuse de la bâtardise, deuxièmement « les textes de Vian et d'Artaud [...] datent de 1947 : la date de naissance de la mère » (Décimo 322) et enfin les deux noms de famille sont phonologiquement proches – Dalain-Delaume, deux syllabes et mêmes sons consonnes, D-L[93]. De plus, l'instabilité du nom de la fille reflète celle du père : « Jusqu'à mes sept ans Sylvain était encore Selim. Ma mère en éprouvait une honte, alors elle l'appelait Sacha. [...] Mon père m'aura appris que l'on peut s'incarner dans bien des personnages » (*Maison* 47). Il ne faut alors pas s'étonner que malgré ses affirmations répétées *ad nauseam* « Je m'appelle Chloé Delaume. Je suis un personnage de fiction », on retrouve Chloé Delaume dans Clotilde Mélisse (qu'elle a inventée dans *Certainement pas* et qui se suicidera en 2069, *Maison* 25)[94], dans Miss Paramount en 1986-1988 (*Dernière* 43), voire dans Daphné dans *Les Mouflettes d'Atropos* (196), Esther Duval (née en 1973, *Certainement* 121), dans Mathias Rouault (en butte contre les grandes maisons d'édition, *Certainement*

91 Mais pas officiellement, pas à l'état-civil. Delaume a confié à Fellous avoir commencé à s'appeler Chloé à partir de ses vingt-cinq, vingt-six ans.

92 Delaume se montre parfois beaucoup moins tendre envers le roman familial : « Je suis le personnage d'une fiction à la con, d'un scénario goret, d'un roman familial putride et affligeant auquel je me refuse » (*Juins* 32).

93 Le « deuil des deux syllabes » s'applique-t-il aussi à celles-ci ?

94 En jouant un peu avec les lettres, on retrouve presque Chloé Delaume dans ce nom – une moitié dans le prénom, l'autre dans le nom : **CLO** til **de m É l** isse. Clotilde Mélisse, la seule que Delaume savait d'entrée de jeu qu'elle serait récurrente (Colloque Chloé Delaume, université de Guelph, 28 avril 2018), est toujours présente dans le nouveau « cycle » delaumien, « Liberté, Parité, Sororité ». Elle est mentionnée dans « Une aventure dont vous êtes l'héroïne » le 24 mai 2017 (vidéo disponible sur le site de Chloé Delaume, dernier accès le 18 octobre 2017) et dans *Les Sorcières de la République* (293).

138), dans Séraphine Derdega (dont le père a de « soudaines obsessions violentesques » et frappe « femme et fille », *Certainement* 246, 247 ; par ailleurs, comme Delaume la Nullipare, Séraphine jure que « jamais génitrice elle ne s'achèverait », *Certainement* 248), dans Adèle Trousseau (suicidante contre le suicide traumatique, à qui l'infirmière a dit à son réveil « jeune et jolie il ne faut pas vouloir mourir », *Éden* 34, 43[95]), dans Pétronille Maupin (comme le relève Piva, 31), avant de se proclamer légion en 2012 dans *Une femme avec personne* [mais tant de monde] *dedans* : « Je suis Chloé Delaume, auteur, narratrice, héroïne. [...] Je suis Clotilde Mélisse et peut-être Mélissandre, il faudra me baptiser, légion, je suis légion, chaque voix a sa fonction, la Petite, la Connasse, la Patronne, Carapace, Égérie et Sibylle. La Tueuse, la Régisseuse, Mademoiselle Souffreteuse, Princesse Panique, Poudreuse, Collapse et Agonie » (*Femme* 128). Légion, elle s'est faite et demeure, envers et contre tout, « Chloé Delaume, personnage de fiction ».

Dans son interview avec Caruth, le psychiatre Robert Jay Lifton remarque que « la difficulté dans l'expérience post-traumatique réside dans la reconstitution du moi en un moi unique, dans la réintégration du moi » (137)[96] car le moi se dissocie souvent sous le coup de l'événement, l'individu souffre de troubles dissociatifs que Romano dit retrouver « dans une proportion significativement plus élevée chez les victimes d'événements traumatiques intentionnels » (53), ce qui était le cas de Natalie Dalain. Delaume ne cache pas avoir « un véritable problème de dissociation, très net ». À Claire Castillon qui lui demande d'expliquer, elle précise : « on est plusieurs quand je me pose sur une chaise [...] chez moi ça [la dissociation] a été apprivoisé » (Leménager), apprivoisé par l'écriture bien sûr, par l'élaboration de ces alter egos et de Chloé Delaume. Cyrulnik observe que les enfants contraints « d'affronter la survie » « ont à se construire une identité narrative » (« Liens » 92). C'est ce à quoi s'est employée et continue de s'employer Delaume pour qui l'autofiction est bien plus qu'un champ d'investigation et d'expérimentation mais également « une hygiène mentale » (« S'écrire » 112)[97]. Se reconstruisant par l'écriture – littéraire, musicale ainsi que les performances etc. – elle ne nous propose ni un pacte autobiographique ou autofictionnel ni un simple pacte de témoin mais un « pacte de survie »

95 On retrouve cette phrase dans *Les Mouflettes d'Atropos*, pp. 44, 45, 92, 93.

96 « the struggle in the post-traumatic experience is to reconstitute the self into the single self, reintegrate itself ».

97 Il faut prendre Delaume au pied de la lettre quand elle déclare : « Quand je ne travaille pas, je deviens dingue. [...] Si le rythme est soutenu, c'est pour raisons cliniques, et je préfère faire une perf[ormance] accessoire plutôt que retourner à l'HP [hôpital psychiatrique] » (blog, entrée #177).

(« S'écrire » 113). La compulsion de répétition[98] relève-t-elle chez Delaume d'une autopunition – comme un enfant recopie des lignes – pour une faute, un sentiment de culpabilité refoulé[99] ? Ou d'une pulsion de maîtrise, d'une pulsion de vie ? J'ai déjà à plusieurs reprises mentionné le contrôle. Delaume a confié à Fellous : « j'avais la sensation depuis toute petite d'être une sorte de personnage secondaire voire une figurante dans un roman familial assez malsain et très, très mal écrit ». En se renommant Chloé Delaume et en explorant la voie de l'autofiction, elle s'est réapproprié sa « narration propre par rapport à la fiction collective familiale » – et générale : religieuse, économique, politique, sociale (« S'écrire » 111). C'est en devenant Chloé Delaume qu'elle est sortie du labyrinthe dont parle Crocq :

> Le sujet sera [...] dégagé de son trauma, lorsque : 1) il aura cessé de s'y fixer par la répétition et d'y consacrer un attachement jaloux ; 2) il se sera dégagé de la gangue du temps figé pour remettre en route la succession fluide de son temps vécu et inscrire le souvenir [...] de son aventure traumatique dans son histoire de vie [...] ; 3) lorsqu'il se sera débarrassé de cette imposture qui est sa personnalité traumatique, pour ne pas retrouver son ancienne personnalité, mais pour se forger une personnalité plus libre, affranchie des contraintes et des blocages, et constituée des éléments de son ancienne personnalité et d'éléments nouveaux, apportés par la sagesse de sa guérison ; et 4) lorsqu'il aura trouvé le sens profond de son aventure, attribué un sens là où il y avait non-sens [...]. (186)

Reprenons ces points :
1) Delaume ne cesse de répéter « Je m'appelle Chloé Delaume »[100], le plus souvent suivi de « Je suis un personnage de fiction ». Cette déclaration performative varie cependant parfois – « Je m'appelle *toujours* Chloé Delaume » (*Règle* 21). Surtout, l'identité dépasse les confins corporels et simplement nominatifs, Chloé Delaume étant aussi « une démarche esthétique » (citée par Guichard 23).

2) Le temps, celui de la « scène » figé dans le pluriel de l'intemporalité (*Les Juins ont tous la même peau*), est redevenu fluide. Preuve en est le site de Delaume. Lancé en 2003, il affiche la première « Bio » en 2007 ; elle est remplacée en 2013 par « Vie, saisons, épisodes » que l'on trouve jusqu'en mars 2016

---

98 Plus particulièrement celle concernant son identité, le fameux « Je m'appelle Chloé Delaume. Je suis un personnage de fiction », presqu'une marque déposée, mais aussi la répétition de phrases entendues (le magnifique mois de juin, le fait qu'elle soit trop jolie pour mourir, la mère pédagogue) ou d'autres déclarations (« Tout vu. Rien inventé »).

99 J'y reviendrai en fin de chapitre.

100 Pas moins de quarante-cinq fois dans *La Vanité des Somnambules*.

sous la rubrique « Parcours »[101]. La « scène » avait lieu à la saison 1, « De l'inconvénient d'être niée »[102], et se trouvait relatée ainsi : « Le 30 juin 1983, le père abat sa femme à bout portant, vise sa fille, se ravise, puis pratique l'autoparricide. L'orpheline change de foyer et de département, elle utilise sur d'autres les mots papa maman ; c'est toujours l'Île de France, l'adolescence est grise. Il existe des spin-off de cette première saison. Les bonus, par contre, sont cachés »[103]. Chloé Delaume naissait à la saison 3, « Je n'est plus autre ». Suivaient alors dix autres saisons.

3) La personnalité traumatique s'appelle Natalie Dalain. Elle est nommée pour la première fois dans *Dans ma maison sous terre* qui clôt son cycle (Guichard 27). Dans une lettre adressée aux « Chers membres de ma famille », Chloé Delaume propose que sur la stèle de la tombe où reposent Soazick et Charles – le grand-père – « soit gravé Nathalie. Nathalie Dalain (1973-1999). Comme ça les choses seront claires » (205). Elle a en fait été nommée plus tôt, dans *La Vanité des Somnambules*, mais partiellement – sans nom de famille – dans cette déclaration dont le style est emprunté aux faire-part de naissance :

> *Je m'appelle Nathalie-Anne* [...] *Je suis née le 10 mars 1973* au lieu de l'avril annoncé *Je vous adresse mon premier sourire* même si en couveuse c'est pas très pratique *Je me porte bien ma maman aussi* depuis sa réanimation *Et mon papa est content* d'ailleurs il fête ça chez une dame *Monsieur & Madame Abdallah-Leroux* ne se sont pas encore inscrits à la rubrique faits divers [...]. (25)

Cette déclaration s'accompagne dans le roman de la négation de l'identité Chloé Delaume, réitérée cinq fois – « Je ne m'appelle pas Chloé Delaume. Je peux même le prouver » (24) – alors que les deux identités se heurtent dans un affrontement qui s'achèvera par l'expulsion de Chloé Delaume et son retour en Somnambulie. Nathalie Dalain et Chloé Delaume sont de nouveau face à face dans *La Dernière fille avant la guerre* avec ses voix narratives alternées et les incursions de Chloé – comme une petite voix, en lettres de taille réduite – dans des narrations d'Anne : « Je fais des acrostiches, encre noire et papier lilas. Tu ne fais pas des acrostiches, tu écris I comme Indestructibles N comme Numéro 1 D comme Divins O comme Oui bon ça va j'avais treize ans et je t'emmerde, Chloé. À seize tu continuais.

101 Remplacée en 2017 par « (; » (dernier accès le 18 octobre 2017).

102 Jeu de mots sur le titre du livre d'Emil Cioran, *De l'inconvénient d'être né*, justement publié l'année de la naissance de Delaume.

103 <www.chloedelaume.net>, accès le 15 avril 2016. On remarquera le non-sens du terme « autoparricide » – à moins d'y voir un néologisme où meurtre du père et meurtre de soi sont mêlés, mais il serait alors commis par la fille, pas le père. Quant aux « bonus cachés », le frère pourrait en constituer un.

Non, c'était des chansons, rien à voir » (32)[104]. Remarquons que l'identité première se prénomme Anne, le deuxième prénom, pas Nathalie. Est-ce pour permettre le jeu de mot avec « Annihilation » (107) puisqu'à la fin Anne – qui était revenue quand le chanteur du groupe Indochine, Nicola Sirkis, avait demandé à Delaume de lui écrire une chanson – est morte ? Remarquons encore que Delaume écrit systématiquement le prénom de Nathalie avec un H alors que dans son acte de naissance il s'orthographie sans H – Natalie Anne Hanné Suzanne. Le H est inutile pour la bonne prononciation du prénom – aussi bien Nathalie que Chloé –, mais il n'est pas superflu puisque c'est le H de « l'histoire petit h » (*Vanité* 113) – de la scène traumatique – greffée au cœur de l'identité. En fait, j'avancerai que c'est surtout dans le choix du prénom que Chloé Delaume se libère et se reconstruit. Le nom, le patronyme, reste, comme son étymologie l'indique, rattaché au père dont le changement de nom indiquait déjà une libération. En effet, en passant de Abdallah à Dalain, le père a éliminé « abd » (دعَبْ), mot arabe qui signifie « serviteur, esclave de » et s'est donc affranchi. En passant de Dalain à Delaume, en gardant les deux syllabes et surtout les deux sons consonnes – n'oublions pas qu'en arabe les sons consonnes forment la racine des mots – Chloé Delaume reste dans la trajectoire du père, d'autant plus que le nouveau patronyme indique l'origine et, qui plus est, une origine masculine : Delaume-de l'homme. La vraie libération est dans le prénom, même s'il contient toujours « l'histoire petit h », car Chloé Delaume s'est débarrassée des prénoms des grands-mères – Suzanne et Hanné – et a éliminé tous les A – Natalie Anne Hanné Suzanne – même si elle a gardé en Chloé la diphtongue de son premier prénom, Natalie-Anne. Avec ce prénom, pris à Vian dont il ne faut pas oublier l'autre grand roman, Chloé Delaume va « cracher sur les tombes » de ceux qui l'ont maltraitée, traumatisée, niée. Le nouveau nom constitue l'aboutissement d'une restructuration, une étape vitale dans le travail de deuil après suicide post-traumatique, comme en attestent les thèmes musicaux et le site web. Delaume explique à Fellous comment est né « Post scriptum », le dernier morceau de la compositrice Aurélie Sfez qui a accompagné la publication de *Dans ma maison sous terre*[105] : André Manoukian a « mis au point un logiciel qui permet à partir de votre prénom, de votre nom, de votre date de naissance, de définir l'équivalent d'un thème

104 Ludique, le texte inclut une lettre du « Bureau de Gestion de l'Incarnation » qui informe Chloé Delaume qu'elle ne couvre plus « que 23,8% de la surface mentale » d'Anne et ne dispose « plus d'aucun accès physique », elle a « été signalée alerte de niveau 8 sur l'échelle de dissipation » (44).

105 Cette bande originale, sorte de « requiem expérimental », comporte vingt morceaux, extensions musicales de chaque personnage – on y retrouve Clotilde Mélisse, Sacha, « Parque à thème N.A. [Natalie Abdallah] », « Parque à thème N.D. [Natalie Dalain] » et « Parque à thème C.D. [Chloé Delaume] ».

astral mais musical. Delaume a ainsi obtenu ses trois thèmes musicaux dont Sfez a fait « une sorte de variation où on a l'*évolution* des trois noms qui deviennent Chloé Delaume à la fin » (Fellous, mes italiques). Quant au site www.chloedelaume.net, il marque également une évolution, dans la forme (voir les captures d'écran ci-dessous) et dans le fond puisqu'il reflète l'évolution de l'œuvre – ou plutôt de la recherche – delaumienne qui est parallèle à celle de l'« auteur-performeuse »[106].

ILLUSTRATION 12 www.chloedelaume.net

Octobre 2003 – Nénuphars (allusion à Chloé, l'héroïne de Boris Vian).

106 Site, 11 mars 2016. Delaume parle de « cyber-moi » (*Règle* 62). Visuellement, il y a cinq périodes : 2003-2008 avec des nénuphars en couleur, 2008-2013 avec des nénuphars en noir et blanc et un cercueil, 2013-2014 avec des dessins de cimetière (et une photo en 2014, voir ci-dessous), 2015-2016 avec Chloé Delaume dédoublée sur scène et à partir de 2017 Chloé Delaume visible de face, derrière une espèce de rideau strié. Ces périodes ne semblent pas coïncider avec des périodes particulières dans sa vie ou dans son œuvre – notons juste qu'en 2008, Delaume dépasse l'âge qu'avait sa mère quand elle est morte. Remarquons que l'adresse du site est le nom de l'auteure alors que pour d'autres écrivains nom et adresse diffèrent, ainsi le site de Nina Yargekov (dont la rubrique « Dehors » fournit des liens vers des « blogs avec quelqu'un dedans », dont celui de Chloé Delaume) a par exemple pour adresse <http://cuilleremurale.blogspot.com/> (dernier accès le 18 avril 2016). Pour une autre étude de l'identité et du site de Chloé Delaume, voir l'article de Cornelio, « De Nathalie Dalain à Chloé Delaume ».

ILLUSTRATION 13 www.chloedelaume.net

Février 2007 – Apparition de la « Bio », encore des nénuphars, toujours en couleur.

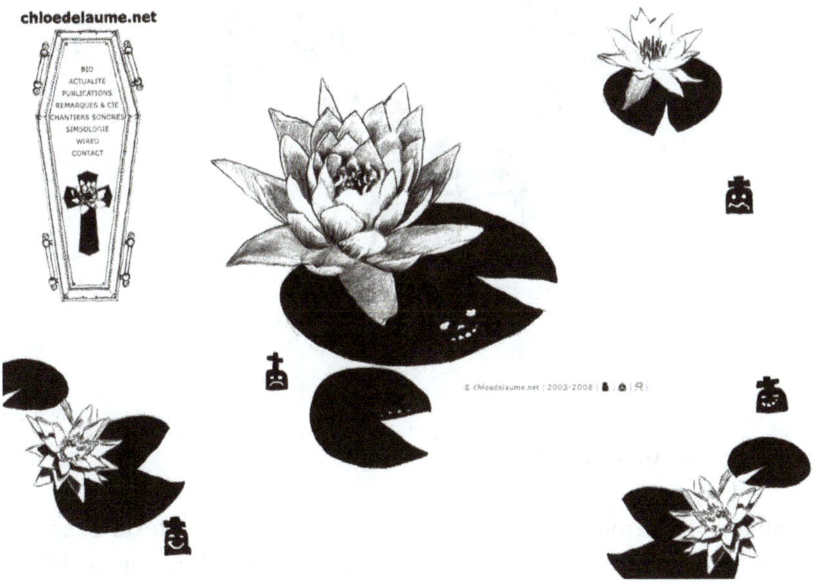

ILLUSTRATION 14 www.chloedelaume.net

Octobre 2008 – Nénuphars en noir et blanc, liens présentés dans un cercueil (apparition éphémère d'un phonographe).

ILLUSTRATION 15 www.chloedelaume.net

Septembre 2013 – Trois images de cimetière surmontées d'un texte d'accueil, la Bio est remplacée par « Vie, saisons, épisodes » et Chloé Delaume se définit « personnage de fiction en seconde partie de vie ».

ILLUSTRATION 16 www.chloedelaume.net

Janvier 2014 – Apparition d'une photo. Chloé Delaume se définira un peu plus tard « personnage de fiction auto-entrepreneur ».

De février 2015 à 2016, la page d'accueil capturée plus haut montre une double photo de Chloé Delaume qui se définit « auteur et performeuse ». Comme l'observe Ducas, « le site de Chloé Delaume n'a pas l'air conçu comme une vitrine promotionnelle ou un portail sérieux de légitimation littéraire [...]. [il] tient plutôt de la rubrique nécrologique et humoristique d'un Moi dont on voudrait la peau, tout autant que du laboratoire d'expérimentations formelles et artistiques » (178-179). Cette observation ne s'applique plus au site actuel, dépourvu de Bio ou « Vie, saisons, épisodes » et qui présente une photo de l'auteure, une et frontale.

Ce nouveau site atteste d'un tournant dans l'œuvre delaumienne : la publication des *Sorcières de la République* en 2016, le projet Liberté-Parité-Sororité avec ses cercles de lectures et de réflexion mensuels à la librairie Violette and Co tout au long de 2017, son animation d'ateliers d'écriture au Palais de la Femme et sa pièce en décembre 2017. Atteste-t-il d'un tournant dans le deuil après suicide post-traumatique ? J'y reviendrai. Reste que le site est un support de plus pour – je reprends la citation de Crocq ci-dessus et poursuit mon argumentation – « se forger une personnalité plus libre, affranchie des contraintes et des blocages » (Crocq, *Seize leçons* 186).

4) Quant au dernier point de Crocq – attribuer « un sens là où il y avait non-sens » – il passe par des expériences de vie et par l'écriture. J'avancerai

ILLUSTRATION 17 www.chloedelaume.net

que le premier mariage de Delaume – le 17 juillet 1999 avec l'écrivain et philosophe Mehdi Belhaj Kacem – participe de cette quête du sens. Dans *Le Cri du sablier* Delaume interprète ce mariage comme la croyance de « devenir quelque chose peut-être même une personne » (73). C'est la grand-mère qui montre, par ses paroles racistes, que la jeune femme ne fait que répéter le vécu de sa mère[107] – d'autant plus que comme le père, le nouveau mari est infidèle. Le mariage – qui coïncide avec les premières publications de Chloé Delaume dans le revue *EvidenZ* que Belhaj Kacem dirige – s'achève non en fait divers mais par un divorce le 2 juin 2003 et la jeune femme continue de chercher du sens dans l'écriture, dans des expérimentations esthético-littéraires, dans un geste constamment performatif.

107 « [Q]u'avez-vous toutes avec vos noms arabes, ta mère mit des années à s'en débarrasser et toi qu'est-ce que tu fais tu en reprends un autre » (*Cri* 74).

L'autofiction constitue le « terrain de je » de Chloé Delaume, personnage de fiction. Delaume n'entend cependant pas le terme « fiction » dans son sens purement littéraire. N'a-t-elle pas dit à Fellous : « j'avais la sensation depuis toute petite d'être une sorte de personnage secondaire voire une figurante dans un roman familial assez malsain et très, très mal écrit » ? « Nathalie Dalain » suivra encore le script de la fiction familiale, Chloé Delaume imposera sa propre fiction. Il y a ainsi la fiction familiale – propre à chacun – mais il existe également dans la pensée delaumienne d'autres fictions – sociale, historique, « collective » (*Règle* 6), « culturelles, religieuses, politiques, économiques, médiatiques », écrit-elle sur son site[108]. Nous sommes tous autant que nous sommes personnages de fiction ; à chacun de décider s'il veut être le personnage d'une fiction imposée. Dans sa pratique d'écriture, qu'elle expose dans *La Règle du je*, Delaume part de la définition classique de l'autofiction, celle de Doubrovsky en 1977 – « Fiction, d'événements et de faits strictement réels » – et suit cette règle de base, cette « contrainte imposée » – « le Je est auteur, narrateur et protagoniste » (*Règle* 18) – sauf qu'en héritière de l'OuLiPo elle sait que les contraintes peuvent être détournées et le pacte foncièrement autobiographique, « pacte de sincérité » comme le rappelle Ducas (182), brisé – preuve en est l'« omission » du frère. D'aucuns pourraient avancer que l'œuvre delaumienne est ainsi clinamen. Ce serait simplifier les choses. Le pacte que Chloé Delaume signe est un pacte de survie et l'autofiction un champ d'expérimentations littéraires, artistiques et personnelles. L'autofiction delaumienne est une autofiction avant tout « expérimentale » :

> Je ne raconte pas d'histoires, je les expérimente toujours de l'intérieur. [...] Que la consignation implique la création de vraies situations, que rien ne soit écrit s'il n'a été ressenti, sous une forme ou une autre. Être monnaie vivante [*Les Mouflettes d'Atropos*], ou avatar virtuel [*Corpus Simsi*]. Internée à Sainte-Anne [*Certainement pas*]. Pratiquant un rituel pour rentrer en contact avec le spectre de Boris Vian [*Tous les juins ont la même peau*]. Mettre vingt-deux mois durant mon cerveau en disponibilité [*J'habite dans la télévision*]. Me rendre des semaines durant sur la tombe de ma mère [*Dans ma maison sous terre*]. C'est un choix, une approche, un vrai positionnement.
>
> *Maison* 186-187[109]

---

108 Dernier accès le 9 octobre 2017. J'ajouterai les fictions genrées, oubli surprenant quand on considère la nature féministe du projet Liberté-Parité-Sororité qui l'occupe cette année-là.

109 Chloé Delaume qualifie d'« autofixion » cette « inject[ion] de l'aventure à une vie tellement programmée » (*Femme* 134) – Annie Richard, dans son chapitre sur Chloé Delaume,

L'autofiction delaumienne est une autofiction performative : « Je m'appelle Chloé Delaume. Je suis un personnage de fiction. Par la littérature, l'énoncé contient simultanément l'acte auquel il se réfère. Déclarer institue, parce que *dire, c'est faire.* [...] Combien de fois la formule, combien de livres aussi. Parole affirmative qui se veut performative, je dois m'écrire sans cesse pour me faire advenir » (*Règle* 79-80). Dire, c'est faire. Dire, et l'écrire, c'est être car, encore une fois, sur le mode existentialiste, « on ne naît pas Chloé Delaume, on le devient » (*Vanité* 37), la pratique autofictionnelle est une pratique non seulement thérapeutique – ce que, en relation au trauma, LaCapra qualifierait de « working through » (23) – puisqu'elle contient les débordements d'une personnalité psychotique et permet de ne pas tomber dans la folie – mais c'est aussi une source d'*empowerment*, une reprise de pouvoir qui passe par le travail de la langue.

Outre une « hybridation générique » et une « hybridation des formes et des supports à l'œuvre dans tout le champ des arts plastiques » (Ducas 185)[110], Delaume joue avec les tailles et polices d'écriture, les italiques, les caractères gras, les majuscules et même la couleur[111] et se joue, comme nous l'avons vu plus haut, de la ponctuation. Dans *La Vanité des Somnambules*, elle exerce une numérotation fantaisiste des chapitres[112]. Elle subvertit la syntaxe[113] et, dans *Le Cri du sablier*, provoque des entrechocs qui forcent le lecteur à « entrer dans le rythme, [à] trouver les respirations pour réussir les regroupements susceptibles de faire sens » afin de « s'y repérer mieux et tâcher de comprendre » (Décimo 317)[114]. Dans *Le Cri du sablier* elle s'est imposée la rime, le vers blanc comme contrainte car « il s'agissait de montrer que la langue était contaminée par les vers blancs, comme les vers blancs contaminaient les corps des parents » (Guichard 25). Ailleurs, elle insère dans la narration des

---

précise que « fixion » vient de « "fixer", mot de la famille de "ficher", "se moquer" : fichtre des costumes, coutumes » (131-132).

110 Ce que Lagerwall a appelé « narration transmédia » (99).

111 Dans *Corpus Simsi.*

112 Et finit en fait sans numérotation : « Un-Point-Zéro ; Un Point ; Un ; Sûrement Deux ; Puisque Deux ; Deux, décidément ; Certainement pas Trois ; Encore moins Quatre ; En Cinq ; Six fois six ; J'ai dit Six ; Sept fois moi ; Alors Huit ; Dans un panier, Neuf ; Dix, Onze, Douze, elles seront toutes rouges ; La Treizième revient c'est encore la première ; Et c'est toujours la seule ; Ou c'est le seul moment ».

113 Dans *Le Cri du sablier*, elle a dit à Guichard la vouloir « ecchymosée comme l'était le corps de l'enfant » (22).

114 Delaume dit faire très attention à la rythmique – une évidence pour quiconque a assisté à ses lectures-performances. Les « phrases-refrain » participent de cette rythmique, parfois intratextuellement.

documents[115] et pseudo-documents[116] et pratique l'intertextualité[117], le « cut-up » que Dusaillant-Fernandes interprète comme une expression de la fragmentation de l'auteure, « un des symptômes qui apparaît après un trauma » (49)[118]. Delaume emploie encore des mots inusités[119] qui rappellent les mots « rares ou bizarres » qu'elle collectionnait, enfant, dans un carnet qui a été égaré lors de la mort des parents et du déménagement « fait dans des conditions un peu d'urgence » (Fellous), un carnet à la perte duquel les textes et leurs mots tombés en désuétude viennent remédier. En sus des mots rares et des mots spécialisés[120], où se retrouve une pratique pré-trauma, l'écriture delaumienne intègre des néologismes, dans un mouvement vers l'avant, un mouvement d'innovation et de restructuration, un mouvement de deuil – citons juste les néologismes autour du meurtre[121] et ceux autour du mot « ténia » dont Chloé Delaume se qualifie[122] ou encore celui tiré de son prénom, le « Chloéra » (*Vanité* 40). Ces démarches génériques, narratives, lexicales etc. relèvent toutes à mon sens du même effort, de la même démarche : entrer en possession du trauma[123] et se reconstruire, ce qui ne peut passer que par le langage, par l'écriture. Il s'agit de transformer le trauma en ce que Caruth appelle « mémoire narrative » (« narrative memory », 153) car, comme le souligne Crocq,

> [n]ul ne peut « oublier » un trauma infantile ; tout ce qu'il peut faire, c'est tenter de s'en souvenir autrement, élaborer un souvenir construit là où

115 La chanson de Sacha Distel dans *Dans ma maison sous terre*, l'éditorial du *Figaro littéraire* du 29 janvier 2009 dans *Le Deuil des deux syllabes*.

116 Une lettre à « Madame la Mort » dans *Dans ma maison sous terre*, des circulaires de la « Narratrice Omnisciente », un questionnaire de Proust, des partitions de musique, un manifeste du « Comité Central du Syndicat des Personnages de Fiction » dans *Certainement pas*, parmi d'autres – Nina Yargekov pousse le ludisme de cette pratique à son maximum dans son roman de deuil après suicide, *Vous serez mes témoins*.

117 Dans *Certainement pas*, que les références soient à la littérature ou à la culture populaire, leur abondance et leurs sources variées empêchent, selon Cornelio, « une lecture facile », voire « sabot[ent] la lecture » (« Limites » 427) ; Gaensbauer montre comment la voix autofictionnelle est construite à l'aide de citations dans *Éden matin midi et soir* – elle identifie les œuvres de Camus, Duras et Beckett comme les sources les plus résonnantes (« Juste » 51).

118 Sur le *cut-up*, voir en particulier les pages 47-55 de l'article de Dusaillant-Fernandes. Voir aussi le livre de Piva sur les « implicitations, les déformations et les citations fictives » (81).

119 Comme « amplectif » ou « vésanie » (*Vanité* 8, 9), « micacé » ou « chancrelle » (*Cri* 82, 123).

120 En médecine ou anatomie, comme les parties du cerveau (scissure de Sylvius, gyrus cingulaire etc.) mises en caractères gras dans *La Vanité des Somnambules* (45-46).

121 L'« autoparricide » de son site web et le « mamicide » de Mamie Suzanne (*Maison* 199).

122 Comme « téniacité » (*Vanité* 48) et « récitténia » (*Maison* 105).

123 Caruth parle du trauma comme d'une force « dont on n'est pas encore pleinement *entré en possession* » (« not yet fully *owned* », 151, mes italiques).

> il n'y a d'abord qu'une mémoire brute d'images et d'éprouvés sensoriels, et – plutôt que de rester fixé à une image indicible et inacceptable – mettre des mots sur l'événement et le réinscrire dans la continuité fluide de son histoire de vie.
>
> *Seize leçons* 94-95

C'est à cela que Delaume s'est employée, et avec succès. À l'encontre de l'image de Sisyphe évoquée par Crocq, elle n'est pas prisonnière d'un syndrome de répétition. À force d'écrire et réécrire sa « fiction », elle a fini par effectuer sur elle la maîtrise qu'elle n'avait pu exercer comme simple témoin passif. En entrant, au fil de son œuvre, en possession de son trauma, elle a, comme l'observe Havercroft d'autres auteures traumatisées, « chang[é] de statut », elle s'est « transform[ée] d'objet de la violence et du souvenir traumatique en sujet et même en agent » (21) et a fait son chemin dans son travail de deuil après suicide post-traumatique. Reste malgré tout que la reconstruction semble, sous une forme ou une autre, grâce à un support ou un autre, longtemps inachevée. Puisqu'il semble y avoir eu si longtemps du jeu, quelle pourrait en être la cause ?

4 Un personnage de (auto)fiction dans le réel endeuillé après meurtre-suicide en quête de quoi ?

Dès son premier roman, dès le début des *Mouflettes d'Atropos* Chloé Delaume dénonce l'absence de punition : « si le lexique se dérobe en titubant le crime n'en est pas moins là. [...] Or *à tout crime son châtiment* » (28, mes italiques). Le père, lui, « n'a survécu que le temps de la salve » (*Mouflettes* 29), préférant se faire justice lui-même. Justice n'a donc pas été rendue et le crime paternel est resté impayé. Le suicide – surtout un suicide infligé comme punition car rappelons que le père aurait visé sa fille avant de retourner l'arme contre lui-même et lui dire qu'ainsi, elle souffrirait davantage – n'est pas une forme de réparation. Or, comme l'explique le psychologue Gustave-Nicolas Fisher, la réparation est pour la victime « l'expression d'un jugement juste, réparateur de sa blessure » (18). La réparation a pour valeur psychique de « permettre aux victimes de se réinscrire dans le monde humain » (Fisher 188). Faute de réparation officielle, l'enfant a dû par ses propres moyens dépasser son trauma, tenter de faire son deuil et pallier le manque de justice[124]. On peut alors interpréter

124 Rappelons ces propos de Chloé Delaume à Théophile : « Je dépouille l'homme [Sylvain] de son prénom, plus personne ne pourra le nommer, alors il errera en enfer. *J'applique les châtiments que je peux* » (*Maison* 47, mes italiques).

ses tentatives de suicide, par identification au père, comme des tentatives de réparation[125]. Dans *Le Deuil après suicide*, Hanus cite la triple interprétation de Theodore L. Dorpat quant aux tentatives de suicide des endeuillés après suicide : « le désir de réunion avec le parent perdu par suicide, le désir de tuer le parent suicidé introjecté à l'intérieur de soi et le désir de punition pour leurs sentiments de culpabilité à l'égard du parent suicidé » (307). Les tentatives de Delaume relèvent à mon sens des deux derniers désirs, il s'agit de faire d'un suicide deux coups : tuer le père et se punir d'un sentiment de culpabilité. Le suicide delaumien est demeuré au stade de la tentative. J'avancerai que c'est dans la culpabilité que tout se joue, qu'il y a du jeu[126]. Ce sentiment de culpabilité dépasse celui généralement éprouvé envers un parent suicidé, celui éprouvé par les survivants qui ont côtoyé et échappé à la mort (traumatique). Il s'explique d'abord par le vœu de mort ressenti à l'égard du père maltraitant, un vœu exprimé dans *Le Cri du sablier* : « Dieu vous qui êtes si bon et si juste exaucez ma prière par pitié tuez mon père et je promets d'être sage » (37). Le meurtre-suicide aurait alors été vécu par l'enfant comme une punition divine : « Tu as voulu du père la chute irrémédiable la chute au marécage parricide écumant. J'accède à ta requête. Mais contre prélèvement. Un modique tribu : je t'enlève la maman. Ton souhait est exaucé » (*Cri* 80). La source du sentiment de culpabilité se trouve à mon sens ailleurs. Sadlier observe que « [l]a culpabilité post-traumatique chez l'enfant témoin est souvent liée à un sentiment d'incapacité à intervenir, vécu parfois comme une lâcheté » (77). S'il est vrai que l'enfant n'est pas intervenue – n'a pas pu intervenir – pour sauver sa mère, à en croire ses dires elle est intervenue sinon pour sauver du moins pour protéger son petit frère qu'elle a dit tenir, tourné contre elle, « pour qu'il ne voie pas »[127]. Le sentiment de culpabilité ressenti pour le meurtre de la mère devrait alors être quelque peu compensé par le rôle de « tiers sauveur ». Cependant, aux rôles de victime et de tiers sauveur tenus par l'enfant pourrait s'ajouter le rôle

125 Chloé Delaume évoque qu'un thérapeute a un jour « émis l'hypothèse selon laquelle mes tentatives de suicide suivaient le modèle paternel, le modèle, la pulsion de mort en héritage » (*Femme* 91). Mon hypothèse diffère de celle-ci dans la mesure où elle s'inscrit dans le schéma de justice-réparation.

126 Et non dans la question de l'imprescriptible puisque, comme le souligne Paul Ricœur, « la prescription existe de droit pour tous les délits et crimes sans exception, le délai de prescription variant selon la nature des délits et des crimes » (609). Ajoutons la sévérité du crime et de son indice traumatogène. Puisqu'*Où le sang nous appelle* amène une certaine réconciliation – par l'inhumation scripturaire – le délai de prescription que Delaume attribue au meurtre paternel serait de 30 ans – un nombre rond comme le sont généralement les délais de prescription.

127 Communication personnelle Chloé Delaume-Dawn Cornelio, 19 novembre 2015.

d'agresseur[128]. Il n'est en effet pas inconcevable de voir dans le geste salvateur un geste « auto-salvateur », dans l'étreinte de Frédéric un moyen de défense, le frère servant en fait de bouclier[129]. N'oublions pas que la mère aurait eu cet enfant pour sauver son couple, qu'il était le « prince », le portrait craché du père qui donc n'aurait jamais tiré sur lui – alors que sa sœur avait déjà fait l'objet de menaces de mort, avait enduré les roustes et autres maltraitances physiques et psychologiques infligées « en attendant » de la tuer, « un jour » (*Cri* 47). Plus que d'avoir éprouvé un vœu de mort, Delaume serait ainsi coupable d'avoir utilisé le frère pour se sauver[130]. Une telle hypothèse expliquerait pourquoi elle répète s'appeler Chloé Delaume et être un personnage de fiction et non une *héroïne* de fiction[131] car ce geste, s'il a été motivé par l'auto-préservation, n'a rien d'héroïque. Cette hypothèse fournit une autre raison à l'absence de Frédéric des textes – ou sa dissimulation comme fils des hébergeurs. Le cacher, c'est cacher sa faute et pouvoir apparaître victime démunie[132]. L'éliminer de la « scène fondatrice », c'est effacer – refouler en fait – la culpabilité – aussi impayée que celle du père – qui, comme tout refoulement, ne laisse pas en repos et continue de hanter les textes. Elle sert encore de fondement au dernier roman de Delaume où nous assistons au procès de la Sibylle, accusée d'avoir fomenté avec les six déesses de l'Olympe un coup d'état et amené au pouvoir en France entre 2017 et 2020 le Parti du Cercle. Bien qu'intellectuellement stimulant, socialement pertinent et tout simplement nécessaire dans la société française contemporaine encore percluse de valeurs patriarcales et de comportements abusifs envers les femmes – dénoncés à l'automne 2017 par la vague protestataire #balancetonporc par exemple – ce projet qui prône la sororité écarte encore une fois le frère, Frédéric. Sont visibles ici et là dans *Les*

---

128 Pour ces trois rôles de l'enfant-témoin, voir Sadlier, p. 77.

129 *La Vanité des Somnambules* évoque dans le même souffle, dans un détournement de la fable – comme la vérité est dans l'œuvre delaumienne détournée –, la faute et le frère : « la faute à qui je dis la faute à qui Chloé *si ce n'est toi c'est donc ton frère ou l'un des tiens* » (97, mes italiques). Dans sa communication au colloque « Autofiction(s) » à Cerisy, Georges-Arthur Goldschmidt avance qu'il n'y a « pas d'autofiction sans vice fondamental, sans inavouable » (55). Frédéric relève-t-il de l'inavouable ?

130 Je ne dis pas que le geste a été conscient, il a pu être un réflexe – ce qui n'ôte en rien au sentiment de culpabilité. Peut-être est-ce cet acte qui est source du désaccord entre le frère et la sœur représenté dans l'image de *Corpus Simsi* reproduite plus haut ?

131 L'orphelin est pourtant, comme l'explique Cyrulnik dans l'émission *La Grande Librairie* le 22 avril 2016, « le prototype même du héros », « ils ont côtoyé la mort et ils en ont triomphé, ils sont plus forts que la mort ».

132 L'éliminer, c'est également revenir à l'époque pré-trauma, aux années où Natalie Abdallah/Dalain était fille unique, à un moment – édénique – où le couple n'avait pas besoin d'être sauvé. Bref, c'est abolir l'événement traumatogène.

Sorcières de la République des traces de l'histoire familiale[133]. S'agit-il de simples traces résiduelles ou indiquent-elles un deuil après suicide post-traumatique toujours bloqué ? *Les Sorcières de la République* offre-t-il un autre motif de culpabilité, à savoir, que la petite Natalie a trahi sa mère et alerté son père du projet de fuite – comme Thétis a trahi le projet d'Héra auprès de Zeus (270) ? Je proposerai que le deuil après suicide a bien été réglé avec *Où le sang nous appelle* quand la narratrice, devant le caveau de son père, s'adresse à lui (337-349) et lui déclare : « Je n'ai plus de raison d'en faire toute une histoire, de cette histoire [...]. Je passerai à autre chose » (349). C'est ce que Delaume a fait avec le projet Liberté-Parité-Sororité et en investissant le personnage de la Sibylle. Sur son site en date du 8 janvier 2014, l'auteure, qui affirme « Je m'appelle généralement Chloé Delaume, parce que je suis un personnage de fiction », dit aussi huit fois – en quatre pages – « Je m'appelle la Sibylle » et titre son texte : « Personnage de fiction dans le réel : la Sibylle ». Or, dire, c'est faire. En endossant la vêture de la Sibylle, Delaume se défait du nom pris à ses pères littéraires (Vian et Artaud), dont j'ai relevé plus haut le lien avec Sylvain Dalain, et devient un personnage de fiction *dans le réel*, elle qui avait dit avoir du mal avec le réel (*Sang* 340). Dans *Les Sorcières de la République*, dans un acte de justice-réparation, l'auteure fait un sort au mari/père violent et violeur. Adeline Grimaud tire en effet sur son père et le tue. Dans un acte de communion sororale, femme et filles le découpent au couteau électrique, remplissent de sa viande le mixeur, avant de le cuisiner en « petits pains farcis », « boulettes frites » et « minibrochettes » (333). L'acte venge le meurtre de Soazick et la maltraitance de Natalie puisqu'il n'est pas sans rappeler le hamster de l'enfant du *Cri du sablier* « cuisiné en mezzés » (23) – on retrouve dans l'enthousiasme des amateurs de boulettes et minibrochettes celui des amateurs de cuisine libanaise. Nous ne sommes pas dans la Némésis, dans la vengeance que la narratrice d'*Où le sang nous appelle* dit prôner (344). Nous sommes dans la justice-réparation qui libère totalement le sujet[134]. Ce projet marque un changement de cap significatif.

133 La Sibylle est « la fille d'une vierge molle séduite par un petit commerçant. Cabotage, *transport maritime*, son nom, on s'en fout complètement » (58, mes italiques). Héra avait essayé de renverser Zeus qui, comme le père devant le départ imminent de la mère, « le lui avait fait payer, *scène fondatrice traumatisante* » (80, mes italiques). Dans « la fille qui préfère un père maltraitant aux mesures des services sociaux » (270), on reconnaît la petite Natalie.

134 Il faut toutefois noter que dans *Les Sorcières de la République*, Delaume ne fait somme toute que répéter le schéma producteur du traumatisme : la rébellion de la mère, qui avait décidé de quitter son mari violent en ce 30 juin 1983, s'est soldée par son exécution. Parallèlement, le coup d'état de la Sibylle et des déesses s'est soldé par un échec et le rétablissement de l'ordre patriarcal. Jugée par cet ordre, la Sibylle attend à la fin du roman son exécution.

Chloé Delaume n'est plus tournée vers elle-même mais vers l'autre, l'autre féminin, sororal. Elle ne serait alors plus dans le *working-through* de LaCapra mais dans le *moving-on* qui résoud l'« énigme du suicide »[135]. Toujours personnage de fiction mais dorénavant dans le réel, peut-être deviendra-t-elle un jour pleinement héroïne de sa fiction dans le réel. Au cercle de famille vicié par des comportements patriarcaux et traumatogènes, Chloé Delaume a substitué le Parti du Cercle et sa bienfaisante devise Liberté-Parité-Sororité.

---

135 Howe Colt, p. 489.

En guise de conclusion

Il est clair qu'on ne se lance pas dans un tel projet d'étude à la légère et qu'il entre dans ce choix une part très personnelle, comme l'ont pressenti des collègues qui s'enquéraient de mon travail en cours. Au mieux s'étonnaient-ils de mon sujet. Le plus souvent, ils me regardaient avec curiosité ou effroi ou encore totale incompréhension. Aucun n'aurait été prêt à recevoir la vraie raison de ce travail. Quand le suicide survient, il laisse les survivants sous le choc. Il relève de l'inimaginable et de l'inacceptable, c'est pourquoi ses signes sont indéchiffrables, illisibles. Mais en fait, plus qu'une illisibilité des signes il s'agit d'un refus de la lecture de ces signes. Parce que le suicide est tabou, donc indicible. Parce qu'il met en question la responsabilité de l'entourage. À tort, puisque le suicidant, replié sur lui-même et son incapacité à faire face, sa volonté que tout cesse, ignore cet entourage – ceux qui l'aiment et ceux qu'il aime. (Seul le suicidé en puissance se soucie d'autrui, des répercussions de son geste sur autrui.) Reste que les survivants seront accablés, sinon de culpabilité du moins de questions devant le geste, ce dont les textes rassemblés ici témoignent. Par respect pour les endeuillés après suicide que j'ai étudiés et ceux qui liront peut-être ce livre, ainsi que pour remplir les conditions du contrat que j'ai conclu avec moi-même en janvier 2015 quand j'en ai, après maintes hésitations, commencé la rédaction, je ne peux pas cacher une des motivations de cet ouvrage et me retrancher derrière des faux-fuyants académiques. Aujourd'hui, c'est avec sérénité – et un grand soulagement – que j'achève la rédaction de ce travail, impatiente de couper le dernier fil qui m'y rattache encore et de le laisser aller faire résonnance chez des lecteurs.

L'autre but de ce livre était de combler un manque en suicidologie et en critique littéraire : l'étude de récits ou fictions avec une dimension autobiographique plus ou moins sensible publiés par des endeuillés après suicide[1]. Ce deuil amène une production riche dans sa diversité. Écrit à chaud (Dodemant, Fottorino, Vigan) ou après des années voire des décennies (Blondel, Charneux, Delaume, Grimbert, Rahmani), l'acte sera toujours présent dans le vécu des survivants, sorte d'« aporie », d'« énigme » dans leur vie que l'écriture aide à sonder[2]. Il s'agit de composer avec et, finalement, laisser l'écriture remplir sa fonction symbolisatrice, c'est-à-dire « utiliser la narrativité qui enterre les morts comme moyen de fixer une place aux vivants » (Michel de Certeau, cité

1 J'ai limité mon corpus à l'extrême-contemporain français.

2 C'est en ces termes que, dans *Tous les enfants sauf un*, Philippe Forest qualifie la mort et le suicide (141, 93).

 DOI:10.1163/9789004384569_009

par Altounian 35). L'écriture a aidé les écrivains abordés ici à gérer leurs affects – en particulier la culpabilité – et à se restructurer[3]. La restructuration, dernière étape du deuil qui se met en place par « petites touches », correspond « à un temps de redéfinition : redéfinition de son rapport à la personne disparue, redéfinition de son rapport à autrui et de son rapport à soi-même » (Fauré 177, 180), redéfinitions auxquelles sont parvenus, à plus ou moins long terme et suivant des chemins plus ou moins ardus, la plupart de ces écrivains[4]. Nous, lecteurs qui venons à ces textes pour diverses raisons[5], recevons ces témoignages, faisons acte de témoignaires, de « tiers écoutant et interprétant, car on ne survit jamais tout seul ni seulement en parlant pour parler, il faut *un destinataire qui réponde* » (Rosé 13, mes italiques). Cet ouvrage est ma réponse.

13 juin 2016

3 Christophe Fauré avance que se reconnaître co-responsable, donc coupable, d'un suicide, c'est se réapproprier « en partie, le contrôle de la situation » et « revendiquer, du même coup, son identité » (105, 104).

4 Sauf Édouard Levé, bien sûr.

5 Par intérêt pour les troubles bipolaires, la Shoah, les harkis, le stress post-traumatique, la mort dans la dignité, etc.

Liste non exhaustive de récits et romans autobiographiques d'endeuillés après suicide contemporains

Blondel, Philippe. *Un hiver à Paris*. Paris : Buchet Chastel, 2015. (ami)*

Bon, François. *L'Enterrement*. Paris : Éditions Verdier, 1992. (ami)

Charneux, Olivier. *L'Enfant de la pluie*. Paris : Seuil, 1999. (père)

Châtelet, Noëlle. *La Dernière leçon*. Paris : Seuil, 2004. (mère)

Cusset, Catherine. *L'Autre qu'on adorait*. Paris : Gallimard, 2016. (ami)

D'Estiennes d'Orves, Nicolas. *Je pars à l'entracte*. Paris : Éditions NiL, 2011. (ami)

Delaume, Chloé. *Le Cri du sablier*. Paris : Éditions Léo Scheer (Farrago), 2001. (père)

Delaume, Chloé. *Dans ma maison sous terre*. Paris : Seuil, 2009. (père)

Delaume, Chloé. *Une femme avec personne dedans*. Paris : Seuil, 2012. (père)

Dhéry, Max. *Les Fils ne doivent pas mourir*. Paris : Albin Michel, 2017. (fils)

Dodemant, Anne. *Même la nuit quand je dors*. Paris : Albin Michel, 2013. (fils)

Favre, Agnès. *L'Envol de Sarah. Ma fille : sa vie, son suicide*. Paris : Max Milo Éditions, 2006. (fille)

Fialaix, Laurent. *Nos bonheurs fragiles*. Paris : Léo Scheer, 2009. (ami)

Fottorino, Éric. *L'Homme qui m'aimait tout bas*. Paris : Gallimard, 2009. (père)

Grimbert, Philippe. *Un secret*. Paris : Grasset et Fasquelle, 2004. (père)

Jauffret, Régis. *Lacrimosa*. Paris : Gallimard, 2008. (compagne)

Lapierre, Nicole. *Sauve qui peut la vie*. Paris : Seuil, 2015. (mère et sœur)

Levé, Édouard. *Suicide*. Paris : P.O.L, 2008. (ami)

Poivre d'Arvor, Patrick. *Elle n'était pas d'ici*. Paris : Albin Michel, 1995. (fille)

Poivre d'Arvor, Véronique. *À Solenn*. Paris : Albin Michel, 2005. (fille)

Rahmani, Zahia. *Moze*. Paris : Wespieser, 2003. (père)

Roubaud, Jacques. *Le grand incendie de Londres*. Paris : Seuil, 1989. (frère)

Rousselier, Danièle. *Le Colonel Rivier est mort*. Paris : Seuil, 1989. (père)

Rousselier, Danièle. *Seule, Journal de deuil*. Paris : Éditions Léo Scheer, 2012. (mère)

Sthers, Amanda. *Rompre le charme*. Paris : Stock, 2012. (oncle)

Vigan, Delphine de. *Rien ne s'oppose à la nuit*. Paris : Jean-Claude Lattès, 2011. (mère)

Villeneuve, Angélique. *Nuit de septembre*. Paris : Grasset, 2016. (fils)

Yargekov, Nina. *Vous serez mes témoins*. Paris : P.O.L, 2011. (amie)

* La relation au ou à la suicidé(e) est indiquée entre parenthèses.

 | DOI:10.1163/9789004384569_010

Bibliographie

« Lucien et Simone sont morts ensemble. » *Le Parisien*. 15 mai 1984. p. 6.

Abraham, Nicolas et Maria Török. *L'Écorce et le noyau*. Paris : Flammarion, 2009 (1978).

Agamben, Giorgio. *Ce qui reste d'Auschwitz. L'Archive et le témoin. Homo Sacer III*. Paris : Payot, 1999 (1998).

Aggoun, Atmane. « Vieillir Harkis : De la vieillesse "silencieuse" à la vieillesse active. Sociologie d'une reconversion. » *International Review of Sociology* 22.1 (March 2012) : 123-135.

Altounian, Janine. *L'Intraduisible. Deuil, mémoire, transmission*. Paris : Dunod, 2005.

Ancelin Schützenberger, Anne. *Aïe, mes aïeux*. Paris : Desclée de Brouwer, 1993.

Ancelin Schützenberger, Anne. *Psychogénéalogie. Guérir les blessures familiales et se retrouver soi*. Paris : Payot, 2012 (2007).

Ancelin Schützenberger, Anne et Ghislain Devroede. *Ces enfants malades de leurs parents*. Paris : Payot, 2003.

Aussaresses, Paul. *Services spéciaux Algérie 1955-1957*. Paris : Perrin, 2001.

Avni, Ora. « Patrick Modiano : A French Jew ? » *Yale French Studies* 85 (1994) : 227-247.

Azni, Boussad. *Harkis, crime d'état*. Paris : Ramsay, 2002.

Bacholle, Michèle. *Un Passé contraignant. Double bind et transculturation*. Amsterdam/Atlanta, GA : Rodopi, 2000.

Bacholle-Bošković, Michèle. « Des pères et des fils : les récits de filiation d'Éric Fottorino, Alexandre Jardin et Jean-Louis Fournier. » *The French Review* 87.2 (December 2013) : 73-87.

Bacholle-Bošković, Michèle. « Guerre d'Algérie et romans jeunesse : les héritiers du silence. » *Expressions Maghrébines* 12.2 (hiver 2013) : 151-166.

Bacholle-Bošković, Michèle. « Quelles commémorations pour les cinquante ans de la guerre d'Algérie ? » *French Cultural Studies* 25.2 (2014) : 233-245.

Bacholle-Bošković, Michèle. « Mise en examen de Nina Yargekov pour infractions romanesques au deuil après suicide. » *Women in French Studies* (2017) : 115-124.

Bacholle-Bošković, Michèle. « Nina Yargekov en toute liberté (entretien). » *Women in French Studies* (2017) : 125-135.

Bacqué, Marie-Frédérique. *Le Deuil à vivre*. Paris : Odile Jacob, 2000.

Bacqué, Marie-Frédérique. « Deuil post-traumatique. Sous l'empire de la terreur. » *Frontières* 15.2 (printemps 2003) : 32-37.

Bacqué, Marie-Frédérique. « Psychothérapie analytique des deuils post-traumatiques. » *Stress et Trauma* 5.3 (2005) : 153-160.

Bacqué, Marie-Frédérique. « Suicide maternel et psychanalyse ». *Études sur la mort : Le Deuil après suicide* 127 (2005) : 79-90.

Bacqué, Marie-Frédérique. « Deuils et traumatismes. » *Annales Médico Psychologiques* 164 (2006) : 357-363.

Bacqué, Marie-Frédérique et Michel Hanus. *Le Deuil.* Paris : PUF, 2009 (2000).

Bailly, Lionel. « Syndromes psycho-traumatiques chez l'enfant. » De Clercq, Michel et François Lebigot. Dir. *Les Traumatismes psychiques.* Paris : Éditions Masson, 2001. 137-147.

Bainbridge, Susan. « Telling Tales about World War Two in Philippe Grimbert's *Un secret.* » Holmes, Diana, David Platter, Loïc Artiaga, and Jacques Migozzi. Eds. *Finding the Plot : Storytelling in Popular Fictions.* Cambridge : Cambridge Scholar Publishing, 2013. 165-178.

Ballinger, Pamela. « The Culture of Survivors : Post-Traumatic Stress Disorder and Traumatic Memory. » *History & Memory* 10.1 (Spring 1998) : 99-132.

Barthes, Roland. *Fragments d'un discours amoureux.* Paris : Seuil, 1977.

Barthes, Roland. *La Chambre claire. Note sur la photographie.* Paris : Gallimard/Seuil, 1980.

Bedrane, Sabrinelle. « Quelles communautés ? La fracture algérienne dans les récits choisis. » Blanckeman, Bruno et Barbara Havercroft. Eds. *Narrations d'un nouveau siècle. Romans et récits français (2001-2010).* Paris : Presses Sorbonne nouvelle, 2012. 95-104.

Belghoul, Farida. *Georgette !* Paris : Ramsay, 1986.

Benamou, Georges-Marc. *Un mensonge français. Retours sur la guerre d'Algérie.* Paris : Robert Laffont, 2003.

Bergson, Henri. *Le Rire.* Paris : Presses Universitaires de France, 1991 (1940).

Besnaci-Lancou, Fatima. *Fille de harki.* Paris : Éditions de l'Atelier, 2003.

Besnaci-Lancou, Fatima. *Treize chibanis harkis.* Paris : Tirésias, 2006.

Billig, Michael. « Freud's Different Versions of Forgetting "Signorelli" : Rhetoric and Repression. » *International Journal of Psychoanalysis* 81 (2000) : 483-498.

Blancou, Daniel. *Retour à Saint-Laurent-des-Arabes.* Paris : Éditions Delcourt, 2012.

Blondel, Jean-Philippe. *Un hiver à Paris.* Paris : Buchet Chastel, 2015.

Bon, François. *L'Enterrement.* Paris : Éditions Verdier, Lagrasse (Folio), 1992.

Bourdieu, Séverine. « Le Passé en pièces détachées ». Glaudes, Pierre et Dominique Rabaté. Dirs. *Deuil et littérature.* Bordeaux : Presses Universitaires de Bordeaux, 2005. 393-412.

Boutouba, Jimia. « Les Enfants de l'ombre. Dalila Kerchouche, Leïla : Avoir 17 ans dans un camp de harkis. » *Expressions Maghrébines* 12.2 (hiver 2013) : 23-38.

Brière, Émilie. *Écrire la souffrance de l'enfant au tournant du XXIe siècle : le récit à l'épreuve de l'innommable.* 2011. U. de Montréal et U. Charles-de-Gaulle-Lille-3. PhD dissertation.

Cain, Albert C. Ed. *Survivors of Suicide.* Springfield : Charles C. Thomas, 1972.

Cain, Albert C. and Irene Fast. « Children's Disturbed Reactions to Parent Suicide : Distortions of Guilt, Communication, and Identification. » Cain, Albert C. Ed. *Survivors of Suicide*. Springfield : Charles C. Thomas, 1972. 93-111.

Calhoun, Lawrence G. and James W. Selby. « The Social Aftermath of a Suicide in the Family : Some Empirical Findings. » Lester, David. Ed. *Current Concepts of Suicide*. Philadelphia : Charles Press, 1990. 214-224.

Camus, Albert. *Le Malentendu*. Paris : Gallimard, 1958.

Caruth, Cathy. *Trauma. Explorations in Memory.* Baltimore : The Johns Hopkins University Press, 1995.

Charneux, Olivier. *L'Enfant de la pluie*. Paris : Seuil, 1999.

Charneux, Olivier. *Être un homme*. Paris : Seuil, 2001.

Charneux, Olivier. *Tant que je serai en vie*. Paris : Grasset, 2014.

Châtelet, Noëlle. *La Dernière leçon*. Paris : Seuil, 2004.

Châtelet, Noëlle. *Suite à la dernière leçon*. Paris : Seuil, 2015.

Chiantaretto, Jean-François. Ed. *Témoignage et trauma. Implications psychanalytiques*. Paris : Dunod, 2004.

Corneau, Guy. *Père manquant, fils manqué. De la blessure à la parole*. Paris : J'ai lu, 2003.

Cornelio, Dawn. « Les Limites de la narration minée dans *Certainement pas* de Chloé Delaume. » *Contemporary French and Francophone Studies* 13.4 (2009) : 423-430.

Cornelio, Dawn. « Elle se nomme Chloé Delaume : un parcours personnel et littéraire. » Angelo, Adrienne and Erika Fülöp. Dir. *Protean Selves. First Person Voices in 21st Century French and Francophone Narratives*. Newcastle-upon-Tyne : Cambridge Scholars Publishing, 2014. 40-53.

Cornelio, Dawn. « Fragmentation des corps et des identités chez Chloé Delaume. » *@nalyses. Revue de critique et de théorie littéraire* 11.1 (hiver 2016) : 135-159.

Cornelio, Dawn. « De Nathalie Dalain à Chloé Delaume : qui est qui ? » S'écrire Chloé Delaume / 6 | 2017 / <http://www.komodo21.fr>, dernier accès le 9 août 2017).

Crapanzano, Vincent. « Le Récit harki. Tyrannie des événements, accidents du destin. » *Les Temps modernes* 666 (2011) : 170-185.

Crocq, Louis. « Perspective historique sur le trauma. » De Clercq, Michel et François Lebigot. Dir. *Les Traumatismes psychiques*. Paris : Éditions Masson, 2001. 23-64.

Crocq, Louis. *Seize leçons sur le trauma*. Paris : Odile Jacob, 2012.

Cupa, David. « Interview de Philippe Grimbert. » *Champ psychosomatique* 37 (2005) : 13-16.

Cusset, Catherine. *L'Autre qu'on adorait*. Paris : Gallimard, 2016.

Cyrulnik, Boris. « Les Liens de la survie. » Aïn, Joyce. Dir. *Survivances. De la destructivité à la créativité*. Paris : Érès, 1999. 92-97.

Cyrulnik, Boris. *Un merveilleux malheur*. Paris : Odile Jacob, 2002.

David, Alain. « L'Hypothèse du crime contre l'humanité. » *Les Temps modernes* 666 (2011) : 223-232.

Debout, Michel. « Perdre un proche de suicide. » *Études sur la mort : Le Deuil après suicide* 127 (2005) : 45-48.

Décimo, Marc. « De quelques histoires de famille à la naissance de Chloé Delaume : traumas et usage singulier de la langue. » Clément, Marie-Lucie et Sabine van Wesemael. Dir. *Relations familiales dans les littératures française et francophone des XXe et XXIe siècles*. Paris : L'Harmattan, 2008. 315-322.

Decool, Carine. « Tentatives de séparation impossible avec spectres et revenants. » Morel, Geneviève. Ed. *Clinique du Suicide*. Ramonville Saint-Agne : Éditions Érès, 2002. 45-52.

Delaume, Chloé. « Les Levrettes d'Andromaque. » *EvidenZ* 1 (1999).

Delaume, Chloé. « Prostituationnisme. » *EvidenZ* 1 (1999).

Delaume, Chloé. *Les Mouflettes d'Atropos*. Paris : Gallimard (Farrago), 2000.

Delaume, Chloé. *Le Cri du sablier*. Paris : Éditions Léo Scheer (Farrago), 2001.

Delaume, Chloé. *La Vanité des Somnambules*. Paris : Léo Scheer (Farrago), 2002.

Delaume, Chloé. *Corpus Simsi*. Paris : Léo Scheer, 2003.

Delaume, Chloé. *Certainement pas*. Paris : Verticales, 2004.

Delaume, Chloé. *Les Juins ont tous la même peau*. Paris : Points Seuil, 2005.

Delaume, Chloé. *J'habite dans la télévision*. Paris : Gallimard (J'ai lu), 2006.

Delaume, Chloé. *La Dernière fille avant la guerre*. Paris : Naïve, 2007.

Delaume, Chloé. *Éden matin midi et soir*. Nantes : Joca Seria, 2009.

Delaume, Chloé. *Dans ma maison sous terre*. Paris : Seuil, 2009.

Delaume, Chloé. « S'écrire mode d'emploi ». Burgelin, Claude, Isabelle Grell et Roger-Yves Roche. Dir. *Autofiction(s)*. Lyon : Presses Universitaires de Lyon, 2010. 109-126.

Delaume, Chloé. *La Règle du je*. Paris : PUF, 2010.

Delaume, Chloé. *Le Deuil des deux syllabes*. Paris : l'une et l'autre, 2010.

Delaume, Chloé. *Une femme avec personne dedans*. Paris : Seuil, 2012.

Delaume, Chloé. *Alienare*. Paris : Seuil, 2015.

Delaume, Chloé. *Les Sorcières de la République*. Paris : Seuil, 2016.

Delaume, Chloé et Daniel Schneidermann. *Où le sang nous appelle*. Paris : Seuil, 2013.

Deleuze, Gilles et Félix Guattari. *Kafka. Pour une littérature mineure*. Paris : Minuit, 1975.

Derrida, Jacques. *La Carte postale de Socrate à Freud et au-delà*. Paris : Flammarion, 1985.

Derrida, Jacques. *The Gift of Death*. Trans. David Wills. Chicago : The University of Chicago Press, 1995.

Dhéry, Max. *Les Fils ne doivent pas mourir*. Paris : Albin Michel, 2017.

Dodemant, Anne. *Même la nuit quand je dors*. Paris : Albin Michel, 2013.

Doubrovsky, Serge. « Le Dernier Moi. » Bishop, Tom, Coralie Girard, and Lise Landeau. Eds. *Autofiction. Literature in France Today*. New York : New York University, 2013. 96-103.

Ducas, Sylvie. « Fiction auctoriale, postures et impostures médiatiques : le cas de Chloé Delaume, "personnage de fiction". » *Le Temps des médias* 14 (printemps 2010) : 176-192.

Duffy, Jean. « Silence, Talk, and Voice in the Ritual Encounter : François Bon's *L'Enterrement* and Laurent Mauvignier's *Loin d'eux*. » *Romanic Review* 101.3 (2010) : 521-546.

Dulong, Renaud. « Qu'est-ce qu'un témoin historique ? » *Vox-poetica* (<www.vox-poetica.org/t/articles/dulong.html>, dernier accès le 10 janvier 2015).

Dunne-Maxim, Karen, Edward J. Dunne, and Marilyn J. Hauser. « When Children are Suicide Survivors. » Dunne, Edward J., L. McIntosh, and Karen Dunne-Maxim. Eds. *Suicide and its Aftermath. Understanding and Counseling the Survivors*. New York : W W Norton and Co, 1987. 234-241.

Durkheim, Émile. *Le Suicide*. Paris : PUF, 2013 (1897).

Dusaillant-Fernandes, Valérie. « Auto/biographie et construction identitaire par la transmission intergénérationnelle dans *La Dernière leçon* de Noëlle Châtelet ». Jongy, Béatrice et Annette Keilhauer. Dir. *Transmission/Héritage dans l'écriture contemporaine de soi*. Clermont-Ferrand : Presses Universitaires Blaise Pascal, 2009. 105-116.

Dusaillant-Fernandes, Valérie. « Dérouter le lecteur : procédés stylistiques dans *Le Cri du sablier* de Chloé Delaume. » Damlé, Amaleena et Gill Rye. Dir. *Aventures et expériences littéraires. Écritures des femmes en France au début du vingt-et-unième siècle*. Amsterdan : Rodopi, 2014. 39-56.

Dusaillant-Fernandes, Valérie. « Au fil du temps, les masques tombent : Mémoire familiale et vérité chez Delphine de Vigan. » *French Forum* 40.2-3 (Spring/Fall 2015) : 111-125.

Duroy, Lionel. *Le Chagrin*. Paris : Julliard, 2010.

Einaudi, Jean-Luc. *Octobre 1961. Un massacre à Paris*. Paris : Fayard, 2001.

Eldridge, Claire. « "We've Never Had a Voice" : Memory Construction and the Children of the *Harkis* (1962-1991). » *French History* 23.1 (2009) : 88-107.

Enjelvin, Géraldine. « Les Harkis en France : carte d'identité française, identité harkie à la carte ? » *Modern & Contemporary France* 11.2 (2003) : 161-173.

Enjelvin, Géraldine. « Entrée des Harkis dans l'histoire de France ? » *French Cultural Studies* 15.1 (2004) : 61-75.

Enjelvin, Géraldine. « Harki Daughters' "Righting" Narratives : Resistance Identity and *Littérature Naturelle ?* » Moser, Keith. Ed. *A Practical Guide to French Harki Literature*. London : Lexington Books, 2014. 83-99.

Erikson, Kai. « Notes on Trauma and Community. » Caruth, Cathy. Ed. *Trauma. Explorations in Memory*. Baltimore : The Johns Hopkins University Press, 1995. 183-199.

Ertel, Rachel. « A Minority Literature. » *Yale French Studies* 85 (1994) : 224-226.

Fauré, Christophe. *Après le suicide d'un proche. Vivre le deuil et se reconstruire*. Paris : Albin Michel, 2007.

Favre, Agnès. *L'Envol de Sarah. Ma fille : sa vie, son suicide*. Paris : Max Milo Éditions, 2006.

Fellous, Colette. « 24h dans la vie de Chloé Delaume. » (<www.fabriquedesens.net/24-h-dans-la-vie-de-Chloe-Delaume>, dernier accès le 28 mars 2016).

Felman, Shoshana and Dori Laub. *Testimony. Crises of Witnessing in Literature, Psychoanalysis, and History*. New York : Routledge, 1992.

Ferdi, Saïd. *Un enfant dans la guerre*. Paris : Seuil, 1981.

Fialaix, Laurent. *Nos bonheurs fragiles*. Paris : Léo Scheer, 2009.

Finkielkraut, Alain. *Le Juif imaginaire*. Paris : Seuil, 1980.

Fischer, Gustave-Nicolas. *Les Blessures psychiques. La Force de revivre*. Paris : Éditions Odile Jacob, 2003.

Forest, Philippe. *Tous les enfants sauf un*. Paris : Gallimard (Folio), 2007.

Forward, Susan. *Parents toxiques. Comment échapper à leur emprise*. Paris : Stock, 1991 (1989).

Fottorino, Éric. *Rochelle*. Paris : Gallimard (Folio), 1991.

Fottorino, Éric. *Korsakov*. Paris : Gallimard (Folio), 2004.

Fottorino, Éric. *L'Homme qui m'aimait tout bas*. Paris : Gallimard (Folio), 2009.

Fottorino, Éric. *Questions à mon père*. Paris : Gallimard, 2010.

Fottorino, Éric. *Berbères*. Illust. Olivier Martel. Paris : Philippe Rey, 2012.

Fottorino, Éric. *Suite à un accident grave de voyageur*. Paris : Gallimard, 2013.

Fottorino, Éric. *Le Marcheur de Fès*. Paris : Calmann-Lévy, 2013.

Fottorino, Éric. *Fils de Berbères*. Paris : Philippe Rey, 2014.

Fresco, Nadine. « La Diaspora des cendres. » *Nouvelle Revue de Psychanalyse* (1981) : 209-220.

Freud, Sigmund. *Psychopathologie de la vie quotidienne*. Paris : Petite Bibliothèque Payot, 1985 (1904).

Gaensbauer, Deborah. « "Autofiction + x = ?" : Chloé Delaume's Experimental Self-Representations. » Damlé, Amaleena and Gill Rye. Dir. *Women's Writing in Twenty-First-Century France. Life as Literature*. Cardiff : University of Wales Press, 2013. 212-224.

Gaensbauer, Deborah. « "Juste une petite mise en scène de la problématique" : Citational Construction of an Autofictional Voice in Chloé Delaume's *Éden matin midi et soir*. » *Women in French Studies* (2014) : 48-61.

Gaudreau, Michèle. « Violence et identité dans *Les Mouflettes d'Atropos* et *Le Cri du sablier* de Chloé Delaume. » *Cahiers de l'IREF* 2 (2011).

Giachetti, Raphaël. *La Maladie bipolaire expliquée aux souffrants et aux proches*. Paris : Odile Jacob, 2012.

Glaudes, Pierre et Dominique Rabaté. Dirs. *Deuil et littérature*. Bordeaux : Presses Universitaires de Bordeaux, 2005.

Godbout, Jacques T. *L'Esprit du don*. Paris : La Découverte, 2000.

Godelier, Maurice. *L'Énigme du don*. Paris : Fayard, 1996.

Goldschmidt, Georges-Arthur. « Autofiction et inavouable. » Burgelin, Claude, Isabelle Grell et Roger-Yves Roche. Dir. *Autofiction(s)*. Lyon : Presses Universitaires de Lyon, 2010. 43-59.

Goyet, Mara. *Sous le charme du fait divers*. Paris : Stock, 2016.

Grangeray, Émilie. « Les je de Chloé Delaume. » *Le Monde des livres* (5 novembre 2004).

Grappe, Michel. « Les jeux post-traumatiques. » Torrente, Joseph. Dir. *La Maltraitance. Regards pluridisciplinaires*. Revigny-sur-Ornain : Éditions Martin Media, 2001 (1998): 83-96.

Green, André. *Narcissisme de vie, narcissisme de mort*. Paris : Minuit, 1983.

Grimbert, Philippe. *La Petite robe de Paul*. Paris : Grasset et Fasquelle (Livre de Poche), 2001.

Grimbert, Philippe. *Un secret*. Paris : Grasset et Fasquelle (Livre de Poche), 2004.

Grimbert, Philippe. *La Mauvaise rencontre*. Paris : Grasset et Fasquelle (Livre de Poche), 2009.

Grimbert, Philippe. *Un garçon singulier*. Paris : Grasset et Fasquelle (Livre de Poche), 2011.

Grimbert, Philippe. *Nom de dieu !* Paris : Grasset et Fasquelle, 2014.

Grimbert, Philippe. *Rudik, l'autre Noureev*. Paris : Plon, 2015.

Grollman, Earl A. *Suicide : Prevention, Intervention, Postvention*. Boston : Beacon Press, 1988.

Guichard, Thierry. « Personnage de roman. » *Le Matricule des anges* 100 (février 2009) : 18-21.

Guichard, Thierry. « Laboratoire de génétique textuelle. » *Le Matricule des anges* 100 (février 2009) : 22-27.

Hamoumou, Mohand. « Les Harkis : un trou de mémoire franco-algérien. » *Esprit* (May 1990) : 25-45.

Hamoumou, Mohand. *Et ils sont devenus harkis*. Paris : Fayard, 1993.

Hand, Seán. « Never Tell : Dynamics of Secrecy in Philippe Grimbert's *Un secret*. » *French Studies* 66.2 (2012) : 208-221.

Haneke, Michael. *Amour*. Films du Losange, 2012. Film.

Hanus, Michel. *Le Deuil après suicide*. Paris : Maloine, 2004.

Hanus, Michel. « Les Particularités du deuil après suicide. » *Études sur la mort : Le Deuil après suicide* 127 (2005) : 49-58.

Harang, Jean-Baptiste. « Maître Roubaud. » *Libération* 9 janvier 1997 (<http://next.liberation.fr/livres/1997/01/09/maitre-roubaud_195333>, dernier accès le 11 mars 2015).

Havercroft, Barbara. « Questions éthiques dans la littérature de l'extrême contemporain : les formes discursives du trauma personnel. » Anne Sennhauser. Ed. *Proses narratives en France au tournant du XXIe siècle. Cahiers du CERACC* 5 (2012) : 20-34.

Hirsch, Marianne. « Mothers and Daughters. » *Signs* 7.1 (autumn 1981) : 200-222.

Hirsch, Marianne. *Family Frames. Photography, Narrative, and Postmemory*. Cambridge : Harvard University Press, 1997.

Howe Colt, George. *The Enigma of Suicide*. New York : Summit Books, 1991.

Howell, Jennifer. « Reconstructing Harki Sites of Memory in the Graphic Novel. » Moser, Keith. Ed. *A Practical Guide to French Harki Literature*. London : Lexington Books, 2014. 187-207.

Huon, Marc-Élie. « Le Sujet endeuillé après suicide : du traumatisme à l'élaboration psychique de la perte. » *Études sur la mort : Le Deuil après suicide* 127 (2005) : 91-100.

Ireland, Susan. « Facing the Ghosts of the Past in Dalila Kerchouche's *Mon père, ce harki* and Zahia Rahmani's *Moze*. » *Contemporary French and Francophone Studies* 13.3 (June 2009) : 303-310.

Jauffret, Régis. *Lacrimosa*. Paris : Gallimard, 2008.

Jeffries, Stuart. « My Secret History. » *The Guardian* (<www.theguardian.com/books/2007/apr/03/fiction.news>, dernier accès le 27 avril 2015).

Jones, Katie. « Between *témoignage* and *imposture* : Suicide and Bereavement in Contemporary French Literature. » Angelo, Adrienne and Erika Fülöp. Eds. *Protean Selves : First-person Voices in Twenty-First Century French and Francophone Narratives*. Newcastle-upon-Tyne : Cambridge Scholars Publishing, 2014. 82-95.

Jouane, Vincent. « La Littérature des enfants de harkis : Mémoire et réconciliation. » Diss. Washington University, 2012.

Kemoum, Hadjila. *Mohand le harki*. Paris : Anne Carrière, 2003.

Kerchouche, Dalila. *Mon père, ce harki*. Paris : Seuil, 2004.

Kilali, Miki. *Sous silence ... La Tragédie des harkis depuis la guerre d'Algérie*. Paris : Éditions du Menhir, 2013.

Kitchen, Ruth. « Guilt and Shame in Occupation Narrative : Reading the Open Secret and Cultural Amnesia in Blanchot's *L'Instant de ma mort* and Grimbert's *Un secret*. » *Guilt and Shame : Essays in French Literature, Thought, and Visual Culture* (2010) : 141-160.

Klarsfeld, Serge. *Le Mémorial des enfants juifs déportés de France*. Paris : FFDJF, 1994.

Kristeva, Julia. *Pouvoirs de l'horreur*. Paris : Seuil, 1980.

Kübler-Ross, Elizabeth et David Kessler. *Sur le chagrin et le deuil*. Paris : JC Lattès, 2009 (2005).

Kuhn, Annette. *Family Secrets. Acts of Memory and Imagination*. London : Verso, 1995.

LaCapra, Domnick. *Writing History, Writing Trauma*. Baltimore : The Johns Hopkins University Press, 2001.

Lacoste-Dujardin, Camille. « Maghrebi Families in France. » Freedman, Jane and Carrie Tarr. Eds. *Women, Immigration, and Identities in France*. Oxford : Berg, 2000. 57-68.

Lagerwall, Sonia. « Réécriture et appropriation chez Chloé Delaume : *La Nuit je suis Buffy Summers*, une "autofiction génétiquement modifiée". » *Stratégies autofictionnelles* (2014) : 93-114.

Lanzmann, Claude. « Les Parias de la guerre d'Algérie. » *Les Temps modernes* 666 (2011) : 3-5.

Lapierre, Nicole. *Sauve qui peut la vie*. Paris : Seuil, 2015.

Laufer, Laurie. « Quand le lieu de sépulture est un reste du disparu. » *Champ psychosomatique* 4.28 (2002) : 113-127.

Laufer, Laurie. « Le Suicide à l'adolescence. Édouard Levé, anatomie d'un suicide. » *Adolescence* 28.2 (2010) : 409-419.

Le Bourhis, Michel. *Les Yeux de Moktar*. Paris : Syros jeunesse, 2003.

Ledoux-Beaugrand, Évelyne. *Imaginaires de filiation. Héritage et mélancolie dans la littérature contemporaine de femmes*. Montréal : XYZ éditeur, 2013.

Ledoux-Beaugrand, Évelyne et Anne Martine Parent. « Telle Antigone, relever le père harki. Le récit comme sépulture dans *Moze* de Zahia Rahmani. » *Études françaises* 52.1 (2016) : 55-72.

Lelièvre, Marie-Dominique. « Le Frère du fils unique. » *L'Express* (1er décembre 2004) (<www.lexpress.fr/culture/livre/le-frere-du-fils-unique_809640.html>, dernier accès le 28 avril 2015).

Leménager, Grégoire. « Castillon-Delaume : Ni prudes ni soumises. » *Le Nouvel Observateur* (29 janvier 2012).

Levé, Édouard. *Œuvres*. Paris : P.O.L, 2002.

Levé, Édouard. *Autoportrait*. Paris : P.O.L, 2013 (2005).

Levé, Édouard. *Suicide*. Paris : P.O.L, 2008.

Levi, Primo. *La Zone grise. Entretien avec Anna Bravo et Federio Cereja*. Paris : Payot, 2014.

Lê, Linda. *Par ailleurs (exils)*. Paris : Christian Bourgois, 2014.

Liger, Baptiste. « Chronique d'une mort programmée. » *L'Express* (28 février 2008).

Manceron, Gilles. « Un abandon et des massacres aux responsabilités multiples. » *Les Temps modernes* 666 (2011) : 65-89.

Marsal, Florence. *Jacques Roubaud, Prose de la mémoire et errance chevaleresque*. Rennes : Presses Universitaires de Rennes, 2010.

Martin, Nadège. « Trauma et témoignaires ... La délicate rencontre » (<http://martinpsyvosges.blogspot.com/2012/01/trauma-et-temoignairesla-delicate.html>, dernier accès le 29 mars 2016).

Mauss, Marcel. *Essai sur le don*. Paris : PUF, 2012 (1923-24).

Mechakra, Yamina. *La Grotte éclatée*. Alger : SNED, 1979.

Mercier, Ada. « Chloé Delaume : "Avec les jeux vidéo, les femmes rejouent à la barbie". » *Journal des femmes* (<http://www.journaldesfemmes.com/itvw/0406delaume.shtml>, dernier accès le 21 avril 2016).

Messaoudi, Khalida. *Une Algérienne debout*. Paris : Flammarion, 1995.

Mijolla-Mellor, Sophie de. *Le Besoin de savoir. Théories et mythes magico-sexuels dans l'enfance*. Paris : Dunod, 2002.

Miller, Claude, dir. *Un secret*. UGC, 2007. Film.

Millet, Pascal. « Épidémiologie du deuil après suicide. » *Études sur la mort : Le Deuil après suicide* 127 (2005) : 9-42.

Montémont, Véronique. « Comment ne pas faire son autobiographie en 12+1 leçons : Jacques Roubaud. » Burgelin, Claude, Isabelle Grell et Roger-Yves Roche. Dir. *Autofiction(s)*. Lyon : Presses universitaires de Lyon, 2010. 257-279.

Morel, Geneviève. Ed. *Clinique du Suicide*. Ramonville Saint-Agne : Éditions Érès, 2002.

Mormont, Christian. « Deuil et traumatisme. » *Stress et trauma* 9.4 (2009) : 218-223.

Moser, Keith. « Breaking the Silence or Using it to Speak ? An Exploration of Silence as a Literary Device in Four Harki Narratives. » *French Cultural Studies* 24.1 (2013) : 44-62.

Moser, Keith. Ed. *A Practical Guide to French Harki Literature*. London : Lexington Books, 2014.

Moumen, Abderahmen. « Camps de Rivesaltes, camp de Saint-Maurice l'Ardoise. L'Accueil et le reclassement des harkis en France (1962-1964). » *Les Temps modernes* 666 (2011) : 105-119.

Moumen, Abderahmen. « De l'absence aux nouveaux porte-parole. Évolution du mouvement associatif harki (1962-2011). » *Les Temps modernes* 666 (2011) : 159-169.

Moumen, Abderahmen. « 1962-2014 : The Historical Construction of Harki Literature. » Moser, Keith. Ed. *A Practical Guide to French Harki Literature*. London : Lexington Books, 2014. 1-15.

Nachin, Claude. *À l'écoute des fantômes*. Bruxelles : Éditions Fabert, 2010.

Nimier, Marie. *Photo-photo*. Paris : Gallimard, 2010.

Nora, Pierre. Ed. *Les Lieux de mémoire. La République*. Paris : Gallimard, 1984.

Ollé-Laprune, Jean. « Entretien avec Philippe Grimbert. » *L'Avant-scène cinéma* 565 (2007) : 12-16.

Olsson, Kenneth. « In the Name of the Father : In the Voice of the Other. » Moser, Keith. Ed. *A Practical Guide to French Harki Literature*. London : Lexington Books, 2014. 145-167.

Paesmans, Cécile. « Les Enfants en deuil par suicide. Approche individuelle et systémique. » *Études sur la mort : Le Deuil après suicide* 127 (2005) : 101-115.

Pawlikowski, Pawel, dir. *Ida*. Opus Film, 2013. Film.

Paxton, Robert O. *La France de Vichy, 1940-1944*. Paris : Seuil, 1999 (1972).

Perec, Georges. *Je me souviens*. Paris : Hachette, 1978.

Perec, Georges. *La Vie mode d'emploi*. Paris : Hachette, 1980.

Pierrat, Emmanuel. « Le Péril autofictionnel (Droit et autofiction). » Burgelin, Claude, Isabelle Grell et Roger-Yves Roche. Dir. *Autofiction(s)*. Lyon : Presses universitaires de Lyon, 2010. 483-491.

Pierret, Régis. « Les Enfants de harkis, entre triple appartenance et double rejet. » *Hommes et migrations* 1276 (novembre-décembre 2008) : 88-101.

Pierret, Régis. « Les Révoltes des enfants de harkis. » *Les Temps modernes* 666 (2011) : 140-158.

Pierret, Régis. « From the Colonization of Algeria to the Repatriation of the Harkis. » Moser, Keith. Ed. *A Practical Guide to French Harki Literature*. London : Lexington Books, 2014. 37-56.

Pinçonnat, Crystel. « Le Complexe d'Antigone. Relectures féministes et postcoloniales du scénario œdipien. » *Revue de littérature comparée* 344.4 (Oct-Dec 2012) : 495-509.

Piva, Marika. *Nimphaea in fabula. Le Bouquet d'histoires de Chloé Delaume*. Milan : Aguaplano, 2012.

Poivre d'Arvor, Patrick. *Elle n'était pas d'ici*. Paris : Albin Michel, 1995.

Poivre d'Arvor, Véronique. *À Solenn*. Paris : Albin Michel, 2005.

Pontecorvo, Gillo, dir. *La Bataille d'Alger*. Casbah Film, 1966. Film.

Porot, Maurice. *L'Enfant de remplacement*. Paris : Éditions Frison-Roche, 1993.

Pouzadoux, Pascale, dir. *La Dernière leçon*. Fidélité/Wild Bunch, 2015. Film.

Profizi, Alexandra. Les Médiamorphoses de Chloé Delaume. *Colloque Chloé Delaume*, 27-28 avril 2018, Université de Guelph, Canada. Unpublished conference paper.

Prost, Antoine. « Les Monuments aux morts. » Nora, Pierre. Ed. *Les Lieux de mémoire*. Paris : Gallimard, 1984. 195-215.

Pynoos, Robert S. & Spencer Eth. « Children Traumatized by Witnessing Acts of Personal Violence : Homicide, Rape, or Suicide Behavior. » Eth, Spencer & Robert S. Pynoos. Dir. Washington : American Psychiatric Press Inc, 1985. 19-43.

Raczymow, Henri. *Contes d'exil et d'oubli*. Paris : Gallimard, 1979.

Raczymow, Henri. « Memory Shot Through with Holes. » *Yale French Studies* 85 (1994) : 98-105.

Rahmani, Zahia. *Moze*. Paris : Wespieser, 2003.

Rahmani, Zahia. *« Musulman » roman*. Paris : Wespieser, 2005.

Rahmani, Zahia. *France, récit d'une enfance*. Paris : Wespieser, 2008.

Rahmani, Zahia. « Le "harki" comme spectre ou l'écriture du "déterrement". » Coquio, Catherine. Ed. *Retours du colonial ? Disculpation et réhabilitation de l'histoire coloniale française*. Nantes : L'Atalante, 2008. 221-237.

Reeck, Laura. « Autofictional Testimony : Writing in Place of the Father in Zahia Rahmani's *Moze*. » Moser, Keith. Ed. *A Practical Guide to French Harki Literature*. London : Lexington Books, 2014. 125-143.

Richard, Annie. *L'Autofiction et les femmes. Un chemin vers l'altruisme ?* Paris : L'Harmattan, 2013.

Ricœur, Paul. *La Mémoire, l'histoire, l'oubli*. Paris : Seuil, 2000.

Robert, Marthe. *Roman des origines et origines du roman*. Paris : Grasset, 1972.

Robin, Régine. *La Mémoire saturée*. Paris : Stock, 2003.

Roche, Anne. « Mémoire, deuil et intertexte dans *La boucle* de Jacques Roubaud. » *Tangence* 45 (1994) : 74-82.

Rogy, Selma. « Un deuil après suicide est-il différent des autres deuils ? » (<http://vigipallia.soin-palliatif.org/modules/smartsection/item.php?itemid=144>, dernier accès le 18 mars 2015).

Romano, Hélène. *L'Enfant face au traumatisme*. Paris : Dunod, 2013.

Rosé, Daniel. « Introduction. De la survie à la vie. » Aïn, Joyce. Dir. *Survivances. De la destructivité à la créativité*. Paris : Érès, 1999. 11-15.

Rothberg, Michael. « Between Auschwitz and Algeria : Multidirectional Memory and the Counterpublic Witness. » *Critical Inquiry* 35 (autumn 2006) : 158-184.

Roubaud, Jacques. *Le grand incendie de Londres*. Paris : Seuil, 1989.

Rousselier, Danièle. *Le Colonel Rivier est mort*. Paris : Seuil, 1989.

Rousselier, Danièle. *Découpage*. Paris : Éditions Baleine, 2001.

Rousselier, Danièle. *Seule, Journal de deuil*. Paris : Éditions Léo Scheer, 2012.

Rousso, Henry. *Le Syndrome de Vichy, de 1944 à nos jours*. Paris : Points Seuil, 1990 (1987).

Rousso, Henry. *Vichy, un passé qui ne passe pas*. Paris : Fayard, 1994.

Roux, Michel. *Les Harkis ou les oubliés de l'histoire*. Paris : La découverte, 1991.

Rudestam, Kjell Erik. « Survivors of Suicide : Research and Speculations. » Lester, David. Ed. *Current Concepts of Suicide*. Philadelphia : Charles Press, 1990. 203-213.

Sadlier, Karen. *L'État de stress post-traumatique chez l'enfant*. Paris : PUF, 2001.

Sadouni, Brahim. *Français sans patrie*. Grand-Couronne : Selbstverl., 1985.

Saint-Exupéry, Antoine de. *Le Petit Prince*. Paris : Gallimard, 1979 (1943).

Sapiro, Gisèle. « Autofiction, between Introspection and Testimony. » Bishop, Tom, Coralie Girard, and Lise Landeau. Eds. *Autofiction. Literature in France Today*. New York : New York University, 2013. 166-180.

Sartre, Jean-Paul. *Les Mots*. Paris : Gallimard, 1964.

Schwab, Gabrielle. « Replacement Children : The Transgenerational Transmission of Traumatic Loss. » *American Imago* 66.3 (2009) : 277-310.

Sebbar, Leïla. *La Seine était rouge*. Paris : Thierry Magnier, 1999.

Sellam, Salomon. *Le Gisant II. Vie bloquée ! Deuil bloqué ?* Saint-André-de-Sangonis : Éditions Bérangel, 2010.

Sims, Laura Jeanne. « Making Sense of the Harki Past : Harki History, Collective Memory, and Historiography 1954-2013. » Moser, Keith. Ed. *A Practical Guide to French Harki Literature*. London : Lexington Books, 2014. 57-81.

Spiegelman, Art. *Maus. A Survivor's Tale*. New York : Pantheon Books, 1986.

Spivak, Gayatri Chakravorty. « Can the Subaltern Speak ? » Cary Nelson and Lawrence Grossberg. Eds. *Marxism and the Interpretation of Culture*. Urbana : Unversity of Illinois Press, 1988. 271-313.

Sthers, Amanda. *Rompre le charme*. Paris : Stock, 2012.

Stimming, Mary and Maureen Stimming. Ed. *Before their Time. Adult Children's Experiences of Parental Suicide*. Philadelphia : Temple University Press, 1999.

Stora, Benjamin. *La Gangrène et l'oubli. La Mémoire de la guerre d'Algérie*. Paris : La découverte, 1991.

Stora, Benjamin. « Les Témoins muets de la tragédie finale. » *Les Temps modernes* 666 (2011) : 34-43.

Stora, Benjamin. *La Guerre des mémoires. La France face à son passé colonial. Entretiens avec Thierry Leclère*. Paris : L'Aube, 2011.

Strasser, Anne. « Le Deuil dans le roman et dans l'autobiographie : du ressassement à la réparation ». *Revue Analyses* 7.1 (hiver 2012) : 199-218.

Tasma, Alain, dir. *Harkis*. France 2, 2006. Téléfilm.

Telali, Salila. *Les Enfants des harkis. Entre silence et assimilation subie*. Paris : L'Harmattan, 2009.

Tisseron, Serge. *La Honte. Psychanalyse d'un lien social*. Paris : Dunod, 1992.

Tisseron, Serge. *Tintin et le secret d'Hergé*. Paris : Hors Collection, 2009.

Tisseron, Serge. *Les Secrets de famille*. Paris : PUF, 2011.

Truffaut, François, dir. *Les Quatre cents coups*. Les Films du Carrosse, 1959. Film.

Veil, Simone. *Une jeunesse au temps de la Shoah*. Paris : Stock (Livre de Poche), 2007.

Viart, Dominique et Bruno Vercier. *La Littérature française au présent : Héritage, modernité, mutations*. Paris : Bordas, 2005.

Vigan, Delphine de. *Jours sans faim*. Paris : Grasset et Fasquelle (J'ai lu), 2001.

Vigan, Delphine de. *No et moi*. Paris : Jean-Claude Lattès, 2007.

Vigan, Delphine de. *Les Heures souterraines*. Paris : Jean-Claude Lattès, 2009.

Vigan, Delphine de. *Rien ne s'oppose à la nuit*. Paris : Jean-Claude Lattès (Livre de Poche), 2011.

Vigan, Delphine de. *D'après une histoire vraie*. Paris : Jean-Claude Lattès, 2015.

Vigan, Margot de. *Frangines, et c'est comme ça !* Paris : Vents d'Ouest, 2012.

Villeneuve, Angélique. *Nuit de septembre*. Paris : Grasset, 2016.

Waintrater, Régine. « Le Pacte testimonial. » Chiantaretto, Jean-François. Ed. *Témoignage et trauma. Implications psychanalytiques*. Paris : Dunod, 2004. 65-97.

Warren, Max. « Some Psychological Sequelae of Parental Suicide in Surviving Children. » Cain, Albert C. Ed. *Survivors of Suicide*. Springfield : Charles C. Thomas, 1972. 112-120.

Wieviorka, Annette. *L'Ère du témoin*. Paris : Plon, 1998.

Yargekov, Nina. *Vous serez mes témoins*. Paris : P.O.L, 2011.

Yelnick, Barbara et Claude. *Deux et la folie*. Paris : Plon, 1980.

Žižek, Slavoj. « Le Suicide et ses vicissitudes. » Morel, Geneviève. Ed. *Clinique du Suicide*. Ramonville Saint-Agne : Éditions Érès, 2002. 183-194.

Indice

www.ingramcontent.com/pod-product-compliance
Lightning Source LLC
LaVergne TN
LVHW020634300926
849161LV00004B/699

* 9 7 8 9 0 0 4 3 7 6 6 5 6 *